Ihre digitalen Extras zum Download:

- Architekten- und Ingenieurvertrag
- Tabellen zur Honorarabrechnung
- Listen und Übersichten
- Die neue HOAI 2021

Den Link sowie Ihren Zugangscode finden Sie am Buchende.

Handbuch HOAI

Claus-Jürgen Korbion

Handbuch HOAI

Honorarabrechnungen – Verträge – Vereinbarungen

2., aktualisierte Auflage

Haufe Group
Freiburg · München · Stuttgart

Bibliografische Information der Deutschen Nationalbibliothek

Die Deutsche Nationalbibliothek verzeichnet diese Publikation in der Deutschen Nationalbibliografie; detaillierte bibliografische Daten sind im Internet über http://dnb.dnb.de/ abrufbar.

Print: ISBN 978-3-648-13972-1 Bestell-Nr. 06761-0002
ePub: ISBN 978-3-648-13973-8 Bestell-Nr. 06761-0101
ePDF: ISBN 978-3-648-13974-5 Bestell-Nr. 06761-0151

Claus-Jürgen Korbion
Handbuch HOAI
2., aktualisierte Auflage, Mai 2021

www.haufe.de
info@haufe.de

Bildnachweis (Cover): shutterstock

Produktmanagement: Jasmin Jallad
Lektorat: Ursula Thum, Text+Design Jutta Cram

Inhaltsverzeichnis

Vorwort 11
Einleitung 13

1 Neue Rechtsgrundlage für die HOAI 2021 19

2 Anwendung des Gesetzes zur Regelung von Ingenieur- und Architektenleistungen 27
2.1 Art. 1 – Änderung des Gesetzes zur Regelung von Ingenieur- und Architektenleistungen 27
2.1.1 Nr. 1 27
2.1.2 Nr. 2 31
2.1.3 Nr. 3 31
2.2 Art. 2 – Änderung des Bürgerlichen Gesetzbuchs 32
2.3 Art. 3 – Änderung des Gesetzes gegen Wettbewerbsbeschränkungen 32
2.3.1 Nr. 1 32
2.4 Art. 4 – Änderung der Vergabeverordnung 33
2.4.1 Nr. 1 33
2.4.2 Nr. 2 34
2.4.3 Nr. 3 35
2.5 Art. 5 – Änderungen der Vergabeverordnung »Verteidigung und Sicherheit« 35
2.6 Art. 6 – Änderungen der Sektorenverordnung 35
2.7 Art. 7 – Inkrafttreten 35

3 Die Regelungen der HOAI 2021 im Einzelnen 37
3.1 Allgemeines 37
3.2 Teil 1 – Allgemeine Vorschriften 38
3.2.1 § 1 – Anwendungsbereich 38
3.2.2 § 2 – Begriffsbestimmungen 40
3.2.3 § 2a – Honorartafeln und Basishonorarsatz 42
3.2.4 § 3 – Leistungen und Leistungsbilder 43
3.2.5 § 4 – Anrechenbare Kosten 45
3.2.6 § 5 – Honorarzonen 47
3.2.7 § 6 – Grundlagen des Honorars 48
3.2.8 § 7 – Honorarvereinbarung 49
3.2.9 § 8 – Berechnung des Honorars in besonderen Fällen 56

3.2.10 § 9 – Berechnung des Honorars bei Beauftragung von Einzelleistungen 57
3.2.11 § 10 – Berechnung des Honorars bei vertraglichen Änderungen des Leistungsumfangs 58
3.2.12 § 11 – Auftrag für mehrere Objekte 58
3.2.13 § 12 – Instandsetzungen und Instandhaltungen 59
3.2.14 § 13 – Interpolation 60
3.2.15 § 14 – Nebenkosten 60
3.2.16 § 15 – Fälligkeit des Honorars, Abschlagszahlungen 61
3.2.17 § 16 – Umsatzsteuer 62
3.3 Teil 2 – Flächenplanung 62
3.3.1 Abschnitt 1 – Bauleitplanung 65
3.3.1.1 § 17 – Anwendungsbereich 66
3.3.1.2 § 18 – Leistungsbild Flächennutzungsplan 67
3.3.1.3 § 19 – Leistungsbild Bebauungsplan 73
3.3.1.4 § 20 – Honorare für Grundleistungen bei Flächennutzungsplänen 76
3.3.1.5 § 21 – Honorar für Grundleistungen bei Bebauungsplänen 79
3.3.2 Abschnitt 2 – Landschaftsplanung 81
3.3.2.1 § 22 – Anwendungsbereich 81
3.3.2.2 § 23 – Leistungsbild Landschaftsplan 82
3.3.2.3 § 24 – Leistungsbild Grünordnungsplan 85
3.3.2.4 § 25 – Leistungsbild Landschaftsrahmenplan 89
3.3.2.5 § 26 Leistungsbild Landschaftspflegerischer Begleitplan 91
3.3.2.6 § 27 – Leistungsbild Pflege- und Entwicklungsplan 94
3.3.2.7 § 28 – Honorare für Grundleistungen bei Landschaftsplänen 96
3.3.2.8 § 29 – Honorare für Grundleistungen bei Grünordnungsplänen 98
3.3.2.9 § 30 – Honorare für Grundleistungen bei Landschaftsrahmenplänen 100
3.3.2.10 § 31 – Honorare für Grundleistungen bei Landschaftspflegerischen Begleitplänen 102
3.3.2.11 § 32 – Honorare für Grundleistungen bei Pflege- und Entwicklungsplänen 105
3.4 Teil 3 – Objektplanung 107
3.4.1 Einleitung 107
3.4.2 Einzelvorschriften und Anlage 10.1 nebst den Besonderen Leistungen 110

3.4.3 Abschnitt 1 – Gebäude und Innenräume 112
3.4.3.1 § 33 – Besondere Grundlagen des Honorars 112
3.4.3.2 § 34 HOAI – Leistungsbild Gebäude und Innenräume 120
3.4.3.3 § 35 – Honorare für Grundleistungen bei Gebäuden und Innenräumen 142
3.4.3.4 § 36 – Umbauten und Modernisierung von Gebäuden und Innenräumen 158
3.4.3.5 § 37 – Aufträge für Gebäude und Freianlagen oder Gebäude und Innenräume 159
3.4.4 Abschnitt 2 – Freianlagen 160
3.4.4.1 § 38 – Besondere Grundlagen des Honorars 160
3.4.4.2 § 39 – Leistungsbild Freianlagen 164
3.4.4.3 § 40 – Honorare für Grundleistungen bei Freianlagen 174
3.4.5 Abschnitt 3 – Ingenieurbauwerke 179
3.4.5.1 § 41 – Anwendungsbereich 181
3.4.5.2 § 42 – Besondere Grundlagen des Honorars 182
3.4.5.3 § 43 – Leistungsbild Ingenieurbauwerke 187
3.4.5.4 § 44 – Honorare für Grundleistungen bei Ingenieurbauwerken 197
3.4.6 Abschnitt 4 – Verkehrsanlagen 208
3.4.6.1 § 45 – Anwendungsbereich 208
3.4.6.2 § 46 – Besondere Grundlagen des Honorars 209
3.4.6.3 § 47 – Leistungsbild Verkehrsanlagen 212
3.4.6.4 § 48 – Honorare für die Grundleistungen bei Verkehrsanlagen 220
3.5 Teil 4 – Fachplanungen 225
3.5.1 Abschnitt 1 – Tragwerksplanungen 225
3.5.1.1 § 49 – Anwendungsbereich 227
3.5.1.2 § 50 – Besondere Grundlagen des Honorars 228
3.5.1.3 § 51 – Leistungsbild Tragwerksplanung 230
3.5.1.4 § 52 Honorare für Grundleistungen bei Tragwerksplanungen 237
3.5.2 Abschnitt 2 – Technische Ausrüstung 243
3.5.2.1 § 53 –Anwendungsbereich 243
3.5.2.2 § 54 – Besondere Grundlagen des Honorars 247
3.5.2.3 § 55 – Leistungsbild Technische Ausrüstung 250
3.5.2.4 § 56 Honorare für Grundleistungen der Technischen Ausrüstung 259
3.6 Teil 5 – Übergangs- und Schlussvorschriften 263
3.6.1 § 57 – Übergangsvorschrift 263
3.6.2 § 58 – Inkrafttreten, Außerkrafttreten 265

4 Neu in der HOAI 2021 – Übersicht über die Honorarabrechnungen für Beratungsleistungen 267
4.1 Umweltverträglichkeitsstudie 268
4.2 Bauphysik 275
4.3 Geotechnik 290
4.4 Ingenieurvermessung 297

5 Der Architekten- und Ingenieurvertrag und seine Abwicklung 317
5.1 Gesetzliche Grundlagen für den Vertrag im Bürgerlichen Gesetzbuch (BGB) nach dem 1.1.2018 317
5.1.1 § 650p BGB 317
5.1.2 § 650q BGB 326
5.1.3 § 650r BGB – Sonderkündigungsrecht 331
5.1.4 § 650s BGB – Teilabnahme 333
5.1.5 § 650t BGB – Gesamtschuldnerische Haftung 335
5.2 Listen der Bewertung von Teilleistungen 337

6 Vertragsmuster 361

Stichwortverzeichnis 379

Vorwort

Nachdem der Europäische Gerichtshof in der inzwischen nicht nur in Fachkreisen bekannten Entscheidung vom 4.7.2019 – RS 377/17 dem Bundesgesetz- und Verordnungsgeber den Spiegel der nichteuroparechtskonformen Schaffung von Vergütungsanordnungen und -zwängen im Architekten- und Ingenieurhonorarrecht vorgehalten hatte, musste dieser binnen eines Jahres handeln. Dass nicht nur die HOAI 2013 vom Verstoß gegen die Dienstleistungsrichtlinie vom 12.12.2006 (RiL 2006/123/EG, Dienstleistungen im Binnenmarkt, Art. 15 Abs. 1, Abs. 2g und Abs. 3) betroffen war, sondern dieser bereits in der HOAI 2009 hätte berücksichtigt werden müssen, ist erst im Nachhinein richtig aufgefallen, obwohl man durch die Fassung des § 1 HOAI 2009 durchaus glauben durfte, die Reduzierung der HOAI 2009 auf die Inländeranwendung würde dem Genüge tun. Dennoch ist auch die HOAI 2009 von den Auswirkungen des Urteils zu den verbindlichen Preisregelungen betroffen; nicht zur Debatte steht die HOAI 1996/2002.

Damit musste eine Lösung »weg« von der verbindlichen Preisregelung »hin« zu einem Empfehlungscharakter der HOAI für alle leistungsbezogenen und in der HOAI verorteten Tätigkeiten gefunden werden. Eine berufsbezogene Tätigkeit kam nicht in Betracht, was auch den Vorgaben der BGH-Rechtsprechung seit dem 22.5.1997 entsprach. In den Fokus rückte daher § 7 HOAI, der die Honorarvereinbarung enthält, und ein neu eingeführter § 2a HOAI 2021, der den Weg »weg« vom Mindestsatz und »hin« zum Basishonorarsatz beschreibt.

Die wichtigste Errungenschaft allerdings ist in § 1 des Ingenieur- und Architektengesetzes (ArchLG) als Ermächtigungsgrundlage für die Einführung und Geltung der HOAI 2021 zu sehen. Hiernach soll die HOAI den berechtigten Interessen der Architekten[1] und Ingenieure einerseits und den zur Zahlung Verpflichteten andererseits Rechnung tragen. Da die umfassenden Leistungen der Beratung, Planung, Maßnahmendurchführung und Arbeiten im Zusammenhang mit Vergabeverfahren ein umfassendes Spektrum an Tätigkeiten erfassen, für das ein angemessenes Honorar – teilweise entfernt von den Vorstellungen in der HOAI 2021 mit ihrem Empfehlungscharakter (ganz zu schweigen von möglichen weiteren Anordnungen und Nachträgen) – erst immer gefunden und vereinbart werden muss, wird es schließlich eine erhebliche Aufgabe insbesondere der rechtlichen Einordnung werden, das alles in einen ordnungsgemäßen und ausgewogenen Rahmen zu bringen. Der Gesetzgeber schiebt hier erneut letztlich den Gerichten die Verantwortung zu. Umso wichtiger ist die vorvertragliche und

1 Der einfacheren Lesbarkeit halber werden im Buch häufig nur die männlichen Formen verwendet, diese umfassen alle Geschlechter (männlich, weiblich und divers).

vertragliche rechtliche Begleitung, denn die Gerichte werden ihre Ergebnisse meist erst dann vorlegen können, wenn die Probleme schon Historie geworden sind. Der Gesetzgeber hat aber die Änderungen in der HOAI 2021 zugleich auch genutzt, um den teilweisen Klärungsbedarf im Bauvertragsrecht des Bürgerlichen Gesetzbuches (BGB) nach dem 1.1.2018, der durch teilweise unklare Formulierungen entstanden war, zu beheben und auch im Vergaberecht auf aktuelle Anforderungen zu reagieren.

Mit der Vorlage dieses Werks soll zunächst dem Praktiker ein Einstieg in die immer komplexer werdende Materie an die Hand gegeben werden. Wichtig ist nun auch der Umgang mit dem »Verbraucher« (§ 13 BGB) geworden, also dem Teil der Auftraggeber, die rein privat bauen wollen und die keine Firmen, institutionelle oder öffentliche Auftraggeber sind. Das Verbraucherrecht und damit neu auftauchende Fragen zur Verwendung von allgemeinen Geschäftsbedingungen auf Auftraggeber- und Auftragnehmerseite werden uns in Zukunft weitaus mehr beschäftigen, als bisher infolge der Preisregulierung bekannt und verwendet.

Die Zukunft der HOAI wird sich daran entwickeln, wie mit diesen neuen Themen rechtlich umgegangen wird. Nur teilweise hilfreich ist der Verweis auf die Honorierung z. B. der Steuerberater (StBVV), der ebenfalls vorgetragen wird. Man wird sich im Ergebnis nicht daran orientieren. Vielmehr wird es ausschließlich um den Begriff der »Angemessenheit« des Honorars für bestimmte Tätigkeiten sowie um »versteckte« und »überraschende« Vertragsklauseln in den zahlreichen Varianten der Architekten- und Ingenieurverträge gehen. Die Arbeit fängt also erst an. Und es bleibt zu hoffen, dass der Berufsstand der Architekten und Ingenieure darunter nicht leiden wird.

Wie immer an dieser Stelle sei für die Realisierung des Buches dem Verlag und insbesondere dort Frau Jasmin Jallad und dem Redaktionsteam zu danken. Wie immer ging alles sehr schnell und für die Hinweise und Vorschläge von dort danke ich sehr.

Düsseldorf, im Februar 2021
Claus-Jürgen Korbion

Einleitung

Der Bundesrat hat am 6.11.2020 mit Drucksache 539/20 (Beschluss) in seiner 995. Sitzung beschlossen, der »Ersten Verordnung zur Änderung der Honorarordnung für Architekten und Ingenieure« gem. Art. 80 Abs. 2 Grundgesetz (GG) zuzustimmen. Damit reagierte die Bundesrepublik Deutschland nach gut eineinhalb Jahren erst auf die notwendige Änderungsanforderung, die der Europäische Gerichtshof (EuGH) in seinem Urteil vom 4.7.2019 (Rs. C-377/17) vorgegeben hatte. Er hatte nach einem Vertragsverletzungsverfahren gegen die Bundesrepublik Deutschland festgestellt, dass die in der Honorarordnung der Ingenieure und Architekten in der Fassung HOAI 2013 (in Kraft seit 10.7.2013 – BGBl. I S. 2276, HOAI) noch verbindlich vorgegebenen Mindest- und Höchsthonorarsätze gegen Art. 15 Abs. 1, Abs. 2 Buchstabe g und Abs. 3 der Richtlinie 2006/123/EG des Europäischen Parlaments und des Rates vom 12.12.2006 über Dienstleistungen im Binnenmarkt (EU-Dienstleistungsrichtlinie) verstoßen.

Der EuGH hatte sich in dieser Entscheidung lediglich mit der HOAI 2013 zu befassen, weil das Vertragsverletzungsverfahren sich nur um die aktuelle Verordnung aus 2013 drehte, und nicht mit der früheren Fassung 2009. Man hat jedoch davon auszugehen, dass auch die HOAI 2009 bereits wegen der Einführung der Dienstleistungsrichtlinie am 12.12.2006 ebenfalls gegen diese verstieß, weil die Umsetzungsfrist der Richtlinie gem. Art. 44 Abs. 1 Richtlinie 2006/123/EG des Europäischen Parlaments und des Rates vom 12.12.2006 über Dienstleistungen im Binnenmarkt vor dem 28.12.2009 verstrichen war und der deutsche Verordnungsgeber das glattweg übersehen hatte. Die Dienstleistungsrichtlinie findet keine Anwendung auf Vertragsverhältnisse, die während der Umsetzungsfrist entstanden sind. Das Urteil des EuGH vom 4.7.2019 betrifft daher grundsätzlich keine Sachverhalte, auf die die HOAI 1996/2002 Anwendung findet (so OLG Celle, Beschluss v. 9.12.2020 – 14 U 92/20). Der vor Ablauf der Umsetzungsfrist geschlossene Architekten- oder Ingenieurvertrag bleibt inhaltlich bestehen, nur das weiter wirkende gesetzliche Verbot der Mindestsatzunterschreitung darf nicht weiter angewandt werden.

Zudem hat die Entscheidung sowohl für die HOAI 2009 und auch die HOAI 2013 insoweit Auswirkung, als die Niederlassungsfreiheit aus Art. 49 AEUV betroffen ist, da sie – wie die Richtlinie auch – innerstaatlich wirkende beschränkende Regelungen erfasst, die sich auf die Niederlassung von Architekten und Ingenieuren bzw. mit diesen Tätigkeiten Befassten aus dem EU-Binnenmarkt beziehen. Ob und inwieweit dies (HOAI 2009 und HOAI 2013) für noch aktuelle abzuarbeitende gerichtliche Auseinandersetzungen von Interesse ist oder auch für derzeit noch abzuarbeitende Verträge, in denen Honorare auf der Basis von unterschreitenden Mindestsatz- oder überschreitenden Höchstsatzvereinbarungen streitig sind, die vom Auftragnehmer (Architekten, Ingenieure, Fachplaner usw.) derzeit nachgefordert werden, ist der Rechtsprechung der bundesdeutschen Gerichte vorbehalten.

Letztlich ist die Frage der Geltung der alten Fassungen der HOAI im Wesentlichen nur für die Fälle relevant, in denen die Auftragnehmer Nachforderungen zur bisherigen vertraglich vereinbarten Honorarhöhe stellen oder, wenn keine schriftliche Vereinbarung zur Honorarhöhe erfolgte (z. B. in Fassung 2013: § 7 Abs. 1, Abs. 3, Abs. 5 HOAI 2013), im Falle des § 7 Abs. 5 HOAI eine Erhöhung auf den Mindestsatz als Honorar gefordert wird, da eine Unterschreitung – nach alter Rechtslage und Auffassung – einen Verstoß gegen die Mindestsatzvorschrift der §§ 7 Abs. 1, 3 und 5 HOAI darstellte. Die Rechtsprechung war im Hinblick auf die Anwendung der Vorschriften zur Mindest- und Höchstsatzregelung in der HOAI 2013 nicht einheitlich und von teilweise sehr differenzierenden Ansatzpunkten geleitet. Im Wesentlichen sind zwei Argumentationsansätze erfolgt:

- **Die HOAI 2013 gilt weiter:**
  OLG Dresden, Beschluss vom 30.1.2020 – 10 U 1402/17; OLG München, Beschluss vom 8.10.2019 – 20 U 94/19; KG, Urteil vom 12.5.2020 – 21 U 125/19; OLG Hamm, Urteil vom 23.7.2019 – 21 U 24/18; OLG Naumburg, Urteil vom 13.4.2017 – 1 U 48/11
- **Die HOAI 2013 ist nicht mehr anwendbar:**
  OLG München, Beschluss vom 7.7.2020 – 9 U 2001/19 Bau; KG, Urteil vom 13.9.2019 – 7 U 87/18; OLG Schleswig, Urteil vom 25.10.2019 – 1 U 74/18; OLG Düsseldorf, Urteil vom 28.1.2020 – 21 U 21/19; OLG Düsseldorf, Urteil vom 17.9.2019 – 23 U 155/18; OLG Celle, Urteil vom 13.5.2020 – 14 U 71/19, Urteil vom 8.1.2020 – 14 U 198/18; Urteil vom 14.8.2019 – 14 U 198/18; Urteil vom 23.7.2019 – 14 U 182/18; Urteil vom 17.7.2019 – 188/18

Der BGH hat dann in seinem Beschluss vom 14.5.2020 (VII ZR 174/19) zusammengefasst folgende Leitlinien entwickelt:

Die Verfahren zu den »Erhöhungsklagen« hätten ohne Entscheidung des EuGH Erfolg gehabt. Eine richtlinienkonforme Auslegung des § 7 HOAI 2013 ist nicht möglich. Zudem neigt der BGH dazu, dass keine unmittelbare Wirkung des Art. 15 (EU-)Dienstleistungsrichtlinie zwischen Privaten (private Auftraggeber und/oder Firmen) anzunehmen ist. Die unmittelbare Wirkung gelte aber für Organisationen des Bundes und der Länder, Kommunen und den von diesen beherrschten bzw. zu diesen gehörenden Firmen (z. B. Stadtwerke, Bundesdruckerei, Landesbaubetriebe). Zudem sei es (ergänzend) auch nur eine Regelung im Hinblick auf das Verhältnis der EU-Staaten und der Anordnung diesen gegenüber. Die Umsetzung obliege dem jeweiligen Staat, der letztlich gegen Art. 15 DLR verstoße. Daher hat der BGH nun dem EuGH die Entscheidung dieser Frage der Wirksamkeit der Regelungen zwischen Privaten bzw. Organisationen und vom Bund, den Ländern und Kommunen beherrschten Firmen nochmals vorgelegt (Art. 267 Abs. 1a AEUV). Eine Entscheidung ist wohl erst Ende 2021/Anfang 2022 zu erwarten. Diese betrifft infolge der Einführung der neuen HOAI 2021 aber nur noch Altfälle, in denen die Frage der »Aufstockung« des Honoraranspruchs bei Unterschreitung der Mindestsätze oder Überschreitung der Höchstsätze eine Rolle spielt und diese nicht durch entsprechende vertragliche Gestaltungen aufgefangen werden können.

Letztendlich hat der Gesetz- und Verordnungsgeber sich damit aber nicht auseinanderzusetzen, denn die dargestellten Punkte haben rein innerstaatliche Konsequenzen zum gerichtlichen Verfahren und der Anwendung der Normen zur Mindestsatzunter- und Höchstsatzüberschreitung. Daher war für den Gesetz- und Verordnungsgeber mit der Verkündung des Urteils des EuGH am 4.7.2019 die Pflicht verbunden, der Entscheidung nachzukommen und die nationale Rechtsordnung an die Vorgaben des Urteils anzupassen. Damit war aber auch klar, dass der Gesetz- und Verordnungsgeber sich lediglich um die vom EuGH festgestellten Verstöße zur Mindestsatzunterschreitung und Höchstsatzüberschreitung zu kümmern hatte. Das hatte im Wesentlichen sechs Punkte der notwendigen Überlegungen und Neuregelungen zur Folge:

- Die Honorare der Architekten- und Ingenieurleistungen sind frei verhandel- und vertraglich frei vereinbar.
- Die bisherigen Honorartafeln müssen nicht geändert werden und unterliegen der Vorgabe des Verordnungsgebers. Jedoch ist die Anlage 1 der HOAI 2013 aus dem bisherigen »unverbindlichen Bereich« in den »verbindlichen Bereich« zu überführen. Es gibt also keine Zweiteilung der verbindlich einzuhaltenden Normen aus Teil 2 bis Teil 4 mehr, sondern auch die Regelungen des Anhangs 1 sind »verbindlich«, was die weitreichende Anwendung der dortigen Normen zur Folge hat. Weitere Folge ist nun insgesamt, dass die in allen Teilen angegebenen Tafelwerte der HOAI 2021 künftig unverbindlich sind, aber den Parteien als Honorarorientierung (»**angemessenes** Honorar nach § 632 BGB«) dienen sollen.
- Der Verbraucherschutz ist mit der Einführung der HOAI 2021 stärker zu beachten. Die Verbraucher müssen in Textform nun darauf hingewiesen werden, dass ein höheres oder niedrigeres Honorar vereinbart werden kann.
- Für eine wirksame Honorarvereinbarung reicht künftig die Textform aus, die Schriftlichkeit bei Vertragsschluss ist also nicht mehr notwendig. Textform heißt zudem nach dem Willen des Verordnungsgebers, dass nun auch die lediglich elektronisch übermittelte Erklärung der jeweiligen Partei des Vertrags die bisherige Schriftlichkeit ersetzt, jetzt also die »Textform« des § 126b BGB darstellt und damit für den Vertragsschluss über Leistung und Honorar ausreichend ist. Zudem ist der Abschluss einer Honorarvereinbarung auch noch nach Auftragserteilung (»Leistung«) möglich.
- Der bisherige »Mindestsatz« heißt nun »Basishonorar« und gilt als unterste Orientierungsstufe der Parteien für die Findung der Honorarhöhe als »angemessen« im Sinne des § 632 BGB. Unterschreitungen werden sich im Rahmen der »Sittenwidrigkeit« zulasten des Auftragnehmers (Architekt, Ingenieur, Fachplaner usw.) bei der erheblichen Unterschreitung des »Basishonorars« und zulasten des Auftraggebers (Bauherr, Verbraucher, öffentlicher Auftraggeber) im Rahmen des »Wuchers« bei erheblicher Überschreitung des Höchstwertes (Höchstsatz) in der Tabelle bewegen. Allerdings soll ein Basishonorar gelten für den Fall, dass die Parteien keine (wirksame) Honorarvereinbarung geschlossen haben (vermutete Honorarhöhe). Für diese Fälle gilt dann derjenige Basishonorarsatz als vereinbart, der sich bei An-

wendung der Honorarregelungen der HOAI im Einzelfall ergibt und der Höhe nach dem »bisherigen Mindestsatz« (wie HOAI 2013) entspricht.
- Die HOAI 2021 und damit die Änderungen und Anwendbarkeit gelten nur und ausschließlich für Verträge ab dem 1.1.2021.

Der Bundesrat hat in seinem Beschluss vom 6.11.2020 keine weiteren Ausführungen gemacht und lediglich auf die Ausführungen in der dem Gesetz- und Verordnungsverfahren vorangehenden Beschlussvorschlag aus der BR-Drucksache 539/1/20 verwiesen. Dort sind die hier maßgeblichen Erwägungen und Begründungen zur Regelung der neuen HOAI 2021 zu finden und werden nachfolgend besprochen. Die Drucksache 539/1/20 wurde bereits am 16.9.2020 durch die Bundesregierung in den Bundesrat eingeführt und am selben Tag hinsichtlich der Einwendungen und Ergänzungen in die Fachausschüsse verwiesen. Die Bundesregierung hatte nach zahlreichen Anhörungen über die zuständigen Ministerien, auch insbesondere beteiligte und interessierte Verbände, Auftraggeber- und Auftragnehmerinstitutionen die Fassung des Textes vorgelegt.

Wesentlich war der Bundesregierung, dass die Honorare für alle von der HOAI erfassten Leistungen künftig frei zu vereinbaren sind. Obwohl die HOAI nun künftig für die Honorare keine verbindlichen Mindest- und Höchstsätze mehr vorgibt, sollen die Regelungen in der HOAI, die für die Kalkulation der Honorare Maßgaben enthalten, weiterhin beibehalten werden. Das entsprechend dieser Kalkulationsregeln ermittelte Honorar kann aber immer mittels Zu- oder Abschlag geändert werden. Die HOAI wird daher künftig unverbindliche Honorarempfehlungen enthalten, die im Einzelfall eine wichtige Orientierung für die Honorarhöhe bieten. Die Bundesregierung sah den weiteren Erfüllungsaufwand zur Einhaltung dieser Grundsätze und Berechnungen aufseiten der Auftragnehmer, Auftraggeber und der öffentlichen Hand als gering an, weil die Bemessungsparameter der Honorarberechnung als Orientierungsstufe vor der Festlegung/Verhandlung über das Honorar nicht wesentlich sei; denn diese Bemessungsregelungen, die schon in den bisherigen Fassungen der HOAI enthalten waren (z. B. Honorarzone, anrechenbare Kosten, Umbauzuschlag, Kosten vorhandener Bausubstanz, Instandsetzungen und Instandhaltung, Mehrfachplanungen, Änderungsanordnungen und -leistungen usw.), sollen weiterhin anwendbar sein und als Kalkulationsgrundlage des Honoraransatzes dienen. Da die Bundesregierung bereits das Ziel verfolgte, mit der Regelung der frei vereinbarten Honorarhöhe ein schon bestehendes Preisniveau festzuschreiben und die durchschnittlichen Honorarhöhen nicht anzuheben, wurden dann auch die Honorartafeln, die seit 2013 unverändert sind, nicht angehoben.

Ob die Möglichkeit der vertraglichen Vereinbarung durch »Parteiwillen«, z. B. durch Honorarverhandlungen, die jetzt noch mehr möglich sind und zu Über-, aber auch Unterschreitung der Basis- oder Höchstsätze führen können, das geeignete Argument in dieser Situation ist, darf mit Recht wohl bezweifelt werden. Denn schon in den vergangenen Jahren waren insbesondere in Vergabeverfahren des öffentlichen Auftraggebers vielfach Möglichkeiten der Unterschreitung von Mindestsätzen »ausgetestet« worden (Beispiel: falsche Vorgabe der Honorarzone oder die Vorgabe an den bietenden Architekten oder Ingenieur, die Honorarzone selbst frei zu wählen, ohne maßgebliche Angaben zu Bauobjekt oder Planungsinhalten). Abzusehen ist daher ein Preiskampf gerade in Vergabeverfahren. Institutionelle Auftraggeber werden sich dies ebenfalls in geeigneten Fällen zunutze machen. Wie sich der Umstand bei Verbrauchern auswirken wird, hängt mit Sicherheit vom Verhandlungsgeschick auf beiden Seiten ab.

1 Neue Rechtsgrundlage für die HOAI 2021

Die HOAI 2021 ist wie ihre Vorgängerin eine Verordnung und damit eine untergesetzliche Vorschrift, die jedoch allgemeinverbindlich ist. Dieses bedeutet, dass alle und nicht nur die Betroffenen diese Verordnung zu berücksichtigen haben. Insofern ist es erforderlich, zunächst das zugrunde liegende Gesetz zu ändern, wenn grundlegende Änderungen der Verordnung geregelt werden sollen. Beginnend mit dem Referentenentwurf vom 2.7.2020 durch das Bundesministerium für Wirtschaft und Energie wurde zunächst der Entwurf eines Gesetzes zur Änderung des Gesetzes zur Regelung von Ingenieur- und Architektenleistungen und anderer Gesetze vorgelegt. Denn in seinem Urteil vom 4.7.2019 hat der Europäische Gerichtshof entschieden, dass die verbindlichen Mindest- und Höchsthonoraransätze der Honorarordnung für Architekten und Ingenieure vom 10.7.2013 (BGB L. I S. 2676) gegen Art. 15 Abs. 1, Abs. 2 g und Abs. 3 der Richtlinie 2006/123/EG des Europäischen Parlaments und des Rates vom 12.12.2006 über Dienstleistungen im Binnenmarkt (EU Dienstleistungsrichtlinie) verstoßen (Rechtssache C-377/17). Mit Verkündung des Urteils besteht für die Bundesrepublik Deutschland die Pflicht, die Entscheidung entsprechend umzusetzen und die nationale Rechtsordnung an die Vorgaben dieses Urteils anzupassen.

Allerdings ist auch zu sagen, dass die Auslegung des Urteils durch die Bundesregierung und den Bundesrat nicht dem entspricht, was der EuGH tatsächlich meinte. Denn in der Begründung geht es nicht darum, dass ausnahmslos die Mindest- und Höchstsatzregelungen als nicht mit der Dienstleistungsrichtlinie konform identifiziert wurden, sondern – überraschend –der Grundsatz wurde so nicht infrage gestellt. Vielmehr ging es darum, dass – fußend auf der Dienstleistungsrichtlinie – die Argumentation in die Richtung ging, dass andere Berufsgruppen oder als Dienstleister im Sinne der Richtlinie Tätige durch den berufsbezogenen Umfassungsbereich der HOAI 2013 quasi ausgeschlossen werden könnten, weil die Planungsleistungen ja so vielfältig seien. Der EuGH hat sogar anerkannt, dass die Festsetzung der Mindest- und Höchstsätze ein probates Mittel gegen die Gefahr des Verfalls der erwünschten Qualität von Planungsleistungen sei. Der EuGH weicht in diesem Fall dramatisch von den Schlussanträgen des Generalanwalts der Kommission ab. Jedoch meinte EuGH, dass das Ziel der ausgewogenen Begründung zur Anwendung des Systems der Mindest- und Höchstsätze vom Gesetz- und Verordnungsgeber der HOAI 2013 nur dann erreicht werden könne, wenn es auf kohärente und systematische Weise umgesetzt wird. Wie das zu geschehen habe, hat der EuGH nicht gesagt, aber der Bundesregierung vorgeworfen, in dem Verfahren dazu nichts vorgetragen zu haben (sic!). Der Entscheidung der Bundesrepublik Deutschland wurde also nur vorgeworfen, die HOAI 2013 ohne erforderliche Entwicklung einer Begründung in Kraft gesetzt zu haben, die aufzeigt, warum es erforderlich sei, dass nicht als Architekten oder Ingenieure zugelassene Berufsträger oder andere Personen, die diese Ausbildung eben nicht haben, der Mindest- und Höchstsatzregelung unterworfen werden. Ob das neben dem benannten Adressaten auch den Bundesgerichtshof mit seiner Entscheidung zur zwanghaften Anwendung der HOAI 1988 und 1996 zu anderen Berufsgruppen, wie beispielsweise WEG-Verwaltern, die auch Planungs- und Überwachungsleistungen tätigen können, betrifft, soll hier nicht diskutiert, aber jedenfalls kritisch angemerkt werden. Der Fokus lag seinerzeit noch auf Art. 10 § 3 MRVG, der dem jetzigen § 2 ArchLG 2020 im Wesentlichen entsprach. Dort war allerdings der Wortlaut so ausgelegt worden, dass diese Ermächtigungsgrundlage zur Regelung der HOAI wohl nicht berufsbezogen, sondern leistungsbezogen war, obwohl von »Architekten- und Ingenieurleistungen« die Rede war. Der BGH meinte dies dann so auslegen zu müssen:

> Die Mindest- und Höchstsätze der HOAI sind aufgrund der für ihren Geltungsbereich maßgeblichen Ermächtigungsgrundlage des Art. 10, §§ 1 und 2 MRVG auf natürliche und juristische Personen unter der Voraussetzung anwendbar, dass sie Architekten- und Ingenieuraufgaben erbringen, die in der HOAI beschrieben sind.
>
> Sie sind nicht anwendbar auf Anbieter, die neben oder zusammen mit Bauleistungen auch Architekten- und Ingenieurleistungen erbringen.

Offen darf also kritisiert werden, dass während der gesamten Zeit bis zur EuGH-Entscheidung offenbar niemanden aufgefallen ist, dass der BGH hier 1996 den Begriff »Architekten- und Ingenieuraufgaben« völlig neu ersonnen hatte, obwohl der Begriff »-aufgabe« nirgendwo im MRVG oder der HOAI erwähnt wurde (dazu Korbion/Mantscheff/Vygen, HOAI, 7. Auflage, 2009, § 1, Rn. 23 ff., m. w. N.).

Das Gesetz zur Regelung von Ingenieur- und Architektenleistungen (ArchLG) enthält die gesetzlichen Grundlagen, die die Bundesregierung zum Erlass einer Honorarordnung für Ingenieure sowie zum Erlass einer Honorarordnung für Architekten ermächtigten. Dieses Gesetz zur Regelung von Ingenieur- und Architektenleistungen vom 4. November 1971 (BGBl. I S. 1745, 1749) das lediglich durch Art. 1 des Gesetzes vom 12. November 1984 (BGBl. I S. 1337) geändert wurde, war zu ändern, weil diese Verordnungsermächtigung unter anderem vorgeschrieben hat, dass Mindest- und Höchstsätze für Honorare festzusetzen sind, die für die von der Honorarordnung erfassten Leistungen gelten sollen.

Auf der Grundlage dieser Verordnungsermächtigungen hat die Bundesregierung die HOAI erlassen. Entsprechend der dort formulierten Vorgaben enthält die HOAI insbesondere für bestimmte Leistungen, die üblicherweise von Architekten oder Ingenieuren erbracht werden, verbindliche Mindest- und Höchst Honorarsätze, die der Europäische Gerichtshof in seinem Urteil für EU-rechtswidrig erklärt hat.

Daneben besteht weiterer Änderung- und Klarstellungsbedarf im Vergaberecht. Vor diesem Hintergrund der aktuellen Covid-19-Pandemie hat sich in der Vergabepraxis gezeigt, dass Unsicherheit bei den Vergabeverfahren und Verfahrensregeln für die Durchführung eines Verhandlungsverfahrens ohne Teilnahmewettbewerb in Fällen eines äußerst dringlichen Beschaffungsbedarfs besteht. Dies hat auch Auswirkungen auf Vergabeverfahren der Ingenieure, Architekten und Fachplanungsebenen.

Die maßgeblichen Bundesministerien haben daher unter Berücksichtigung der Entscheidung des Europäischen Gerichtshofs die entsprechend betroffenen Regelungen der HOAI überprüft. Die Regelungen der HOAI beruhen auf den im ArchLG vorgegebenen Grundlagen, die ausdrücklich zur Festlegung von Mindest- und Höchsthonorarsätzen ermächtigen. Diese Ermächtigungsgrundlagen sollen entsprechend der Entscheidung des Europäischen Gerichtshofs angepasst werden, damit im Anschluss daran die Regelungen der HOAI ebenfalls geändert werden können.

Die Änderungen im ArchLG und in der HOAI zur Umsetzung des Urteils des Europäischen Gerichtshofs haben außerdem Auswirkungen auf weitere bundesgesetzliche Regelungen. Dieses Gesetz umfasst daher auch die insofern erforderlichen Änderungen dort. Zusätzlich enthält das Gesetz Änderungen im Gesetz gegen Wettbewerbsbeschränkungen sowie Klarstellung in den vergaberechtlichen Verordnungen zu Verhandlungsverfahren ohne Teilnahmewettbewerb bei äußerster Dringlichkeit. Diese Klarstellungen werden für mehr Rechtssicherheit sorgen.

Die Bundesministerien gingen dabei davon aus, dass die Änderung des ArchLG für die HOAI künftig für Honorare für Planungsleistungen von Architekten und Ingenieuren keine verbindlichen Mindest- oder Höchsthonorarsätze mehr vorgeben wird. Diese Auswirkungen aus dem EuGH-Urteil, die Regelungen, die die HOAI für die Kalkulation der Honorare enthält, sollen aber erhalten bleiben. Das entsprechend diesen Kalkulationsregeln ermittelte Honorar kann aber geändert werden, beispielsweise durch Zu- oder Abschläge. Gleichzeitig wird die HOAI 2021 eine wichtige Orientierung für die Honorarhöhe im Einzelfall geben. Dabei gehen die Bundesministerien davon aus, dass sich kein wesentlicher Aufwand bei der Prüfung für die Allgemeinheit ergibt. Hinsichtlich der betroffenen Architekten und Ingenieure allerdings ist man der Meinung, dass die Maßstäbe, nach denen die Honorare kalkuliert werden können, grundsätzlich fortbestehen müssen. Für die Wirtschaftsunternehmen, die ihre Leistungen nach der HOAI abrechnen, ist daher ebenfalls nicht von einem erheblichen Prüfungsaufwand auszugehen, so die Bundesministerien. Dafür erhofft man sich, dass Bund, Länder und Kommunen, die die Leistungen beschaffen, bei deren Vergütung die Kalkulationsgrundlagen der HOAI weiterhin heranziehen können, und dass aufgrund der nicht mehr zwingenden Mindest- und Höchsthonorarsätze die daraus folgenden Honorarorientierungen zu niedrigeren Honoraren und damit zu niedrigeren Ausgaben führen.

Die HOAI als untergesetzliche Verordnung beruht nun auf dem neuen Gesetz zur Änderung des Gesetzes zur Regelung von Ingenieur- und Architektenleistungen und anderer Gesetze vom 12.11.2020 und ist seit dem 1.1.2021 gesetzlich verbindlich. Die Gesetzgebungskompetenz des Bundes für die Änderungen des ArchLG ergibt sich aus Art. 74 Abs. 1 Nr. 11 GG – Recht der Wirtschaft. Eine bundeseinheitliche Regelung ist im Sinne des Artikels 72 Abs. 2 GG auch erforderlich. Das Urteil des Europäischen Gerichtshofs hat Teile einer bundesweit geltenden Regelung für unvereinbar mit dem Europarecht erklärt.

Um die aus der Entscheidung entstehende Verpflichtung zur Änderung des nationalen Rechts erfüllen zu können sowie eventuell bestehende Rechtsunsicherheiten über die Auswirkungen des Urteils auf die unterschiedlich gelagerten Einzelfälle abschließend zu klären, war eine Neufassung des bisherigen bundesweiten Regelungskomplexes notwendig. Die Gesetzgebungskompetenz für die Änderung des Bürgerlichen Gesetzbuches ergibt sich zudem aus Art. 74 Abs. 1 Nr. 1 GG. Die Gesetzgebungskompetenz des Bundes für die Änderungen des Gesetzes gegen Wettbewerbsbeschränkungen (GWB) beruht auf Art. 74 Abs. 1 Nr. 11 GG (Recht der Wirtschaft). Eine bundeseinheitliche Regelung ist im Sinne des Art. 72 Abs. 2 GG auch erforderlich. Dies ergibt sich aus der diesbezüglichen Begründung des Gesetzes zur Modernisierung des Vergaberechts vom 11.2.2016 (BGBl. I S. 203).

Das Regelungsvorhaben steht im Einklang mit dem Leitgedanken der Bundesregierung zur nachhaltigen Entwicklung im Sinne der deutschen Nachhaltigkeitsstrategie, die der Umsetzung der UN-Agenda 2030 für nachhaltige Entwicklung dient (Sustainable Development Goals – SDGs/Nachhaltigkeitsziele; www.bmu.de/themen/nachhaltige-entwicklung). Das Regelungsvorhaben ist insbesondere vereinbar mit den SDGs (»Menschenwürdige Arbeit und Wirtschaftswachstum«). Es trägt zur Planungs- und Rechtssicherheit im betroffenen Sektor bei. Dies kann zu einer sicheren Investitionswelle und somit zu besseren Investitionsbedingungen im Sinne der nationalen Postulate zu den SDGs beitragen.

Das Regelungsvorhaben berührt auch die SDGs Punkt 12 (»Nachhaltiger Konsum und Produktion«), insbesondere den Indikatorpunkt 12.3 der Deutschen Nachhaltigkeitsstrategie. Die Pflichten zur Berichterstattung im Rahmen des Monitorings an die Europäische Kommission betreffen die Anwendung des Vergaberechts während des jeweiligen Berichtszeitraums. Dieses Monitoring umfasst dabei auch, inwieweit Bund, Länder und Gemeinden die Möglichkeit der nachhaltigen Beschaffung nutzen. Damit trägt die Monitoringpflicht, die durch dieses Gesetz zur Flexibilisierung beiträgt, auch zum Monitoring der Erfüllung der Nachhaltigkeitsziele der Bundesregierung bei. Behinderungen etwaiger Nachhaltigkeitsziele oder Zielkonflikte zwischen verschiedenen Nachhaltigkeitszielen durch das Regelungsvorhaben sind nicht festgestellt.

Der Wortlaut des neuen ArchLG vom 12.11.2020 lautet nun:

Artikel 1
Änderung des Gesetzes zur Regelung von Ingenieur- und Architektenleistungen

Das Gesetz zur Regelung von Ingenieur- und Architektenleistungen vom 4. November 1971 (BGBl. I S. 1745, 1749), das durch Art. 1 des Gesetzes vom 12. November 1984 (BGBl. I S. 1337) geändert worden ist, wird wie folgt geändert:

1. § 1 wird wie folgt gefasst:

»§ 1

Ermächtigung zum Erlass einer Honorarordnung für Ingenieur- und Architektenleistungen

(1) Die Bundesregierung wird ermächtigt, durch Rechtsverordnung mit Zustimmung des Bundesrates eine Honorarordnung für Ingenieur- und Architektenleistungen zu erlassen und Folgendes zu regeln:
1. Die Grundlagen und Maßstäbe zur Berechnung von Honoraren,
2. Honorartafeln zur Honorarorientierung für Grundleistungen, auch in Abgrenzung zu Besonderen Leistungen,
3. eine Regelung, wonach bestimmte in den Honorartafeln angegebene Honorarsätze für Grundleistungen für den Fall als vereinbart gelten, dass keine wirksame Honorarvereinbarung getroffen wurde,
4. die bei der Honorarvereinbarung einzuhaltende Form und die zu beachtenden Hinweispflichten.

Bei der Bestimmung der Honorartafeln zur Honorarorientierung nach Satz 1 Nummer 2 ist zur Ermittlung angemessener Honorare den berechtigten Interessen der Ingenieure und Architekten und der zur Zahlung Verpflichteten Rechnung zu tragen. Diese sind an der Art und dem Umfang der Aufgabe sowie an der Leistung des Ingenieurs oder Architekten auszurichten.

(2) Grundleistungen im Sinne des Absatzes 1 Nummern 2 und 3 sind Leistungen, die regelmäßig im Rahmen von Flächen-, Objekt- oder Fachplanungen auszuführen sind. Sie umfassen insbesondere auch Leistungen der Beratung, Planung, Maßnahmendurchführung sowie Leistungen im Zusammenhang mit Vergabeverfahren.«

2. § 2 wird aufgehoben.

3. § 3 wird § 2.

(§ 2 – Unverbindlichkeit der Koppelung von Grundstückskaufverträgen mit Ingenieur- und Architektenverträgen

Eine Vereinbarung, durch die der Erwerber eines Grundstücks sich im Zusammenhang mit dem Erwerb verpflichtet wird, bei der Planung oder Ausführung des Bauwerks auf dem Grundstück die Leistungen eines bestimmten Ingenieurs oder Architekten in Anspruch zu nehmen, ist unwirksam. Die Wirksamkeit des auf den Erwerb des Grundstücks gerichteten Vertrages bleibt unberührt.)

Artikel 2
Änderung des Bürgerlichen Gesetzbuchs

In § 650q Absatz 2 des Bürgerlichen Gesetzbuchs in der Fassung der Bekanntmachung vom 2. Januar 2002 (BGBl. I S. 42, 2003 I S. 738), das zuletzt durch Artikel 2 des Gesetzes vom 16. Oktober 2020 (BGBl. I S. 2187) geändert worden ist, werden die Sätze 2 und 3 durch folgenden Satz ersetzt: »Im Übrigen gilt § 650c entsprechend.«

Artikel 3
Änderung des Gesetzes gegen Wettbewerbsbeschränkungen

(Hier nicht relevant, Anm. d. Verf.)

Artikel 4
Änderung der Vergabeordnung

Die Vergabeverordnung vom 12. April 2016 (BGBl. I S. 624), die zuletzt durch Artikel 3 des Gesetzes vom 25. März 2020 (BGBl. I S. 674) geändert worden ist, wird wie folgt geändert:

1. § 17 wird wie folgt geändert:
   a) In Absatz 6 werden nach dem Wort »beträgt« die Wörter »beim Verhandlungsverfahren mit Teilnahmewettbewerb« eingefügt.
   b) Folgender Absatz 15 wird angefügt:
   »(15) in einem Verhandlungsverfahren ohne Teilnahmewettbewerb nach § 14 Absatz 4 Nummer 3 ist der öffentliche Auftraggeber von den Verpflichtungen der §§ 9 bis 13, des § 53 Absatz 1 sowie der §§ 54 und 55 befreit.«
2. In § 73 Absatz 2 Nummer 1 werden die Wörter »vom 10. Juli 2013 (BGBl. I S. 2276)« gestrichen.

3. § 76 Absatz 1 Satz 2 wird wie folgt gefasst:
   »Auf die zu erbringende Leistung anwendbare Gebühren- oder Honorarordnungen bleiben unberührt.«

Artikel 5
Änderung der Vergabeverordnung Verteidigung und Sicherheit

(Hier nicht relevant, Anm. d. Verf.)

Artikel 6
Änderung der Sektorenverordnung

(Hier nicht relevant, Anm. d. Verf.)

Artikel 7
Inkrafttreten

Dieses Gesetz tritt am Tag nach der Verkündung in Kraft.

Anmerkung: Das Gesetz ist im Bundesgesetzblatt am 18.11.2020 verkündet worden und daher seit dem 19.11.2020 anzuwenden und gültig. Die Verordnung, d. h. die HOAI 2021, ist in der Folge dann am 6.11.2020 zur Zustimmung des Bundesrates gefasst und am 2.12.2020 veröffentlicht worden und zum 1.1.2021 anzuwenden gewesen.

2 Anwendung des Gesetzes zur Regelung von Ingenieur- und Architektenleistungen

2.1 Art. 1 – Änderung des Gesetzes zur Regelung von Ingenieur- und Architektenleistungen

2.1.1 Nr. 1

Infolge des Urteils des Europäischen Gerichtshofs sind Änderungen an den Regelungen des ArchLG als Ermächtigungsgrundlage für die HOAI als Verordnung notwendig. Um sowohl die inhaltlich erforderlichen Anpassungen vorzunehmen als auch die Ermächtigungsgrundlage insgesamt kürzer und einheitlich zu formulieren, wurden die Regelungen umfassend umgestaltet. Bisher enthielt das ArchLG in den §§ 1 und 2 alte Fassung zwei getrennte Paragrafen, die einerseits zum Erlass einer Honorarordnung für Ingenieure und andererseits zum Erlass einer Honorarordnung für Architekten ermächtigten. Inhaltlich waren diese Regelungen aber nahezu wortgleich. Da die Umsetzung dieser Ermächtigungsgrundlage in einer einheitlichen Rechtsverordnung erfolgt, besteht kein Bedarf an einer Beibehaltung dieser Aufteilung. Daher fasst die neue Regelung beide Bereiche zusammen und deckt das gesamte Spektrum der Ermächtigungsgrundlage ab. Künftig ergibt sich die Ermächtigungsgrundlage daher nicht mehr aus den alten §§ 1 und 2, sondern allein aus dem neu gefassten § 1 HOAI 2021, der beide Berufsgruppen zusammenfasst.

Bisher zählten die §§ 1 und 2 alte Fassung mit den Ermächtigungsgrundlagen für die HOAI verschiedene Berufsgruppen auf, die die HOAI bei der Honorarermittlung anzuwenden hatten. In der neu gefassten, einheitlichen Ermächtigungsgrundlage sind diese verteilten Aufzählungen ersetzt worden durch eine Ausrichtung auf die Ingenieur- und Architektenleistung statt der bisher in der Ermächtigungsgrundlage aufgezählten Berufsbezeichnung. Das erfolgt vor dem Hintergrund, dass schon nach der alten Rechtslage die bisher im ArchLG genannten Berufsgruppen nicht das gesamte Spektrum derjenigen abbildeten, deren Leistungen nach der HOAI honoriert wurden. Nach der Rechtsprechung des Bundesgerichtshofs (BGH, Urteil vom 22.5.1997 – VII ZR 290/95, BGHZ 136, 111) beschränkte sich der Anwendungsbereich der HOAI nämlich gerade nicht ausschließlich auf Leistungen von Personen, die die im Gesetz bzw. in der Verordnung genannten Berufsbezeichnungen führen durften. Sie war vielmehr von allen anzuwenden, die Leistungen erbrachten, die inhaltlich von der HOAI erfasst wurden. Die Bestimmung des Anwendungsbereichs erfolgte leistungsbezogen über die Tätigkeiten, nicht über die im Gesetz oder der HOAI benannten Berufsgruppen. Daran soll die jetzige Anpassung des ArchLG nichts ändern. Es sollen auch künftig die Leistungen aller Berufsgruppen den HOAI-Honorarregelungen unterfallen, für die

die HOAI bisher schon galt. Die gesetzliche Regelung enthält deshalb auch keine lange Auflistung verschiedener Berufsgruppen, sondern benennt allgemein die für das ArchLG namensgebenden Tätigkeiten als von diesem erfasst, nämlich die Ingenieur- und die Architektenleistungen. Unter diesen Oberbegriff fallen sowohl die »Grundleistungen« als auch die »Besonderen Leistungen«. Wie bisher soll die HOAI auch künftig detaillierte Regelungen für die Grundleistungen sowie für die Besonderen Leistungen enthalten. Daher erfolgt eine genaue Bestimmung der Grundleistungen im neu gefassten § 1 Abs. 2.

In der neu eingefügten Aufzählung **§ 1 Abs. 1** ist das wesentliche inhaltliche Regelungsprogramm der HOAI enthalten.

§ 1 Abs. 1 Nr. 1 beschreibt den Kern der Regelungsaufgabe der Verordnung. Die HOAI soll die Grundlagen und Maßstäbe vorgeben, an denen sich die Berechnung der Honorare für die von der Verordnung erfassten Tätigkeiten orientieren kann. Dabei sollen auch künftig die gleichen Kriterien genutzt werden können, die bisher schon in der HOAI enthalten sind. Das erfasst insbesondere alle Regelungen, die festlegen, welche Parameter zur Honorarberechnung heranzuziehen sind, wenn das Honorar nach der HOAI kalkuliert werden soll. Hier kommen beispielsweise Bezugsgrößen für die Honorarkalkulation wie die Größe der zu planenden Fläche oder die Festlegung der anrechenbaren Kosten des Objekts der Planungsleistung in Betracht sowie die Vorgaben, wie diese Parameter in die Honorarberechnung einzubeziehen sind.

Entsprechende Maßstäbe können auch Leistungsbilder sein, die näher beschreiben, welche Tätigkeit die zu honorierenden Leistungen im Regelfall enthalten. Diese Leistungsbilder dienen dabei dem Zweck, eine Honorarberechnung zu ermöglichen. Sie stellen keine abschließende Bestimmung des Leistungsinhalts dar. Als Honorarordnung dient die HOAI gerade nicht der abschließenden inhaltlichen Bestimmung von Leistungen. Es bleibt insbesondere möglich, dass im Einzelfall ein Vertrag nur Teile eines Leistungsbildes zum Gegenstand hat. Das Leistungsbild muss nicht insgesamt beauftragt werden. Daneben kann auch geregelt werden, wie die Komplexität der Planungsaufgabe im Einzelfall in der Kalkulation des Honorars einzubeziehen ist. Dieses soll auch künftig nach der bekannten Systematik der HOAI über die Einordnung der Planungsaufgabe in Honorarzonen und in der Vereinbarung eines Honorarsatzes (z. B. Basishonorarsatz oder oberer Honorarsatz der einschlägigen Honorarspanne) erfolgen können. Sachlich zusammengehörende Leistungen können in Leistungsphasen, wie z. B. die Grundlagenermittlung, Entwurfsplanung oder die Bauüberwachung beispielsweise auch die Bauoberleitung zusammengefasst werden.

Allerdings berechtigt § 1 Abs. 1 Nr. 1 gerade nicht zu einer verbindlichen Festlegung der Honorarhöhe. Dies ist künftig in allen Fällen frei vereinbar. Die Regelungen nach § 1 Abs. 1 Nr. 1 dienen vielmehr der Transparenz der Honorarkalkulation und der

Vergleichbarkeit verschiedener Angebote entsprechender Leistungen. So können die Auftraggeber in den Vergabeverfahren und den Vertragsvereinbarungen die Honorarermittlung nach den Grundlagen der HOAI vorgeben, sodass eine Transparenz und Vergleichbarkeit der Angebote hergestellt wird. Damit wird für den Auftraggeber beispielsweise deutlich, welche Kosten der einzelne Anbieter einbezieht oder als wie anspruchsvoll er die infrage stehende Leistung qualifiziert. Pauschal oder nach Stundensätzen kalkulierte Angebote können auf der Grundlage der Systematik zur Ermittlung der Honorare der HOAI überprüft werden. Es kann aber nicht festgelegt werden, welches Honorar zum Schluss tatsächlich angeboten wird. Insbesondere Zu- oder Abschläge vom zunächst errechneten Honorar bleiben möglich.

§ 1 Abs. 1 Nr. 2 ermächtigt den Verordnungsgeber, Honorartafeln zur Honorarorientierung festzulegen. Dieses erfolgt auch vor dem Hintergrund, dass der Europäische Gerichtshof in seinem Urteil vom 4.7.2019 festgestellt hat, dass Preisorientierungen zum Verbraucherschutz beitragen können (Rechtssache C-377 / 17, Rn. 94, 95). Die Regelung beschränkt sich dabei auf den Bereich der sogenannten Grundleistungen, für die sonstigen »Besonderen Leistungen« geht die Ermächtigung nicht so weit. Die Grundleistungen werden in § 1 Abs. 2 näher definiert als diejenigen Leistungen, die **regelmäßig** im Rahmen von Flächen, Objekt- oder Fachplanungen auszuführen sind, also die **üblicherweise** umzusetzenden Standardaufgaben in diesen Bereichen. Es sollen deshalb nur für diese im Regelfall durchgeführten Tätigkeiten Honorartafeln zur Honorarorientierung festgelegt werden, hingegen nicht für weitere mögliche Leistungen, die in Einzelfällen gegebenenfalls zusätzlich beauftragt werden. Diese Besonderen Leistungen waren auch bisher dem Preiskontrollrecht der HOAI nicht unterworfen und in den Leistungsbildern als beispielhafter, nicht abschließender Leistungskatalog neben den Grundleistungen dargestellt. Dies soll auch weiterhin möglich sein. Dabei können Besondere Leistungen auch aus den in § 1 Abs. 2 genannten Tätigkeitsbereichen stammen.

Bei den Grundleistungen können dagegen genauere Regelungen getroffen werden, insbesondere kann die HOAI für die in den Leistungsbildern erfassten Grundleistungen Honorartafeln enthalten, die den Vertragsparteien als Honorarorientierung dienen. Diese Honorartafeln sollen für jedes Leistungsbild, insbesondere abgestuft danach, wie anspruchsvoll die Aufgabe für den Planer im Einzelfall ist, Honorarspektren darstellen, die sowohl dem Planer als auch dessen Auftraggeber eine Orientierung für die angemessene Honorarhöhe im Einzelfall bieten sollen. Die Honorartafeln bilden für die jeweiligen anrechenbaren Kosten, Flächen oder für Rechnungseinheiten Honorarspannen ab. Das Honorar kann aber immer auch oberhalb oder unterhalb der in der Honorartafel enthaltenen Werte vereinbart werden. Dessen ungeachtet sind die Grenzen, die sich aus dem sonstigen Recht, etwa dem Zivilrecht oder – soweit es sich um öffentliche Aufträge handelt – dem Vergaberecht (insbesondere aus § 60 VergabeVO (VgV) zu den ungewöhnlich niedrigen Angeboten), ergeben, einzuhalten.

Nach **§ 1 Abs. 1 Nr. 3** kann die HOAI eine Regelung der Honorarhöhe bei Grundleistungen für den Fall enthalten, in dem die Parteien keine wirksame Honorarvereinbarung getroffen haben. Mit einer solchen Auffangregelung, vergleichbar der Regelung in § 1 Abs. 1 StB Vergütungsverordnung vom 17.12.1981 (BGBl. I S. 1442), die zuletzt durch Art. 8 der Verordnung vom 25.6.2020 (BGBl. I S. 1495) geändert worden ist (StGB VV), können langwierige Streitigkeiten über das Honorar vermieden werden, wenn keine wirksame Honorarvereinbarung getroffen wurde. Die Regelung bezieht sich allerdings **nur** auf die Grundleistungen, da nur für diese Honorartafeln vorgesehen sind, deren Werte für die Festlegung einer konkreten Honorarhöhe durch den Verordnungsgeber herangezogen werden können. Dies ist auch ausreichend, da die in den Leistungsbildern erfassten Grundleistungen das übliche Arbeitsprogramm der verschiedenen Planungsleistungen umfassen. Wenn darüber hinaus noch zusätzlich Besondere Leistungen Gegenstand des Projekts sein sollen, kann von den Parteien verlangt werden, dies in einer entsprechenden Honorarvereinbarung festzulegen.

Gemäß **§ 1 Abs. 1 Nr. 4** kann in der HOAI festgelegt werden, welche Form die Parteien bei der Vereinbarung des Honorars einzuhalten haben, damit diese wirksam ist. Außerdem können in der Verordnung Hinweispflichten vorgesehen werden, insbesondere im Hinblick auf die freie Vereinbarkeit der Honorarhöhe. Hier können beispielsweise ähnliche Hinweispflichten vorgesehen werden wie in § 4 Abs. 4 StGB VV.

§ 1 Abs. 1 Satz 2 legt fest, dass bei der Bestimmung der Honorartafeln zur Honorarorientierung nach Satz 1 Nr. 2 den **berechtigten Interessen** der Ingenieure und Architekten und der zur Zahlung Verpflichteten Rechnung zu tragen ist. Zudem sind diese nach **Satz 3** an der Art und dem Umfang der Aufgabe sowie an der Leistung des Ingenieurs oder der Architektin auszurichten. Die beiden Sätze entsprechen sinngemäß einem Absatz des bisherigen ArchLG. Sie unterstreichen den neuen Charakter der gesetzlichen Ermächtigung zum Erlass von Honorarorientierungen und betonen, dass die Honorartafeln eine Orientierung für eine angemessene Honorarhöhe bieten sollen.

Die Regelung des **§ 1 Abs. 2** wurde ebenfalls neu gefasst und konkretisiert den Anwendungsbereich der HOAI durch die abstrakte Darstellung der von der Verordnung insbesondere im Bereich der »Grundleistungen« erfassten Tätigkeitsbereiche. Im Ergebnis soll dies aber nicht zu einer Änderungen im Vergleich zur bisherigen Rechtslage führen. Die HOAI soll sich auch künftig inhaltlich auf den gleichen Anwendungsbereich beziehen wie bisher. Dies betrifft insbesondere die Grundleistungen, die sich dadurch auszeichnen, dass sie regelmäßig im Rahmen von Flächen-, Objekt- oder Fachplanungen auszuführen sind. Es handelt sich also um das in Standardfällen durchzuführende Arbeitsprogramm bei solchen Planungsvorhaben. Der Begriff »Flächenplanung« erfasst dabei beispielsweise die Erstellung eines Flächennutzungsplans oder Bebauungsplans. Unter den Begriff »Objektplanung« fallen insbesondere die Leistungsbilder zu Gebäuden und Innenräumen, Ingenieurbauwerken oder Verkehrsanlagen. Dem Oberbegriff »Fachplanung« sind unter anderem die Bereiche der Tragwerksplanung, der technischen Ausrüstung oder der Geotechnik zuzuordnen.

Die Grundleistungen betreffen damit verschiedene Tätigkeitsfelder, die jeweils in den Leistungsbildern dargestellt werden können. Sie umfassen regelmäßig die für die verschiedenen Planungsvorhaben erforderlichen Tätigkeiten, die durch die beispielhafte Aufzählung in Abs. 2 Satz 2 konkretisiert werden. Es kann sich dabei sowohl um Beratungsleistungen für den Auftraggeber handeln als auch um die eigentliche Planungsarbeit. Aber auch Leistungen, die im Rahmen der Durchführung der geplanten Maßnahmen zu erbringen sind, sollen erfasst sein. Das Gleiche gilt im Zusammenhang mit Vergabeverfahren, bei denen der Auftraggeber im Rahmen der Vorbereitung und Vergabe von Bauleistungen, z. B. bei der Erarbeitung der Leistungsbeschreibung oder der Prüfung und Wertung der Angebote, unterstützt wird.

Auch wenn sich § 1 Abs. 2 ausdrücklich auf die Grundleistungen bezieht, bedeutet dies nicht, dass sich die Ermächtigungsgrundlage auf Regelungen dazu beschränkt. Zu diesen können allerdings deutlich konkretere Vorgaben getroffen werden. Wie sich aus einer Gesamtschau mit § 1 Abs. 1 Nr. 2 ergibt, kann die HOAI auch für sogenannte Besondere Leistungen, die im Einzelfall neben Grundleistungen beauftragt werden, Regelungen treffen, wenn auch nicht im gleichen Konkretisierungsgrad. Primär soll hier eine Abgrenzung dahin gehend möglich sein, welche Leistungen in einem bestimmten Tätigkeitsbereich zu den Grundleistungen gehören und welche zu den Besonderen Leistungen. Voraussetzung ist nur, dass die Besonderen Leistungen Bezüge zu den in § 1 Abs. 2 genannten Planungsbereichen aufweisen.

§ 1 Abs. 3 wurde vor dem Hintergrund der inhaltlichen Neugestaltung der gesamten Regelung und des Urteils des Europäischen Gerichtshofs aufgehoben.

2.1.2 Nr. 2

Die Änderung ergibt sich daraus, dass die Inhalte des § 2 jetzt vollständig in § 1 enthalten sind.

2.1.3 Nr. 3

Es handelt sich um die Folgeänderung.

2.2 Art. 2 – Änderung des Bürgerlichen Gesetzbuchs

Die Änderungen, die infolge des Urteils des Europäischen Gerichtshofs im ArchLG sowie in der HOAI erforderlich sind, haben Auswirkungen auf §650q Abs. 2 BGB. Der Verweis auf die HOAI-Regelungen zur Entgeltberechnung im Fall einer Anordnung des Bestellers (Auftraggeber) nach §650b BGB wird auch künftig weiter gelten, auch wenn keine verbindlichen Mindest- und Höchsthonorarsätze mehr anzuwenden sind.

§650q Abs. 2 BGB regelt nach seinem Satz 1 »die Vergütungsanpassung im Fall von Anordnungen nach §650b Abs. 2«. Voraussetzung einer solchen Anordnung ist nach §650b Abs. 2, dass die Parteien keine Einigung nach §650b Abs. 1 erzielen, also keine Einigung« über die Änderung und die infolge der Änderung zu leistende Mehr- oder Mindervergütung«. §650q Abs. 2 BGB greift mithin schon bisher nur ein, wenn es an einer Vereinbarung über eine infolge der Änderung vorzunehmende Honoraranpassung fehlt. Durch die Streichung des Satzes 2 wird nunmehr dem unzutreffenden Umkehrschluss vorgebeugt, dass eine freie Vereinbarung über die Vergütungsanpassung nur in den Fällen des §650q Abs. 2 Satz 2 BGB a. F. möglich sei.

Die Bezugnahme auf die Entgeltberechnungsregelungen der HOAI in §650q Abs. 2 Satz 1 BGB erstreckt sich insbesondere auch auf die gemäß der neuen Fassung des ArchLG in der HOAI mögliche Vorschrift, welcher Honorarsatz im Einzelfall gilt, wenn keine Honorarvereinbarung getroffen wurde. Vor diesem Hintergrund ist auch die Neufassung des bisherigen §650q Abs. 2 Satz 3 BGB zu sehen, der künftig Satz 2 sein wird. Diese Neuregelung bezieht sich, wie der Satz 2 des Abs. 2, ausschließlich auf die Fallkonstellation des §650b Abs. 2 BGB, in der eine Änderungsanordnung des Bestellers erfolgte und keine Vereinbarung über die infolge der Änderung vorzunehmende Honoraranpassung erzielt worden ist. Fehlt es an einer Vereinbarung über die Honoraranpassung, soll grundsätzlich die Regelung der HOAI anzuwenden sein. Das kann aber nur für die Fallkonstellation gelten, in der es um Leistungen geht, die von der HOAI auch erfasst sind. Die Regelung des §650c BGB, wonach die tatsächlich erforderlichen Kosten nebst Zuschlägen maßgeblich sind, wird deshalb durch den neuen §650q Abs. 2 Satz 2 BGB für diejenigen Fälle für im Übrigen anwendbar erklärt, die nicht in den Anwendungsbereich der HOAI fallen.

2.3 Art. 3 – Änderung des Gesetzes gegen Wettbewerbsbeschränkungen

2.3.1 Nr. 1

Hier nicht relevant.

2.4 Art. 4 – Änderung der Vergabeverordnung

2.4.1 Nr. 1

Mit der Einfügung wird im Einklang mit Art. 32 der Richtlinie 2014/24/EU klargestellt, dass die hier geregelte Mindestfrist für die Einreichung von Angeboten für das Verhandlungsverfahren mit Teilnahmewettbewerb gilt. Nur bei diesem Verfahren werden im Rahmen des Teilnahmewettbewerbs die eingereichten Teilnahmeanträge geprüft und aus dem Kreis der Bewerber nach § 52 VgV diejenigen Unternehmen ausgewählt, die zur Abgabe von Angeboten aufgefordert werden.

Beim Verhandlungsverfahren ohne Teilnahmewettbewerb fehlt dieser erste Schritt; das Verfahren beginnt vielmehr unmittelbar mit der gezielten Aufforderung einzelner Unternehmen, die nach Einschätzung des öffentlichen Auftraggebers die Leistung erbringen können. In diesem Fall ist der öffentliche Auftraggeber nicht verpflichtet, eine bestimmte Mindestfrist für die Übermittlung der Angebote zu setzen. Die Fristsetzung ist lediglich am Maßstab des § 20 Abs. 1 VgV zu messen; allerdings wird der öffentliche Auftraggeber die Fristsetzung bereits aus Eigeninteresse angemessen ansetzen, um ein valides Angebot zu erhalten. Aufgrund seines besonderen Ausnahmecharakters sind damit beim Verhandlungsverfahren ohne Teilnahmewettbewerb nach Würdigung der Gesamtumstände grundsätzlich auch sehr kurze Fristen denkbar, die insbesondere beim Vorliegen äußerst dringlicher, zwingender Gründe nach § 14 Abs. 4 Nr. 3 VgV auch bis zu null Tage betragen können.

Auch die Europäische Kommission bestätigt in ihrer Mitteilung vom 1.4.2020 (2020/C 108 I/01), dass bei einem Verhandlungsverfahren ohne Teilnahmewettbewerb »keine Anforderungen hinsichtlich der Veröffentlichung, der Fristen oder der Mindestzahl der zu konsultierenden Bewerber oder sonstige verfahrenstechnische Anforderungen« bestehen.

Der neu eingefügte **Abs. 15** stellt klar, dass der öffentliche Auftraggeber bei der Durchführung eines Verhandlungsverfahrens ohne Teilnahmewettbewerb wegen besonderer Dringlichkeit nach § 14 Abs. 4 Nr. 3 VgV von bestimmten Verpflichtungen der VgV befreit ist. Dies gilt namentlich für die Formvorschriften zur elektronischen Vergabe, insbesondere der Entgegennahme von Angeboten, der Bieterkommunikation und der Zuschlagserteilung. Die Entbindung von diesen Verpflichtungen ergibt sich aus der Besonderheit des Vergabeverfahrens und seinen Zulassungsvoraussetzungen. Das Verfahren darf nur gewählt werden, wenn ein unvorhergesehenes Ereignis vorliegt, äußerst dringliche oder zwingende Gründe bestehen, die die Einhaltung der in anderen Vergabeverfahren vorgeschriebenen Fristen nicht zulassen und ein kausaler Zusammenhang zwischen dem unvorhergesehenen Ereignis und der Unmöglichkeit besteht, die Fristen anderer Verfahren einzuhalten. Damit ist ein solches Verfahren unter größtem zeitlichen Druck durchzuführen, bei dem Verzögerungen durch die Anwendung bestimmter Formvorschriften nicht in Kauf genommen werden müssen (z. B. Zeitverlust durch vorherige Registrierung der lieferbereiten Unternehmen auf der Vergabeplattform des Auftraggebers).

Die datenschutzrechtlichen Bestimmungen, insbesondere die der Verordnung (EU) 2016/679 des Europäischen Parlaments und des Rates vom 27.4.2016 zum Schutz natürlicher Personen bei der Verarbeitung personenbezogener Daten, zum freien Datenverkehr und zur Aufhebung der Richtlinie 95/46 aus EG (Datenschutz-Grundverordnung, ABL. L 119 vom 4.5.2016, S. 1; L 114 vom 22.11.2016, S. 72; L 127 vom 23.5.2018, S. 2) in der jeweils geltenden Fassung sowie zum Umgang mit personenbezogenen Daten, die im Rahmen des Vergabeverfahrens ausgetauscht werden, werden durch diese Erleichterung nicht berührt. Die öffentlichen Auftraggeber bleiben ungeachtet der Wahl des Vergabeverfahrens verpflichtet, für einen datenschutzkonformen Umgang mit personenbezogenen Daten zu sorgen.

Darüber hinaus werden die besonderen Umstände der Durchführung eines solchen Verfahrens es in der Regel auch nicht gestatten, dass bestimmte Formvorschriften zum Umgang mit den Angeboten beachtet werden können. Dies gilt namentlich im Hinblick auf den Empfang sowie die Aufbewahrung, Speicherung, Kenntnisnahme und Öffnung der Angebote (§§ 53 bis 55 VgV). Auch die Europäische Kommission bestätigt in ihrer Mitteilung vom 1.4.2020 (2020/C 108 I), dass bei einem Verhandlungsverfahren ohne Teilnahmewettbewerb »keine Anforderungen hinsichtlich der Veröffentlichung, der Fristen oder der Mindestanzahl der zu konsultierenden Bewerber oder sonstige verfahrenstechnische Anforderungen« bestehen.

Die in Abs. 15 aufgeführten Vorschriften bleiben dennoch auch im Verhandlungsverfahren ohne Teilnahmewettbewerb auf Grundlage von § 14 Abs. 4 Nr. 3 VgV anwendbar. Der Auftraggeber ist lediglich von den durch die Vorschriften normierten Verpflichtungen befreit. Er kann sie aber – sofern er dies möchte – weiterhin anwenden und beispielsweise trotz Vorliegens der besonderen dringlichen, zwingenden Umstände die Abgabe von elektronischen Angeboten verlangen.

2.4.2 Nr. 2

Die Änderung dient der Klarstellung, dass der Verweis sich nicht auf eine bestimmte Fassung der HOAI bezieht, sondern auf die jeweils geltende Fassung.

2.4.3 Nr. 3

Die Neufassung des Satzes 2 in §76 Abs. 1 VgV erfolgt vor dem Hintergrund, dass die Regelungen der HOAI kein verbindliches Preisrecht mehr enthalten. Denn §76 Abs. 1 Satz 2 VgV in seiner bisherigen Fassung hat mit dem Verweis auf eine gesetzliche Gebühren- und Honorarordnung primär die bis zum Urteil des Europäischen Gerichtshofs geltenden verbindlichen Preisrechtsregelungen der HOAI in Bezug genommen. Künftig verweist die Regelung darauf, dass Gebühren- und Honorarordnungen auf die zu erbringende Leistung anwendbar sein können. Im Fall der HOAI betrifft dies insbesondere die Honorarorientierungen.

2.5 Art. 5 – Änderungen der Vergabeverordnung »Verteidigung und Sicherheit«

Hier nicht relevant.

2.6 Art. 6 – Änderungen der Sektorenverordnung

Hier nicht relevant.

2.7 Art. 7 – Inkrafttreten

Das Gesetz dient der Umsetzung des Urteils des Europäischen Gerichtshofs in der Rechtssache C-377/17 in nationales Recht. Daher ist das nationale Recht so schnell wie möglich anzupassen. Da neben dieser Gesetzesänderung hier zusätzlich eine Anpassung der Rechtsverordnung (HOAI) erforderlich ist, deren Ermächtigungsgrundlage mit dem Gesetz angepasst wird, wurde beides kurzfristig vor dem 1.1.2021 in Kraft gesetzt.

3 Die Regelungen der HOAI 2021 im Einzelnen

3.1 Allgemeines

Auch die neue Erste Verordnung zur Änderung der Honorarordnung für Architekten und Ingenieure vom 2.12.2020 (BGBl. I Nr. 58, S. 2636 ff.), auch als »HOAI 2021« bezeichnet, fußt auf den Änderungsvorgaben aus der Entscheidung des Europäischen Gerichtshofs Rechtssache C-377/17. Mit Verkündung des Urteils bestand für die Bundesrepublik Deutschland die Pflicht, der Entscheidung nachzukommen und die nationale Rechtsordnung an die Vorgaben des Urteils anzupassen. Allerdings hatte die Bundesrepublik Deutschland die üblicherweise gegebene Frist von einem Jahr großzügig um ein halbes weiteres Jahr verlängert und die Verordnung erst dann auf den Weg gebracht. Konsequenzen hatte dies europarechtlich nicht. Allerdings war der Rechtsstreit vor dem Europäischen Gerichtshof verloren worden und so muss die Bundesrepublik Deutschland Verfahrens- und Folgekosten in Millionenhöhe an die Europäische Kommission zahlen.

Notwendig ist es also, dass die Änderungen in der HOAI das Ziel haben, dem Urteil des Europäischen Gerichtshofs in der Rechtssache C-377/17 nachzukommen und die Regelungen der nationalen Rechtsordnung entsprechend den Vorgaben des Urteils anzupassen und so die Vereinbarkeit der Regelungen der HOAI mit dem Recht der Europäischen Union, wie es in der EU-Dienstleistungsrichtlinie zum Ausdruck kommt, herzustellen.

Im Zuge der gemäß § 2 der gemeinsamen Geschäftsordnung der Bundesministerien vorzunehmenden Relevanzprüfung sind unter Berücksichtigung der unterschiedlichen Lebenssituation von Frauen und Männern keine Auswirkungen erkennbar, die gleichstellungspolitischen Zielen zuwiderlaufen. Dem kommt § 1 der HOAI 2009 und 2013 bereits nach und wird in der Fassung 2021 weiter fortgesetzt.

In der HOAI 2021 ist ebenfalls keine Klarstellung erfolgt, ob der **räumliche Anwendungsbereich** der HOAI beschränkt ist. Zum einen war mit der HOAI 2009 eingeführt worden, dass die Grundleistungen vom Inland aus erbracht werden müssen und der Sitz des Leistungserbringers sich im Inland befinden muss. Das dürfte auch weiterhin gelten, denn dadurch dass der Verordnungsgeber eine Klarstellung versäumt hat, wird die HOAI für Bauvorhaben im Inland anzuwenden sein. Bei Bauvorhaben im Ausland gilt die HOAI auch nicht. Allerdings ist zu berücksichtigen, dass, wenn die Vertragsparteien keine Rechtswahl der Geltung eines bestimmten Rechts getroffen haben, das deutsche Recht für das Vertragsverhältnis anzuwenden ist. Aufgrund der Vorschriften Rom I-VO vom 17.12.2009 sind bei Dienstleistungsverträgen die Rechte desjenigen Staates anzuwenden, in dem der Dienstleister seinen gewöhnlichen Aufenthalt hat.

Daher bestehen Anknüpfungspunkte für den jeweiligen Architekten- oder Ingenieurvertrag entweder bei der Ausführung des Bauobjekts, an dem sich der planende bzw. bauüberwachende Dienstleister befindet oder eben sein Büro im Inland.

3.2 Teil 1 – Allgemeine Vorschriften

3.2.1 § 1 – Anwendungsbereich

> Diese Verordnung gilt für Honorare für Ingenieur- und Architektenleistungen, soweit diese Leistungen durch diese Verordnung erfasst sind. Die Regelungen dieser Verordnung können zum Zwecke der Honorarberechnung einer Honorarvereinbarung zugrunde gelegt werden.

Die neue Formulierung des Anwendungsbereichs der HOAI in § 1 macht den neuen Charakter der Verordnung deutlich. Die HOAI enthält künftig kein verbindliches Preisrecht mehr und dementsprechend keine verbindlichen Regelungen für die Berechnung der Entgelte für bestimmte Leistungen. Der Anwendungsbereich der neuen Regelungen erstreckt sich aber weiterhin auf Honorare für Ingenieur- und Architektenleistungen, auch wenn der Regelungsinhalt ein anderer als bisher ist.

Zunächst wird in **§ 1 Satz 1** klargestellt, dass sich der Geltungsbereich der HOAI auf Honorare für Ingenieur- und Architektenleistungen bezieht. Schon nach bisheriger Rechtslage war insbesondere infolge des Urteils des Bundesgerichtshofs (BGH, Urteil vom 22.5.1997 – VII ZR 290/95, BGHZ 136, 111) anerkannt, dass die HOAI auf alle Personen anzuwenden war, die **Leistungen** erbringen für die die HOAI Regelungen enthielt. Nicht ausschlaggebend war, ob es sich um Leistungen von Personen handelte, die eine der **Berufsbezeichnungen** führen durften, die in der Verordnung genannt waren. Die Bestimmung des Anwendungsbereichs erfolgte leistungsbezogen, nicht berufsbezogen. Daran soll die jetzige Anpassung der HOAI nichts ändern. Daher stellt die Neuregelung **ausdrücklich auf Ingenieur- und Architektenleistungen** ab. Die Erwähnung der Berufsbezeichnungen dient nur einer stärkeren Konturierung des Anwendungsbereichs in dem Sinne, dass es sich um Leistungen handelt, die üblicherweise von Ingenieuren oder Architekten erbracht werden. Damit ist aber gerade nicht ausgeschlossen, dass auch Vertreter anderer Berufe diese Leistungen ausführen. Bestes Beispiel hierzu war die bereits in den 1990er-Jahren geklärte Fragestellung, ob Verwalter einer Wohnungseigentumseinheit, die Architektenleistungen erbringen, aber keine Architekten sind, nach der HOAI 1996 honoriert werden konnten und hier unter anderem im Rahmen des Mindestsatzhonorars. Wie der 2. Halbsatz des Satzes 1 klarstellt, ist damit auch keine Ausweitung des Anwendungsbereichs im Vergleich zur bisherigen Rechtslage bezweckt. Es sollen künftig dieselben Leistungen von der HOAI erfasst sein, die auch schon bisher von der HOAI erfasst waren.

Weiterhin ist der bisherige Inlandsbezug in § 1 HOAI 2009 und 2013 aufgegeben worden. Die »Empfehlungen« der HOAI 2021 gelten daher für jeden Wirtschaftsteilnehmer. Das gilt auch in Bezug auf die Grundleistungen.

Allerdings stellt der neu gefasste § 1 im Gegensatz zur vorherigen Fassung künftig auf den **Oberbegriff der Leistungen** ab. Die Eingrenzung auf die Grundleistungen wurde nicht wieder aufgegriffen. Damit soll jedoch nur klargestellt werden, dass die HOAI, wie bisher schon, nicht nur Regelungen zu den »Grundleistungen« enthält, sondern auch zu den »Besonderen Leistungen«. Diese werden aber auch in der neuen Fassung deutlich weniger detailliert geregelt als die Grundleistungen.

Durch **§ 1 Satz 1** werden der Charakter und die Zielrichtung der Regelungen der geänderten HOAI klargestellt. Auch wenn **keine verbindlichen preisrechtlichen Vorgaben** mehr enthalten sind, sieht die HOAI auch weiterhin Maßstäbe und Grundlagen für die Berechnung von Honoraren für die von der HOAI erfassten Leistungen vor. Diese Berechnungsparameter können durch eine entsprechende Vereinbarung von den Parteien eines Vertrags, der von der HOAI erfasste Leistungen zum Gegenstand hat, zur Kalkulation des Honorars genutzt werden. Sofern die Vertragsparteien durch entsprechende vertragliche Vereinbarungen von diesen Berechnungsparametern, ohne deren Änderung, Gebrauch machen, dienen diese als die maßgeblichen und von den Parteien anzuwendenden Regelungen zur Honorarermittlung. Die Ergebnisse der Anwendung dieser Honorarberechnung und Regelungen **sind aber nicht verbindlich**, es kann immer, beispielsweise durch einen Zu- oder Abschlag, ein **abweichendes Honorar vereinbart** werden. Die Kalkulationsregeln der HOAI müssen aber auch nicht genutzt werden. Das Honorar für von der HOAI erfasste Leistungen kann auch immer auf anderem Wege, beispielsweise durch eine **Stundensatzvereinbarung** oder über eine **Pauschale**, ermittelt werden. Aus diesem Grunde ist auch die Beschränkung auf Anwender mit Sitz im Inland und die Erbringung der Leistung im Inland entfallen. Die Anwendbarkeit der Regelungen hängt maßgeblich von der Vereinbarung der Vertragspartner ab. Eine Verpflichtung, sie anzuwenden, besteht nicht.

§ 1 Satz 2 HOAI konkretisiert die Vorgaben aus § 1 Abs. 1 Nr. 4 ArchLG 2020. Mit der Einführung der **Honorarvereinbarungsregelung** und dem Entfall der zwingenden Mindest- und Höchstsatzanordnung des bisherigen MRVG bzw. ArchLG (ab Fassung 1971) sind nun Honorarvereinbarungen dem Wortlaut nach uneingeschränkt möglich. Der Begriff »Basishonorarsatz« in § 2a Abs. 2 HOAI 2021 ersetzt nun den Begriff »Mindestsatzhonorar« und gibt damit zum Ausdruck, dass die Parteien sich an diesem Tabellenwert **orientieren** können – aber eben auch **nicht »müssen«**. Ob das gefundene Honorar dann »angemessen« im Sinne des Hinweises in § 1 Abs. 1 Nr. 4 ArchLG ist, ist Sache des Einzelfalls. Zudem aber muss auch klar gesehen werden, dass der Basishonorarsatz konkret nur dann zur Anwendung kommt, wenn keine Honorarvereinbarung vorliegt oder die Honorarvereinbarung unwirksam ist.

3.2.2 § 2 – Begriffsbestimmungen

(1) Objekte sind Gebäude, Innenräume, Freianlagen, Ingenieurbauwerke, Verkehrsanlagen. Objekte sind auch Tragwerke und Anlagen der technischen Ausrüstung.

(2) Neubauten und Neuanlagen sind Objekte, die neu errichtet oder neu hergestellt werden.

(3) Wiederaufbauten sind Objekte, bei denen die zerstörten Teile auf noch vorhandenen Bau- oder Anlagenteilen wiederhergestellt werden. Wiederaufbauten gelten als Neubauten, sofern eine neue Planung erforderlich ist.

(4) Erweiterungsbauten sind Ergänzungen eines vorhandenen Objekts.

(5) Umbauten sind Umgestaltungen eines vorhandenen Objekts mit wesentlichen Eingriffen in Konstruktion oder Bestand.

(6) Modernisierungen sind bauliche Maßnahmen zur nachhaltigen Erhöhung des Gebrauchswerts eines Objekts, soweit diese Maßnahmen nicht unter Absatz 4, 5 oder 8 fallen.

(7) Mitzuverarbeitende Bausubstanz ist der Teil des zu planenden Objekts, der bereits durch Bauleistungen hergestellt ist oder durch Planungs- oder Überwachungsleistungen technisch oder gestalterisch mitverarbeitet wird.

(8) Instandsetzungen sind Maßnahmen zur Wiederherstellung des zum bestimmungsgemäßen Gebrauch geeigneten Zustandes (Soll-Zustandes) eines Objekts, soweit diese Maßnahmen nicht unter Absatz 3 fallen.

(9) Instandhaltungen sind Maßnahmen zur Erhaltung des Soll-Zustandes eines Objekts.

(10) Kostenschätzung ist die überschlägige Ermittlung der Kosten auf der Grundlage der Vorplanung. Die Kostenschätzung ist die vorläufige Grundlage für Finanzierungsüberlegungen. Der Kostenschätzung liegen zugrunde:

1. Vorplanungsergebnisse,
2. Mengenschätzungen,
3. erläuternde Angaben zu den planerischen Zusammenhängen, Vorgängen, sowie Bedingungen und
4. Angaben zum Baugrundstück und zu dessen Erschließung.

Wird die Kostenschätzung nach §4 Absatz 1 Satz 3 auf der Grundlage der DIN 276 in der Fassung vom Dezember 2008 (DIN 276-1:2008-12) erstellt, müssen die Gesamtkosten nach Kostengruppen mindestens bis zur ersten Ebene der Kostengliederung ermittelt werden.

(11) Kostenberechnung ist die Ermittlung der Kosten auf der Grundlage der Entwurfsplanung. Der Kostenberechnung liegen zugrunde:

1. durchgearbeitete Entwurfszeichnungen oder Detailzeichnungen wiederkehrender Raumgruppen,
2. Mengenberechnungen und
3. für die Berechnung und Beurteilung der Kosten relevante Erläuterungen.

Wird die Kostenberechnung nach §4 Absatz 1 Satz 3 auf der Grundlage der DIN 276 erstellt, müssen die Gesamtkosten nach Kostengruppen mindestens bis zur zweiten Ebene der Kostengliederung ermittelt werden.

Die in den §§1 und 3 HOAI 2021 bezeichneten »Leistungen« sind immer im Rahmen von Objekten im Sinne des **§2 Abs. 1** HOAI zu erfassen. Wenn es sich also um Leistungen bei Gebäuden, Innenräumen, Freianlagen, Ingenieurbauwerken und Verkehrsanlagen handelt – das gilt auch bei Tragwerken und technischen Ausrüstungen –, so ist der Anwendungsbereich der HOAI einzuhalten. Die HOAI gilt allerdings darüber hinaus auch in den in **§2 Abs. 2 bis 9** HOAI 2021 definierten Maßnahmen, die im Rahmen der Honorarermittlung nach den §§4 bis 6 sowie 11 und 12 und den entsprechenden Vorschriften der Teile 2 bis 4 berechnet werden.

Der Verordnungsgeber hat jedoch versäumt, die neue DIN 276:1-2018 als Grundlage für die Berechnung des Honorars in §4 HOAI zu den anrechenbaren Kosten zu übernehmen. Es gilt daher weiterhin die dort in §4 Abs. 1 angeordnete Kostenermittlung nach DIN 276-1:2008-12. Da einzelne Kostengruppen geändert wurden, kann es bei der Kostenermittlung zu Differenzen kommen. Es ist Aufgabe des Planers, dem Auftraggeber diese Unterschiede darzustellen. Nicht notwendig ist es, gegebenenfalls zwei Kostenermittlungen parallel zu erstellen. Dies kann jedoch ausdrücklich nur vertraglich zwischen den Parteien geregelt werden. Für die Honorarermittlung selbst gilt die Fassung aus 2008. Die Fassung 2018 kann für die Kostenermittlung der reinen Baukosten im Bereich der Finanzierung für den Bauherrn Bedeutung erlangen.

Soweit **§2 Abs. 7** auf die mitzuverarbeitende Bausubstanz verweist, ist wie bisher auf §4 Abs. 3 HOAI 2021 hinzuweisen. Danach ist der Umfang der mitzuverarbeitenden Bausubstanz bei den anrechenbaren Kosten angemessen zu berücksichtigen. Der Umfang und Wert der mitzuverarbeitenden Bausubstanz ist zum Zeitpunkt der Kostenberechnung oder, sofern keine Kostenberechnung vorliegt, zum Zeitpunkt der Kostenschätzung objektbezogen zu ermitteln und in Textform (§ 126b BGB) zu vereinbaren. Hier können die Richtlinien, die die AHO entwickelt hat (z. B. Bd. 1 »Bauen im Bestand«) herangezogen werden. Bei einem üblichen Ansatz eines Gebäudes von 40 bis 60 Jahren Standzeit können im Durchschnitt 0,65 Prozent des Neubauwerts als anrechenbare Kosten angesetzt werden.

3.2.3 § 2a – Honorartafeln und Basishonorarsatz

> (1) Die Honorartafeln dieser Verordnung weisen Orientierungswerte aus, die an der Art und dem Umfang der Aufgabe sowie an der Leistung ausgerichtet sind. Die Honorartafeln enthalten für jeden Leistungsbereich Honorarspannen vom Basishonorarsatz bis zum oberen Honorarsatz, gegliedert nach den einzelnen Honorarzonen und den zugrunde liegenden Ansätzen für Flächen, anrechenbare Kosten oder für Rechnungseinheiten.
>
> (2) Basishonorarsatz ist der jeweils untere in den Honorartafeln dieser Verordnung enthaltene Honorarsatz.

Der neu eingeführte **§ 2a** dient der Erläuterung des künftigen Zwecks der Honorartafeln. Bisher war diesem der verbindliche Preisrahmen für die Honorare zu entnehmen. Künftig sollen die in den Honorartafeln enthaltenen Werte der Orientierung der Vertragsparteien dienen und damit eine Hilfestellung bei der Ermittlung des angemessenen Honorars bieten. Dies erfolgt auch vor dem Hintergrund, dass der Europäische Gerichtshof in seinem Urteil vom 4.7.2019 festgestellt hat, dass Preisorientierungen zum Verbraucherschutz beitragen können (Rechtssache EuGH, C-377/17, Rn. 94, 95). Gleichzeitig sollen die Orientierungswerte einen Beitrag zur Gewährleistung der Planungsqualität leisten. Ansonsten bleiben Aufbau und Inhalt der Honorartafeln im Wesentlichen gleich.

Die in den Tafeln enthaltenen Werte sind an Art und Umfang der Planungsaufgabe und der Leistung des Planenden ausgerichtet und erstrecken sich über Honorarspannen. Mit »Art und Umfang« der Planungsaufgabe wird der Auftragsgegenstand in Bezug genommen, beispielsweise das Gebäude oder das Ingenieurbauwerk, auf das sich der Auftrag bezieht. Der Begriff der »Leistung« erfasst die Arbeitsschritte, die der Planer auszuführen hat wie z. B. die Vorplanung oder die Ausführungsplanung. Die Gliederung der Honorarspannen richtet sich nach den Honorarzonen und den zugrunde liegenden Berechnungsparametern. Damit werden bei der Ermittlung der in den Honorartafeln enthaltenen Honorarspannen die maßgeblichen Parameter berücksichtigt, die sicherstellen sollen, dass ein Honorar, das auf Grundlage der HOAI-Regelungen und unter Anwendung der Orientierungswerte der jeweiligen Honorartafel ermittelt wurde, angemessen ist.

Außerdem wird in § 2a Abs. 2 der neu eingeführte Begriff des **Basishonorarsatzes** erläutert. Als Basishonorarsatz wird der jeweils **untere in den Honorartafeln enthaltene Honorarwert** bezeichnet. Die Definition ist erforderlich, da in § 7 auf die entsprechenden, in den Honorartafeln enthaltenen Werte verwiesen wird.

3.2.4 § 3 – Leistungen und Leistungsbilder

> (1) Grundleistungen sind Leistungen, die regelmäßig im Rahmen von Flächen-, Objekt- oder Fachplanungen auszuführen sind. Sie sind zur ordnungsgemäßen Erfüllung eines Auftrags im Allgemeinen erforderlich und in Leistungsbildern erfasst. Die Leistungsbilder gliedern sich in Leistungsphasen nach den Regelungen in den Teilen 2 bis 4 und der Anlage 1.
>
> (2) Neben Grundleistungen können Besondere Leistungen vereinbart werden. Die Aufzählung der Besonderen Leistungen in dieser Verordnung und in den Leistungsbildern ihrer Anlagen ist nicht abschließend. Die Besonderen Leistungen können auch für Leistungsbilder und Leistungsphasen, denen sie nicht zugeordnet sind, vereinbart werden, soweit sie dort keine Grundleistungen darstellen.
>
> (3) Die Wirtschaftlichkeit der Leistung ist stets zu beachten.

Der neu gefasste **§ 3** enthält in **Abs. 1 Satz 1** die der Neufassung von § 1 Abs. 2 des Gesetzes zur Regelung von Ingenieur- und Architektenleistungen (ArchLG) angeglichene Definition der Grundleistungen. Auch hier gilt, dass sich an der Rechtslage im Vergleich zur bisherigen Fassung im Ergebnis nichts ändern soll. Dabei dient die Definition der Abgrenzung der Grundleistungen von den Besonderen Leistungen für die Zwecke der Honorierung nach der HOAI.

Grundleistungen zeichnen sich, insbesondere in Abgrenzung von den Besonderen Leistungen, dadurch aus, dass sie regelmäßig im Rahmen von Flächen-, Objekt- und Fachplanungen auszuführen sind. Es handelt sich also um das in **Standardfällen durchzuführende Arbeitsprogramm** bei solchen Planungsvorhaben. Gleichzeitig soll die neue Definition klarstellen, dass die Leistungsbilder zwar den Regelfall abbilden, sich der konkrete Leistungsumfang aber letztlich nach der Vereinbarung der Parteien richtet. Diesen steht es frei, auch Teile von Leistungsbildern zu vereinbaren. Das bedeutet, dass es immer auch **Ausnahmen** geben kann, in denen weniger oder andere als regelmäßig durchzuführende Leistungen vereinbart werden. Das Leistungsprogramm ist immer abhängig von der Vereinbarung der Parteien im Einzelfall.

Um die grundsätzliche Fortschreibung der bisherigen Rechtslage zu unterstreichen, enthält **Abs. 1 Satz 2** zur näheren inhaltlichen Ausgestaltung der Definition in **Abs. 1**

Satz 1 einen Bezug zu der in der bisher geltenden Fassung der HOAI (§ 3 Abs. 2 HOAI in der Fassung vom 10.7.2013) enthaltenen Definition der »Grundleistungen«. Zusätzlich wird klargestellt, dass die Grundleistungen der HOAI auch künftig in Leistungsbildern erfasst sind und diese sich in Leistungsphasen gliedern, die in späteren Teilen der HOAI inhaltlich genauer ausgestaltet werden.

Ein Unterschied zur bisherigen Rechtslage besteht darin, dass die Leistungen der **Anlage 1** der HOAI künftig den sonstigen Grundleistungen der HOAI gleichgestellt werden. Daher verweist **Abs. 1 Satz 3** auch auf die Beschreibung der Leistungsphasen in der **Anlage 1**. Bisher hatten die Leistungen der Anlage 1 eine Sonderstellung, da sie nicht dem verbindlichen Preisrecht unterlagen. Künftig werden sie in der neuen Regelung der HOAI den übrigen Grundleistungen gleichgestellt.

Die Beschreibung der »Besonderen Leistungen« in **Abs. 2** entspricht im Wesentlichen der bisherigen Formulierung in § 1 Abs. 3 der HOAI vom 10.7.2013. Hier war keine Änderung der Rechtslage angezeigt. Auch hier gilt der Grundsatz der wirksamen Honorarvereinbarung in Textform aus § 7 Abs. 1 Satz 1 HOAI. Fehlt eine solche Vereinbarung, findet man in der HOAI vergeblich eine Regelung. Diese müssen die Parteien entweder nachholen oder auf der Grundlage des üblichen Honorars gemäß § 632 Abs. 2 BGB finden. Hinweise zur Angemessenheit eines Honorars finden sich unter anderem in den Empfehlungen der AHO, die verschiedene Tätigkeitsbereiche im Hinblick auf das Honorar untersucht und entsprechende Textbände hierzu herausgegeben hat (Beispiel: Bd. 1 »Bauen im Bestand«). Zu übergreifenden Problemen kommt es, wenn es sich nicht um Leistungen im Bereich der Besonderen Leistungen handelt, sondern darüber hinausgehend z. B. bei der Projektentwicklung, der Projektsteuerung und beim Projektmanagement sowie bei den Leistungen im Rahmen des Building Information Modelling (BIM).

Zu den »**Besonderen Leistungen**« zählen auch weiterhin die örtliche Bauüberwachung in den Objektplanungen, Ingenieurbauwerke und Verkehrsanlagen. Als **Orientierungswert** für das Honorar kann hier analog der amtlichen Begründung zur HOAI 2009 weiterhin eine Höhe von 2,3 bis 3,5 Prozent der anrechenbaren Kosten angenommen oder ein Honorar als Festbetrag unter Zugrundelegung der geschätzten Bauzeit oder des nachgewiesenen Zeitbedarfs vereinbart werden.

Auch der Grundsatz der »**Wirtschaftlichkeit**« in **Abs. 3** wurde nicht geändert. Hier geht es aber nicht um die Wirtschaftlichkeit des zu planenden Objekts oder den Willen des Auftraggebers, besonders günstig zu kalkulieren und zu bauen. Hier geht es schlicht um den Aufwand des Auftragnehmers bei seiner Leistung. Entscheidungen des Auftraggebers hat er zu respektieren, weil sie vertragsimmanent sind und gleichfalls auch Anordnungen darstellen können.

Zu beachten ist allerdings, dass der Begriff der »Grundleistung« durch den Oberbegriff »Leistung« ersetzt wurde. Daher umfassen Leistungen die Grundleistungen und andere Leistungen. Hierzu zählen die Beratungsleistungen in der Anlage 1 zur HOAI und die Besonderen Leistungen, die jeweils in den anderen Anlagen gekennzeichnet sind. Da die Anlage 1 nunmehr neben den Teilen 2 bis 4 der HOAI als quasi verbindlich geregelt wurde, war es notwendig, in § 3 Abs. 1 HOAI darauf hinzuweisen und die Anlage 1 aufzunehmen. Nach der bisherigen Auffassung bis zur HOAI 2013 konnten Vereinbarungen über Besondere Leistungen oder die Anlage 1 auch formfrei erfolgen. Zwar gab es hier Probleme mit den Beweislasten, denn der Architekt/Ingenieur musste nachweisen, wann und wo er mit dem Auftraggeber eine mündliche Vereinbarung geschlossen hatte. Das Problem dürfte sich allerdings mit der neuen HOAI 2021 aufgelöst haben, denn für alle Leistungen gilt gemäß § 7 Abs. 1 Satz 1 das Textformerfordernis des § 126b BGB. Da die Honorarvereinbarung in Textform nunmehr eine **Wirksamkeitsvoraussetzung** ist, gilt dies damit auch bei einer Vereinbarung über Beratungsleistungen der Anlage 1 oder bei den Besonderen Leistungen der entsprechenden anderen Anlagen.

3.2.5 § 4 – Anrechenbare Kosten

(1) Anrechenbare Kosten sind Teil der Kosten für die Herstellung, den Umbau, die Modernisierung, Instandhaltung oder Instandsetzung von Objekten sowie für die damit zusammenhängenden Aufwendungen. Sie sind nach allgemein anerkannten Regeln der Technik oder nach Verwaltungsvorschriften (Kostenvorschriften) auf der Grundlage ortsüblicher Preise zu ermitteln. Wird in dieser Verordnung im Zusammenhang mit der Kostenermittlung die DIN 276 in Bezug genommen, so ist die Fassung von Dezember 2008 (DIN 276-1:2008-12) bei der Ermittlung der anrechenbaren Kosten zugrunde zu legen. Umsatzsteuer, die auf die Kosten von Objekten entfällt, ist nicht Bestandteil der anrechenbaren Kosten.

(2) Die anrechenbaren Kosten richten sich nach den ortsüblichen Preisen, wenn der Auftraggeber
1. selbst Lieferungen oder Leistungen übernimmt,
2. von bauausführenden Unternehmen oder von Lieferanten sonst nicht übliche Vergünstigungen erhält,
3. Lieferungen oder Leistungen in Gegenrechnung ausführt oder
4. vorhandene oder vorbeschaffte Baustoffe oder Bauteile einbauen lässt.

Der Umfang der mitzuverarbeitenden Bausubstanz im Sinne des § 2 Absatz 7 ist bei den anrechenbaren Kosten angemessen zu berücksichtigen. Umfang und Wert der mitzuverarbeitenden Bausubstanz sind zum Zeitpunkt der Kostenberechnung oder, sofern keine Kostenberechnung vorliegt, zum Zeitpunkt der Kostenschätzung objektbezogen zu ermitteln und in Textform zu vereinbaren.

§ 4 Abs. 1 und 2 HOAI 2021 entspricht inhaltlich der Fassung 2013 und ist unverändert. Bemerkenswert ist, dass der Verordnungsgeber darauf verzichtet hat, statt der DIN 276-1:12-2008 die aktuelle Fassung der DIN 276:1-2018 in den Normentext aufzunehmen. Die Fassung der DIN 276:1-2018 sind nämlich die aktuellen »Regeln der Technik«. Das bringt die Architekten und Ingenieure nun in ein Dilemma, denn einerseits sind sie (meist) vertraglich verpflichtet bzw. auch im Rahmen der »üblichen Leistungen« gezwungen, die Kostenermittlungen (Vorermittlungen = Kosteneinschätzung nach § 650p Abs. 2 BGB, Kostenschätzung, Kostenberechnung, Kostenanschlag und Kostenfeststellung) nach der Fassung DIN 276:1-2018 zu erbringen, weil es sich dort um die Kosten des Bauwerks handelt. Demgegenüber aber sind sie auch verpflichtet, für ihre Honorarberechnung die alte Fassung der DIN 276-1:12-2008 zu berücksichtigen. Zwar kann man so vorgehen und vertraglich nun regeln, welche Form der Kosteneinschätzung und/oder Kostenermittlung gewählt wird und dem Bauherrn genügt. Das hat in Textform zu geschehen, § 126b BGB. Aber gerade in den Fällen, in denen lediglich über das Honorar keine Einigung erzielt wird, aber der Architekt/Ingenieur dennoch Leistungen erbringt (Fall des § 7 Abs. 1 Satz 2 HOAI 2021), wird man nur so vorgehen können, dass der Architekt/Ingenieur sowohl die Kosteneinschätzung als auch die vorgegebenen Kostenermittlungsarten nach der DIN 276-1:12-2008 durchführt, soweit es sein Honorar und die Berechnung dazu betrifft. Zum anderen hat er die DIN 276:1-2018 bei der Berechnung der Baukosten zu berücksichtigen, weil eben das seine Leistungspflicht betrifft. Erfolgt das so nicht, kann von einem Mangel der Leistung des Architekten/Ingenieurs gesprochen werden.

Für die Anwendung der beiden Fassungen der DIN 276 kann auf den dortigen Inhalt verwiesen werden. Auch im Abschnitt »Hochbau« und »Technische Ausrüstung« wird nochmals darauf eingegangen, insbesondere auf den Aufbau der Kostengruppen (KG).

Der Begriff »Verwaltungsvorschriften (Kostenvorschriften)« bezieht sich weiterhin z. B. auf die Kostenermittlungen für den Straßen- und Brückenbau nach der Anweisung zur Kostenberechnung von Straßenbaumaßnahmen (AKS) oder besondere Vorgaben in der RBBau (Richtlinien für Bauvorhaben des Bundes für Verwaltungsaufgaben im Rahmen der Finanzbehörden).

Der Ansatz der »ortsüblichen Preise« für die anrechenbaren Kosten, die in den Kostengruppen (KG) der DIN 276 vorgegeben werden, ist weiterhin in Abs. 2 definiert und in vier Fallgruppen unterteilt.

Wichtiger ist der Ansatz in **Abs. 3** zu den anrechenbaren Kosten »mitverarbeiteter Bausubsubstanz«. Der Umfang der mitverarbeiteten Bausubstanz ist durch die Planung bestimmt, also z. B. die Mitverwendung alten Mauerwerks nach dem Planungsergebnis. Der Begriff »Wert« ist jedoch kaum real fassbar. Denn wie soll der Wert einer mitverarbeiteten Bausubstanz berechnet werden? Was ist ein Mauerstück wert, das noch völlig in Ordnung, aber eben 50 Jahre alt ist, allerdings nach der Berechnung des Tragwerksplaners noch »trägt«? Zur Berechnung hat die AHO in Heft 1 »Bauen im Bestand« umfassende Berechnungsbeispiele und -grundlagen dargestellt, sodass an dieser Stelle auf diesen Band verwiesen wird. Im vorliegenden Fall der Mauer müsste man den Wert der Erstellung der Mauer nach heutigen Preisen errechnen und dann mit einem Ansatz von bis 0,65 abmildern. Ähnliche Berechnungen finden sich bei Ingenieurbauwerken und Verkehrsanlagen. Freianlagen liegen meist bei 0,40.

Wichtig ist auch, dass der Begriff »mitverarbeitet« nicht im eigentlichen Sinne die tatsächliche Ausführung meint, sondern die gedankliche Planung »mit dieser vorhandenen Bausubstanz«, denn hier wird das Honorar und nicht die Leistung geregelt.

3.2.6 § 5 – Honorarzonen

> (1) Die Grundleistungen der Flächen-, Objekt- oder Fachplanungen werden zur Berechnung der Honorare nach den jeweiligen Planungsanforderungen Honorarzonen zugeordnet, die von der Honorarzone I aus ansteigend den Schwierigkeitsgrad der Planung einstufen.
>
> (2) Flächenplanungen und die Planung der Technischen Ausrüstung werden den folgenden Honorarzonen zugeordnet:
> 1. Honorarzone I: geringe Planungsanforderungen,
> 2. Honorarzone II: durchschnittliche Planungsanforderungen,
> 3. Honorarzone III: hohe Planungsanforderungen.
>
> (3) Die Honorarzonen sind anhand der Bewertungsmerkmale in den Honorarregelungen der jeweiligen Leistungsbilder der Teile 2 bis 4 und der Anlage 1 zu ermitteln. Die Zurechnung zu den einzelnen Honorarzonen ist nach Maßgabe der Bewertungsmerkmale und gegebenenfalls der Bewertungspunkte sowie unter Berücksichtigung der Regelbeispiele in den Objektlisten der Anlagen dieser Verordnung vorzunehmen.

Mit der Neufassung des **§ 5 Abs. 1** soll keine inhaltliche Änderung, sondern nur eine redaktionelle Korrektur vorgenommen werden. Die bisherige Auflistung der Honorarzonen war nicht in allen Fällen deckungsgleich mit den spezifischen Regelungen in den verschiedenen Leistungsbereichen der HOAI, weshalb eine abstraktere Formulierung gewählt wurde.

Der bisherige Abs. 2 ist wegen der Neufassung des Abs. 1 obsolet geworden.

In **§ 5 Abs. 2 Satz 1** wurde die Folgeänderung vor dem Hintergrund der Gleichstellung der Leistungen der Anlage 1 mit den übrigen Grundleistungen notwendig.

3.2.7 § 6 – Grundlagen des Honorars

(1) Bei der Ermittlung des Honorars für Grundleistungen im Sinne des § 3 Absatz 1 sind zugrunde zu legen
1. das Leistungsbild,
2. die Honorarzone und
3. die dazugehörige Honorartafel zur Honorarorientierung.

Zusätzlich zu den Grundlagen nach Satz 1 ermittelt sich das Honorar
1. für die Leistungsbilder des Teils 2 und der Anlage 1 Nummer 1.1 nach der Größe der Fläche,
2. für die Leistungsbilder der Teile 3 und 4 und der Anlage 1 Nummer 1.2, 1.3 und 1.4.5 nach den anrechenbaren Kosten des Objekts auf der Grundlage der Kostenberechnung oder, sofern keine Kostenberechnung vorliegt, auf der Grundlage der Kostenschätzung,
3. für das Leistungsbild der Anlage 1 Nummer 1.4.2 nach Verrechnungseinheiten.

(2) Honorare für Grundleistungen bei Umbauten und Modernisierungen gemäß § 2 Abs. 5 und 6 sind zu ermitteln nach
1. den anrechenbaren Kosten,
2. der Honorarzone, welcher der Umbau oder die Modernisierung in sinngemäßer Anwendung der Bewertungsmerkmale zuzuordnen ist,
3. den Leistungsphasen,
4. der Honorartafel zur Honorarorientierung und
5. dem Umbau- oder Modernisierungszuschlag auf das Honorar.

Der Umbau- oder Modernisierungszuschlag ist unter Berücksichtigung des Schwierigkeitsgrads der Leistungen in Textform zu vereinbaren. Die Höhe des Zuschlags auf das Honorar ist in den jeweiligen Honorarregelungen der Leistungsbilder der Teile 3 und 4 und in Anlage 1 Nummer 1.2 geregelt. Sofern keine Vereinbarung in Textform getroffen wurde, gilt ein Zuschlag von 20 Prozent ab einem durchschnittlichen Schwierigkeitsgrad als vereinbart.

Die Neufassung des **§ 6 Abs. 1** stellt klar, dass die Honorartafeln künftig der Honorarorientierung dienen. Die Honorartafeln enthalten für jedes Leistungsbild, zugeordnet nach den Honorarzonen gemäß § 5, Honorarorientierungen für die im Einzelfall jeweils angemessene Honorarhöhe. Hinsichtlich der Leistungen der **Anlage 1** regelt **§ 6 Abs. 1** neu, welche Bezugsgrößen für die Honorarberechnung dieser Leistungsbilder herangezogen werden sollen.

Die Änderung in **§ 6 Abs. 2** dient der Klarstellung. Die in § 6 Abs. 1 aufgeführten Grundsätze gelten – wie die Grundsätze des Abs. 1 – nur für die Honorierung von Grundleistungen bei Umbauten oder Modernisierungen.

Mit der Ergänzung soll der neue Charakter der Honorartafeln als Honorarorientierungen hervorgehoben werden.

Die Ergänzung dient der Gleichstellung der Leistungsbilder der Anlage 1 mit den Leistungsbildern der Teile 2 bis 4.

Im Gegensatz zur bisherigen Rechtslage reicht gemäß § 7 Abs. 1 Satz 1 künftig für den Abschluss einer wirksamen Honorarvereinbarung die Einhaltung der Textform gemäß **§ 126b** des Bürgerlichen Gesetzbuches (BGB) aus. Dementsprechend wird **§ 6 Abs. 2 Satz 4** ebenfalls hinsichtlich des Formerfordernisses angepasst. Fehlt es an einer Vereinbarung in Textform, wird im Wege der gesetzlichen Fiktion ab einem durchschnittlichen Schwierigkeitsgrad von einem Zuschlag von 20 Prozent ausgegangen.

Die in § 6 Abs. 3 alte Fassung ausdrücklich vorgesehene Möglichkeit einer schriftlichen Abweichung ist nicht mehr erforderlich, da die HOAI kein verbindliches Preisrecht mehr enthält.

3.2.8 § 7 – Honorarvereinbarung

> (1) Das Honorar richtet sich nach der Vereinbarung, die die Vertragsparteien in Textform treffen. Sofern keine Vereinbarung über die Höhe des Honorars in Textform getroffen wurde, gilt für Grundleistungen der jeweilige Basishonorarsatz als vereinbart, der sich bei der Anwendung der Honorargrundlagen des § 6 ergibt.
>
> (2) Der Auftragnehmer hat den Auftraggeber, sofern dieser Verbraucher ist, vor Abgabe von dessen verbindlicher Vertragserklärung zur Honorarvereinbarung in Textform darauf hinzuweisen, dass ein höheres oder niedrigeres Honorar als die in den Honorartafeln dieser Verordnung enthaltenen Werte vereinbart werden kann. Erfolgt der Hinweis nach Satz 1 nicht oder nicht rechtzeitig, gilt für die zwischen den Vertragsparteien vereinbarten Grundleistungen anstelle eines höheren Honorars ein Honorar in Höhe des jeweiligen Basishonorarsatzes als vereinbart.

Die Neufassung des **§ 7** stellt ein wesentliches Element der Umsetzung des Urteils des Europäischen Gerichtshofs in der Rechtssache C-377/17 zur HOAI dar. Die bisher in

§ 7 alte Fassung enthaltenen Regelungen zu den verbindlichen Mindest- und Höchsthonorarsätzen werden durch den Grundsatz ersetzt, dass sich das Honorar nach der Vereinbarung der Vertragsparteien richtet, ohne preisrechtliche Eingrenzungen. Gleichzeitig wird die Möglichkeit, eine wirksame Honorarvereinbarung zu treffen, insofern erleichtert, als künftig eine Vereinbarung in Textform gemäß § 126b BGB ausreicht. Die Honorarvereinbarung muss damit künftig nicht mehr, wie bisher, schriftlich und zum Zeitpunkt der Auftragserteilung geschlossen werden, um wirksam zu sein. Diese Anforderung hat sich in der Praxis als schwer umsetzbar erwiesen, da schon die Bestimmung des genauen Zeitpunkts der Auftragserteilung nicht in allen Fällen zweifelsfrei möglich war.

Das Ziel der Neuregelung ist es, den Parteien auch im Sinne der Rechtssicherheit eine praxisnahe und einfach umzusetzende Möglichkeit zum Abschluss wirksamer Honorarvereinbarungen zu eröffnen. Im Hinblick darauf, dass sich im Rahmen entsprechender Planungsobjekte auch später immer wieder Änderungen an den Vertragsinhalten ergeben können, soll es den Vertragsparteien auch möglich sein, erst im späteren Verlauf der Vertragsbeziehungen eine Honorarvereinbarung zu schließen oder eine bereits geschlossene Honorarvereinbarung später bei Bedarf anzupassen. Auf einen bestimmten Zeitpunkt, zudem die Honorarvereinbarung getroffen werden muss, kommt es deshalb nicht mehr an.

Sollte es trotz dieser vereinfachten Möglichkeiten, eine wirksame Honorarvereinbarung zu treffen, Fälle geben, in denen eine solche nicht getroffen wurde, enthält **§ 7 Abs. 1 Satz 2** eine **gesetzliche Fiktion** hinsichtlich der Honorarhöhe. Um in solchen Fällen Rechtssicherheit zu gewährleisten, sollen die Honorarberechnungsgrundlagen der HOAI zur Anwendung kommen. Als vereinbart gilt dann der jeweilige Basishonorarsatz (§ 2a Satz 1), der sich unter Anwendung der Honorargrundlagen des § 6 und nach der im Einzelfall anzuwendenden Honorartafel ergibt. Die neue Regelung übernimmt damit die Wertung des § 7 Abs. 5 der HOAI 2013 vom 13.7.2013. Sie stellt eine **Auffangregelung** dar, die nach Ansicht des Verordnungsgebers nur in den – voraussichtlich wenigen – Fällen angewendet wird, in denen eine wirksame Honorarvereinbarung nicht zustande gekommen ist (ähnlich: § 1 Abs. 1 Steuerberater-Vergütungsverordnung – StB VV). Damit sollen langwierige Rechtsstreitigkeiten über die Honorarhöhe vermieden werden. Die Norm bezieht sich allerdings nur auf die Grundleistung, da nur für diese die Honorartafeln vorgesehen sind, deren Werte für die Festlegung der konkreten Honorarhöhe herangezogen werden können. Dabei sind die Leistungen der **Anlage 1** den übrigen Grundleistungen künftig gleichgestellt, sodass **§ 7 Abs. 1 Satz 2** auch in Vertragsverhältnissen zur Anwendung kommen kann, die Leistungen der Anlage 1 zum Gegenstand haben und auch die Besonderen Leistungen.

Hinsichtlich des Problems, wenn **keine wirksame Honorarvereinbarung** nach § 7 Abs. 1 Satz 2 HOAI vereinbart wurde, welche Leistungen dann vereinbart sind und worauf sich dann das Basishonorar für die Grundleistungen bezieht, ist das eine Frage der Leistungsvereinbarung der Parteien.

Grundsätzlich wird man zunächst erkennen müssen, dass § 126b BGB, der die Textform beschreibt und die Zulässigkeit, in § 1 Abs. 1 Nr. 4 ArchLG für die Honorarvereinbarung (nicht für den Leistungsteil des Vertrags!) vorgegeben ist. Denn dort heißt es: »... welche Form die Parteien bei der Vereinbarung des Honorars einzuhalten haben, damit diese wirksam ist ...«

§ 126b BGB lautet:

> Ist durch Gesetz Textform vorgeschrieben, so muss eine lesbare Erklärung, in der die Person des Erklärenden genannt ist, auf einem dauerhaften Datenträger abgegeben werden. Ein dauerhafter Datenträger ist jedes Medium, das
> 1. es dem Empfänger ermöglicht, eine auf dem Datenträger befindliche, an ihn persönlich gerichtete Erklärungen so aufzubewahren oder zu speichern, dass sie ihm während eines für ihren Zweck angemessenen Zeitraums zugänglich ist, und
> 2. geeignet ist, die Erklärung unverändert wiederzugeben.

Damit fallen z. B. E-Mails mit Anhang unter diese Regelung. Erklärungen in dieser Form sind damit gesetzlich wirksam. Wird diese Form nicht eingehalten, ist gemäß § 125 BGB die Schriftform nicht eingehalten und damit die Vereinbarung über das Honorar unwirksam, weil nichtig.

Weiterhin bestehen allerdings Besonderheiten im Hinblick auf das Schriftlichkeitserfordernis als Formvorschrift bei Regelungen der Gemeindeordnungen oder kirchenrechtlichen Regelungen.

Die Nichteinhaltung der Formvorschrift führt auch zur Teilunwirksamkeit des Vertrags nach § 139 BGB. Hier ist ein Zusammenspiel mit § 7 Abs. 1 Satz 2 HOAI zu sehen. Der Architektenvertrag bleibt wirksam, also teilwirksam, soweit es um die Leistung und deren Vereinbarungen geht, denn die Leistungsvereinbarung kann auch mündlich abgeschlossen werden. Im Übrigen übernimmt die Anordnung in § 7 Abs. 1 Satz 2 HOAI dann die Fiktion, dass nunmehr das Basishonorar für Grundleistungen anzusetzen ist. Da gemäß § 2a Abs. 2 HOAI dann der unterste Tabellensatz für Grundleistungen gilt, wären bei Nichteinhaltung der Textform bei Besonderen Leistungen nach § 7 Abs. 1 Satz 1 HOAI Honorarvereinbarungen diesbezüglich teilunwirksam. Diese Konsequenz allerdings ist nicht hinnehmbar, denn in solchen Fällen greift § 632 Abs. 2 BGB ein und es ist die übliche Vergütung geschuldet. Die übliche Vergütung kann allerdings bei Besonderen Leistungen auch im Rahmen der Ortsüblichkeit oder in einem niedrigeren Honorar vereinbart liegen. Wenn der Architekt/Ingenieur jedoch nachweisen kann, dass eine mündliche Vereinbarung über eine bestimmte Honorarhöhe getroffen wurde, so ist der Vertrag nicht teilunwirksam, was die Honorarhöhe angeht, sondern eben wirksam, weil § 632 Abs. 1 BGB davon ausgeht, dass eine Vergütung als stillschweigend vereinbart gilt, wenn die Herstellung des Werks den Umständen nach nur gegen eine Vergütung zu erwarten ist. Dies dürfte auch bei Besonderen Leistungen der Fall sein, auch wenn die Textform nicht eingehalten wurde.

In der neuen HOAI 2021 wird zudem der **Abschlusszeitpunkt** des Honorarvertrags nicht mehr geregelt. Das bisherige Problem, dass Besondere Leistungen oder auch Grundleistungen bei Vertragsabschluss schriftlich zu regeln waren, ist entfallen. Nunmehr kann zu jedem Zeitpunkt des laufenden Leistungsvertrags auch die Honorarvereinbarung erfolgen. Damit ergibt sich, dass das Basishonorar, das in § 7 Abs. 1 Satz 2 HOAI geregelt ist, durch eine weitere separate textliche Vereinbarung unter- oder überschritten werden kann.

Zudem ist zu beachten, dass gemäß § 650p Abs. 2 BGB bei der Architektenleistung zunächst die **Zielfindungsphase** vorgeschrieben ist. Hierzu findet sich in der HOAI nichts, was auch für die DIN 276 gilt. Allerdings ist für die Zielfindungsphase sowohl im Hinblick auf die Leistung, als auch im Hinblick auf das Honorar ein Vertrag zwischen Architekt/Ingenieur und Besteller notwendig. Dies wird zwar in § 650b Abs. 2 BGB nicht erwähnt, ist jedoch logische Konsequenz. Je nachdem, welche Leistungen in der Zielfindungsphase erbracht werden, kann es sich um die Leistungsphasen 1 bis 3 handeln und diese sind entsprechend den vorgenommenen Tätigkeiten zu entgelten. Hier können die Siemon- oder Simmendinger-Listen nützlich sein. Das Problem der sogenannten Akquisitionsleistungen ist aber trotz § 650p Abs. 2 BGB und der dort normierten Zielfindungsphase nicht aus der Welt, solange die Parteien keine nachweislichen Verträge zur Leistung und zum Honorar geschlossen haben.

§ 7 Abs. 1 Satz 1 i. V. m. § 2a HOAI beschreibt, dass lediglich eine Vereinbarung im Hinblick auf das Honorar zutreffend ist. Damit und im Hinblick auf § 2a HOAI können die Parteien mehrere Möglichkeiten einer Honorarvereinbarung sodann in Betracht ziehen:

- Pauschalhonorar
- Zeithonorar
- Baukostenvereinbarungsmodell (vertraglich, da § 6 Abs. 3 HOAI 2009 aufgehoben ist)
- andere Honorarentwicklungsmöglichkeiten

Dies folgt daraus, weil es keine Kontrollen zu Mindest- oder Höchstsatzregelungen mehr gibt.

Ein weiterer Punkt, der unter den Begriff »Vereinbarung« fällt, ist die Möglichkeit der **Unwirksamkeit von Honorarvereinbarungen**, die gegebenenfalls unter die AGB-Regelungen gemäß §§ 305 ff. BGB fallen. Da die meisten Architekten- und Ingenieurverträge nicht durch Aushandeln individualrechtlich und einzeln geschlossen werden, sondern üblicherweise auf Formulare oder mehrfach zu verwendende Vordrucke zurückgegriffen wird, wird sich zukünftig eine erregte Diskussion zu den Begriffen »Sittenwidrigkeit« und »Wucher« ergeben. Vorweg ist allerdings zu sagen, dass die Regelung von Nebenkosten gemäß § 14 HOAI oder auch die Besonderen Leistungen nicht hierunter fallen. Diese waren schon früher frei vereinbar und sind es auch mit der Regelung der HOAI 2021.

Zur Diskussion steht, dass die Parteien Honorare unterhalb der Basishonorarsätze (§ 2a HOAI) vereinbaren, die letztlich gegenüber einem Architekten/Ingenieur als sittenwidrig gemäß § 138 Abs. 2 BGB zu erkennen sind. Hier könnte man davon ausgehen, dass der Basishonorarsatz als Hilfestellung bei der Ermittlung von angemessenen Honoraren gemäß § 2a HOAI ein Ansatzpunkt für ein **auffälliges Missverhältnis** zwischen **Leistung und Honorar** ist. Ansatzpunkt kann der Basishonorarsatz oder der Mittelsatz sein. Durch die Entscheidung des Verordnungsgebers wurde diese Diskussion allerdings auf den Basishonorarsatz reduziert. Damit ergibt sich, dass man infolge des Orientierungswerts nach der Rechtsprechung des BGH (BGH, Urteil vom 13.7.1989 – III ZR 201/88, BGH Urteil vom 25.9.2003 – VII ZR 13/02 und BGH, Urteil vom 19.1.2001 – V ZR 437/99) das auffällige Missverhältnis bei etwa 50 Prozent ansetzen könnte und beim oberen Honorarsatz den sogenannten Wucher bei etwa 100 Prozent. Maßgeblich wird in jedem Einzelfall sein, was in vergleichbaren Fällen ein ortsübliches Honorar wäre. Dieses ist meist gutachterlich zu erforschen bzw. zu belegen.

Ein weiteres Problem wird sich ergeben, wenn dem Vertrag Stundensätze zugrunde gelegt werden. Hier dürfte das Problem jedoch einfacher liegen, da die örtlichen Architekten- und Ingenieurkammern entsprechende Empfehlungen aufgrund von Analysen herausbringen und ebenso die AHO.

Zudem ist darauf hinzuweisen, dass die Anwendbarkeit auf ein sogenanntes sittenwidriges nichtiges Rechtsgeschäft gemäß **§ 138 Abs. 2 BGB** auch nur dann betroffen ist, wenn ein Rechtsgeschäft vorliegt, durch das jemand unter Ausbeutung der Zwangslage, der Unerfahrenheit, des Mangels an Urteilsvermögen oder der erheblichen Willensschwäche eines anderen zu dem Honorarvertrag gedrängt wird. Auch hier wird es sich also immer nur um wenige Einzelfälle handeln, für die die Anwendung überhaupt in Betracht kommt.

Ein weiteres Problem ergibt sich allerdings, wenn die Honorarvereinbarungen nicht den Vorgaben des § 307 Abs. 3 Satz 1, 2 BGB entsprechen. Zunächst ist festzuhalten, dass aufgrund der neuen HOAI 2021 gerade kein verbindlicher Rahmen für die Honorarhöhe vorgesehen ist. Jedoch hat der BGH (BGH, Urteil vom 9.7.1981 – VII ZR 139/80; BGH, Urteil vom 10.6.1999 – VII ZR 365/98) zur Fallgruppe der Architektenhonorare erkennen lassen, dass bei Fehlen einer wirksamen vertraglichen Regelung durchaus dispositives Gesetzesrecht an die Stelle der Vertragsklausel treten kann. Werden also Honorare frei vereinbart, unterläge dies dem dispositiven Gesetzesrecht und es käme der Basishonorarsatz nach § 7 Abs. 1 Satz 1 HOAI i. V. m. § 2a Abs. 2 HOAI zur Anwendung. Denn dies ist eine Preisvorschrift im Sinne des § 307 Abs. 3 Satz 1 BGB. Das wiederum führt dazu, dass entsprechende Honorarvereinbarungen, die vom Basishonorarsatz abweichen und zudem keine wirksame vertragliche Grundlage haben, nach § 307 Abs. 1 und 2 BGB auf ihre Unangemessenheit hin überprüft werden können. Die Folge daraus ist, dass dann der vereinbarte Honorarsatz am Basishonorarsatz zu orientieren ist. Das kann dann zur entsprechenden Anwendung des § 138 BGB führen. Der Maßstab ist allerdings hier auch die Ortsüblichkeit der Honorare.

Um sicherzustellen, dass der Orientierungscharakter der in den Honorartafeln enthaltenen Honorarwerte allen Vertragsparteien bekannt ist, sieht **§ 7 Abs. 2** eine neu eingeführte **Hinweispflicht des Auftragnehmers** vor, also desjenigen, der die in der HOAI geregelten Leistungen erbringt. Dieser hat seinen Auftraggeber in Textform darauf hinzuweisen, dass auch ein höheres oder niedrigeres Honorar als die in den Honorartafeln enthaltenen Werte vereinbart werden kann. Diese Regelung orientiert sich ebenfalls am Konzept der StB VV, die in § 4 Abs. 4 StB VV eine ähnliche Vorschrift enthält. Die Hinweispflicht nach § 7 Abs. 2 HOAI gilt aber nur in den Vertragsverhältnissen, in denen der Auftraggeber **Verbraucher** im Sinne des **§ 13 BGB** ist. In allen anderen Fällen, beispielsweise auch bei den Vertragsverhältnissen, die nach Durchführung eines Vergabeverfahrens zustande gekommen sind, besteht kein entsprechendes Schutzbedürfnis des Auftraggebers. Da sich die Hinweispflicht maßgeblich auf die Höhe des Honorars bezieht, muss hier der Auftragnehmer dem nachgekommen sein, bevor der Auftraggeber seine rechtlich verbindliche Erklärung zur Honorarvereinbarung abgegeben hat. Der Auftraggeber soll Gelegenheit haben, von der Information Kenntnis zu erhalten, bevor eine bindende Honorarvereinbarung geschlossen wird. Dabei muss dieser Hinweis ebenfalls in Textform erfolgen.

An den Inhalt des Hinweises sind allerdings insofern keine hohen Anforderungen zu stellen, als nicht erforderlich ist, dass der Auftragnehmer den im Einzelfall gültigen Honorarwert identifizieren muss. So soll der allgemeine Hinweis ausreichen, dass es sich bei den vereinbarten Leistungen um solche handelt, für die es in der HOAI Honorartafeln als Orientierungswerte gibt und dass für die Leistungen auch Honorare oberhalb oder unterhalb der in den Honorartafeln enthaltenen Honorarwerte vereinbart werden können. Es muss also insbesondere auf die Existenz und die Anwendbarkeit der HOAI sowie den Charakter der Honorartafeln als Orientierungswerte hingewiesen werden.

Erfolgt der Hinweis nach § 7 Abs. 2 Satz 1 HOAI nicht, hat dies zur Folge, dass für die zwischen den Vertragsparteien vereinbarten Grundleistungen anstelle des höheren Honorars der **Basishonorarsatz als vereinbart gilt**. Allerdings ist auch darauf hinzuweisen, dass im Rahmen eines Vorvertrags der geschuldete Kostenrahmen nach DIN 276 Ziff. 4.3.2 die Kostenvorstellungen des Auftraggebers aufnehmen muss. Der Architekt/Ingenieur ist also verpflichtet, bereits in der Zielfindungsphase, spätestens mit der Leistungsphase 1, im Voraus die Kostenvorstellungen des Auftraggebers zu ermitteln. Dabei wird er sicherlich nach den finanziellen Verhältnissen zu fragen haben. Das allerdings geht einher mit den tatsächlichen planerischen und baulichen Vorstellungen des Auftraggebers.

Wurde die Aufklärung, die auch aufgrund fehlender Hinweise als **Merkblatt** möglich ist, wie z. B. beim Sonderkündigungsrecht nach § 650r Abs. 5 Satz 2 BGB, durchgeführt, so ist der Vertrag nicht unwirksam, denn es gilt dann nach § 7 Abs. 2 Satz 2 der Ansatz, bei vereinbarten Grundleistungen den Basishonorarsatz zu nehmen, d. h. es wird unterstellt, dass dieser als vereinbart gilt. Der Verordnungsgeber weist hier lediglich auf höhere Honorare hin, die zu reduzieren sind.

Nicht geklärt ist damit die Frage, was passiert, wenn die Parteien bereits ein **unterhalb des Basishonorarsatzes** liegendes Honorar in Betracht gezogen haben. Der Wortlaut spricht in diesem besonderen Fall dafür, nicht diesen unteren Satz, sondern den Basishonorarsatz anzusetzen. Ob dies dann im Rahmen der Vorgaben des § 1 ArchLG liegt, bleibt abzuwarten.

Sofern in der HOAI nun vom **Verbraucher** die Rede ist, ist auf **§ 13 BGB** hinzuweisen: »Verbraucher ist jede natürliche Person, die ein Rechtsgeschäft zu Zwecken abschließt, die überwiegend weder ihrer gewerblichen noch ihrer selbstständigen beruflichen Tätigkeit zugerechnet werden können.«

Hinsichtlich des Teilsatzes in § 7 Abs. 2 Satz 1 HOAI, wonach der Architekt dem Verbraucher vor Abgabe von dessen verbindlicher Vertragserklärung zur Honorarvereinbarung in Textform das **Widerrufsrecht** nahebringen muss, ist noch zu erwähnen, dass für den Fall, dass dieser Zeitpunkt versäumt wird, also die Erklärung erst beispielsweise nach der Annahme des Angebots erfolgt, es sich rechtsgeschäftlich um ein neues Angebot des Auftragnehmers gegenüber dem Auftraggeber handelt. Durch das Textformerfordernis kommt es unter Beiziehung der nachzuholenden Textformerklärung über das Belehrungsrecht dann erst zu einem Vertrag.

Das kann dann dazu führen, dass auch hier nur der Basishonorarsatz geschuldet ist. Hat der Verbraucher bereits das höhere Honorar gezahlt, stünde ihm ein entsprechender Anspruch auf Rückzahlung der Differenz bis zum Basishonorarsatz zu. Allerdings wird man hier die entsprechende Rechtsprechung zu Abschlagszahlungen heranziehen müssen, bis der Architekt seine Honorarschlussrechnung gelegt hat. Abschlagszahlungen sind als Vorauszahlungen zu werten. Andererseits bestünde also ein Zurückbehaltungsrecht an einem Teilhonoraranspruch des Architekten durch den Verbraucher. Ob Schadensersatzansprüche oder gar die Kündigung in einem solchen Fall angezeigt ist, ist vor dem Hintergrund des Zustandekommens eines Vertrags dann nur noch nach den entsprechenden Regeln – beispielsweise des § 648 und § 648a BGB – zu messen.

Darüber hinaus hat der Verbraucher nicht die Möglichkeit, den Architekten-/Ingenieurvertrag zu **widerrufen**. Er kann lediglich **nach der Zielfindungsphase kündigen**. Hat er den Vertrag abgeschlossen, kommt ihm als Verbraucher der sogenannte Verbraucherbauvertrag gemäß § 650i BGB nicht zur Hilfe, da es sich gemäß § 650q Abs. 2 BGB nicht um Verbraucherbauverträge handelt. Einzig in Betracht kommen könnte ein **Widerruf** gemäß § 312 BGB, wenn der Vertrag außerhalb der Geschäftsräume des Architekten/Ingenieurs geschlossen wurde. Dies ist auch dann der Fall, wenn lediglich per E-Mail kommuniziert wird, weil sich der Verbraucher im Regelfall außerhalb der Geschäftsräume des Architekten aufhält. Meist werden diese Verträge beim Verbraucher selbst geschlossen.

Eine Besonderheit, die sowohl Verbraucher als auch die üblichen Auftraggeber betrifft, liegt darin, dass unter § 3 Abs. 1 HOAI nunmehr auch die Leistungen der Anlage 1 fallen. Damit werden die Leistungen nach Anlage 1

- Nr. 1.1 Umweltverträglichkeitsstudie,
- Nr. 1.2 Bauphysik,
- Nr. 1.3 Geotechnik,
- Nr. 1.4 Ingenieurvermessung

nebst den in den dortigen Tabellen erkennbaren Grundleistungen Gegenstand des Basishonorarsatzes. Daraus folgt zum anderen, dass diese nun der Basishonorarfiktion unterfallen und auch die Höhe der Vergütung im Zweifelsfall gemäß § 632 Abs. 2 BGB nach diesen Vorgaben zu bestimmen sind. Dies ist definitiv eine Aufwertung der dort betroffenen Leistungsbilder.

Eine ausdrückliche Regelung der bisher in § 7 Abs. 6 a. F. vorgesehenen Möglichkeit, ein Erfolgs- oder ein Malushonorar zu vereinbaren, ist vor dem Hintergrund des Wegfalls des verbindlichen Preisrechts nicht mehr erforderlich. Es hat sich in der Praxis zudem nicht bewährt, obwohl viele, auch (Muster-)Verträge das so aufgenommen hatten. Den Parteien der Honorarvereinbarung steht es nach der neuen Rechtslage ohnehin frei, entsprechende Absprachen in ihrer Honorarvereinbarung zu treffen.

3.2.9 § 8 – Berechnung des Honorars in besonderen Fällen

> (1) Werden dem Auftragnehmer nicht alle Leistungsphasen eines Leistungsbildes übertragen, so dürfen nur die für die übertragenen Phasen vorgesehenen Prozentsätze berechnet und vereinbart werden. Die Vereinbarung hat in Textform zu erfolgen.
>
> (2) Werden dem Auftragnehmer nicht alle Grundleistungen einer Leistungsphase übertragen, so darf für die übertragenen Grundleistungen nur ein Honorar berechnet und vereinbart werden, das dem Anteil der übertragenen Grundleistungen an der gesamten Leistungsphase entspricht. Die Vereinbarung hat

in Textform zu erfolgen. Entsprechend ist zu verfahren, wenn dem Auftragnehmer wesentliche Teile von Grundleistungen nicht übertragen werden.

(3) Die gesonderte Vergütung eines zusätzlichen Koordinierungs- oder Einarbeitungsaufwands ist in Textform zu vereinbaren.

Die Ergänzung der Textform dient der Klarstellung, dass es nur um die Durchführung der Honorarberechnung geht. Die Höhe des auf diesem Rechenweg ermittelten Honorars ist nicht verbindlich festgelegt.

3.2.10 § 9 – Berechnung des Honorars bei Beauftragung von Einzelleistungen

(1) Wird die Vorplanung oder Entwurfsplanung bei Gebäuden und Innenräumen, Freianlagen, Ingenieurbauwerken, Verkehrsanlagen, der Tragwerksplanung und der Technischen Ausrüstung als Einzelleistung in Auftrag gegeben, können für die Leistungsbewertung der jeweiligen Leistungsphase

1. für die Vorplanung höchstens der Prozentsatz der Vorplanung und der Prozentsatz der Grundlagenermittlung und
2. für die Entwurfsplanung höchstens der Prozentsatz der Entwurfsplanung und der Prozentsatz der Vorplanung zum Zweck der Honorarberechnung

herangezogen werden. Die Vereinbarung hat in Textform zu erfolgen.

(2) Zur Bauleitplanung ist Absatz 1 Satz 1 Nummer 2 für den Entwurf der öffentlichen Auslegung entsprechend anzuwenden. Bei der Landschaftsplanung ist Absatz 1 Satz 1 Nummer 1 für die vorläufige Fassung sowie Absatz 1 Satz 1 Nummer 2 für die abgestimmte Fassung entsprechend anzuwenden. Die Vereinbarung hat in Textform zu erfolgen.

(3) Wird die Objektüberwachung bei der Technischen Ausrüstung oder bei Gebäuden als Einzelleistung in Auftrag gegeben, können für die Leistungsbewertung der Objektüberwachung zum Zweck der Honorarberechnung höchstens der Prozentsatz der Objektüberwachung und die Prozentsätze der Grundlagenermittlung und Vorplanung herangezogen werden. Die Vereinbarung hat in Textform zu erfolgen.

Hier hat sich keine inhaltliche Änderung ergeben. Die Schriftlichkeit ist in Textform geändert.

3.2.11 § 10 – Berechnung des Honorars bei vertraglichen Änderungen des Leistungsumfangs

(1) Einigen sich Auftraggeber und Auftragnehmer während der Laufzeit des Vertrags darauf, dass der Umfang der beauftragten Leistung geändert wird, und ändern sich dadurch die anrechenbaren Kosten, Flächen oder Verrechnungseinheiten, so ist die Honorarberechnungsgrundlage für die Grundleistungen, die infolge des veränderten Leistungsumfangs zu erbringen sind, durch Vereinbarung in Textform anzupassen.

(2) Einigen sich Auftraggeber und Auftragnehmer über die Wiederholung von Grundleistungen, ohne dass sich dadurch die anrechenbaren Kosten, Flächen oder Verrechnungseinheiten ändern, ist das Honorar für diese Grundleistungen entsprechend ihrem Anteil an der jeweiligen Leistungsphase in Textform zu vereinbaren.

§ 10 ist neu gefasst, um die Regelung sowohl an die geänderten Form der Anforderungen bezüglich der Honorarvereinbarung anzupassen als auch den Begriff der Verrechnungseinheiten zu ergänzen. Letzteres ist infolge der Gleichstellung der Leistungen der Anlage 1 mit den übrigen Grundleistungen erforderlich.

§ 10 findet neben dem Anordnungsrecht des § 650q Abs. 2 BGB Anwendung. Hier ist jedoch wesentlich, dass es einen Anspruch auf Honorar für die wiederholte Grundleistung, die angeordnet wird, überhaupt gibt. Dies wird man allerdings nur auf der Grundlage der vertraglichen Vereinbarungen bzw. der Auslegung des Verhaltens der Parteien ermitteln können.

Abzugrenzen sind diese Fälle von der Möglichkeit der Anpassung bei Störungen der Geschäftsgrundlage gemäß § 313 BGB. Dies wird meistens bei Pauschalhonorarverträgen zur Anwendung kommen. Jedoch sind an die Annahme einer Störung der Geschäftsgrundlage erhebliche Anforderungen zu stellen, insbesondere müsste die nunmehr zum Gegenstand des Anordnungsrechts gemachte Mehr- oder Minderleistung das gesamte Vertragsverhältnis zum Nachteil des Auftragnehmers gestaltet haben. Diese Auslegungen sind eher selten.

3.2.12 § 11 – Auftrag für mehrere Objekte

(1) Umfasst ein Auftrag mehrere Objekte, so sind die Honorare vorbehaltlich der folgenden Absätze für jedes Objekt getrennt zu berechnen.

(2) Umfasst ein Auftrag mehrere vergleichbare Gebäude, Ingenieurbauwerke, Verkehrsanlagen oder Tragwerke mit weitgehend gleichartigen Planungsbe-

dingungen, die derselben Honorarzone zuzuordnen sind und die im zeitlichen und örtlichen Zusammenhang als Teil einer Gesamtmaßnahme geplant und errichtet werden sollen, ist das Honorar nach der Summe der anrechenbaren Kosten zu berechnen.

(3) Umfasst ein Auftrag mehrere im Wesentlichen gleiche Gebäude, Ingenieurbauwerke, Verkehrsanlagen oder Tragwerke, die im zeitlichen oder örtlichen Zusammenhang unter gleichen baulichen Verhältnissen geplant und errichtet werden sollen, oder mehrere Objekte nach Typenplanung oder Serienbauten, so sind die Prozentsätze der Leistungsphasen 1 bis 6 für die erste bis vierte Wiederholung um 50 Prozent, für die fünfte bis siebte Wiederholung um 60 Prozent und ab der achten Wiederholung um 90 Prozent zu mindern.

(4) Umfasst ein Auftrag Grundleistungen, die bereits Gegenstand eines anderen Auftrags über ein gleiches Gebäude, Ingenieurbauwerk oder Tragwerk zwischen den Vertragsparteien waren, so ist Absatz 3 für die Prozentsätze der beauftragten Leistungsphasen in Bezug auf den neuen Auftrag auch dann anzuwenden, wenn die Grundleistungen nicht im zeitlichen oder örtlichen Zusammenhang erbracht werden sollen.

Auch hier wurde nur der Verweis auf die Textform geändert.

3.2.13 § 12 – Instandsetzungen und Instandhaltungen

(1) Honorare für Grundleistungen bei Instandsetzungen und Instandhaltungen von Objekten sind nach den anrechenbaren Kosten, der Honorarzone, den Leistungsphasen und der Honorartafel zur Honorarorientierung, der die Instandhaltungs- und Instandsetzungsmaßnahme zuzuordnen ist, zu ermitteln.

(2) Für Grundleistungen bei Instandsetzungen und Instandhaltungen von Objekten kann in Textform vereinbart werden, dass der Prozentsatz für die Objektüberwachung oder Bauoberleitung um bis zu 50 Prozent der Bewertung dieser Leistungsphase erhöht wird.

§ 12 Abs. 1 ist neu gefasst, um in der Regelung klarzustellen dass die Honorartafeln künftig der Honorarorientierung dienen.

3.2.14 § 13 – Interpolation

Zwischenstufen der in den Honorartafeln angegebenen anrechenbaren Kosten und Flächen oder Verrechnungseinheiten sind durch lineare Interpolation zu ermitteln.

Die Änderungen in § 13 sind aufgrund des Wegfalls der verbindlichen Mindest- und Höchsthonorarsätze sowie infolge der Gleichstellung der Leistungen der Anlage 1 mit den übrigen Grundleistungen erforderlich.

3.2.15 § 14 – Nebenkosten

(1) Der Auftragnehmer kann neben den Honoraren dieser Verordnung auch die für die Ausführung des Auftrags erforderlichen Nebenkosten in Rechnung stellen; ausgenommen sind die abziehbaren Vorsteuern gemäß § 15 Absatz 1 des Umsatzsteuergesetzes in der jeweils geltenden Fassung. Die Vertragsparteien können in Textform vereinbaren, dass abweichend von Satz 1 eine Erstattung ganz oder teilweise ausgeschlossen ist.

(2) Zu den Nebenkosten gehören insbesondere:
1. Versandkosten, Kosten für Datenübertragungen,
2. Kosten für Vervielfältigungen von Zeichnungen und schriftlichen Unterlagen sowie für die Anfertigung von Filmen und Fotos,
3. Kosten für ein Baustellenbüro einschließlich der Einrichtung, Beleuchtung und Beheizung,
4. Fahrtkosten für Reisen, die über einen Umkreis von 15 Kilometern um den Geschäftssitz des Auftragnehmers hinausgehen, in Höhe der steuerlich zulässigen Pauschalsätze, sofern nicht höhere Aufwendungen nachgewiesen werden,
5. Trennungsentschädigungen und Kosten für Familienheimfahrten in Höhe der steuerlich zulässigen Pauschalsätze, sofern nicht höhere Aufwendungen an Mitarbeiter oder Mitarbeiterinnen des Auftragnehmers auf Grund von tariflichen Vereinbarungen bezahlt werden,
6. Entschädigungen für den sonstigen Aufwand bei längeren Reisen nach Nummer 4, sofern die Entschädigungen vor der Geschäftsreise in Textform vereinbart worden sind,
7. Entgelte für nicht dem Auftragnehmer obliegende Leistungen, die von ihm im Einvernehmen mit dem Auftraggeber Dritten übertragen worden sind.

(3) Nebenkosten können pauschal oder nach Einzelnachweis abgerechnet werden. Sie sind nach Einzelnachweis abzurechnen, sofern keine pauschale Abrechnung in Textform vereinbart worden ist.

Mit der Änderung zur Anwendung des jeweiligen Umsatzsteuergesetzes ist eine dynamische Verweisung eingeführt, um sicherzustellen, dass sich der Verweis in **§ 14 Abs. 1** stets auf die aktuell geltende Fassung des Umsatzsteuergesetzes bezieht. Dies gilt schon deswegen, weil die Entgeltberechnung des Honorars losgelöst von den Nebenkosten als Nettobetrag auszuweisen ist. Da der Hauptnettohonorarbetrag somit zwar der Berechnung nach dem Umsatzsteuergesetz mit derzeit 19 Prozent MwSt unterliegt, kann dies bei der Berechnung der Nebenkosten anders sein, denn dort können Nebenkostenanteile anderen Umsatzsteuerbeträgen unterworfen sein (z. B. 7 Prozent MwSt). Allerdings sind die jeweiligen Anweisungen der Finanzbehörden zu beachten.

§ 14 Abs. 1 Satz 2 ist auch geändert, um die Regelung an die geänderten Form Anforderungen an die Honorarvereinbarung anzupassen. Dies gilt auch für **§ 14 Abs. 3 Satz 2**. Die Honorarvereinbarung bedarf damit auch im Punkt der Nebenkosten der textlichen Vereinbarung nach § 126b BGB und kann zu jedem Zeitpunkt geschlossen werden. Weiterhin zu beachten ist aber, dass die Pauschale zu Nebenkosten (z. B. 3 Prozent oder 5 Prozent des Nettohonorars) zwar vereinbart werden kann, aber die Pauschale bedarf wie bisher der Vereinbarung, die nun in Textform abgeschlossen werden muss (früher: schriftlich bei Vertragsschluss).

3.2.16 § 15 – Fälligkeit des Honorars, Abschlagszahlungen

> Für die Fälligkeit der Honorare für die von dieser Verordnung erfassten Leistungen gilt § 650 g Absatz 4 des Bürgerlichen Gesetzbuchs entsprechend. Für das Recht, Abschlagszahlungen zu verlangen, gilt § 632a des Bürgerlichen Gesetzbuchs entsprechend.

Seit dem 1.1.2018 enthält das BGB für Architekten- und Ingenieurverträge im Sinne von § 650q Abs. 1 BGB eine spezifische Regelung zur Fälligkeit des Honorars in § 650q Abs. 1 i. V. m. § 650 g Abs. 4 BGB.

Vor diesem Hintergrund wird in **Satz 1** des neugefassten § 15 geregelt, dass diese Fälligkeitsregelung für alle Leistungen zur Anwendung kommt, die vom Anwendungsbereich der HOAI umfasst sind, insbesondere auch Leistungen der Flächenplanung. Grundlage der Honorarforderung ist also die Fälligkeit der Schlussrechnung. Hierzu sind die Abnahme der Architekten- und Ingenieurleistungen und die Erteilung einer prüffähigen Honorarschlussrechnung notwendig. Der Begriff »Teilschlussrechnung«, wie sie häufig zwischen Parteien vereinbart wird und in Leistungsphase acht üblich geworden ist, ist vom Verordnungsgeber nicht aufgenommen worden. Dafür allerdings gibt es die Regelung der Abschlagszahlung in § 15 Satz 2 HOAI, der wiederum auf § 632a BGB verweist. § 632a Abs. 1 BGB lautet:

> (1) Der Unternehmer kann von dem Besteller eine Abschlagszahlung in Höhe des Wertes der von ihm erbrachten und nach dem Vertrag geschuldeten Leistungen verlangen. Sind die erbrachten Leistungen nicht vertragsgemäß, kann der Besteller die Zahlung eines angemessenen Teils des Abschlags verweigern. Die Beweislast für die vertragsgemäße Leistung verbleibt bis zur Abnahme beim Unternehmer. § 641 Abs. 3 gilt entsprechend. Die Leistungen sind durch eine Aufstellung nachzuweisen, die eine rasche und sichere Beurteilung der Leistungen ermöglichen muss.

§ 15 Satz 2 stellt zudem klar, dass sich das Recht des Auftragnehmers, Abschlagszahlungen zu verlangen, nach § 632a BGB richtet.

3.2.17 § 16 – Umsatzsteuer

> (1) Der Auftragnehmer hat Anspruch auf Ersatz der gesetzlich geschuldeten Umsatzsteuer für nach dieser Verordnung abrechenbare Leistungen, sofern nicht die Kleinunternehmerregelung nach § 19 des Umsatzsteuergesetzes angewendet wird. Satz 1 ist auch hinsichtlich der um die nach § 15 des Umsatzsteuergesetzes abziehbaren Vorsteuer gekürzten Nebenkosten anzuwenden, die nach § 14 dieser Verordnung weiterberechenbar sind.
>
> (2) Auslagen gehören nicht zum Entgelt für die Leistung des Auftragnehmers. Sie sind als durchlaufende Posten im umsatzsteuerrechtlichen Sinn einschließlich einer gegebenenfalls enthaltenen Umsatzsteuer weiter zu berechnen.

Die Norm ist unverändert. Der Verordnungsgeber hat grundsätzlich darauf verzichtet, Regelungen aufzunehmen, die beispielsweise im Fall der Senkung oder Erhöhung des Umsatzsteuersatzes zu einer bestimmten Berechnungs- und Abrechnungsform führen. Dies soll den Vorschriften und Ausführungsvorschriften im jeweiligen Steuerrecht vorbehalten bleiben und hat auch nichts mit der HOAI 2021 zu tun.

3.3 Teil 2 – Flächenplanung

Zwischen den städtebaulichen Leistungen (Flächennutzungs- und Bebauungsplan) und den landschaftsplanerischen Leistungen besteht ein enger sachlicher Zusammenhang. Die Bedeutung der Landschaftsplanung steht für jeden Stadtplaner außer Frage. Es geht darum,

- die Landschaft als Lebensraum für Mensch, Tier und Pflanzen zu schützen und zu pflegen,

- Wald, Flur und Gewässer so weit wie möglich für die Allgemeinheit als Erholungsraum frei zugänglich und von Umweltverschmutzung frei zu halten,
- die Leistungsfähigkeit des Landschaftshaushalts zu erhalten und eingetretene Landschaftsschäden zu beseitigen oder auszugleichen.

Natürlich können solche Zielvorstellungen von der einzelnen Gemeinde nicht separat mit nachhaltigem Erfolg betrieben werden. Es bedarf entsprechender langfristiger Programme und leitender Rahmenpläne für das Landesgebiet und darüber hinaus für das Bundesgebiet. Die Landschaftspläne sollen dann die örtlichen Erfordernisse und Maßnahmen zur Verwirklichung der Ziele des Naturschutzes und der Landschaftspflege im Näheren darstellen.

Gegenüber der städtebaulichen Planung hatte die eigenständige Landschaftsplanung jedoch einen schlechten Startpunkt. Für die städtebauliche Planung bestehen seit 1960 klare Rechtsgrundlagen durch das – zum damaligen Zeitpunkt so benannte – Bundesbaugesetz (BBauG), das bald durch die Baunutzungsverordnung ergänzt wurde. In vielen Punkten hatten im Rahmen der letzten Novellierungen schon landschaftsplanerische Belange in das BBauG Eingang gefunden, die anschließend im Baugesetzbuch (BauGB) verankert wurden (vgl. insbesondere § 1 Abs. 5 und § 9 Abs. 1 Nr. 20, 23, 24 und 25 BauGB). Anders gestaltete sich die Entwicklung im Hinblick auf eine in sich geschlossene Landschaftsplanung. Ab 1973 kamen in einigen Ländern zwar Landschaftspflegegesetze zustande, aber – wegen des Fehlens eines Bundesrahmengesetzes – mit recht unterschiedlichen Regelungen. Die Landschaftspflegegesetze und die sonstigen bisherigen naturschutzrechtlichen Normen waren zudem stärker auf eine Konservierung der landschaftlichen Werte als auf eine systematische und nachhaltige Sicherung der ökologischen Funktionsfähigkeit unserer Umwelt ausgerichtet. Sie bezogen sich auch mehr auf die freie Landschaft als auf den Erhalt der Natur in den Siedlungsbereichen. So war es nicht leicht, 1976 eine Honorarregelung für Landschaftsplaner zu treffen und vor allem Leistungsanforderungen für die Landschaftsplanung festzulegen, die der Rechtsentwicklung in den folgenden Jahren standhalten würde. Eine entscheidende Veränderung trat erst mit den HOAI-Novellierungen von 1988, 1990 und 1991 ein.

Mit dem Bundesnaturschutzgesetz – ergänzt durch die jeweiligen Naturschutzgesetze der Bundesländer – aus dem Jahr 1976 erfolgte ein wesentlicher Schritt zur Neuordnung der Materie. Nach diesem Rahmengesetz dienen Landschaftspläne dazu, die örtlichen Erfordernisse und Maßnahmen zur Verwirklichung der Ziele des Naturschutzes und der Landschaftspflege darzustellen. Auf der Grundlage der zur Ausfüllung des Rahmengesetzes ergangenen, aber leider keineswegs einheitlichen Naturschutzgesetze der Länder hat sich in fast allen Bundesländern die Auffassung durchgesetzt, dass separat erstellte Landschaftspläne keine eigene Verbindlichkeit – in Konkurrenz zur Bauleitplanung – haben können. Vielmehr müssten sie in die Bauleitpläne integriert werden.

In den Flächenstaaten Hessen, Baden-Württemberg, Saarland, Niedersachsen und Schleswig-Holstein bestehen annähernd übereinstimmende Regelungen darüber, dass bei der Aufstellung von Bauleitplänen (Flächennutzungsplan wie Bebauungspläne) zunächst davon ausgegangen wird, dass auch ein Landschaftsplan erarbeitet werden muss (nicht zwingend flächendeckend). Dies gilt, sofern die zuständige Fachbehörde (in Hessen die Untere Naturschutzbehörde) nicht darauf verzichtet, zum Beispiel wegen einer schon hinreichenden Planung des Grünraums. Die landschaftsplanerischen Aspekte sollen dann so weit wie möglich im Flächennutzungsplan dargestellt bzw. im Bebauungsplan festgelegt werden, was ihre Einordnung in die Darstellungsmittel des §5 Abs. 2 bzw. §9 Abs. 1 BauGB voraussetzt. Es steht außer Frage, dass bei landschaftsplanerischen Aussagen, die auch in Form ergänzender Gutachten möglich sein dürften, den regionalen oder landesweiten Landschaftsrahmenplänen Rechnung zu tragen ist.

Die Landschaftsplanung kann als ein primäres Aufgabengebiet des Landschaftsarchitekten angesehen werden. Allerdings schließt das die entscheidende Mitwirkung anderer Fachleute nicht aus. Bei schwierigen Planungsverhältnissen kann sogar Teamarbeit erforderlich werden, zum Beispiel mit erfahrenen Ingenieuren des Wasserbaus oder des Umweltschutzes.

Probleme mit der Honorierung werden immer dort auftreten, wo sich die Arbeit des Landschaftsplaners mit der des städtebaulichen Planers überschneidet. Das kann letzten Endes bei allen Grünflächen im weiteren Sinne geschehen, also im Bereich des Flächennutzungsplans nach §5 BauGB bei den dort in Abs. 2 Nr. 4 bis 10 und Abs. 4 angeführten Flächen und im Bereich des Bebauungsplans nach §9 BauGB bei den dort in Abs. 1 Nr. 9 bis 26 und Abs. 5 angeführten Flächen. Selbstverständlich sind eine doppelte Planungsarbeit und damit eine doppelte Honorierung zu vermeiden. So ist im Abschnitt 1 in §20 Abs. 6 HOAI eine honorarreduzierende Bestimmung eingebaut für den Fall, dass zuerst die Landschaftspläne erarbeitet werden. Die frühere entsprechende Vorschrift zum Bebauungsplan (§41 Abs. 3 Nr. 4c der HOAI 1988) gibt es seit der vierten Änderungsverordnung der HOAI nicht mehr.

Insoweit sind auch die unterschiedlichen Berechnungsgrundlagen von Bedeutung:

- Der Grünordnungsplan stellte auf Flächenmaße ab (§29 HOAI), die (aber in anderer Zusammensetzung) ansonsten nur noch für den Flächennutzungsplan (§20 HOAI) verwendet werden.
- Der Landschaftsplan (§28 HOAI), der Landschaftsrahmenplan (§30 HOAI), der Landschaftspflegerische Begleitplan (§31 HOAI) sowie der Landschaftspflegerische Entwicklungsplan (§26 Abs. 2 HOAI) hingegen stellen – wie der Bebauungsplan (§19 HOAI) – auf die einheitlich in Hektar (ha) bemessene Fläche des Planungsgebiets ab.

Trotz der nunmehr recht detaillierten Honorarregelungen der HOAI für landschaftsplanerische Leistungen wird es Zweifelsfälle im Hinblick auf die Honorierung geben, wie beispielsweise in den folgenden vier Fällen:

1. Handelt es sich um einen detaillierten Landschaftsplan für den Bereich eines Bebauungsplans, so wird auf die Honorierung eines Grünordnungsplans zurückzugreifen sein.
2. Handelt es sich darum, aus einem schon zu einem Flächennutzungsplan erstellten umfassenden Landschaftsplan einige Einzelmaßnahmen für den Teilbereich eines Bebauungsplans zu entwickeln, so wird eine freie Honorarvereinbarung auf der Grundlage eines detaillierten Leistungskatalogs erforderlich sein. Dabei können Zeitaufwand und Stundenhonorare zugrunde gelegt werden. Vermutlich wird dabei das Honorar unterhalb der Honorarhöhe für einen detaillierten Landschaftsplan zum Bereich eines ganzen Bebauungsplans (erster Fall) bleiben.
3. Es ist jedoch auch denkbar, die Entwicklung von Einzelmaßnahmen aus einem zum Flächennutzungsplan bereits erstellten Landschaftsplan dem Ersteller des Entwurfs des Bebauungsplans mit zu übertragen, dann kann die Honorierung für die zusätzliche Leistung ggf. als besondere Leistung erfolgen.
4. Sind lediglich einzelne landschaftspflegerische Planungen und Maßnahmen erforderlich, ohne dass es der Erstellung eines Landschaftsplans bzw. Grünordnungsplans oder umfassenden Landschaftspflegerischen Begleitplans bedarf, so kann für Teilleistungen eines Landschaftspflegerischen Begleitplans eine Honorierung nach § 26 Abs. 2 HOAI oder evtl. eine freie Honorarvereinbarung infrage kommen.

In der Flächenplanung wurde mit der Fassung der HOAI von 2013 die Umstellung von Verrechnungseinheiten auf Flächen für die Bauleitplanung zum Leistungsbild Flächennutzungsplan und für die Landschaftsplanung zu den Leistungsbildern Grünordnungsplan und Landschaftspflegerischer Begleitplan umgesetzt. Der Ansatz der Honorarabrechnung nach Verrechnungseinheiten entfällt für diese Leistungsbilder. Damit soll zum einen die Honorarberechnung in der Flächenplanung durch den einheitlichen Ansatz nach der Größe des Plangebiets in Hektar und die Zuordnung zu Honorarzonen vereinfacht, zum anderen die Honorarberechnung für die Leistungsbilder der Flächenplanung insgesamt besser vergleichbar und verständlicher gemacht werden. Auch die Struktur der Honorarvorschriften in der Flächenplanung wurde insgesamt vereinheitlicht und orientiert sich neu an der für den Flächennutzungsplan entwickelten Struktur der Honorarregelung in § 20.

3.3.1 Abschnitt 1 – Bauleitplanung

Die Leistungsphasen im Leistungsbild Flächennutzungsplan in § 18 und im Leistungsbild Bebauungsplan in § 19 entsprechen in der Darstellung dem Verfahrensablauf der Bauleitplanung nach dem BauGB. Sie sind auf drei Leistungsphasen begrenzt. Für den

Flächennutzungs- und Bebauungsplan ist die Bewertung der Leistungsphasen in den §§ 18 und 19 einheitlich. Durch die Anpassung an den Verfahrensablauf der Bauleitplanung ist die Konkretisierung der Leistungsbilder in Anlage 2 und 3 ebenfalls vereinheitlicht. Die Leistungsphase 1 bildet die bis zum Beginn der frühzeitigen Beteiligung gemäß § 3 Abs. 1 und § 4 Abs. 1 BauGB erbrachten Leistungen ab. Die Leistungsphase 2 umfasst die bis zum Beginn der öffentlichen Auslegung nach § 3 Abs. 2 BauGB erbrachten Leistungen. In der Leistungsphase 3 werden die Grundleistungen bis zum Beschluss des Flächennutzungsplans durch die Gemeinde erbracht.

Zum Zweck der Harmonisierung der Honorartafeln im Bereich der Flächenplanung sind gegenüber der Fassung 2009 für den Flächennutzungsplan wie für den Bebauungsplan statt fünf drei Honorarzonen vorgesehen. Darüber hinaus ist das System der Honorarberechnung beim Flächennutzungsplan wie beim Bebauungsplan auf die Größe des Plangebiets in Hektar umgestellt worden und daher einfacher und übersichtlicher.

3.3.1.1 § 17 – Anwendungsbereich

> (1) Leistungen der Bauleitplanung umfassen die Vorbereitung der Aufstellung von Flächennutzungs- und Bebauungsplänen im Sinne des § 1 Absatz 2 des Baugesetzbuches in der jeweils geltenden Fassung, die erforderlichen Ausarbeitungen und Planfassungen sowie die Mitwirkung beim Verfahren.
>
> (2) Leistungen beim Städtebaulichen Entwurf sind Besondere Leistungen.

§ 17 ist die Grundlagennorm und definiert den Anwendungsbereich der Vorschrift zur Bauleitplanung. Zur Klarstellung der freien Vereinbarkeit der Honorare für Leistungen beim städtebaulichen Entwurf ist in § 17 Abs. 2 besonders darauf verwiesen worden. Die Leistungen beim städtebaulichen Entwurf werden als Besondere Leistungen nunmehr in der Anlage 9 konkretisiert.

Mit der Änderung wird eine dynamische Verweisung eingeführt, um sicherzustellen, dass sich der Verweis in **§ 17 Abs. 1** stets auf die aktuell geltende Fassung des Baugesetzbuches bezieht.

Da künftig sowohl das Honorar für Grundleistungen als auch für Besondere Leistungen frei vereinbar ist, bedarf es der Festlegung nicht mehr, dass die Leistungen beim städtebaulichen Entwurf frei vereinbar sind. Daher enthält die Regelung in **§ 17 Abs. 1** künftig nur noch die Einordnung dieser Leistungen als Besondere Leistungen.

3.3.1.2 § 18 – Leistungsbild Flächennutzungsplan

(1) Die Grundleistungen bei Flächennutzungsplänen sind in drei Leistungsphasen unterteilt und werden wie folgt in Prozentsätzen der Honorare des § 20 bewertet:

1. für die Leistungsphase 1 (Vorentwurf für die frühzeitigen Beteiligungen) Vorentwurf für die frühzeitigen Beteiligungen nach den Bestimmungen des Baugesetzbuches mit 60 Prozent,
2. für die Leistungsphase 2 (Entwurf zur öffentlichen Auslegung) Entwurf für die öffentliche Auslegung nach den Bestimmungen des Baugesetzbuches mit 30 Prozent,
3. für die Leistungsphase 3 (Plan zur Beschlussfassung) Plan für den Beschluss durch die Gemeinde mit 10 Prozent.

Der Vorentwurf, Entwurf oder Plan ist jeweils in der vorgeschriebenen Fassung mit Begründung anzufertigen.

(2) Anlage 2 regelt, welche Grundleistungen jede Leistungsphase umfasst. Anlage 9 enthält Beispiele für Besondere Leistungen.

Das Leistungsbild Flächennutzungsplanung wird durch die neue Strukturierung der Leistungsphasen im Leistungsbild Flächennutzungsplan in § 18 dargestellt. Die Teilnahme an Sitzungen von politischen Gremien oder im Rahmen der Öffentlichkeitsbeteiligung wird in Anlage 9 als Besondere Leistung aufgeführt. Diese Verlagerung liegt darin begründet, dass in der Praxis je nach Größe des Planungsbereichs die Anzahl der Sitzungstermine sehr uneinheitlich ist, sodass sich ein einheitlicher Leistungsumfang im Sinne von § 3 Abs. 2 Satz 1 HOAI und entsprechend ein Richtwert für die Preisregulierung nicht herleiten lässt. Als Folge ist die Vergütung für die Teilnahme an Gremien- und Öffentlichkeitsterminen grundsätzlich jeweils projektbezogen zwischen Auftraggeber und Auftragnehmer zu vereinbaren.

Dagegen sind erforderliche Sitzungstermine mit politischen Gremien, die lediglich der Vorbereitung der Beschlussfassung zum Beispiel des Gemeinderats dienen und bei kleinen Gemeinden nicht gesondert durch Verwaltungsbeamte durchgeführt werden können, als Grundleistung der jeweiligen Leistungsphase von den Honorartafelwerten erfasst. Solche regulären Abstimmungstermine können nicht zusätzlich als Besondere Leistung abgerechnet werden.

Für eine Abgrenzung zwischen Grundleistung und Besonderer Leistung kommt es in diesem Ausnahmefall nicht darauf an, dass ein politisches Gremium die Sitzung einberufen hat, sondern ob es sich materiell um eine zur Abstimmung der Planung mit dem Auftraggeber erforderliche Sitzung handelt, die als Grundleistung ohnehin eine Voraussetzung zur ordnungsgemäßen Erfüllung des Planungsauftrags ist.

In **§ 18 Abs. 1** sind die Leistungsphasen entsprechend dem Verfahrensablauf der Bauleitplanung nach dem BauGB geordnet und auf drei Leistungsphasen beschränkt. Die bislang für die Leistungsphasen 1 und 2 vorgesehene Spreizung des prozentualen Anteils am Gesamthonorar in § 18 Abs. 1 ist entfallen. Die Spreizungen in diesen ersten beiden Leistungsphasen wurden mit der HOAI 1977 eingeführt und begründeten sich zum einen durch die unterschiedlichen Vorbedingungen hinsichtlich der Ausstattung in den verschiedenen Gemeinden – geeignetes Kartenmaterial oder generell verwendbares Datenmaterial war nicht überall gleichermaßen vorhanden. Zum anderen sollte über die Spreizung dem Umstand Rechnung getragen werden, dass in diesen Leistungsphasen auch Leistungen vergütet werden konnten, die vom Auftraggeber selbst zu erbringen waren.

Planungsrelevante Daten und Kartenunterlagen stehen heute den Gemeinden ohnehin zur Verfügung und werden dem Auftragnehmer zur Verfügung gestellt. Sie erfordern also keine planerischen Leistungen. Aufgrund der Vorgaben aus den jeweiligen Fachgesetzen bestehen gegenwärtig auch keine Unklarheiten über den Umfang der einzuholenden Gutachten und Fachleistungen. Im Ergebnis entspricht die Gewichtung der Leistungsphasen 1 bis 3 anteilsmäßig der bisherigen Bemessung der Leistungsphasen 1 bis 3, 4 und 5 des § 18 der HOAI 2009. Die »vorgeschriebene Fassung«, in der jeweils der Vorentwurf, der Entwurf und der Plan in den Leistungsphasen zu erstellen sind, ist ein Plan nach der Planzeichenverordnung, nicht jedoch ein sogenannter städtebaulicher Vorentwurfs- oder Entwurfsplan.

§ 18 Abs. 2 verweist zur konkreten Ausgestaltung der Grundleistungen auf die Anlage 2 und zu den Besonderen Leistungen auf die beispielhafte Auflistung in Anlage 9.

Anlage 2 (zu § 18 Absatz 2)
Grundleistungen im Leistungsbild Flächennutzungsplan

Das Leistungsbild Flächennutzungsplan setzt sich aus folgenden Grundleistungen je Leistungsphase zusammen:

1. Leistungsphase 1: Vorentwurf für die frühzeitigen Beteiligungen
    a) Zusammenstellen und Werten des vorhandenen Grundlagenmaterials
    b) Erfassen der abwägungsrelevanten Sachverhalte
    c) Ortsbesichtigungen
    d) Festlegen ergänzender Fachleistungen und Formulieren von Entscheidungshilfen für die Auswahl anderer fachlich Beteiligter, soweit notwendig

    e) Analysieren und Darstellen des Zustandes des Plangebiets, soweit für die Planung von Bedeutung und abwägungsrelevant, unter Verwendung hierzu vorliegender Fachbeiträge
    f) Mitwirken beim Festlegen von Zielen und Zwecken der Planung
    g) Erarbeiten des Vorentwurfes in der vorgeschriebenen Fassung mit Begründung für die frühzeitigen Beteiligungen nach den Bestimmungen des Baugesetzbuchs
    h) Darlegen der wesentlichen Auswirkungen der Planung
    i) Berücksichtigen von Fachplanungen
    j) Mitwirken an der frühzeitigen Öffentlichkeitsbeteiligung einschließlich Erörterung der Planung
    k) Mitwirken an der frühzeitigen Beteiligung der Behörden und Stellen, die Träger öffentlicher Belange sind
    l) Mitwirken an der frühzeitigen Abstimmung mit den Nachbargemeinden
    m) Abstimmen des Vorentwurfes für die frühzeitigen Beteiligungen in der vorgeschriebenen Fassung mit der Gemeinde
2. Leistungsphase 2: Entwurf zur öffentlichen Auslegung
    a) Erarbeiten des Entwurfes in der vorgeschriebenen Fassung mit Begründung für die Öffentlichkeits- und Behördenbeteiligung nach den Bestimmungen des Baugesetzbuchs
    b) Mitwirken an der Öffentlichkeitsbeteiligung
    c) Mitwirken an der Beteiligung der Behörden und Stellen, die Träger öffentlicher Belange sind
    d) Mitwirken an der Abstimmung mit den Nachbargemeinden
    e) Mitwirken bei der Abwägung der Gemeinde zu Stellungnahmen aus frühzeitigen Beteiligungen
    f) Abstimmen des Entwurfs mit der Gemeinde
3. Leistungsphase 3: Plan zur Beschlussfassung
    a) Erarbeiten des Planes in der vorgeschriebenen Fassung mit Begründung für den Beschluss durch die Gemeinde
    b) Mitwirken bei der Abwägung der Gemeinde zu Stellungnahmen
    c) Erstellen des Planes in der durch Beschluss der Gemeinde aufgestellten Fassung.

Da die Regelungen der Grundleistungen im Leistungsbild Flächennutzungsplan strukturell an den Regelablauf eines Aufstellungsverfahrens nach dem BauGB angepasst wurden, ist auch die Begrifflichkeit der Leistungsbeschreibung sprachlich am BauGB orientiert. Mit Blick auf die Verordnungsermächtigung wurde bei der Konkretisierung der Grundleistungen zum Leistungsbild des Flächennutzungsplans auf die Wiederholung inhaltlicher Vorgaben an den Flächennutzungsplan verzichtet. Die wesentlichen Inhalte der Grundleistungen lassen sich wie folgt beschreiben.

Leistungsphase 1 (Vorentwurf für die frühzeitigen Beteiligungen)
Die Leistungsphase 1 konzentriert sich auf das Erstellen des Vorentwurfs in der vorgeschriebenen Fassung mit Begründung für die frühzeitigen Beteiligungen nach dem BauGB. Der Vorentwurf ist eine Planfassung, die in der vorgeschriebenen Fassung auf Grundlage der Planzeichenverordnung erstellt wurde. In der Leistungsbildbeschreibung wurden die Teilleistungen der bisherigen Leistungsphasen 1 und 2 sowie Teilleistungen der Leistungsphase 3 der Anlage 4 zu § 18 Abs. 1 der HOAI 2009 zusammengefasst und an das Aufstellungsverfahren nach dem BauGB angepasst. Dabei wurden die bisher in den Leistungsphasen 1 bis 3 der HOAI 2009 aufgezählten Teilleistungen nur eingeschränkt übernommen. Zu den Grundleistungen zählt die Unterstützung bei der Durchführung der Beteiligungsverfahren. Bei der Leistungsbildbeschreibung wird die beispielhafte Aufzählung von durch den Auftragnehmer zu ermittelnden Sachverhalten aufgegeben. Gemäß § 1 Abs. 7 BauGB sind die jeweils für den konkreten Flächennutzungsplan abwägungsrelevanten Sachverhalte im Einzelfall zu ermitteln.

Leistungsphase 2 (Entwurf zur öffentlichen Auslegung)
Die Leistungsphase 2 umfasst das Erstellen des Entwurfs des Flächennutzungsplans als Grundlage für den Beschluss der Gemeinde und die öffentliche Auslegung. Die neue Leistungsphase 2 entspricht weitgehend den bisherigen Leistungsphasen 3 und 4 des § 18 Abs. 1 der HOAI 2009. Auch in der Leistungsphase 2 zählt zu den Grundleistungen die Unterstützung bei den Beteiligungs- und Abstimmungsverfahren mit den Nachbargemeinden.

Leistungsphase 3 (Plan zur Beschlussfassung)
Die Leistungsphase 3 erstreckt sich auf das Erarbeiten des Flächennutzungsplans mit Begründung und das Aufstellungsverfahren nach Offenlegung des Flächennutzungsplans. Sie entspricht den bisherigen Leistungsphasen 5 und 6 des § 18 Abs. 1 der HOAI 2009. Ein wesentlicher Bestandteil der Leistungsphase 3 ist die Unterstützung der Gemeinde bei der Abwägung zu Stellungnahmen. Nach Gemeindebeschluss wird der Flächennutzungsplan durch den Planer in der durch Beschluss der Gemeinde aufgestellten Fassung erstellt.

Da § 18 an dieser Stelle auf die Anlage 9 Bezug nimmt, die die Besonderen Leistungen beschreibt, wird diese Anlage schon hier eingefügt.

> **Anlage 9 (zu § 18 Absatz 2, § 19 Absatz 2, § 23 Absatz 2, § 24 Absatz 2, § 25 Absatz 2, § 26 Absatz 2, § 27 Absatz 2)**
> **Besondere Leistungen zur Flächenplanung**
>
> Für die Leistungsbilder der Flächenplanung können insbesondere folgende Besondere Leistungen vereinbart werden:

1. Rahmensetzende Pläne und Konzepte:
   a) Leitbilder
   b) Entwicklungskonzepte
   c) Masterpläne
   d) Rahmenpläne
2. Städtebaulicher Entwurf:
   a) Grundlagenermittlung
   b) Vorentwurf
   c) Entwurf
   d) Der Städtebauliche Entwurf kann als Grundlage für Leistungen nach § 19 der HOAI dienen und Ergebnis eines städtebaulichen Wettbewerbes sein.
3. Leistungen zur Verfahrens- und Projektsteuerung sowie zur Qualitätssicherung:
   a) Durchführen von Planungsaudits
   b) Vorabstimmungen mit Planungsbeteiligten und Fachbehörden
   c) Aufstellen und Überwachen von integrierten Terminplänen
   d) Vor- und Nachbereiten von planungsbezogenen Sitzungen
   e) Koordinieren von Planungsbeteiligten
   f) f) Moderation von Planungsverfahren
   g) Ausarbeiten von Leistungskatalogen für Leistungen Dritter
   h) Mitwirken bei Vergabeverfahren für Leistungen Dritter (Einholung von Angeboten, Vergabevorschläge)
   i) Prüfen und Bewerten von Leistungen Dritter
   j) Mitwirken beim Ermitteln von Fördermöglichkeiten
   k) Stellungnahmen zu Einzelvorhaben während der Planaufstellung
4. Leistungen zur Vorbereitung und inhaltlichen Ergänzung:
   a) Erstellen digitaler Geländemodelle
   b) Digitalisieren von Unterlagen
   c) Anpassen von Datenformaten
   d) Erarbeiten einer einheitlichen Planungsgrundlage aus unterschiedlichen Unterlagen
   e) Strukturanalysen
   f) Stadtbildanalysen, Landschaftsbildanalysen
   g) Statistische und örtliche Erhebungen sowie Bedarfsermittlungen, zum Beispiel zur Versorgung, zur Wirtschafts-, Sozial- und Baustruktur sowie zur soziokulturellen Struktur
   h) Befragungen und Interviews
   i) Differenziertes Erheben, Kartieren, Analysieren und Darstellen von spezifischen Merkmalen und Nutzungen
   j) Erstellen von Beiplänen, zum Beispiel für Verkehr, Infrastruktureinrichtungen, Flurbereinigungen, Grundbesitzkarten und Gütekarten unter Berücksichtigung der Pläne anderer an der Planung fachlich Beteiligter

k) Modelle
l) Erstellen zusätzlicher Hilfsmittel der Darstellung zum Beispiel Fotomontagen, 3D-Darstellungen, Videopräsentationen

5. Verfahrensbegleitende Leistungen:
   a) Vorbereiten und Durchführen des Scopings
   b) Vorbereiten, Durchführen, Auswerten und Dokumentieren der formellen Beteiligungsverfahren
   c) Ermitteln der voraussichtlich erheblichen Umweltauswirkungen für die Umweltprüfung
   d) Erarbeiten des Umweltberichtes
   e) Berechnen und Darstellen der Umweltschutzmaßnahmen
   f) Bearbeiten der Anforderungen aus der naturschutzrechtlichen Eingriffsregelung in Bauleitplanungsverfahren
   g) Erstellen von Sitzungsvorlagen, Arbeitsheften und anderen Unterlagen
   h) Wesentliche Änderungen oder Neubearbeitung des Entwurfs nach Offenlage oder Beteiligungen, insbesondere nach Stellungnahmen
   i) Ausarbeiten der Beratungsunterlagen der Gemeinde zu Stellungnahmen im Rahmen der formellen Beteiligungsverfahren
   j) Leistungen für die Drucklegung, Erstellen von Mehrausfertigungen
   k) Überarbeiten von Planzeichnungen und von Begründungen nach der Beschlussfassung (zum Beispiel Satzungsbeschluss)
   l) Verfassen von Bekanntmachungstexten und Organisation der öffentlichen Bekanntmachungen
   m) Mitteilen des Ergebnisses der Prüfung der Stellungnahmen an die Beteiligten
   n) Benachrichtigen von Bürgern und Behörden, die Stellungnahmen abgegeben haben, über das Abwägungsergebnis
   o) Erstellen der Verfahrensdokumentation
   p) Erstellen und Fortschreiben eines digitalen Planungsordners
   q) Mitwirken an der Öffentlichkeitsarbeit des Auftraggebers einschließlich Mitwirken an Informationsschriften und öffentlichen Diskussionen sowie Erstellen der dazu notwendigen Planungsunterlagen und Schriftsätze
   r) Teilnehmen an Sitzungen von politischen Gremien des Auftraggebers oder an Sitzungen im Rahmen der Öffentlichkeitsbeteiligung
   s) Mitwirken an Anhörungs- oder Erörterungsterminen
   t) Leiten bzw. Begleiten von Arbeitsgruppen
   u) Erstellen der zusammenfassenden Erklärung nach dem Baugesetzbuch
   v) Anwenden komplexer Bilanzierungsverfahren im Rahmen der naturschutzrechtlichen Eingriffsregelung
   w) Erstellen von Bilanzen nach fachrechtlichen Vorgaben

x) Entwickeln von Monitoringkonzepten und -maßnahmen
y) Ermitteln von Eigentumsverhältnissen, insbesondere Klären der Verfügbarkeit von geeigneten Flächen für Maßnahmen

6. Weitere besondere Leistungen bei landschaftsplanerischen Leistungen:
a) Erarbeiten einer Planungsraumanalyse im Rahmen einer Umweltverträglichkeitsstudie
b) Mitwirken an der Prüfung der Verpflichtung, zu einem Vorhaben oder einer Planung eine Umweltverträglichkeitsprüfung durchzuführen (Screening)
c) Erstellen einer allgemein verständlichen nichttechnischen Zusammenfassung nach dem Gesetz über die Umweltverträglichkeitsprüfung
d) Daten aus vorhandenen Unterlagen im Einzelnen ermitteln und aufbereiten
e) Örtliche Erhebungen, die nicht überwiegend der Kontrolle der aus Unterlagen erhobenen Daten dienen
f) Erstellen eines eigenständigen allgemein verständlichen Erläuterungsberichtes für Genehmigungsverfahren oder qualifizierende Zuarbeiten hierzu
g) Erstellen von Unterlagen im Rahmen von artenschutzrechtlichen Prüfungen oder Prüfungen zur Vereinbarkeit mit der Fauna-Flora-Habitat-Richtlinie
h) Kartieren von Biotoptypen, floristischen oder faunistischen Arten oder Artengruppen
i) Vertiefendes Untersuchen des Naturhaushalts, wie z. B. der Geologie, Hydrogeologie, Gewässergüte und -morphologie, Bodenanalysen
j) Mitwirken an Beteiligungsverfahren in der Bauleitplanung
k) Mitwirken an Genehmigungsverfahren nach fachrechtlichen Vorschriften
l) Fortführen der mit dem Auftraggeber abgestimmten Fassung im Rahmen eines Genehmigungsverfahrens, Erstellen einer genehmigungsfähigen Fassung auf der Grundlage von Anregungen Dritter.

Anlage 9 führt die Besonderen Leistungen für die Leistungsbilder der Flächenplanung zusammen. Diese können auch auf die Beratungsleistung »Umweltverträglichkeitsstudien« Anwendung finden (siehe hierzu auch unter Anlage 1 Ziff. 1.1.1 Abs. 3).

3.3.1.3 § 19 – Leistungsbild Bebauungsplan

(1) Die Grundleistungen bei Bebauungsplänen sind in drei Leistungsphasen unterteilt und werden wie folgt in Prozentsätzen der Honorare des § 21 bewertet:

1. für die Leistungsphase 1 (Vorentwurf für die frühzeitigen Beteiligungen) Vorentwurf für die frühzeitigen Beteiligungen nach den Bestimmungen des Baugesetzbuches mit 60 Prozent,

2. für die Leistungsphase 2 (Entwurf zur öffentlichen Auslegung)
   Entwurf für die öffentliche Auslegung nach den Bestimmungen des Baugesetzbuches mit 30 Prozent,
3. für die Leistungsphase 3 (Plan zur Beschlussfassung)
   Plan für den Beschluss durch die Gemeinde mit 10 Prozent.
   Der Vorentwurf, Entwurf oder Plan ist jeweils in der vorgeschriebenen Fassung mit Begründung anzufertigen.

(2) Anlage 3 regelt, welche Grundleistungen jede Leistungsphase umfasst. Anlage 9 enthält Beispiele für Besondere Leistungen.

Das Leistungsbild Bebauungsplan in § 19 HOAI 2013 ist eine eigenständige Regelung zur Anzahl der Leistungsphasen und ihrer prozentualen Bewertung. Inhaltlich stimmt diese Regelung für den Bebauungsplan mit der Regelung in § 18 Abs. 1 zum Flächennutzungsplan überein. Hier wird die Teilnahme an Sitzungen von politischen Gremien oder im Rahmen der Öffentlichkeitsbeteiligung in Anlage 9 als Besondere Leistungen aufgeführt. Ansonsten ist sie mit § 18 inhaltsähnlich. Inhalt und Regelungsstruktur zur Konkretisierung des Leistungsbildes des Bebauungsplans in § 19 Abs. 2 wurde an die Regelung für den Flächennutzungsplan in § 18 Abs. 2 angeglichen.

So wurden in **§ 19 Abs. 1** die Leistungsphasen zum Bebauungsplan entsprechend dem Verfahrensablauf der Bauleitplanung nach dem BauGB geordnet und auf drei Leistungsphasen beschränkt. In § 19 Abs. 1 ist die bislang für die Leistungsphase 1 und 2 vorgesehene Spreizung des prozentualen Anteils am Gesamthonorar entfallen. **§ 19 Abs. 2** verweist zur konkreten Ausgestaltung der Grundleistungen auf die Anlage 3 und zu den Besonderen Leistungen auf die beispielhafte Auflistung in Anlage 9.

Anlage 3 (zu § 19 Absatz 2)
Grundleistungen im Leistungsbild Bebauungsplan

Das Leistungsbild Bebauungsplan setzt sich aus folgenden Grundleistungen je Leistungsphase zusammen:

1. Leistungsphase 1: Vorentwurf für die frühzeitigen Beteiligungen
   a) Zusammenstellen und Werten des vorhandenen Grundlagenmaterials
   b) Erfassen der abwägungsrelevanten Sachverhalte
   c) Ortsbesichtigungen
   d) Festlegen ergänzender Fachleistungen und Formulieren von Entscheidungshilfen für die Auswahl anderer fachlich Beteiligter, soweit notwendig
   e) Analysieren und Darstellen des Zustandes des Plangebiets, soweit für die Planung von Bedeutung und abwägungsrelevant, unter Verwendung hierzu vorliegender Fachbeiträge

   f) Mitwirken beim Festlegen von Zielen und Zwecken der Planung
   g) Erarbeiten des Vorentwurfes in der vorgeschriebenen Fassung mit Begründung für die frühzeitigen Beteiligungen nach den Bestimmungen des Baugesetzbuchs
   h) Darlegen der wesentlichen Auswirkungen der Planung
   i) Berücksichtigen von Fachplanungen
   j) Mitwirken an der frühzeitigen Öffentlichkeitsbeteiligung einschließlich Erörterung der Planung
   k) Mitwirken an der frühzeitigen Beteiligung der Behörden und Stellen, die Träger öffentlicher Belange sind
   l) Mitwirken an der frühzeitigen Abstimmung mit den Nachbargemeinden
   m) Abstimmen des Vorentwurfes für die frühzeitigen Beteiligungen in der vorgeschriebenen Fassung mit der Gemeinde
2. Leistungsphase 2: Entwurf zur öffentlichen Auslegung
   a) Erarbeiten des Entwurfes in der vorgeschriebenen Fassung mit Begründung für die Öffentlichkeits- und Behördenbeteiligung nach den Bestimmungen des Baugesetzbuchs
   b) Mitwirken an der Öffentlichkeitsbeteiligung
   c) Mitwirken an der Beteiligung der Behörden und Stellen, die Träger öffentlicher Belange sind
   d) Mitwirken an der Abstimmung mit den Nachbargemeinden
   e) Mitwirken bei der Abwägung der Gemeinde zu Stellungnahmen aus frühzeitigen Beteiligungen
   f) Abstimmen des Entwurfs mit der Gemeinde
3. Leistungsphase 3: Plan zur Beschlussfassung
   a) Erarbeiten des Planes in der vorgeschriebenen Fassung mit Begründung für den Beschluss durch die Gemeinde
   b) Mitwirken bei der Abwägung der Gemeinde zu Stellungnahmen
   c) Erstellen des Planes in der durch Beschluss der Gemeinde aufgestellten Fassung.

Struktur und Inhalt dieser Regelung entsprechen der Regelung zu den Grundleistungen im Leistungsbild Flächennutzungsplan in Anlage 2 (im Einzelnen siehe zu Anlage 3 § 19 die Ausführungen zu Anlage 2).

§ 20 stellt die Honorare dar und wurde durch Umstellung von Verrechnungseinheiten auf Flächen in der Anwendung vereinfacht. Durch die Umstellung auf Flächen entfallen die bislang in § 20 Abs. 2 bis 5 der HOAI 2009 enthaltenen Regelungen. Aufgrund der Aktualisierung der Honorartafelwerte gibt es für die bislang in § 20 Abs. 6 HOAI 2009 enthaltene Mindesthonorarregelung keinen Regelungsbedarf mehr. Der untere Honorartafelwert für eine Fläche von 1.000 ha gibt Anhaltspunkte für die freie Vereinbarkeit des Honorars, wenn es um die Flächennutzungsplanung für kleinere Flächen geht.

So enthält **§ 20 Abs. 1** die auf Flächen in ha umgestellte und zu den Honorartafelwerten aktualisierte Honorartafel. Die Anzahl der Honorarzonen wurde von fünf auf drei verringert. Ziel ist die Vereinheitlichung der Anzahl der Honorarzonen für die Flächenplanung insgesamt.

3.3.1.4 § 20 – Honorare für Grundleistungen bei Flächennutzungsplänen

(1) Für die in § 18 und Anlage 2 genannten Grundleistungen bei Flächennutzungsplänen sind die in der nachstehenden Honorartafel aufgeführten Honorarspannen Orientierungswerte:

Fläche in Hektar	Honorarzone I geringe Anforderungen		Honorarzone II durchschnittliche Anforderungen		Honorarzone III hohe Anforderungen	
	von	bis	von	bis	von	bis
	Euro		Euro		Euro	
1 000	70 439	85 269	85 269	100 098	100 098	114 927
1 250	78 957	95 579	95 579	112 202	112 202	128 824
1 500	86 492	104 700	104 700	122 909	122 909	141 118
1 750	93 260	112 894	112 894	132 527	132 527	152 161
2 000	99 407	120 334	120 334	141 262	141 262	162 190
2 500	111 311	134 745	134 745	158 178	158 178	181 612
3 000	121 868	147 525	147 525	173 181	173 181	198 838
3 500	131 387	159 047	159 047	186 707	186 707	214 367
4 000	140 069	169 557	169 557	199 045	199 045	228 533
5 000	155 461	188 190	188 190	220 918	220 918	253 647
6 000	168 813	204 352	204 352	239 892	239 892	275 431
7 000	180 589	218 607	218 607	256 626	256 626	294 645
8 000	191 097	231 328	231 328	271 559	271 559	311 790
9 000	200 556	242 779	242 779	285 001	285 001	327 224
10 000	209 126	253 153	253 153	297 179	297 179	341 206
11 000	216 893	262 555	262 555	308 217	308 217	353 878
12 000	223 912	271 052	271 052	318 191	318 191	365 331

Fläche in Hektar	Honorarzone I geringe Anforderungen		Honorarzone II durchschnittliche Anforderungen		Honorarzone III hohe Anforderungen	
	von	bis	von	bis	von	bis
	Euro		Euro		Euro	
13 000	230 331	278 822	278 822	327 313	327 313	375 804
14 000	236 214	285 944	285 944	335 673	335 673	385 402
15 000	241 614	292 480	292 480	343 346	343 346	394 213

(2) Das Honorar für die Aufstellung von Flächennutzungsplänen ist nach der Fläche des Plangebiets in Hektar und nach der Honorarzone zu berechnen.

(3) Welchen Honorarzonen die Grundleistungen zugeordnet werden, richtet sich nach folgenden Bewertungsmerkmalen:

1. zentralörtliche Bedeutung und Gemeindestruktur,
2. Nutzungsvielfalt und Nutzungsdichte,
3. Einwohnerstruktur, Einwohnerentwicklung und Gemeindebedarfsstandorte,
4. Verkehr und Infrastruktur,
5. Topografie, Geologie und Kulturlandschaft,
6. Klima-, Natur- und Umweltschutz.

(4) Sind auf einem Flächennutzungsplan Bewertungsmerkmale aus mehreren Honorarzonen anwendbar und bestehen deswegen Zweifel, welcher Honorarzone der Flächennutzungsplan zugeordnet werden kann, so ist zunächst die Anzahl der Bewertungspunkte zu ermitteln. Zur Ermittlung der Bewertungspunkte werden die Bewertungsmerkmale wie folgt gewichtet:

1. geringe Anforderungen: 1 Punkt,
2. durchschnittliche Anforderungen: 2 Punkte,
3. hohe Anforderungen: 3 Punkte.

(5) Der Flächennutzungsplan ist anhand der nach Absatz 4 ermittelten Bewertungspunkte einer der Honorarzonen zuzuordnen:

1. Honorarzone I: bis zu 9 Punkte,
2. Honorarzone II: 10 bis 14 Punkte,
3. Honorarzone III: 15 bis 18 Punkte.

(6) Werden Teilflächen bereits aufgestellter Flächennutzungspläne (Planausschnitte) geändert oder überarbeitet, kann das Honorar auch abweichend von den Grundsätzen des Absatzes 2 vereinbart werden.

Anwendungsbereich
§ 20 Abs. 2 regelt die für die Honorarberechnung maßgeblichen zwei Bezugsgrößen. Statt Verrechnungseinheiten wird auf die Größe des Plangebiets und auf die Honorarzone abgestellt.

§ 20 Abs. 3 beschreibt die bislang in § 20 Abs. 7 der HOAI 2009 enthaltenen Bewertungsmerkmale, die auf die spezifischen Anforderungen und Inhalte des Flächennutzungsplans abstellen. Unter dem Bewertungsmerkmal »Infrastruktur« ist sowohl die technische als auch die soziale Infrastruktur erfasst.

§ 20 Abs. 4 regelt den Sachverhalt, dass die Gewichtung der Bewertungsmerkmale des § 20 Abs. 3 gemäß § 20 Abs. 5 zu dem Ergebnis führt, dass die Bewertungsmerkmale entsprechend dem Schwierigkeitsgrad der Planungsanforderungen nicht einheitlich einer Honorarzone zuzuordnen sind. Bestehen deswegen Zweifel, welcher Honorarzone der Flächennutzungsplan zuzuordnen ist, erfolgt dies einheitlich nach der Summe der Bewertungspunkte entsprechend den in § 20 Abs. 4 Nr. 2 und 3 enthaltenen maximalen Ansätzen. Die Bewertungspunkte sind bei geringen Anforderungen mit einem, bei mittleren Schwierigkeitsgraden mit zwei und bei hohen Anforderungen mit drei Punkten zu bewerten. **§ 20 Abs. 5** ordnet die drei Honorarzonen zu.

§ 20 Abs. 6 greift für Flächennutzungspläne die in § 10 des allgemeinen Teils der HOAI 2013 enthaltene Regelung des Honorars im Fall der Änderung oder Überarbeitung von **Planausschnitten** auf. § 20 Abs. 6 sieht vor, dass in diesem Fall das Honorar frei zu vereinbaren ist. Planausschnitte kommen in der Planungspraxis lediglich für Flächennutzungspläne und Landschaftspläne vor, da nur sie das gesamte Gemeindegebiet umfassen. Im Gegensatz zu Flächennutzungsplänen und Landschaftsplänen kann das Honorar im Fall der Änderung von Bebauungsplänen und Grünordnungsplänen über den Flächenansatz berechnet werden. Für Flächennutzungspläne wie für Landschaftspläne hat sich dagegen die freie Vereinbarkeit des Honorars bei Änderungen oder Überarbeitungen von Planausschnitten durchgesetzt. Grund dafür ist, dass der Umfang solcher Änderungen oder Überarbeitungen in der Praxis sehr unterschiedlich ausfallen kann. So ist es möglich, dass nur eine einzige Festsetzung betroffen ist oder dass die Änderung bzw. Überarbeitung eine hohe Komplexität aufweist.

Da die HOAI keine verbindlichen Preisregelungen mehr vorgibt, war **§ 20 Abs. 1** anzupassen. Die Honorartafeln setzen künftig keine Mindest -und Höchstsätze für Honorare mehr fest, sondern enthalten Honorar als Orientierungswerte.

Die bisherige Regelung in **§ 20 Abs. 6**, nach der in den von der Regelung erfassten Fällen das Honorar frei vereinbar ist, ist aufgrund der Tatsache anzupassen, dass künftig die Honorare für alle Leistungen frei vereinbar sind. Daher wird durch die Änderung klargestellt, dass in diesen Fallkonstellationen die Grundsätze des Abs. 2 möglicherweise nicht passend sind. Wenn die Parteien grundsätzlich vereinbart haben, zur Honorarermittlung die Regelungen der HOAI anzuwenden, wird durch die Regelung des Abs. 6 klargestellt, dass es in diesen Fällen sachgerecht sein kann, das Honorar abweichend von den Grundsätzen des Abs. 2 zu ermitteln.

3.3.1.5 § 21 – Honorar für Grundleistungen bei Bebauungsplänen

(1) Für die in § 19 und Anlage 3 genannten Grundleistungen bei Bebauungsplänen sind die in der nachstehenden Honorartafel aufgeführten Honorarspannen Orientierungswerte:

Fläche in Hektar	Honorarzone I geringe Anforderungen		Honorarzone II durchschnittliche Anforderungen		Honorarzone III hohe Anforderungen	
	von	bis	von	bis	von	bis
	Euro		Euro		Euro	
0,5	5 000	5 335	5 335	7 838	7 838	10 341
1	5 000	8 799	8 799	12 926	12 926	17 054
2	7 699	14 502	14 502	21 305	21 305	28 109
3	10 306	19 413	19 413	28 521	28 521	37 628
4	12 669	23 866	23 866	35 062	35 062	46 258
5	14 864	28 000	28 000	41 135	41 135	54 271
6	16 931	31 893	31 893	46 856	46 856	61 818
7	18 896	35 595	35 595	52 294	52 294	68 992
8	20 776	39 137	39 137	57 497	57 497	75 857
9	22 584	42 542	42 542	62 501	62 501	82 459
10	24 330	45 830	45 830	67 331	67 331	88 831
15	32 325	60 892	60 892	89 458	89 458	118 025
20	39 427	74 270	74 270	109 113	109 113	143 956
25	46 385	87 376	87 376	128 366	128 366	169 357
30	52 975	99 791	99 791	146 606	146 606	193 422
40	65 342	123 086	123 086	180 830	180 830	238 574
50	76 901	144 860	144 860	212 819	212 819	280 778

Fläche in Hektar	Honorarzone I geringe Anforderungen		Honorarzone II durchschnittliche Anforderungen		Honorarzone III hohe Anforderungen	
	von	bis	von	bis	von	bis
	Euro		Euro		Euro	
60	87 599	165 012	165 012	242 425	242 425	319 838
80	107 471	202 445	202 445	297 419	297 419	392 393
100	125 791	236 955	236 955	348 119	348 119	459 282

(2) Das Honorar für die Aufstellung von Bebauungsplänen ist nach der Fläche des Plangebiets in Hektar und nach der Honorarzone zu berechnen.

(3) Welchen Honorarzonen die Grundleistungen zugeordnet werden, richtet sich nach folgenden Bewertungsmerkmalen:
1. Nutzungsvielfalt und Nutzungsdichte,
2. Baustruktur und Baudichte,
3. Gestaltung und Denkmalschutz,
4. Verkehr und Infrastruktur,
5. Topografie und Landschaft,
6. Klima-, Natur- und Umweltschutz.

(4) Für die Ermittlung der Honorarzone bei Bebauungsplänen ist § 20 Absatz 4 und 5 entsprechend anzuwenden.

(5) Wird die Größe des Plangebiets im förmlichen Verfahren während der Leistungserbringung geändert, so ist das Honorar für die Leistungsphasen, die bis zur Änderung noch nicht erbracht sind, nach der geänderten Größe des Plangebiets zu berechnen.

Die Anzahl der Honorarzonen wurde von fünf auf drei gesenkt. Durch den Verzicht auf die Honorarzone I und V und den Einstieg bei Honorarzone II sowie den Endwert bei Honorarzone IV wird eine Verringerung der Spreizung der Honorarzonen erreicht. In **§ 21 Abs. 2** werden zur Klarstellung die für die Honorarberechnung maßgeblichen zwei Bezugsgrößen benannt, die Fläche des Plangebiets und die Honorarzone. Folgerichtig kann der Bezug auf die Fläche des Plangebiets in Hektar in § 21 Abs. 1 entfallen. In Hinblick auf die Zuordnung zu den Honorarzonen ist für den Bebauungsplan der Verweis auf die für den Flächennutzungsplan maßgeblichen Bewertungsmerkmale entfallen. Jetzt werden in **§ 21 Abs. 3** für den Bebauungsplan die für die Zuordnung zur Honorarzone spezifischen Bewertungsmerkmale dargestellt. Diese sind an die Inhalte des Bebauungsplans und der detaillierten Planungsebene angepasst. Wie bei den Bewertungsmerkmalen für den Flächennutzungsplan ist unter »Infrastruktur« sowohl die technische als auch soziale Infrastruktur erfasst. **§ 21 Abs. 4** verweist auf die Zuordnung zur Honorarzone beim Flächennutzungsplan in § 20 Abs. 4 und 5. Auch der Flächennutzungsplan ist aufgrund der Umstellung der Honorarberechnung einer Honorarzone zuzuordnen (§ 21 Abs. 5).

3.3.2 Abschnitt 2 – Landschaftsplanung

3.3.2.1 § 22 – Anwendungsbereich

> (1) Landschaftsplanerische Leistungen umfassen das Vorbereiten und das Erstellen der für die Pläne nach Absatz 2 erforderlichen Ausarbeitungen.
>
> (2) Die Bestimmungen dieses Abschnitts sind für folgende Pläne anzuwenden:
> 1. Landschaftspläne,
> 2. Grünordnungspläne und Landschaftsplanerische Fachbeiträge,
> 3. Landschaftsrahmenpläne,
> 4. Landschaftspflegerische Begleitpläne,
> 5. Pflege- und Entwicklungspläne.

Die Leistungsbilder der Landschaftsplanung gliedern sich einheitlich in vier gleichlautende Leistungsphasen, die jeweils mit denselben Prozentsätzen bewertet werden. Wie für die Leistungsbilder der Bauleitplanung werden für die Leistungsbilder der Landschaftsplanung einheitlich drei Honorarzonen ausgewiesen.

§ 22 Abs. 1 definiert die Leistung als Vorbereiten und Erstellen der für die Pläne nach Abs. 2 erforderlichen Ausarbeitungen. Da sich die Grundleistungen in den Leistungsbildern der Landschaftsplanung auf das Vorbereiten und Erstellen der Pläne konzentrieren, entfällt die Teilleistung »Mitwirken am Verfahren«. Sie kann aber gesondert als Besondere Leistung vereinbart werden.

§ 22 Abs. 2 erfasst strukturell die fünf Pläne der Landschaftsplanung: die Landschaftspläne, die Grünordnungspläne mit den landschaftsplanerischen Fachbeiträgen, die Landschaftsrahmenpläne, die Landschaftspflegerischen Begleitpläne sowie die Pflege- und Entwicklungspläne. In § 22 Abs. 2 Nr. 2 werden neben den Grünordnungsplänen die »Landschaftsplanerischen Fachbeiträge« aufgeführt. Hintergrund dafür ist, dass in den Bundesländern der Grünordnungsplan teilweise als solcher beauftragt, teilweise in einem nicht formalisierten Verfahren als »Landschaftsplanerischer Fachbeitrag« ergänzend zu einer Bauleitplanung in Auftrag gegeben wird. Durch die Erweiterung des § 22 Abs. 2 Nr. 2 wird klargestellt, dass für die Anforderungen an Leistungen im Rahmen eines »Landschaftsplanerischen Fachbeitrags« sowie für ihre Honorierung das Leistungsbild Grünordnungsplan einschlägig ist. In § 22 Abs. 2 Nr. 4 sind die »sonstigen landschaftsplanerischen Leistungen« nicht mehr erfasst.

3.3.2.2 § 23 – Leistungsbild Landschaftsplan

> (1) Die Grundleistungen bei Landschaftsplänen sind in vier Leistungsphasen unterteilt und werden wie folgt in Prozentsätzen der Honorare des § 28 bewertet:
> 1. für die Leistungsphase 1 (Klären der Aufgabenstellung und Ermitteln des Leistungsumfangs) mit 3 Prozent,
> 2. für die Leistungsphase 2 (Ermitteln der Planungsgrundlagen) mit 37 Prozent,
> 3. für die Leistungsphase 3 (Vorläufige Fassung) mit 50 Prozent,
> 4. für die Leistungsphase 4 (Abgestimmte Fassung) mit 10 Prozent.
>
> (2) Anlage 4 regelt die Grundleistungen jeder Leistungsphase. Anlage 9 enthält Beispiele für Besondere Leistungen.

§ 23 (Leistungsbild Landschaftsplan) beschreibt die vier Leistungsphasen unter Verweis auf § 28. Die Teilnahme an Sitzungen von politischen Gremien oder im Rahmen der Öffentlichkeitsbeteiligung ist nunmehr in Anlage 9 als Besondere Leistung aufgeführt. Diese Verlagerung liegt wie beim Flächennutzungsplan darin begründet, dass in der Praxis je nach Größe des Planungsbereichs die Anzahl der Sitzungstermine sehr uneinheitlich ist, sodass sich ein einheitlicher Leistungsumfang im Sinne von § 3 Abs. 2 Satz 1 HOAI und entsprechend ein Richtwert für die Preisregulierung nicht herleiten lässt. Als Folge ist die Vergütung für die Teilnahme an Gremien- und Öffentlichkeitsterminen grundsätzlich jeweils projektbezogen zwischen Auftraggeber und Auftragnehmer zu vereinbaren. Dagegen sind erforderliche Sitzungstermine mit politischen Gremien, die lediglich der Vorbereitung der Beschlussfassung zum Beispiel des Gemeinderats dienen und bei kleinen Gemeinden nicht gesondert durch Verwaltungsbeamte durchgeführt werden können, als Grundleistung der jeweiligen Leistungsphase von den Honorartafelwerten erfasst. Solche regulären Abstimmungstermine können nicht zusätzlich als Besondere Leistung abgerechnet werden. Für eine Abgrenzung zwischen Grundleistung und Besonderer Leistung kommt es in diesem Ausnahmefall nicht darauf an, dass ein politisches Gremium die Sitzung einberufen hat, sondern ob es sich materiell um eine zur Abstimmung der Planung mit dem Auftraggeber erforderliche Sitzung handelt, die als Grundleistung ohnehin eine Voraussetzung zur ordnungsgemäßen Erfüllung des Planungsauftrags ist. § 23 Abs. 2 Satz 1 verweist auf die Konkretisierungen der Grundleistungen in der Anlage 4 und § 23 Abs. 2 Satz 2 auf die Beispiele für Besondere Leistungen der Flächenplanung in Anlage 9.

Anlage 4 (zu § 23 Absatz 2)
Grundleistungen im Leistungsbild Landschaftsplan

Das Leistungsbild Landschaftsplan setzt sich aus folgenden Grundleistungen je Leistungsphase zusammen:

1. Leistungsphase 1: Klären der Aufgabenstellung und Ermitteln des Leistungsumfangs
   a) Zusammenstellen und Prüfen der vom Auftraggeber zur Verfügung gestellten planungsrelevanten Unterlagen
   b) Ortsbesichtigungen
   c) Abgrenzen des Planungsgebiets
   d) Konkretisieren weiteren Bedarfs an Daten und Unterlagen
   e) Beraten zum Leistungsumfang für ergänzende Untersuchungen und Fachleistungen
   f) Aufstellen eines verbindlichen Arbeitsplans unter Berücksichtigung der sonstigen Fachbeiträge
2. Leistungsphase 2: Ermitteln der Planungsgrundlagen
   a) Ermitteln und Beschreiben der planungsrelevanten Sachverhalte auf Grundlage vorhandener Unterlagen und Daten
   b) Landschaftsbewertung nach den Zielen und Grundsätzen des Naturschutzes und der Landschaftspflege
   c) Bewerten von Flächen und Funktionen des Naturhaushalts und des Landschaftsbildes hinsichtlich ihrer Eignung, Leistungsfähigkeit, Empfindlichkeit und Vorbelastung
   d) Bewerten geplanter Eingriffe in Natur und Landschaft
   e) Feststellen von Nutzungs- und Zielkonflikten
   f) Zusammenfassendes Darstellen der Erfassung und Bewertung
3. Leistungsphase 3: Vorläufige Fassung
   a) Formulieren von örtlichen Zielen und Grundsätzen zum Schutz, zur Pflege und Entwicklung von Natur und Landschaft einschließlich Erholungsvorsorge
   b) Darlegen der angestrebten Flächenfunktionen und Flächennutzungen sowie der örtlichen Erfordernisse und Maßnahmen zur Umsetzung der konkretisierten Ziele des Naturschutzes und der Landschaftspflege
   c) Erarbeiten von Vorschlägen zur Übernahme in andere Planungen, insbesondere in die Bauleitpläne
   d) Hinweise auf Folgeplanungen und -maßnahmen
   e) Mitwirken bei der Beteiligung der nach den Bestimmungen des Bundesnaturschutzgesetzes anerkannten Verbände

   f) Mitwirken bei der Abstimmung der Vorläufigen Fassung mit der für Naturschutz und Landschaftspflege zuständigen Behörde
   g) Abstimmen der Vorläufigen Fassung mit dem Auftraggeber
4. Leistungsphase 4: Abgestimmte Fassung
   Darstellen des Landschaftsplans in der mit dem Auftraggeber abgestimmten Fassung in Text und Karte.

In allgemeiner Hinsicht ist zur Aktualisierung des Leistungsbildes Landschaftsplan auszuführen, dass durch die Änderungen der naturschutzrechtlichen Anforderungen an die Landschaftsplanung nunmehr auch Planungsbeiträge der Erholungsplanung und der Biotopverbundplanung in den Landschaftsplan zu integrieren sind. Ebenso ist der Landschaftsplan auf seine Grundlagenfunktion für die strategische Umweltprüfung des Flächennutzungsplans auszurichten. Der Landschaftsplan bereitet die Steuerung von Kompensationsmaßnahmen im Raum nach Standort und Art der Maßnahmen vor. Im Einzelnen ist Anlage 4 zu § 23 nun neu darzustellen.

In Leistungsphase 2 beziehen sich die Grundleistungen insbesondere auf:
- Flächennutzung
- naturräumliche Zusammenhänge und siedlungsgeschichtliche Entwicklungen
- Naturhaushalt, Landschaftsfaktoren und Landschaftsbild
- Schutzgebiete und -objekte
- Erholungsgebiete und -flächen, ihre Erschließung sowie Bedarfssituation
- voraussichtliche Änderungen aufgrund städtebaulicher Planungen, Fachplanungen und anderer Vorhaben

Die gesteigerte Darstellungsgenauigkeit in der Planung ist nur mit entsprechender Genauigkeit der Datengrundlagen zum Bestand und zur örtlichen Situation zu erreichen. Die dadurch ggf. erhöhten Aufwendungen in Leistungsphase 2 bei der Ermittlung von Daten aus vorhandenen Unterlagen oder örtlichen Erhebungen, die nicht überwiegend der Kontrolle der aus Unterlagen erhobenen Daten dienen (§ 45a Abs. 6 HOAI 2002), können deshalb weiterhin als Besondere Leistungen gesondert vergütet werden.

Unter Buchstabe a) der Leistungsphase 2 wird zur Straffung der Darstellung der Grundleistungen das »Ermitteln und Beschreiben der planungsrelevanten Sachverhalte auf Grundlage vorhandener Unterlagen und Daten« aufgenommen. Diese Leistung umfasst auch weiterhin die bisher zur Bestandsaufnahme aufgeführten Teilleistungen, zum Beispiel das »Erfassen von vorliegenden Äußerungen der Einwohner« (Anlage 6, Leistungsphase 2a HOAI 2009).

In der Leistungsphase 3 dienen die in den Grundleistungen zu erläuternden Ziele, Erfordernisse und Maßnahmen insbesondere den folgenden Zwecken:

- Vermeidung, Minderung oder Beseitigung von Beeinträchtigungen von Natur und Landschaft
- Schutz bestimmter Teile von Natur und Landschaft sowie der Biotope, Lebensgemeinschaften und Lebensstätten der Tiere und Pflanzen wild lebender Arten
- Flächen, die zur Kompensation von Eingriffen in Natur und Landschaft sowie zum Einsatz natur- und landschaftsbezogener Fördermittel besonders geeignet sind
- Aufbau und Schutz eines Biotopverbundsystems
- Schutz, Qualitätsverbesserung und Regeneration von Böden, Gewässern, Luft und Klima
- Erhaltung und Entwicklung von Vielfalt, Eigenart und Schönheit sowie des Erholungswerts von Natur und Landschaft
- Erhaltung und Entwicklung von Freiräumen im besiedelten und unbesiedelten Bereich sowie von Kultur-, Bau- und Bodendenkmälern

3.3.2.3 § 24 – Leistungsbild Grünordnungsplan

> (1) Die Grundleistungen bei Grünordnungsplänen und Landschaftsplanerischen Fachbeiträgen sind in vier Leistungsphasen zusammengefasst und werden wie folgt in Prozentsätzen der Honorare des § 29 bewertet:
> 1. für die Leistungsphase 1 (Klären der Aufgabenstellung und Ermitteln des Leistungsumfangs) mit 3 Prozent,
> 2. für die Leistungsphase 2 (Ermitteln der Planungsgrundlagen) mit 37 Prozent,
> 3. für die Leistungsphase 3 (Vorläufige Fassung) mit 50 Prozent,
> 4. für die Leistungsphase 4 (Abgestimmte Fassung) mit 10 Prozent.
>
> (2) Anlage 5 regelt die Grundleistungen jeder Leistungsphase. Anlage 9 enthält Beispiele für Besondere Leistungen.

Das Leistungsbild des Grünordnungsplans wird in **§ 24 Abs. 1** eigenständig geregelt. Der Regelungsinhalt stimmt mit der Regelung sämtlicher Leistungsbilder der Landschaftsplanung überein. Die Teilnahme an Sitzungen von politischen Gremien oder im Rahmen der Öffentlichkeitsbeteiligung wird in Anlage 9 als Besondere Leistungen aufgeführt (siehe im Einzelnen unter § 23).

§ 24 Abs. 2 Satz 1 verweist auf die Konkretisierung der Grundleistungen in Anlage 5 und § 24 Abs. 2 Satz 2 auf die Beispiele für Besondere Leistungen der Flächenplanung in Anlage 9.

Anlage 5 (zu § 24 Absatz 2)
Grundleistungen im Leistungsbild Grünordnungsplan

Das Leistungsbild Grünordnungsplan setzt sich aus folgenden Grundleistungen je Leistungsphase zusammen:

1. Leistungsphase 1: Klären der Aufgabenstellung und Ermitteln des Leistungsumfangs
   a) Zusammenstellen und Prüfen der vom Auftraggeber zur Verfügung gestellten planungsrelevanten Unterlagen
   b) Ortsbesichtigungen
   c) Abgrenzen des Planungsgebiets
   d) Konkretisieren weiteren Bedarfs an Daten und Unterlagen
   e) Beraten zum Leistungsumfang für ergänzende Untersuchungen und Fachleistungen
   f) Aufstellen eines verbindlichen Arbeitsplans unter Berücksichtigung der sonstigen Fachbeiträge
2. Leistungsphase 2: Ermitteln der Planungsgrundlagen
   a) Ermitteln und Beschreiben der planungsrelevanten Sachverhalte auf Grundlage vorhandener Unterlagen und Daten
   b) Bewerten der Landschaft nach den Zielen des Naturschutzes und der Landschaftspflege einschließlich der Erholungsvorsorge
   c) Zusammenfassendes Darstellen der Bestandsaufnahme und Bewertung in Text und Karte
3. Leistungsphase 3: Vorläufige Fassung
   a) Lösen der Planungsaufgabe und Erläutern der Ziele, Erfordernisse und Maßnahmen in Text und Karte
   b) Darlegen der angestrebten Flächenfunktionen und Flächennutzungen
   c) Darlegen von Gestaltungs-, Schutz-, Pflege- und Entwicklungsmaßnahmen
   d) Vorschläge zur Übernahme in andere Planungen, insbesondere in die Bauleitplanung
   e) Mitwirken bei der Abstimmung der vorläufigen Fassung mit der für den Naturschutz zuständigen Behörde
   f) Bearbeiten der naturschutzrechtlichen Eingriffsregelung
      aa) Ermitteln und Bewerten der durch die Planung zu erwartenden Beeinträchtigungen des Naturhaushalts und des Landschaftsbildes nach Art, Umfang, Ort und zeitlichem Ablauf
      bb) Erarbeiten von Lösungen zur Vermeidung oder Verminderung erheblicher Beeinträchtigungen des Naturhaushalts und des Landschaftsbildes in Abstimmung mit den an der Planung fachlich Beteiligten
      cc) Ermitteln der unvermeidbaren Beeinträchtigungen
      dd) Vergleichendes Gegenüberstellen von unvermeidbaren Beein-

trächtigungen und Ausgleich und Ersatz einschließlich Darstellen verbleibender, nicht ausgleichbarer oder ersetzbarer Beeinträchtigungen

ee) Darstellen und Begründen von Maßnahmen des Naturschutzes und der Landschaftspflege, insbesondere Ausgleichs-, Ersatz-, Gestaltungs- und Schutzmaßnahmen sowie Maßnahmen zur Unterhaltung und rechtlichen Sicherung von Ausgleichs- und Ersatzmaßnahmen

ff) Integrieren ergänzender, zulassungsrelevanter Regelungen und Maßnahmen auf Grund des Natura 2000-Gebietsschutzes und der Vorschriften zum besonderen Artenschutz auf Grundlage vorhandener Unterlagen

4. Leistungsphase 4: Abgestimmte Fassung
   Darstellen des Grünordnungsplans oder Landschaftsplanerischen Fachbeitrags in der mit dem Auftraggeber abgestimmten Fassung in Text und Karte.

In allgemeiner Hinsicht ist zum Leistungsbild der Grünordnungsplanung auszuführen, dass der Grünordnungsplan auf seine Grundlagenfunktion für die Umweltprüfung in der verbindlichen Bauleitplanung auszurichten ist. In der Umweltprüfung des Bebauungsplans sind die Bestandsaufnahmen und Bewertungen des Grünordnungsplans heranzuziehen. Der Grünordnungsplan liefert die konkreten fachlichen Maßnahmen des Naturschutzes und der Landschaftspflege. Zudem ist er im Regelfall Grundlage und Bestandteil des Bebauungsplans. Was im Landschaftsplan großflächig an Belangen des Naturschutzes, der Landschaftspflege und der Grünordnung dargestellt wird, erfassen die Grünordnungspläne für einen kleineren Bereich planintensiver und konkreter. Aus den Anforderungen an die Bestandsaufnahme und Bewertung sowie an die Darstellung der Erfordernisse und Maßnahmen ergibt sich, dass das Plangebiet des Grünordnungsplans in der Regel über den Plangeltungsbereich des Bebauungsplans hinausgeht. Im Rahmen des Leistungsbildes wird keine Rechtsfassung erstellt. Darin unterscheidet sich das Leistungsbild des Grünordnungsplans wesentlich vom Leistungsbild des Bebauungsplans. Die abgestimmte Fassung des Grünordnungsplans wird zur Entwurfsfassung des Bauleitplans für das Beteiligungsverfahren erstellt.

Zur Ergänzung der Bezeichnung »Grünordnungsplan/Landschaftsplanerische Fachbeiträge« siehe Erläuterungen zu § 23 Abs. 2 Nr. 2. Im Einzelnen ist die Anlage 5 wie folgt darzustellen.

In der Leistungsphase 2 beziehen sich die Grundleistungen insbesondere auf:

- Naturhaushalt und sein Wirkungsgefüge
- Vorgaben des Artenschutzes, des Bodenschutzes sowie des Orts- und Landschaftsbildes
- die siedlungsgeschichtliche Entwicklung

- Schutzgebiete und geschützte Objekte
- Flächennutzungen und die Vernetzung von Frei- und Grünflächen sowie die Erschließungsflächen
- Freizeit- und Erholungsanlagen
- voraussichtliche Änderungen aufgrund städtebaulicher Planungen, Fachplanungen und anderer Vorhaben
- vorhandene und voraussichtliche Änderungen und Beeinträchtigungen von Natur und Landschaft
- Auswerten und Einarbeiten von Fachbeiträgen
- Überprüfen des Planungsbereichs

In der Leistungsphase 3 wurde das Leistungsbild ergänzt. Die naturschutzrechtliche Eingriffsregelung in der Bauleitplanung ist im Grünordnungsplan im Regelfall zu bearbeiten. Gleiches gilt für das Integrieren ergänzender zulassungsrelevanter Regelungen und Maßnahmen aufgrund des NATURA-2000-Gebietsschutzes und der Vorschriften zum besonderen Artenschutz auf der Grundlage vorhandener Unterlagen.

Die mit den Grundleistungen in der Leistungsphase 3 zu erläuternden Ziele, Erfordernisse und Maßnahmen beziehen sich insbesondere auf:

- Flächen mit Nutzungsbeschränkungen einschließlich notwendiger Nutzungsänderungen
- Erhaltung oder Verbesserung des Naturhaushalts oder des Landschafts- oder Ortsbildes
- landschaftspflegerische Entwicklungs- und Gestaltungsmaßnahmen
- Flächen für landschaftspflegerische Maßnahmen in Verbindung mit sonstigen Nutzungen, Flächen für Ausgleichs- und Ersatzmaßnahmen
- Grünflächen
- Anpflanzen und Erhalten von Grünbeständen
- Gehölzarten, Leitarten bei Bepflanzungen, Befestigungsarten bei Wohnstraßen, Gehwegen, Plätzen und Parkplätzen, Versickerungsfreiflächen
- Sport-, Spiel- und Erholungsflächen
- Fußwegesysteme
- Ortseingänge und Siedlungsränder
- Einbindung von öffentlichen Straßen und Plätzen
- Freiflächen mit Klimafunktion
- Immissionsschutz
- Gewässer sowie die Erhaltung und Verbesserung ihrer natürlichen Selbstreinigungskraft
- naturnahe Vegetationsbestände
- Bodenschutz
- Festlegen der zeitlichen Folge von Maßnahmen
- Kostenschätzung der Maßnahmen

3.3.2.4 §25 – Leistungsbild Landschaftsrahmenplan

(1) Die Grundleistungen bei Landschaftsrahmenplänen sind in vier Leistungsphasen unterteilt und werden wie folgt in Prozentsätzen der Honorare des §30 bewertet:

1. für die Leistungsphase 1 (Klären der Aufgabenstellung und Ermitteln des Leistungsumfangs) mit 3 Prozent,
2. für die Leistungsphase 2 (Ermitteln der Planungsgrundlagen) mit 37 Prozent,
3. für die Leistungsphase 3 (Vorläufige Fassung) mit 50 Prozent,
4. für die Leistungsphase 4 (Abgestimmte Fassung) mit 10 Prozent.

(2) Anlage 6 regelt die Grundleistungen jeder Leistungsphase. Anlage 9 enthält Beispiele für Besondere Leistungen.

In **§25 Abs. 1** (Leistungsbild Landschaftsrahmenplan) kommt der Leistungsphase 1 ein Anteil von 3 Prozent und der Leistungsphase 2 ein Anteil von 37 Prozent am Gesamthonorar zu. Hintergrund dafür ist die Zielsetzung bei der Überarbeitung der Leistungsbilder im Bereich Landschaftsplanung, derzufolge nunmehr alle Leistungsbilder in der jeweiligen Leistungsphase mit den gleichen Anteilen am Gesamthonorar bewertet werden. **§25 Abs. 2 Satz 1** verweist auf die Konkretisierung der Grundleistungen in Anlage 6 und §25 Abs. 2 Satz 2 auf die Beispiele für Besondere Leistungen der Flächenplanung in Anlage 9.

Anlage 6 (zu §25 Absatz 2)
Grundleistungen im Leistungsbild Landschaftsrahmenplan

Das Leistungsbild Landschaftsrahmenplan setzt sich aus folgenden Grundleistungen je Leistungsphase zusammen:

1. Leistungsphase 1: Klären der Aufgabenstellung und Ermitteln des Leistungsumfangs
   a) Zusammenstellen und Prüfen der vom Auftraggeber zur Verfügung gestellten planungsrelevanten Unterlagen
   b) Ortsbesichtigungen
   c) Abgrenzen des Planungsgebiets
   d) Konkretisieren weiteren Bedarfs an Daten und Unterlagen
   e) Beraten zum Leistungsumfang für ergänzende Untersuchungen und Fachleistungen
   f) Aufstellen eines verbindlichen Arbeitsplans unter Berücksichtigung der sonstigen Fachbeiträge
2. Leistungsphase 2: Ermitteln der Planungsgrundlagen
   a) Ermitteln und Beschreiben der planungsrelevanten Sachverhalte auf Grundlage vorhandener Unterlagen und Daten

b) Landschaftsbewertung nach den Zielen und Grundsätzen des Naturschutzes und der Landschaftspflege
c) Bewerten von Flächen und Funktionen des Naturhaushalts und des Landschaftsbildes hinsichtlich ihrer Eignung, Leistungsfähigkeit, Empfindlichkeit und Vorbelastung
d) Bewerten geplanter Eingriffe in Natur und Landschaft
e) Feststellen von Nutzungs- und Zielkonflikten
f) Zusammenfassendes Darstellen der Erfassung und Bewertung

3. Leistungsphase 3: Vorläufige Fassung
   a) Lösen der Planungsaufgabe und
   b) Erläutern der Ziele, Erfordernisse und Maßnahmen in Text und Karte
   c) Zu Buchstabe a) und b) gehören:
      aa) Erstellen des Zielkonzepts
      bb) Umsetzen des Zielkonzepts durch Schutz, Pflege und Entwicklung bestimmter Teile von Natur und Landschaft und durch Artenhilfsmaßnahmen für ausgewählte Tier- und Pflanzenarten
      cc) Vorschläge zur Übernahme in andere Planungen, insbesondere in Regionalplanung, Raumordnung und Bauleitplanung
      dd) Mitwirken bei der Abstimmung der vorläufigen Fassung mit der für den Naturschutz zuständigen Behörde
      ee) Abstimmen der Vorläufigen Fassung mit dem Auftraggeber
4. Leistungsphase 4: Abgestimmte Fassung
   Darstellen des Landschaftsrahmenplans in der mit dem Auftraggeber abgestimmten Fassung in Text und Karte.

Landschaftsrahmenpläne betreffen große Planungsgebiete (Landkreise oder Planungsregionen der Regionalplanung), für die überörtliche Erfordernisse und Maßnahmen zur Verwirklichung der Ziele des Naturschutzes und der Landschaftspflege auf Maßstabsebene der zugeordneten Regionalplanung darzustellen sind. Durch die Änderungen der naturschutzrechtlichen Anforderungen an die Landschaftsplanung sind nun Beiträge der Erholungsplanung und der Biotopverbundplanung in den Landschaftsplan zu integrieren. Ebenso ist der Landschaftsplan auf seine Grundlagenfunktion für die strategische Umweltprüfung in der Bauleitplanung auszurichten. Der Landschaftsrahmenplan bereitet die Steuerung von Kompensationsmaßnahmen im Raum nach Standort und Art der Maßnahmen vor. Im Einzelnen ist Anlage 6 wie folgt darzustellen.

In der Leistungsphase 2 beziehen sich die Grundleistungen insbesondere auf:

- Flächennutzung
- naturräumliche Zusammenhänge und siedlungsgeschichtliche Entwicklungen
- Naturhaushalt, Landschaftsfaktoren und Landschaftsbild
- Schutzgebiete und Objekte

- Erholungsgebiete und -flächen, ihre Erschließung sowie Bedarfssituation
- voraussichtliche Änderungen aufgrund städtebaulicher Planungen, Fachplanungen und anderer Vorhaben

In der Leistungsphase 3 dienen die in den Grundleistungen zu erläuternden Ziele, Erfordernisse und Maßnahmen insbesondere hierzu:
- Darstellung der übergeordneten Ziele des Naturschutzes
- Erarbeitung und Darstellung der schutzgutbezogenen Ziele für jedes Schutzgut
- Erläuterung der naturraumbezogenen Ziele
- zusammenfassende Darstellung der Bewertung der Schutzgüter (Arten und Biotope, Landschaftsbild, Boden, Wasser, Klima/Luft)
- integrierte und räumliche Darstellung der konkreten Entwicklung zur Klärung naturschutzinterner Zielkonflikte, die sich aus der Integration aller Schutzgüter ergeben
- Festlegung der Grundsätze und Inhalte für ein landkreisweites Biotopverbundsystem

Der Landschaftspflegerische Begleitplan wird für genehmigungspflichtige Vorhaben erstellt, die Eingriffe in die Natur und Landschaft nach sich ziehen. Im Landschaftsplanerischen Begleitplan werden die erforderlichen Maßnahmen des Naturschutzes und der Landschaftspflege festgelegt.

In der Leistungsphase 2 dienen die Grundleistungen der Leistungsphase 2 insbesondere dazu, die Bewertung folgender Aspekte zu erfassen:
- Naturhaushalt in seinen Wirkungszusammenhängen, insbesondere mit Landschaftsfaktoren wie Relief, Geländegestalt, Gestein, Boden, oberirdische Gewässer, Grundwasser, Geländeklima sowie Tiere und Pflanzen sowie deren Lebensräume
- Schutzgebiete, geschützte Landschaftsbestandteile und schützenswerte Lebensräume
- vorhandene Nutzungen und Vorhaben
- Landschaftsbild und Landschaftsstruktur
- kulturgeschichtlich bedeutsame Objekte
- für die Erholung im Sinne des Bundesnaturschutzgesetzes (BNatSchG) relevante Infrastruktur

3.3.2.5 § 26 Leistungsbild Landschaftspflegerischer Begleitplan

(1) Die Grundleistungen bei Landschaftspflegerischen Begleitplänen sind in vier Leistungsphasen unterteilt und werden wie folgt in Prozentsätzen der Honorare des § 31 bewertet:

1. für die Leistungsphase 1 (Klären der Aufgabenstellung und Ermitteln des Leistungsumfangs) mit 3 Prozent,

2. für die Leistungsphase 2 (Ermitteln und Bewerten der Planungsgrundlagen) mit 37 Prozent,
3. für die Leistungsphase 3 (Vorläufige Fassung) mit 50 Prozent,
4. für die Leistungsphase 4 (Abgestimmte Fassung) mit 10 Prozent.

(2) Anlage 7 regelt die Grundleistungen jeder Leistungsphase. Anlage 9 enthält Beispiele für Besondere Leistungen.

Wie bei allen anderen Leistungsbildern der Landschaftsplanung werden zur Vereinfachung vier Leistungsphasen mit jeweils einheitlichen prozentualen Anteilen am Honorar in § 26 (Leistungsbild Landschaftspflegerischer Begleitplan) vorgesehen. **§ 26 Abs. 1** definiert die Bezeichnung der Leistungsphase 3 (Vorläufige Fassung) und der Leistungsphase 4 (Abgestimmte Fassung). Aufgrund der eigenständigen Honorarregelung in § 31 ist die bisherige Aufteilung der Vergütungsregelungen je nach Maßstabsebene des Landschaftspflegerischen Begleitplans entfallen. **§ 26 Abs. 2** Satz 1 verweist auf die Konkretisierung der Grundleistungen in Anlage 7 und § 26 Abs. 2 Satz 2 auf die Beispiele für Besondere Leistungen der Flächenplanung in Anlage 9.

Anlage 7 (zu § 26 Absatz 2)
Grundleistungen im Leistungsbild Landschaftspflegerischer Begleitplan

Das Leistungsbild Landschaftspflegerischer Begleitplan setzt sich aus folgenden Grundleistungen je Leistungsphase zusammen:

1. Leistungsphase 1: Klären der Aufgabenstellung und Ermitteln des Leistungsumfangs
   a) Zusammenstellen und Prüfen der vom Auftraggeber zur Verfügung gestellten planungsrelevanten Unterlagen
   b) Ortsbesichtigungen
   c) Abgrenzen des Planungsgebiets anhand der planungsrelevanten Funktionen
   d) Konkretisieren weiteren Bedarfs an Daten und Unterlagen
   e) Beraten zum Leistungsumfang für ergänzende Untersuchungen und Fachleistungen
   f) Aufstellen eines verbindlichen Arbeitsplans unter Berücksichtigung der sonstigen Fachbeiträge
2. Leistungsphase 2: Ermitteln und Bewerten der Planungsgrundlagen
   a) Bestandsaufnahme:
   Erfassen von Natur und Landschaft jeweils einschließlich des rechtlichen Schutzstatus und fachplanerischer Festsetzungen und Ziele für die Naturgüter auf Grundlage vorhandener Unterlagen und örtlicher Erhebungen

b) Bestandsbewertung:
   aa) Bewerten der Leistungsfähigkeit und Empfindlichkeit des Naturhaushalts und des Landschaftsbildes nach den Zielen und Grundsätzen des Naturschutzes und der Landschaftspflege
   bb) Bewerten der vorhandenen Beeinträchtigungen von Natur und Landschaft (Vorbelastung)
   cc) Zusammenfassendes Darstellen der Ergebnisse als Grundlage für die Erörterung mit dem Auftraggeber

3. Leistungsphase 3: Vorläufige Fassung
   a) Konfliktanalyse
   b) Ermitteln und Bewerten der durch das Vorhaben zu erwartenden Beeinträchtigungen des Naturhaushalts und des Landschaftsbildes nach Art, Umfang, Ort und zeitlichem Ablauf
   c) Konfliktminderung
   d) Erarbeiten von Lösungen zur Vermeidung oder Verminderung erheblicher Beeinträchtigungen des Naturhaushalts und des Landschaftsbildes in Abstimmung mit den an der Planung fachlich Beteiligten
   e) Ermitteln der unvermeidbaren Beeinträchtigungen
   f) Erarbeiten und Begründen von Maßnahmen des Naturschutzes und der Landschaftspflege, insbesondere Ausgleichs-, Ersatz- und Gestaltungsmaßnahmen sowie von Angaben zur Unterhaltung dem Grunde nach und Vorschläge zur rechtlichen Sicherung von Ausgleichs- und Ersatzmaßnahmen
   g) Integrieren von Maßnahmen auf Grund des Natura 2000-Gebietsschutzes sowie auf Grund der Vorschriften zum besonderen Artenschutz und anderer Umweltfachgesetze auf Grundlage vorhandener Unterlagen und Erarbeiten eines Gesamtkonzepts
   h) Vergleichendes Gegenüberstellen von unvermeidbaren Beeinträchtigungen und Ausgleich und Ersatz einschließlich Darstellen verbleibender, nicht ausgleichbarer oder ersetzbarer Beeinträchtigungen
   i) Kostenermittlung nach Vorgaben des Auftraggebers
   j) Zusammenfassendes Darstellen der Ergebnisse in Text und Karte
   k) Mitwirken bei der Abstimmung mit der für Naturschutz und Landschaftspflege zuständigen Behörde
   l) Abstimmen der Vorläufigen Fassung mit dem Auftraggeber

4. Leistungsphase 4: Abgestimmte Fassung
   Darstellen des Landschaftspflegerischen Begleitplans in der mit dem Auftraggeber abgestimmten Fassung in Text und Karte.

3.3.2.6 § 27 – Leistungsbild Pflege- und Entwicklungsplan

(1) Die Grundleistungen bei Pflege- und Entwicklungsplänen sind in vier Leistungsphasen zusammengefasst und werden wie folgt in Prozentsätzen der Honorare des § 32 bewertet:
1. für die Leistungsphase 1 (Zusammenstellen der Ausgangsbedingungen) mit 3 Prozent,
2. für die Leistungsphase 2 (Ermitteln der Planungsgrundlagen) mit 37 Prozent,
3. für die Leistungsphase 3 (Vorläufige Fassung) mit 50 Prozent und
4. für die Leistungsphase 4 (Abgestimmte Fassung) mit 10 Prozent.

(2) Anlage 8 regelt die Grundleistungen jeder Leistungsphase. Anlage 9 enthält Beispiele für Besondere Leistungen.

§ 27 (Leistungsbild Pflege- und Entwicklungsplanung) stellt wie bei allen anderen Leistungsbildern der Landschaftsplanung zur Vereinfachung vier Leistungsphasen mit jeweils einheitlichen prozentualen Anteilen am Honorar dar. Neu gefasst wurde die Bezeichnung der Leistungsphase 3 (Vorläufige Fassung) und der Leistungsphase 4 (Abgestimmte Fassung). **§ 27 Abs. 2** Satz 1 verweist auf die Konkretisierung der Grundleistungen in Anlage 8 und § 27 Abs. 2 Satz 2 auf die Beispiele für Besondere Leistungen der Flächenplanung in Anlage 9.

Anlage 8 (zu § 27 Absatz 2)
Grundleistungen im Leistungsbild Pflege- und Entwicklungsplan

Das Leistungsbild Pflege- und Entwicklungsplan setzt sich aus folgenden Grundleistungen je Leistungsphase zusammen:
1. Leistungsphase 1: Klären der Aufgabenstellung und Ermitteln des Leistungsumfangs
   a) Zusammenstellen und Prüfen der vom Auftraggeber zur Verfügung gestellten planungsrelevanten Unterlagen
   b) Ortsbesichtigungen
   c) Abgrenzen des Planungsgebiets anhand der planungsrelevanten Funktionen
   d) Konkretisieren weiteren Bedarfs an Daten und Unterlagen
   e) Beraten zum Leistungsumfang für ergänzende Untersuchungen und Fachleistungen
   f) Aufstellen eines verbindlichen Arbeitsplans unter Berücksichtigung der sonstigen Fachbeiträge

2. Leistungsphase 2: Ermitteln der Planungsgrundlagen
   a) Ermitteln und Beschreiben der planungsrelevanten Sachverhalte auf Grund vorhandener Unterlagen
   b) Auswerten und Einarbeiten von Fachbeiträgen
   c) Bewerten der Bestandsaufnahmen einschließlich vorhandener Beeinträchtigungen sowie der abiotischen Faktoren hinsichtlich ihrer Standort- und Lebensraumbedeutung nach den Zielen und Grundsätzen des Naturschutzes
   d) Beschreiben der Zielkonflikte mit bestehenden Nutzungen
   e) Beschreiben des zu erwartenden Zustands von Arten und ihren Lebensräumen (Zielkonflikte mit geplanten Nutzungen)
   f) Überprüfen der festgelegten Untersuchungsinhalte
   g) Zusammenfassendes Darstellen von Erfassung und Bewertung in Text und Karte
3. Leistungsphase 3: Vorläufige Fassung
   a) Lösen der Planungsaufgabe und Erläutern der Ziele, Erfordernisse und Maßnahmen in Text und Karte
   b) Formulieren von Zielen zum Schutz, zur Pflege, zur Erhaltung und Entwicklung von Arten, Biotoptypen und naturnahen Lebensräumen bzw. Standortbedingungen
   c) Erfassen und Darstellen von Flächen, auf denen eine Nutzung weiter betrieben werden soll, und von Flächen, auf denen regelmäßig Pflegemaßnahmen durchzuführen sind, sowie von Maßnahmen zur Verbesserung der ökologischen Standortverhältnisse und zur Änderung der Biotopstruktur
   d) Erarbeiten von Vorschlägen für Maßnahmen zur Förderung bestimmter Tier- und Pflanzenarten, zur Lenkung des Besucherverkehrs, für die Durchführung der Pflege- und Entwicklungsmaßnahmen und für Änderungen von Schutzzweck und -zielen sowie Grenzen von Schutzgebieten
   e) Erarbeiten von Hinweisen für weitere wissenschaftliche Untersuchungen (Monitoring), Folgeplanungen und Maßnahmen
   f) Kostenermittlung
   g) Abstimmen der Vorläufigen Fassung mit dem Auftraggeber
4. Leistungsphase 4: Abgestimmte Fassung
   Darstellen des Pflege- und Entwicklungsplans in der mit dem Auftraggeber abgestimmten Fassung in Text und Karte.

Im Pflege- und Entwicklungsplan werden Pflege- und Entwicklungsmaßnahmen angeführt, wie sie für Gebiete erstellt werden, die aus Gründen des Naturschutzes und der Landschaftspflege bedeutsam sind und nicht sich selbst überlassen werden können.

In der Leistungsphase 2 beziehen sich die Grundleistungen insbesondere auf:
- Flächennutzungen
- Artenvorkommen einschließlich ihrer Standorte und Lebensräume (Biotoptypen)
- Schutzgebiete und -objekte

3.3.2.7 § 28 – Honorare für Grundleistungen bei Landschaftsplänen

(1) Die Mindest- und Höchstsätze der Honorare für die in § 23 und Anlage 4 aufgeführten Grundleistungen bei Landschaftsplänen sind in der nachstehenden Honorartafel aufgeführten Honorarspannen Orientierungswerte:

Fläche in Hektar	Honorarzone I geringe Anforderungen		Honorarzone II durchschnittliche Anforderungen		Honorarzone III hohe Anforderungen	
	von	bis	von	bis	von	bis
	Euro		Euro		Euro	
1 000	23 403	27 963	27 963	32 826	32 826	37 385
1 250	26 560	31 735	31 735	37 254	37 254	42 428
1 500	29 445	35 182	35 182	41 300	41 300	47 036
1 750	32 119	38 375	38 375	45 049	45 049	51 306
2 000	34 620	41 364	41 364	48 558	48 558	55 302
2 500	39 212	46 851	46 851	54 999	54 999	62 638
3 000	43 374	51 824	51 824	60 837	60 837	69 286
3 500	47 199	56 393	56 393	66 201	66 201	75 396
4 000	50 747	60 633	60 633	71 178	71 178	81 064
5 000	57 180	68 319	68 319	80 200	80 200	91 339
6 000	63 562	75 944	75 944	89 151	89 151	101 533
7 000	69 505	83 045	83 045	97 487	97 487	111 027
8 000	75 095	89 724	89 724	105 329	105 329	119 958
9 000	80 394	96 055	96 055	112 761	112 761	128 422
10 000	85 445	102 090	102 090	119 845	119 845	136 490
11 000	89 986	107 516	107 516	126 214	126 214	143 744
12 000	94 309	112 681	112 681	132 278	132 278	150 650
13 000	98 438	117 615	117 615	138 069	138 069	157 246
14 000	102 392	122 339	122 339	143 615	143 615	163 562
15 000	106 187	126 873	126 873	148 938	148 938	169 623

(2) Das Honorar für die Aufstellung von Landschaftsplänen ist nach der Fläche des Planungsgebiets in Hektar und nach der Honorarzone zu berechnen.

(3) Welchen Honorarzonen die Grundleistungen zugeordnet werden, richtet sich nach folgenden Bewertungsmerkmalen:

1. topographische Verhältnisse,
2. Flächennutzung,
3. Landschaftsbild,
4. Anforderungen an Umweltsicherung und Umweltschutz,
5. ökologische Verhältnisse,
6. Bevölkerungsdichte.

(4) Sind auf einen Landschaftsplan Bewertungsmerkmale aus mehreren Honorarzonen anwendbar und bestehen deswegen Zweifel, welcher Honorarzone der Landschaftsplan zugeordnet werden kann, so ist zunächst die Anzahl der Bewertungspunkte zu ermitteln. Zur Ermittlung der Bewertungspunkte werden die Bewertungsmerkmale wie folgt gewichtet:

1. die Bewertungsmerkmale gemäß Absatz 3 Nummer 1, 2, 3 und 6 mit je bis zu 6 Punkten und
2. die Bewertungsmerkmale gemäß Absatz 3 Nummer 4 und 5 und mit je bis zu 9 Punkten.

(5) Der Landschaftsplan ist anhand der nach Absatz 4 ermittelten Bewertungspunkte einer der Honorarzonen zuzuordnen:

1. Honorarzone I: bis zu 16 Punkte,
2. Honorarzone II: 17 bis 30 Punkte,
3. Honorarzone III: 31 bis 42 Punkte.

(6) Werden Teilflächen bereits aufgestellter Landschaftspläne (Planausschnitte) geändert oder überarbeitet, so kann das Honorar abweichend von den Grundleistungen des Absatzes 2 vereinbart werden.

§ 28 beinhaltet die Honorartafel bei Grundleistungen zu Landschaftsplänen. In **§ 28 Abs. 1** ist klargestellt, dass die Honorartafel nach der Fläche des Plangebiets in Hektar ausgerichtet ist.

Lediglich zur Klarstellung benennt **§ 28 Abs. 2** die beiden für die Honorarberechnung maßgeblichen Bezugsgrößen, die Fläche des Plangebiets und die Honorarzone. **§ 28 Abs. 3** bezeichnet die Honorarzonen, Abs. 4 die Bewertungsmerkmale nach Punkten und Abs. 5 die Bewertung der Zuordnung zu der Honorarzone. **§ 28 Abs. 6** greift für Landschaftspläne die in § 10 des allgemeinen Teils der HOAI enthaltene Regelung der freien Vereinbarkeit des Honorars im Fall der Änderung oder Überarbeitung von Planausschnitten auf. Planausschnitte kommen in der Planungspraxis lediglich bei Flächennutzungsplänen und Landschaftsplänen vor, da nur sie das gesamte Gemeindegebiet umfassen.

3.3.2.8 § 29 – Honorare für Grundleistungen bei Grünordnungsplänen

(1) Die Mindest- und Höchstsätze der Honorare für die in § 24 und Anlage 5 genannten Grundleistungen bei Grünordnungsplänen und Landschaftsplanerischen Fachbeiträgen sind in der nachstehenden Honorartafel aufgeführten Honorarspannen Orientierungswerte:

Fläche in Hektar	Honorarzone I geringe Anforderungen		Honorarzone II durchschnittliche Anforderungen		Honorarzone III hohe Anforderungen	
	von	bis	von	bis	von	bis
	Euro		Euro		Euro	
1,5	5 219	6 067	6 067	6 980	6 980	7 828
2	6 008	6 985	6 985	8 036	8 036	9 013
3	7 450	8 661	8 661	9 965	9 965	11 175
4	8 770	10 195	10 195	11 730	11 730	13 155
5	10 006	11 632	11 632	13 383	13 383	15 009
10	15 445	17 955	17 955	20 658	20 658	23 167
15	20 183	23 462	23 462	26 994	26 994	30 274
20	24 513	28 496	28 496	32 785	32 785	36 769
25	28 560	33 201	33 201	38 199	38 199	42 840
30	32 394	37 658	37 658	43 326	43 326	48 590
40	39 580	46 011	46 011	52 938	52 938	59 370
50	46 282	53 803	53 803	61 902	61 902	69 423
75	61 579	71 586	71 586	82 362	82 362	92 369
100	75 430	87 687	87 687	100 887	100 887	113 145
125	88 255	102 597	102 597	118 042	118 042	132 383
150	100 288	116 585	116 585	134 136	134 136	150 433
175	111 675	129 822	129 822	149 366	149 366	167 513
200	122 516	142 425	142 425	163 866	163 866	183 774
225	133 555	155 258	155 258	178 630	178 630	200 333
250	144 284	167 730	167 730	192 980	192 980	216 426

(2) Das Honorar für Grundleistungen bei Grünordnungsplänen ist nach der Fläche des Planungsgebiets in Hektar und nach der Honorarzone zu berechnen.

(3) Welchen Honorarzonen die Grundleistungen zugeordnet werden, richtet sich nach folgenden Bewertungsmerkmalen:

1. Topographie,
2. ökologische Verhältnisse,
3. Flächennutzungen und Schutzgebiete,

4. Umwelt-, Klima-, Denkmal- und Naturschutz,
5. Erholungsvorsorge,
6. Anforderung an die Freiraumgestaltung.

(4) Sind auf einen Grünordnungsplan Bewertungsmerkmale aus mehreren Honorarzonen anwendbar und bestehen deswegen Zweifel, welcher Honorarzone der Grünordnungsplan zugeordnet werden kann, so ist zunächst die Anzahl der Bewertungspunkte zu ermitteln. Zur Ermittlung der Bewertungspunkte werden die Bewertungsmerkmale wie folgt gewichtet:
1. die Bewertungsmerkmale gemäß Absatz 3 Nummer 1, 2, 3 und 5 mit je bis zu 6 Punkten und
2. die Bewertungsmerkmale gemäß Absatz 3 Nummer 4 und 6 mit je bis zu 9 Punkten.

(5) Der Grünordnungsplan ist anhand der nach Absatz 4 ermittelten Bewertungspunkte einer der Honorarzonen zuzuordnen:
1. Honorarzone I: bis zu 16 Punkte,
2. Honorarzone II: 17 bis 30 Punkte,
3. Honorarzone III: 31 bis 42 Punkte.

(6) Wird die Größe des Planungsgebiets während der Leistungserbringung geändert, so ist das Honorar für die Leistungsphasen, die bis zur Änderung noch nicht erbracht sind, nach der geänderten Größe des Planungsgebiets zu berechnen.

§ 29 wurde bereits zur Fassung 2009 grundlegend überarbeitet. Zum Zweck der Harmonisierung der Honorartafeln im Bereich der Flächenplanung sind für den Grünordnungsplan wie für die anderen Leistungsbilder der Landschaftsplanung statt zwei nunmehr drei Honorarzonen vorgesehen. Darüber hinaus wird das System der Honorarberechnung wie beim Flächennutzungsplan in der Bauleitplanung und beim Landschaftspflegerischen Begleitplan in der Landschaftsplanung auf die Größe des Planbereichs in Hektar umgestellt.

§ 29 Abs. 1 enthält die auf Flächen in Hektar umgestellte und anhand der Honorartafelwerte aktualisierte Honorartafel. Die Anzahl der Honorarzonen wurde auf drei erweitert. Ziel ist die Vereinheitlichung der Anzahl der Honorarzonen für die Flächenplanung insgesamt.

§ 29 Abs. 2 regelt die für die Honorarberechnung maßgeblichen zwei Bezugsgrößen. Statt Verrechnungseinheiten wird nunmehr auf die Größe des Plangebiets und wie auch bislang auf die Honorarzone abgestellt.

§29 Abs. 3 erweitert die Liste der bislang fünf Bewertungsmerkmale auf sechs. Die Bewertungsmerkmale sind inhaltlich an das aktualisierte Leistungsbild und die geänderten Planungsanforderungen angepasst.

§29 Abs. 4 und 5 orientieren sich an der Struktur der Honorarvorschrift für den Landschaftsplan in §28.

§29 Abs. 6 greift für den Grünordnungsplan die bislang für Bebauungspläne in §21 Abs. 2 Satz 2 der HOAI 2009 vorgesehene Regelung zu Änderungen des Plangebiets während der Leistungserbringung auf.

3.3.2.9 §30 – Honorare für Grundleistungen bei Landschaftsrahmenplänen

(1) Die Mindest- und Höchstsätze der Honorare für die in §25 und Anlage 6 aufgeführten Grundleistungen bei Landschaftsrahmenplänen sind in der folgenden Honorartafel aufgeführten Honorarspannen Orientierungswerte:

Fläche in Hektar	Honorarzone I geringe Anforderungen		Honorarzone II durchschnittliche Anforderungen		Honorarzone III hohe Anforderungen	
	von	bis	von	bis	von	bis
	Euro		Euro		Euro	
5 000	61 880	71 935	71 935	82 764	82 764	92 820
6 000	67 933	78 973	78 973	90 861	90 861	101 900
7 000	73 473	85 413	85 413	98 270	98 270	110 210
8 000	78 600	91 373	91 373	105 128	105 128	117 901
9 000	83 385	96 936	96 936	111 528	111 528	125 078
10 000	87 880	102 161	102 161	117 540	117 540	131 820
12 000	96 149	111 773	111 773	128 599	128 599	144 223
14 000	103 631	120 471	120 471	138 607	138 607	155 447
16 000	110 477	128 430	128 430	147 763	147 763	165 716
18 000	116 791	135 769	135 769	156 208	156 208	175 186
20 000	122 649	142 580	142 580	164 043	164 043	183 974
25 000	138 047	160 480	160 480	184 638	184 638	207 070
30 000	152 052	176 761	176 761	203 370	203 370	228 078
40 000	177 097	205 875	205 875	236 867	236 867	265 645
50 000	199 330	231 721	231 721	266 604	266 604	298 995

Fläche in Hektar	Honorarzone I geringe Anforderungen		Honorarzone II durchschnittliche Anforderungen		Honorarzone III hohe Anforderungen	
	von	bis	von	bis	von	bis
	Euro		Euro		Euro	
60 000	219 553	255 230	255 230	293 652	293 652	329 329
70 000	238 243	276 958	276 958	318 650	318 650	357 365
80 000	253 946	295 212	295 212	339 652	339 652	380 918
90 000	268 420	312 038	312 038	359 011	359 011	402 630
100 000	281 843	327 643	327 643	376 965	376 965	422 765

(2) Das Honorar für Grundleistungen bei Landschaftsrahmenplänen ist nach der Fläche des Planungsgebiets in Hektar und nach der Honorarzone zu berechnen.

(3) Welchen Honorarzonen die Grundleistungen zugeordnet werden, richtet sich nach folgenden Bewertungsmerkmalen:
1. topographische Verhältnisse,
2. Raumnutzung und Bevölkerungsdichte,
3. Landschaftsbild,
4. Anforderungen an Umweltsicherung, Klima- und Naturschutz,
5. ökologische Verhältnisse,
6. Freiraumsicherung und Erholung.

(4) Sind für einen Landschaftsrahmenplan Bewertungsmerkmale aus mehreren Honorarzonen anwendbar und bestehen deswegen Zweifel, welcher Honorarzone der Landschaftsrahmenplan zugeordnet werden kann, so ist zunächst die Anzahl der Bewertungspunkte zu ermitteln. Zur Ermittlung der Bewertungspunkte werden die Bewertungsmerkmale wie folgt gewichtet:
1. die Bewertungsmerkmale gemäß Absatz 3 Nummer 1, 2, 3 und 6 mit je bis zu 6 Punkten und
2. die Bewertungsmerkmale gemäß Absatz 3 Nummer 4 und 5 mit je bis zu 9 Punkten.

(5) Der Landschaftsrahmenplan ist anhand der nach Absatz 4 ermittelten Bewertungspunkte einer der Honorarzonen zuzuordnen:
1. Honorarzone I: bis zu 16 Punkte,
2. Honorarzone II: 17 bis 30 Punkte,
3. Honorarzone III: 31 bis 42 Punkte.

(6) Wird die Größe des Planungsgebiets während der Leistungserbringung geändert, so ist das Honorar für die Leistungsphasen, die bis zur Änderung noch nicht erbracht sind, nach der geänderten Größe des Planungsgebiets zu berechnen.

Auch **§ 30** wurde zur HOAI 2013 bereits grundlegend überarbeitet. **§ 30 Abs. 1** erweitert die Anzahl der Honorarzonen auf drei. Ziel ist die Vereinheitlichung der Anzahl der Honorarzonen für die Flächenplanung insgesamt.

§ 30 Abs. 2 regelt die für die Honorarberechnung maßgeblichen zwei Bezugsgrößen, die Fläche des Plangebiets und die Honorarzone und greift inhaltlich den bislang in § 20 Abs. 2 enthaltenen Verweis auf § 28 Abs. 2 der HOAI 2009 auf. **§ 30 Abs. 3** erweitert die Liste der bislang fünf Bewertungsmerkmale, die bereits § 30 Abs. 3 Satz 2 der HOAI 2009 zu entnehmen waren, auf sechs. Die Bewertungsmerkmale werden inhaltlich an das aktualisierte Leistungsbild und die geänderten Planungsanforderungen angepasst. **§ 30 Abs. 4 und 5** orientieren sich an der Struktur der Honorarvorschrift für den Landschaftsplan in § 28.

§ 30 Abs. 6 greift für den Landschaftsrahmenplan die bislang für Bebauungspläne in § 21 Abs. 2 Satz 2 der HOAI 2009 vorgesehene Regelung zu Änderungen des Plangebiets während der Leistungserbringung auf (im Einzelnen siehe die Begründung zu § 20 Abs. 6 und § 21 Abs. 6). Zudem ist § 10 HOAI zu beachten.

3.3.2.10 § 31 – Honorare für Grundleistungen bei Landschaftspflegerischen Begleitplänen

(1) Die Mindest- und Höchstsätze der Honorare für die in § 26 und Anlage 7 aufgeführten Grundleistungen bei Landschaftspflegerischen Begleitplänen sind in der folgenden Honorartafel aufgeführten Honorarspannen Orientierungswerte:

Fläche in Hektar	Honorarzone I geringe Anforderungen		Honorarzone II durchschnittliche Anforderungen		Honorarzone III hohe Anforderungen	
	von	bis	von	bis	von	bis
	Euro		Euro		Euro	
6	5 324	6 189	6 189	7 121	7 121	7 986
8	6 130	7 126	7 126	8 199	8 199	9 195
12	7 600	8 836	8 836	10 166	10 166	11 401
16	8 947	10 401	10 401	11 966	11 966	13 420
20	10 207	11 866	11 866	13 652	13 652	15 311

Fläche in Hektar	Honorarzone I geringe Anforderungen		Honorarzone II durchschnittliche Anforderungen		Honorarzone III hohe Anforderungen	
	von	bis	von	bis	von	bis
	Euro		Euro		Euro	
40	15 755	18 315	18 315	21 072	21 072	23 632
100	29 126	33 859	33 859	38 956	38 956	43 689
200	47 180	54 846	54 846	63 103	63 103	70 769
300	62 748	72 944	72 944	83 925	83 925	94 121
400	76 829	89 314	89 314	102 759	102 759	115 244
500	89 855	104 456	104 456	120 181	120 181	134 782
600	102 062	118 647	118 647	136 508	136 508	153 093
700	113 602	132 062	132 062	151 942	151 942	170 402
800	124 575	144 819	144 819	166 620	166 620	186 863
1 200	167 729	194 985	194 985	224 338	224 338	251 594
1 600	207 279	240 961	240 961	277 235	277 235	310 918
2 000	244 349	284 056	284 056	326 817	326 817	366 524
2 400	279 559	324 987	324 987	373 910	373 910	419 338
3 200	343 814	399 683	399 683	459 851	459 851	515 720
4 000	400 847	465 985	465 985	536 133	536 133	601 270

(2) Das Honorar für Grundleistungen bei Landschaftspflegerischen Begleitplänen ist nach der Fläche des Planungsgebiets in Hektar und nach der Honorarzone zu berechnen.

(3) Welchen Honorarzonen die Grundleistungen zugeordnet werden, richtet sich nach folgenden Bewertungsmerkmalen:

1. ökologisch bedeutsame Strukturen und Schutzgebiete,
2. Landschaftsbild und Erholungsnutzung,
3. Nutzungsansprüche,
4. Anforderungen an die Gestaltung von Landschaft und Freiraum,
5. Empfindlichkeit gegenüber Umweltbelastungen und Beeinträchtigungen von Natur und Landschaft,
6. potenzielle Beeinträchtigungsintensität der Maßnahme.

(4) Sind für einen Landschaftspflegerischen Begleitplan Bewertungsmerkmale aus mehreren Honorarzonen anwendbar und bestehen deswegen Zweifel, welcher Honorarzone der Landschaftspflegerische Begleitplan zugeordnet werden kann, so ist zunächst die Anzahl der Bewertungspunkte zu ermitteln. Zur Ermittlung der Bewertungspunkte werden die Bewertungsmerkmale wie folgt gewichtet:

1. die Bewertungsmerkmale gemäß Absatz 3 Nummer 1, 2, 3 und 4 mit je bis zu 6 Punkten und
2. die Bewertungsmerkmale gemäß Absatz 3 Nummer 5 und 6 mit je bis zu 9 Punkten.

(5) Der Landschaftspflegerische Begleitplan ist anhand der nach Absatz 4 ermittelten Bewertungspunkte einer der Honorarzonen zuzuordnen:
1. Honorarzone I: bis zu 16 Punkte,
2. Honorarzone II: 17 bis 30 Punkte,
3. Honorarzone III: 31 bis 42 Punkte.

(6) Wird die Größe des Planungsgebiets während der Leistungserbringung geändert, so ist das Honorar für die Leistungsphasen, die bis zur Änderung noch nicht erbracht sind, nach der geänderten Größe des Planungsgebiets zu berechnen.

§ 31 enthält eine eigenständige Honorarvorschrift für den Landschaftspflegerischen Begleitplan. In der HOAI 2009 richtete sich das Honorar gemäß § 26 Abs. 2 Satz 1 bei einer Planung im Maßstab des Flächennutzungsplans nach der Honorartafel des Landschaftsplans und bei einer Planung im Maßstab des Bebauungsplans nach der Honorartafel des Grünordnungsplans. Allerdings wurde der vorhabenbezogene Landschaftspflegerische Begleitplan bereits im Geltungszeitraum der HOAI 2009 in der Regel nicht mehr im Maßstab des Flächennutzungsplans erarbeitet. Auf dieser Grundlage war die Honorarvorschrift zum Landschaftspflegerischen Begleitplan neu zu entwickeln.

Zum Zweck der Harmonisierung der Honorartafeln im Bereich der Flächenplanung sind für den Landschaftspflegerischen Begleitplan wie für die anderen Leistungsbilder der Landschaftsplanung statt zwei nunmehr drei Honorarzonen vorgesehen. Darüber hinaus wurde das System der Honorarabrechnung wie beim Flächennutzungsplan in der Bauleitplanung und beim Grünordnungsplan in der Landschaftsplanung auf die Größe des Planbereichs in Hektar umgestellt. Der Ansatz der Honorarberechnung nach Verrechnungseinheiten entfällt. Die neue Honorartafel orientiert sich strukturell an der Honorarvorschrift zum Grünordnungsplan.

§ 31 Abs. 1 enthält die auf Flächen in Hektar umgestellte und zu Honorartafelwerten aktualisierte Honorartafel. Die Anzahl der Honorarzonen wurde auf drei erhöht. Ziel ist die Vereinheitlichung der Anzahl der Honorarzonen für die Flächenplanung insgesamt.

§ 31 Abs. 2 Satz 1 regelt die für die Honorarberechnung maßgeblichen zwei Bezugsgrößen. Statt Verrechnungseinheiten wird auf die Größe des Plangebiets und auf die Honorarzone abgestellt. § 31 Abs. 2 Satz 2 regelt die Honorarberechnung für den Fall der Änderung der Größe des Planungsgebiets während der Leistungserbringung.

§ 31 Abs. 3 spezifiziert die Liste der für den Landschaftspflegerischen Begleitplan maßgeblichen Bewertungsmerkmale. Diese sind inhaltlich an das aktualisierte Leistungsbild und die geänderten Planungsanforderungen angepasst.

§ 31 Abs. 4 und 5 orientieren sich an der Struktur der Honorarvorschrift für den Landschaftsplan in § 28.

§ 31 Abs. 6 greift für den Landschaftspflegerischen Begleitplan die bislang für Bebauungspläne in § 21 Abs. 2 Satz 2 der HOAI 2009 vorgesehene Regelung zu Änderungen des Plangebiets während der Leistungserbringung auf (im Einzelnen siehe die Begründung zu § 20 Abs. 5 und § 21 Abs. 6). Auch hier ist § 10 HOAI bei Änderungsleistungen zu beachten.

3.3.2.11 § 32 – Honorare für Grundleistungen bei Pflege- und Entwicklungsplänen

(1) Die Mindest- und Höchstsätze der Honorare für die in § 27 und Anlage 8 aufgeführten Grundleistungen bei Pflege- und Entwicklungsplänen sind in der folgenden Honorartafel aufgeführten Honorarspannen Orientierungswerte:

Fläche in Hektar	Honorarzone I geringe Anforderungen		Honorarzone II durchschnittliche Anforderungen		Honorarzone III hohe Anforderungen	
	von	bis	von	bis	von	bis
	Euro		Euro		Euro	
5	3 852	7 704	7 704	11 556	11 556	15 408
10	4 802	9 603	9 603	14 405	14 405	19 207
15	5 481	10 963	10 963	16 444	16 444	21 925
20	6 029	12 058	12 058	18 087	18 087	24 116
30	6 906	13 813	13 813	20 719	20 719	27 626
40	7 612	15 225	15 225	22 837	22 837	30 450
50	8 213	16 425	16 425	24 638	24 638	32 851
75	9 433	18 866	18 866	28 298	28 298	37 731
100	10 408	20 816	20 816	31 224	31 224	41 633
150	11 949	23 899	23 899	35 848	35 848	47 798
200	13 165	26 330	26 330	39 495	39 495	52 660
300	15 318	30 636	30 636	45 954	45 954	61 272
400	17 087	34 174	34 174	51 262	51 262	68 349
500	18 621	37 242	37 242	55 863	55 863	74 484
750	21 833	43 666	43 666	65 500	65 500	87 333

Fläche in Hektar	Honorarzone I geringe Anforderungen		Honorarzone II durchschnittliche Anforderungen		Honorarzone III hohe Anforderungen	
	von	bis	von	bis	von	bis
	Euro		Euro		Euro	
1 000	24 507	49 014	49 014	73 522	73 522	98 029
1 500	28 966	57 932	57 932	86 898	86 898	115 864
2 500	36 065	72 131	72 131	108 196	108 196	144 261
5 000	49 288	98 575	98 575	147 863	147 863	197 150
10 000	69 015	138 029	138 029	207 044	207 044	276 058

(2) Das Honorar für Grundleistungen bei Pflege- und Entwicklungsplänen ist nach der Fläche des Planungsgebiets in Hektar und nach der Honorarzone zu berechnen.

(3) Welchen Honorarzonen die Grundleistungen zugeordnet werden, richtet sich nach folgenden Bewertungsmerkmalen:

1. fachliche Vorgaben,
2. Differenziertheit des floristischen Inventars oder der Pflanzengesellschaften,
3. Differenziertheit des faunistischen Inventars,
4. Beeinträchtigungen oder Schädigungen von Naturhaushalt und Landschaftsbild,
5. Aufwand für die Festlegung von Zielaussagen sowie für Pflege- und Entwicklungsmaßnahmen.

(4) Sind für einen Pflege- und Entwicklungsplan Bewertungsmerkmale aus mehreren Honorarzonen anwendbar und bestehen deswegen Zweifel, welcher Honorarzone der Pflege- und Entwicklungsplan zugeordnet werden kann, so ist zunächst die Anzahl der Bewertungspunkte zu ermitteln. Zur Ermittlung der Bewertungspunkte werden die Bewertungsmerkmale wie folgt gewichtet:

1. das Bewertungsmerkmal gemäß Absatz 3 Nummer 1 mit bis zu 4 Punkten,
2. die Bewertungsmerkmale gemäß Absatz 3 Nummer 4 und 5 mit je bis zu 6 Punkten und
3. die Bewertungsmerkmale gemäß Absatz 3 Nummer 2 und 3 mit je bis zu 9 Punkten.

(5) Der Pflege- und Entwicklungsplan ist anhand der nach Absatz 4 ermittelten Bewertungspunkte einer der Honorarzonen zuzuordnen:

1. Honorarzone I: bis zu 13 Punkte,
2. Honorarzone II: 14 bis 24 Punkte,
3. Honorarzone III: 25 bis 34 Punkte.

(6) Wird die Größe des Planungsgebiets während der Leistungserbringung geändert, so ist das Honorar für die Leistungsphasen, die bis zur Änderung noch nicht erbracht sind, nach der geänderten Größe des Planungsgebiets zu berechnen.

§ 32 entspricht im Hinblick auf die Regelungsstruktur weitestgehend § 31 der HOAI 2009. Die Honorarvorschrift für den Pflege- und Entwicklungsplan wurde vor allem im Hinblick auf die Aktualisierung der Honorartafel in § 32 Abs. 1 überarbeitet.

Im Übrigen bleibt die bisherige Regelung des § 31 der HOAI 2009 weitestgehend unverändert in § 32 erhalten. § 31 Abs. 3 bis 5 wurden unverändert in **§ 32 Abs. 3 bis 5** übernommen. **§ 32 Abs. 6** greift für den Pflege- und Entwicklungsplan die bislang für Bebauungspläne in § 21 Abs. 2 Satz 2 der HOAI 2009 vorgesehene Regelung zu Änderungen des Plangebiets während der Leistungserbringung auf. Diese entspricht den Regelungen für den Bebauungsplan in § 20 Abs. 2 Satz 2, dem Grünordnungsplan in § 29 Abs. 2 Satz 2, den Landschaftsrahmenplan in § 30 Abs. 2 Satz 2 und den Landschaftspflegerischen Begleitplan in § 31 Abs. 2 Satz 2 (im Einzelnen siehe die Begründung zu § 20 Abs. 6 und § 21 Abs. 6). Auch § 10 HOAI ist hier zu beachten.

3.4 Teil 3 – Objektplanung

3.4.1 Einleitung

Die folgenden Regelungen des Teils 3 umfassen die besonderen Abrechnungen für Gebäude und Innenräume, Freianlagen, Ingenieurbauwerke und Verkehrsanlagen (§§ 33 bis 48 HOAI). Sie bauen auf dem Teil 1 als grundsätzlich allgemein anzuwendende Vorschriften der §§ 1 bis 16 HOAI auf. Da es sich um jeweils einzelne Leistungsbilder handelt, wird entsprechend der Teil 3 als »Objektplanung« bezeichnet, während die Fachplanung in Teil 4 die beiden Abschnitte Tragwerksplanung und Technische Ausrüstung umfasst. Aber jeder Abschnitt hat wiederum seine eigenen Vorgaben für die Ermittlung der anrechenbaren Kosten. Zudem ist zu beachten, dass der Begriff »Objekt« nach § 2 Abs. 1 HOAI die Abrechnungsobjekte sind und nach § 11 Abs. 1 HOAI getrennt abzurechnen. Außerdem sind die Kosten nach § 6 Abs. 1 Nr. 1 HOAI getrennt zu ermitteln. § 2 Abs. 1 Satz 2 definiert nun in der HOAI 2021 neu die Zugehörigkeit des Tragwerks und der Anlagen der technischen Ausrüstung als Objekt. Damit sind die gesamten Grundlagen der Honorarermittlung nach § 6 Abs. 1 und 2 HOAI maßgeblich auch dort anzuwenden.

Im Detail hat der Verordnungsgeber mit der HOAI 2021 nur einige Änderungen vorgenommen. Deswegen werden zunächst nachfolgend nochmals die Änderungen in der HOAI 2013 dargestellt, weil die HOAI 2021 auf diese Bezug nimmt: Der Verordnungsgeber hält weiterhin an der Einordnung der Honorare im Bereich der Grundleistungen fest. Das bedeutet, dass die HOAI 2021 die in der Anlage 10.1 deutlich abgesetzten Grundleistungen als Grundlage der Darstellung der Honorarberechnungen ansieht. Werden andere Grundleistungen zwischen den Parteien oder gar – wie zuvor auch – Besondere Leistungen in der Anlage 10.1 oder selbst ersonnene Besondere Leistungen vertraglich vereinbart, so war bisher auch in der HOAI 2013 und nun in der HOAI 2021 eine freie Honorarvereinbarung möglich. Diese war entweder auf betriebswirtschaftlichen Grundsätzen des jeweiligen Architekten-/Ingenierbüros und/oder Empfehlungen der AHO basierend in den jeweiligen Leistungsbildern möglich (Beispiel: Heft 1 – Planen und Bauen im Bestand) oder nach Stundensätzen (Durchschnitt > 95,00/h Euro). Die Parteien sind daher in der HOAI 2021 frei von Empfehlungen der HOAI, können und sollten aber die Vorgaben in Anlage 10.1 berücksichtigen.

Aus der HOAI 2013 weiterhin für die Ermittlung des Honorars nach §§4, 6 HOAI notwendig zu berücksichtigen sind:

Kostenermittlung und Kostenkontrolle

Die Leistungsbilder wurden in den Leistungsphasen 2 und 6 durch die Grundleistung der Kostenkontrolle in HOAI 2013 ergänzt, um so die Verpflichtung zur durchgängigen Kostenverfolgung während des gesamten Planungs- und Ausführungsprozesses zugrunde zu legen. In diesem Sinne wurden auch die Leistungsphasen 6 und 7 ergänzt. Nunmehr sind bepreiste Leistungsverzeichnisse aufzustellen. Im Rahmen der Kostenkontrolle sind diese mit der Kostenberechnung und den Ausschreibungsergebnissen zu vergleichen. Durch die präzisierte Kostenermittlung und Kontrolle wurde der Kostenanschlag entbehrlich. Dieser umfasst nämlich gemäß DIN 276-1:2008-12 lediglich die Kostenermittlung bis zu dritten Ebene und die Ordnung nach Vergabeeinheiten.

Dokumentation

In allen Leistungsbildern der Objektplanung wurde in den Leistungsphasen 1 bis 3 die Grundleistung zur Dokumentation und Erläuterung der Ergebnisse präzisiert. Damit wurde die bisher in §3 Abs. 8 geregelte Unterrichtung des Auftraggebers direkt in die relevanten Leistungsphasen aufgenommen. Die Prüfung und Wertung der Angebote ist ohne eine Dokumentation des Vergabeverfahrens nicht möglich und schließt diese ein. In der Leistungsphase 7 wurde daher die Dokumentation des Vergabeverfahrens aufgenommen. Die auch bisher schon bestehende systematische Zusammenstellung der zeichnerischen Darstellungen und rechnerischen Ergebnisse wurde nunmehr in die Leistungsphase 8 eingegliedert, da sie zeitlich mit der Übergabe des Objekts verknüpft ist. Damit soll darauf hingewirkt werden, dass dem Auftraggeber bei einer etwaigen Teilabnahme nach der Leistungsphase 8 die notwendige Objektdokumentation zur Verfügung steht.

Terminplanung

Die Terminplanung der Leistungsbilder Gebäude, Freianlagen und Technische Ausrüstung wurde in die Leistungsphasen 2, 3 und 5 aufgenommen. In der Leistungsphase 8 ist wie bisher das Aufstellen und Überwachen eines Terminplans verankert. Am deutlichsten ist diese Grundleistung im Leistungsbild Gebäude hervorgehoben, da diese übergreifende Objektplanung eine Vielzahl von Fachplanungen und Gewerken berücksichtigt und zusammenführen muss. Die in der Leistungsphase 2 aufgestellte Terminplanung soll in den Leistungsphasen 3, 5 und 8 kontinuierlich fortgeschrieben und ergänzt werden. Über die bisherige Teilleistung unter 2) der Leistungsphase 8 der HOAI 2009 hinaus wurde das Erstellen, Fortschreiben und Überwachen des Terminplans als Teilleistung in die Leistungsphasen 2, 3, 5 und 8 aufgenommen. In Leistungsphase 8 (bisher: »Aufstellen und Überwachen eines Zeitplans (Balkendiagramm)«, neu: »Aufstellen, Fortschreiben und Überwachen eines Terminplans (Balkendiagramm)«) war das Fortschreiben des Terminplans während der Ausführung bereits durch das Überwachen erfasst – dies wurde zur Klarstellung aber extra aufgenommen. Darüber hinaus ist die Terminplanung während der Bauausführung durch die Berücksichtigung der ineinandergreifenden Abläufe der Bauarbeiten als fortlaufender Prozess zu betrachten. Daher war auch klarzustellen, dass neben dem Fortschreiben eine kontinuierliche Überwachung des fortgeschriebenen Terminplans im Bauablauf erforderlich ist.

In den Leistungsbildern Ingenieurbauwerke und Verkehrsanlagen ist der Aspekt der Terminplanung mit Ausnahme von Leistungsphase 8 dagegen nicht berücksichtigt. Im Gegensatz zum Leistungsbild Gebäude laufen hier mehrere eigenständige Objektplanungen parallel (zum Beispiel Wasserwerk). Es wäre deshalb nicht sachgerecht, diese übergreifende terminliche Planung auf der Basis der anrechenbaren Kosten einer Objektplanung zu honorieren. Die objektübergreifende, integrierte Bauablaufplanung stellt daher eine Besondere Leistung dar.

Leistungsphase 6: Vorbereitung der Vergabe

Die Grundleistung »Zusammenstellen der Vergabeunterlagen« wurde systematisch der Vorbereitung der Vergabe zugeordnet und aus der Leistungsphase 7 in die Leistungsphase 6 verlagert.

Leistungsphase 7: Mitwirkung bei der Vergabe

Die ehemalige Teilleistung unter Buchstabe e) »Verhandeln mit Bietern« wird nunmehr unter d) »Führen von Bietergesprächen« genannt, da bei öffentlichen Auftragsvergaben Verhandlungen mit Bietern nicht bei allen Vergabearten zulässig sind. Unter »Bietergesprächen« sind Aufklärungsgespräche oder Verhandlungen im Rahmen der Vergabeverfahren zu verstehen.

Leistungsphase 9: Objektbetreuung
Der Aufwand für die bisherige Grundleistung – Überwachen der Mängelbeseitigung – ist vom Umfang her nur schwierig zu kalkulieren. Daher soll die Überwachung der Mängelbeseitigung zukünftig als Besondere Leistung zum Beispiel auf Zeithonorarbasis beauftragt werden können. Durch die neu aufgenommene Grundleistung der fachlichen Bewertung der Mängel einschließlich notwendiger Begehungen wird sichergestellt, dass der beauftragte Architekt oder Ingenieur auch nach Abschluss des Projekts dem Bauherrn bei auftretenden Mängeln zur Seite steht und eine verursachungsgerechte Inanspruchnahme des Schädigers ermöglicht wird.

Mit der fachlichen Bewertung der Mängel soll in erster Linie die Zuordnung des Mangels zu einem Bau- oder Planungsbeteiligten aus fachlicher Sicht sichergestellt werden. Eine Bewertung mit der Qualität und Ausführlichkeit eines Sachverständigengutachtens ist nicht Gegenstand dieser Grundleistung. Mit der HOAI 2009 wurde die Frist zur Überwachung der Mängelbeseitigung gemäß §13 Abs. 4 VOB/B auf vier Jahre festgelegt. Da diese nicht in jedem Fall die Vertragsgrundlage bildet, wurde die Frist für die fachliche Bewertung der festgestellten Mängel an §438 Abs. 1 Nr. 2 BGB auf fünf Jahre angepasst.

Änderungen der Objektlisten
Die Objektlisten wurden neu strukturiert. Bisher waren diese nach den Honorarzonen gegliedert. Durch die Strukturierung nach Objekttypen und die tabellarische Zuordnung zu den Honorarzonen wird für den Anwender ein besserer Überblick geschaffen und die Zuordnung zur Honorarzone erleichtert.

3.4.2 Einzelvorschriften und Anlage 10.1 nebst den Besonderen Leistungen

Die Vorschriften des Abschnitts 1 der Objektplanung im Einzelnen: §33 HOAI 2021 entspricht inhaltlich schon §32 HOAI 2009 und folgend §33 HOAI 2013. §32 Abs. 4 der HOAI 2009 mit einer Ausnahme vom Grundsatz der selbstständigen Abrechnung beim Bau von Gebäuden und Freianlagen wurde in §38 Abs. 2 überführt. In §33 Abs. 1 und 2 wurde zum Zweck der Klarstellung im Hinblick auf §3 Abs. 2 der Begriff der »Grundleistungen« aufgenommen und jetzt zur Klarstellung auch bei freier Vereinbarkeit der Honorare in HOAI 2021 beibehalten. Bei den Kosten der Technischen Anlagen im Sinne des §33 Abs. 2 handelt es sich um die Kosten der Anlagen der Technischen Ausrüstung gemäß §53 Abs. 2. Im Bereich Gebäude werden die anrechenbaren Kosten auf Grundlage der DIN 276-1:2008-12 ermittelt, das betrifft hier die Kostengruppe 400 »Bauwerk – Technische Anlagen«.

Anrechenbare Kosten

Während §10 HOAI 1996 die anrechenbaren Kosten im Wesentlichen durch die Aufzählung nicht anrechenbarer Kosten definierte, enthält §33 HOAI eine vollkommen andere Regelungstechnik: Die Vorschrift bestimmt positiv, welche Kosten voll (Abs. 1), welche gemindert (Abs. 2) und welche bedingt, also unter bestimmten Voraussetzungen, anrechenbar sind (Abs. 3). Dadurch konnte auf die lange Liste der nicht anrechenbaren Kosten verzichtet und damit eine Kürzung der Vorschrift erreicht werden.

Eine Erläuterung des Begriffs »anrechenbare Kosten« findet sich in §4 Abs. 1 HOAI. Danach sind die anrechenbaren Kosten nur ein Teil der Gesamtkosten, die bei der Herstellung oder Veränderung von Objekten anfallen. Die Ermittlung der anrechenbaren Kosten erfolgt entweder nach den allgemein anerkannten Regeln der Technik im Sinne des §2 Nr. 12 HOAI 2009 oder nach Verwaltungsvorschriften (Kostenvorschriften) auf der Grundlage ortsüblicher Preise. Als allgemein anerkannte Regel der Technik für die Kostenplanung im Bereich des Hochbaus gilt weiterhin die DIN 276-1:2008-12 und nicht die DIN 276:1-2018.

Die Verordnung selbst lässt die Frage, welche der in §4 Abs. 1 HOAI 2021 genannten verschiedenen Berechnungsmethoden anzuwenden ist, wenn die Parteien dies nicht ausdrücklich regeln, offen. Mit Rücksicht auf den preisrechtlichen Charakter der HOAI kann aber nicht davon ausgegangen werden, dass der Verordnungsgeber den Parteien ein Wahlrecht zwischen Regeln der Technik und Verwaltungsvorschriften einräumen wollte. Vielmehr sind die anerkannten Regeln der Technik, soweit sie für die jeweiligen Architekten- und Ingenieurleistungen existieren, bei der Ermittlung der anrechenbaren Kosten auch zugrunde zu legen. Anerkannte Regeln der Technik für den Bereich des Hochhauses sind zurzeit die DIN 276:1-2018 und nicht mehr die DIN 276-1:12-2008. Laut amtlicher Begründung zur HOAI 2009 trug der Verweis auf Verwaltungsvorschriften (Kostenvorschriften) in §4 Abs. 1 Satz 2 HOAI 2009 dem Umstand Rechnung, dass für Ingenieurbauwerke und Verkehrsanlagen »die Kosten der öffentlichen Auftraggeber im Bereich Tiefbau anhand von Verwaltungsvorschriften ermittelt werden« (BR-Drs. 395/09, S. 162). Zu den weiteren Anwendungen und Auslegungen siehe unter §4 HOAI 2021 (oben).

Zur Vermeidung von Unsicherheiten sollte in der Praxis vertraglich vereinbart werden, dass zur Ermittlung der anrechenbaren Kosten die DIN 276-1:2008-12 zugrunde liegt, weil es hier um die Honorarermittlung und nicht um die Leistungsbestimmung für die Kostenkontrollen in den Leistungsphasen 2, 3, 5 und 8 geht.

Empfohlen wird daher, bei der vertraglichen Einarbeitung der Leistungspflicht des Architekten/Ingenieurs in den Leistungsphasen 2, 3, 5 und 8 nach DIN 276:1-2018 vorzugehen und parallel dazu die Kostenermittlung für den Honoraranspruch nach DIN 276-1:12-2008 vorzunehmen.

Öffentliche Auftraggeber haben Aufträge über freiberufliche Leistungen nach K 12 der Richtlinien zur Durchführung von Bauaufgaben des Bundes (RBBau) vom 10.10.2014 auf Grundlage der Musterverträge (VM1 bis 11) und der Allgemeinen Vertragsbestimmungen (AVB) schriftlich zu erteilen. Das Vertragsmuster Objektplanung-Gebäude (VM-6) verweist unter Nr. 5.3.1, 5.3.2 und 6.3.3 ausdrücklich auf die DIN 276-1:2008-12. Allerdings ist im Nachgang zur Neufassung der RBBau (Stand 24.04.2020) – und damit unter Berücksichtigung der HOAI 2013 und nicht der HOAI 2021, aber unter Geltung des neuen Bauvertragsrechts ab 1.1.2018 (u. a. §§ 650a ff. BGB) – in den Vertragsmustern (Teil 3 der RBBau) kein Bezug mehr auf die DIN 276-1:12-2008 erfolgt. Hier wird nur auf § 4 HOAI in Ziffer 10.1 verwiesen. Lediglich im Anhang »Erläuterungen« zu § 10 und in den Honorarzusammenstellungen werden dazu noch die Kostengruppen KG 300 und KG 400 angeführt. Das birgt bei der Anwendung durch den öffentlichen Auftraggeber dann die Gefahr, dass infolge der AGB-artigen Vertragsmusterstruktur unklar ist, ob die DIN 276 angewendet werden kann. Allerdings ist zu berücksichtigen, dass § 4 Abs. 1 Satz 3 HOAI 2021 nun deutlich auf die DIN 276-1:12-2008 zur Anwendung bei der Honorarermittlung verweist. Also ist diese Kostenermittlung zwingend bei der Honorarermittlung des § 4 und § 6 HOAI anzuwenden.

3.4.3 Abschnitt 1 – Gebäude und Innenräume

3.4.3.1 § 33 – Besondere Grundlagen des Honorars

> (1) Für Grundleistungen bei Gebäuden und Innenräumen sind die Kosten der Baukonstruktion anrechenbar.
>
> (2) Für Grundleistungen bei Gebäuden und Innenräumen sind auch die Kosten für Technische Anlagen, die der Auftragnehmer nicht fachlich plant oder deren Ausführung er nicht fachlich überwacht,
> 1. vollständig anrechenbar bis zu einem Betrag von 25 Prozent der sonstigen anrechenbaren Kosten und
> 2. zur Hälfte anrechenbar mit dem Betrag, der 25 Prozent der sonstigen anrechenbaren Kosten übersteigt.
>
> (3) Nicht anrechenbar sind insbesondere die Kosten für das Herrichten, für die nichtöffentliche Erschließung sowie für Leistungen zur Ausstattung und zu Kunstwerken, soweit der Auftragnehmer die Leistungen weder plant noch bei der Beschaffung mitwirkt oder ihre Ausführung oder ihren Einbau fachlich überwacht.

In der HOAI 2013 wurden bereits einige wesentliche Änderungen der bisherigen Honorarstruktur vorgenommen. Die HOAI 2021 belässt es dabei.

Voll anrechenbare Kosten (§ 33 Abs. 1 HOAI)

Die Absätze 1 bis 3 regeln die Frage, welche Kosten voll, gemindert oder bedingt anrechenbar sind. Nach Abs. 1 sind voll anrechenbar die Kosten der Baukonstruktion. Hiermit sind die Kosten der Kostengruppe 300 gemäß DIN 276-1:2008-12 gemeint; es handelt sich um Kosten von Bauleistungen und Lieferungen zur Herstellung des Bauwerks, jedoch ohne die Technischen Anlagen. Dazu gehören auch die mit dem Bauwerk fest verbundenen Einbauten, die der besonderen Zweckbestimmung dienen, sowie übergreifende Maßnahmen im Zusammenhang mit den Baukonstruktionen. Auf der zweiten Gliederungsebene werden die Kosten der Baukonstruktion wie folgt zugeordnet:

- Baugrube (310)
- Gründung (320)
- Außenwände (330)
- Innenwände (340)
- Decken (350)
- Dächer (360)
- baukonstruktive Einbauten (370)
- sonstige Maßnahmen für Baukonstruktionen (390)

Zu den Kosten der Baukonstruktion gehören nicht die Technischen Anlagen (Kostengruppe 400).

Vermindert anrechenbare Kosten (§ 33 Abs. 2 HOAI)

Die nach Abs. 2 vermindert anrechenbaren Kosten sind solche für Technische Anlagen nach Kostengruppe 400 der DIN 276-1:2008-12. Hierbei handelt es sich um die Kosten aller im Bauwerk eingebauten, daran angeschlossenen oder damit fest verbundenen Technischen Anlagen oder Anlagenteile. Die Kostengruppe 400 wird wie folgt untergliedert:

- Abwasser-, Wasser-, Gasanlagen (410)
- Wärmeversorgunganlagen (420)
- lufttechnische Anlagen (430)
- Starkstromanlagen (440)
- Fernmelde- und informationstechnische Anlagen (450)
- Förderanlagen (460)
- nutzungsspezifische Anlagen (470)
- Gebäudeautomation (480)
- sonstige Maßnahmen für technische Anlagen (490)

Die Kosten für das Erstellen und Schließen von Schlitzen und Durchführungen werden in der Regel in der Kostengruppe 300 erfasst.

Die Kosten für Technische Anlagen sind nur bis zu einem bestimmten Prozentsatz anrechenbar, soweit der Architekt/Ingenieur sie weder fachlich plant noch überwacht. Es kommt also nicht darauf an, dass der Architekt/Ingenieur Fachplanungsleistungen aus dem Bereich der Technischen Anlagen erbringt. Mit der Vorschrift soll allein der Koordinierungsaufwand honoriert werden, der dadurch entsteht, dass die Planungen eines Fachingenieurs in die Planung des Architekten/Ingenieurs integriert werden müssen.

Danach gilt: Der Architekt/Ingenieur hat als Objektplaner für Gebäude und raumbildende Ausbauten (Teil 3 Abschnitt 1) ebenso wie als Objektplaner für Ingenieurbauwerke (Teil 3 Abschnitt 3) und Verkehrsanlagen (Teil 3 Abschnitt 4) einen Anspruch auf Honorar nach den anrechenbaren Kosten der Fachplanung »Technische Ausrüstung« (Teil 4 Abschnitt 2) mit den sich aus Abs. 2 ergebenden Einschränkungen. Dieser Anspruch besteht

- sowohl dann, wenn der Architekt/Ingenieur nur die Objektplanung übernommen hat (also nicht auch die fachliche Planung und/oder die fachliche Überwachung für die Technischen Anlagen),
- als auch dann, wenn der Architekt/Ingenieur neben der Objektplanung die fachliche Planung und/oder die fachliche Überwachung für die Technische Ausrüstung übernommen hat.

Im zweiten Fall kann der Architekt/Ingenieur neben dem nach Abs. 2 geminderten Honorar das Honorar für die Fachplanung »Technische Ausrüstung« nach den vollen anrechenbaren Kosten der Kostengruppe 400 beanspruchen. Probleme bereitet häufig die Ermittlung der »sonstigen anrechenbaren Kosten« im Sinne des § 33 Abs. 2 Nr. 1 und 2 HOAI. Unter »sonstige anrechenbare Kosten« ist die Summe aller anrechenbaren Kosten (einschließlich der Kosten für die Technische Ausrüstung) abzüglich der Kosten für die Technische Ausrüstung zu verstehen.

Honorarermittlung

Bei der Ermittlung ist zunächst darauf zu achten, was die Parteien im Einzelnen zur Leistung der Planung und ggf. Überwachung vereinbaren. Danach ist gewerkeweise vorzugehen und entsprechend den Grobvorgaben der Gewerke als Kostengruppen die KG 300 »Bauwerk – Baukonstruktionen« aufzusuchen. Dort sind die Gewerke in der zweiten Stelle der Bezifferung angegeben. Diese hat weitere Untergliederungen des Gewerks, die als Untergewerk angesehen werden können. Beispielsweise ist die KG 300 in die KG 310 »Baugrube«, die KG 320 »Gründung«, die KG 330 »Außenwände« usw. eingeteilt. Das sind die gewerkeweisen Hauptzuordnungen, wie sich aus Ziffer 4 »Kostengliederung« der DIN 276-1:12-2008 ergibt. Der Aufbau der Kostengliederung ist in Ziffer 4.1 beschrieben. Genau handelt es sich bei den weiteren Untergliederungen um die **ausführungsorientierte Gliederung der Kosten** (Ziffer 4.2). Die anrechenbaren Kosten werden daher so ermittelt, wie in den KG jeweils vorgegeben.

Beispiel: Außenwände und Außenstützen

!

Es werden tragende Außenwände, nicht tragende Außenwände, Außenstützen und elementierte Außenwände geplant. Diese sind in KG 331, KG 332, KG 333 und KG 337 aufzufinden. Die genaue Beschreibung der jeweiligen ausführungsorientierten Gliederung der KG ist mit den tatsächlichen Planungen zu vergleichen. Anschließend sind die Kosten dort in die Tabelle der KG 300 ff. einzutragen.

Zu berücksichtigen ist nicht nur das Material, sondern nach Ziffer 2.1 der DIN 276 die Kosten im Bauwesen, also alle Aufwendungen für Güter, Leistungen, Steuern und Abgaben, die für die Vorbereitung, Planung und Ausführung von Bauprojekten erforderlich sind.

Einige Besonderheiten sind zu beachten:

- So fällt der **Winterbauschutz** in die KG 397 und ist als zusätzliche Maßnahme mit in die Kostenermittlung aufzunehmen. Das gilt im Bereich des Gebäude- und Innenraumplanung. Geht es um die Außenanlagen, ist KG 597 maßgeblich. Immer aber gilt, dass diese vereinbart sein müssen, und zudem, dass die Beschreibung in den jeweiligen KG auch hier zutrifft.
- Bei **Baukonstruktionen im Außenbereich bzw. bei Außenanlagen** betrifft das nicht die anrechenbaren Kosten zu § 33 Abs. 1 HOAI, sondern diejenigen zur Freianlagenplanung. Das folgt schon aus der Verortung in den KG 530 ff. Daher gehören diese Konstruktionen zu den Außenanlagen und den dortigen Hochbauten, wie aus § 38 Abs. 1 HOAI ersichtlich ist.
- **Verkehrsanlagen** (früher Kostengruppe 5.7 der DIN 276:1981-04) kann der Objektplaner – Gebäude nicht anrechnen, soweit er sie plant oder überwacht. Das zählt nicht zu § 33 Abs. 1 HOAI, denn § 33 Abs. 3 HOAI 2021 spricht weiterhin von »nicht öffentlicher Erschließung«.

Beispiel: Zuwegung

!

Der Planer hat auch eine längere Zuwegung zum Gebäude mit Auffahrt und Weg zu planen. Das sind keine Verkehrsanlagen.

Aber: Ausnahmsweise sind Baukonstruktionen in Außenanlagen sowie sonstige Kosten für Außenanlagen bei den anrechenbaren Kosten beim Gebäude anrechenbar, wenn die getrennte Berechnung weniger als 7.500,00 Euro anrechenbare Kosten der Freianlagen zum Gegenstand hat, § 37 Abs. 1 HOAI.

Nicht anrechenbar sind nach § 33 Abs. 1 bis 3 HOAI 2021

- Kostengruppe 100: Grundstück,
- Kostengruppe 220: öffentliche Erschließung,
- Kostengruppe 240: Ausgleichsabgaben,
- Kostengruppe 250: Übergangsmaßnahmen sowie
- Kostengruppe 500: Außenanlagen, falls deren Kosten mehr als 7.500,00 Euro betragen.

Nicht anrechenbar ist auch die Kostengruppe 700: **Baunebenkosten**. Jedoch ist hier Vorsicht geboten. Werden diese KG durch den Planer berücksichtigt und erbracht, so werden sie nicht für die Berechnung des Honorars herangezogen, obwohl er die Leistung erbracht hat. Er muss dies entweder im Vertrag berücksichtigen und ein besonderes Honorar vereinbaren, das neben dem HOAI-Honorar zu zahlen ist, oder es ergibt sich aus einem anderen Vertragsverhältnis, wie z. B. im Rahmen der Beratungstätigkeit, als Makler, Verkäufer des Grundstücks oder Projektentwickler.

Ebenfalls **nicht** hierher gehört die **öffentliche Erschließung** (KG 220). Sie umfasst

- die anteiligen Kosten für die Beschaffung oder den Erwerb von Erschließungsflächen gegen Entgelt durch den Träger der öffentlichen Erschließung,
- die Herstellung oder Änderung gemeinschaftlich genutzter technischer Anlagen (Wasserversorgung, Abwasserentsorgung, Wärme, Gas, Strom, Telekommunikation) sowie
- die erstmalige Herstellung oder den Ausbau der öffentlichen Verkehrsflächen, der Grünflächen und sonstiger Freiflächen für öffentliche Nutzung, sofern diese Kosten aufgrund gesetzlicher Vorschriften **(Erschließungsbeiträge, Anliegerbeiträge)** oder aufgrund öffentlich-rechtlicher Verträge anfallen.

Unter KG 220 fällt deshalb auch nicht die eigentliche Anbindung des Objekts mit Zuwegung, Ver- und Entsorgungsleitungen ab der Grundstücksgrenze und Infrastruktur. Die Grundstücksbezogenen Kosten sind hier nicht gemeint. Daher sind Kosten von Verkehrsflächen und technischen Anlagen, die der Wege- und Leistungsführung auf dem Baugrundstück dienen, den KG 500 ff. zuzuordnen und auch nicht den KG 230. Möglich sind aber Ingenieurleistungen, die nach § 41 Nr. 1, 2, 4 HOAI 2021 zu bewerten sind (Bauwerke der Wasserversorgung, Entsorgung, usw.), sowie Teile der Verkehrsplanung nach § 45 Nr. 1 HOAI 2021. Bei Außenanlagen ist zudem § 37 Abs. 1 HOAI zu beachten.

Zudem ist zu beachten, dass gem. § 11 Abs. 1 HOAI 2021 eine Trennung der Objekte abfallen kann und damit eine jeweils getrennte Abrechnung.

!

Beispiel: Zuwegung über einen Bach

Der Planer hat eine Objektplanung nebst Brückenkonstruktion als Zuwegung über einen Bach zu realisieren. Hier werden nach § 11 Abs. 1 HOAI die anrechenbaren Kosten des Gebäudes, der Zuwegung als Verkehrsplanung und der Ingenieur- sowie der Tragwerksplanung in Betracht kommen.

§ 33 Abs. 2 HOAI gibt eine **Formel für die bedingte Anrechenbarkeit der Kosten** vor, wenn Kosten der nicht geplanten oder überwachten Technischen Anlagen, die der KG 400 ff. unterfallen, im Bereich der Planung zu KG 300 ff. zu berücksichtigen sind. Allerdings ist in der HOAI 2021 nun deutlich geregelt, dass lediglich die Grundleistungen betroffen sind. Es soll hier eine Kompensation der planerischen Mehrleistungen stattfinden, da jeweils übergreifend die Leistungen eines anderen Leistungsbildes zu berücksichtigen sind. Der Objektplaner, der also die Technischen Anlagen nicht plant und ihre Ausführung nicht überwacht, kann diese anrechenbaren Kosten in beschränktem Umfang bei der Honorarermittlung als Gebäudeplaner berücksichtigen. Das gilt auch für Ingenieurbauwerke und Verkehrsanlagen (§§ 42 Abs. 2, 46 Abs. HOAI 2021). Der Freianlagenplaner kann das nicht, wie sich aus § 38 Abs. 1 HOAI 2021 ergibt.

Andererseits sind die Kosten der technischen Anlagen bei anderen Leistungsbildern auch teilweise übergreifend geregelt, so nach § 54 beim TGA-Planer, nach § 42 Abs. 2 und 46 Abs. 2 HOAI bedingt in die Abrechnung des Objektplaners (für Gebäude, raumbildende Ausbauten, Ingenieurbauwerke und Verkehrsanlagen) und in § 48 Abs. 1 HOAI mit bis zu 10 Prozent bei der Tragwerksplanung. Der Hauptgrund in § 33 Abs. 2 HOAI der Möglichkeit der anteiligen Mehrberechnung des Honorars über die anrechenbaren Kosten der KG 400 ff. ist die **Integration und Koordinierung** der Fachplanung, die er schuldet, wie aus Anlage 10.1 zu § 34 Leistungsphase (Lph.) 2e und 3b deutlich wird. Das bedeutet, dass er im üblichen Anforderungskatalog der abzuarbeitenden Tätigkeiten Pflichten hat, die es rechtfertigen, die Kosten der Technischen Anlagen in einem gewissem Umfang in die anrechenbaren Kosten des Gebäudeplaners mit zu integrieren. Das passiert über einen prozentualen Mehransatz aus Abs. 2.

Grundsätzlich handelt es also hier um die KG 400 ff., die zu berücksichtigen sind. Die Technischen Anlagen sind alle im Bauwerk eingebauten, daran angeschlossenen oder damit fest verbundenen Technischen Anlagen oder Anlagenteile. Keine Rolle spielt, ob sie für die Funktionsfähigkeit des Gebäudes erforderlich sind und nicht nur im Gebäude untergebracht sind, ob also das Objekt lediglich schützend darum herum gebaut wird. Entscheidend ist vielmehr, ob man das Ganze als **einheitliches Bauobjekt ansehen kann.** Gehört die Technische Anlage zum Bauobjekt, so ist die übernommene Grundleistung der Integrations- und Koordinierungsverpflichtung des Objektplaners auch darauf bezogen.

Beispiel: Energieerzeugungsanlagen

!

Der Bauherr möchte auch den Einbau von Energieerzeugungsanlagen, wie Fotovoltaikanlagen, Wärmepumpen oder Geothermie, die einerseits der Energieversorgung des Gebäudes (KG 442 Eigenstromversorgungsanlagen und KG 421 Wärmeversorgungsanlagen) dienen können, aber auch der Erzielung von Gewinnen durch Einspeiseerlöse nach dem EEG. Hier sind die Gesamtkosten der Anlage vollständig in die anrechenbaren Kosten des Objektplaners aufzunehmen.
Hat die Fotovoltaikanlage auf dem Dach aber einen anderen Zweck, nämlich die bestehende Scheune in der Nähe mit Licht zu versorgen, so ist ein funktionaler Zusammenhang nicht zu erkennen, sodass die Anlage im Grunde herauszurechnen ist. Allerdings werden KG 440, KG 441 und KG 444 im Hinblick auf Befestigungen und Konstruktionen am Objekt in Betracht kommen.

Andersherum kann es bei nachtäglicher Erstellung von energieliefernden Anlagen außerhalb des geplanten Objekts oder dem bloßen Anschluss an das Objekt im Grund nicht zu einer Berücksichtigung dieser Kosten kommen. Es handelt sich meist nicht um einen einheitlichen planerischen und funktionalen Zusammenhang bei der Errichtung – auch in zeitlicher Hinsicht. Zum anderen werden die anrechenbaren Kosten für sich bei der TGA-Planung umfassend berücksichtigt. Das bedeutet, dass die KG 400 ff. dort angewendet werden. In § 54 Abs. 5 HOAI 2021 wird darauf verwiesen, dass bei der Beauftragung der Grundleistungen die Vertragsparteien in Textform (§ 126b BGB) – auch während der Vertragslaufzeit – vereinbaren können, dass die Kosten der Baukonstruktion ganz oder teilweise zu den anrechenbaren Kosten gehören, also andersherum die KG 300 ff. berücksichtigt werden können, wenn die TGA (Technische Ausrüstung) in vorhandenen Baukonstruktionen ausgeführt wird.

§ 33 Abs. 2 HOAI gilt für **alle Leistungsphasen** des Objektplaners.

Rechnerisch ermittelt sich das Honorar nach den Vorgaben des § 33 Abs. 2 HOAI. Bei der Ermittlung der anrechenbaren Kosten für die Leistungen »Gebäude und raumbildenden Ausbauten« sind die Kosten für die Technischen Anlagen, die der Gebäudeplaner fachlich nicht plant und deren Ausführung er auch nicht überwacht, wie folgt zur Ermittlung des Planungshonorars des Gebäudeplaners anrechenbar:

- bis zu einem Betrag, der 25 Prozent der sonstigen anrechenbaren Kosten des Objektes entspricht: vollständig anrechenbar;
- sofern sie über einen Betrag hinausgehen, der 25 Prozent der sonstigen anrechenbaren Kosten des Objektes entspricht: zur Hälfte anrechenbar.

Zu berücksichtigen ist allerdings, dass der Planer nicht besonders mit der Planung und Ausführungsüberwachung der Technischen Ausrüstung (TGA) beauftragt ist (z. B. weiterer Vertrag). Dann handelt es sich um zwei verschiedene Verträge mit besonderer Abrechnung nach zwei Objekten (§ 2 Abs. 1 HOAI).

Die in Abs. 2 erwähnten »sonstigen anrechenbaren Kosten« sind die Summe der anrechenbaren Kosten:

- die Kosten der Baukonstruktionen gemäß § 33 Abs. 1
- die Kosten gemäß § 33 Abs. 3 (210: Herrichten, 230: nicht-öffentliche Erschließung, 600: Ausstattung und Kunstwerke), sofern sie anrechenbar sind
- die Kosten der Freianlagen, sofern sie unter 7.500,00 Euro liegen

Nicht zu den »sonstigen anrechenbaren Kosten« gehören:

- KG 100: Grundstück, KG 220: öffentliche Erschließung
- KG 240: Ausgleichsabgaben bis KG 250: Übergangsmaßnahmen
- KG 500: Außenanlagen
- KG 700: Baunebenkosten

Dazu folgende Beispiele:

!

Beispiele: Unterschiedliche Gebäude

Der Architekt wird mit der Planung und Errichtung eines Einfamilienhauses beauftragt. Er errechnet in der Kostenberechnung der Leistungsphase 3 einen Betrag von 400.000 Euro ohne die Kosten der Technischen Anlagen, die er weder plant noch überwacht (sonstige anrechenbare Kosten). Die Kosten der Technischen Anlagen betragen 60.000 Euro. Das sind 15 Prozent der in Abs. 2 erwähnten »sonstigen anrechenbaren Kosten«. Daher kann er diese voll anrechnen. Es ist also von einem Betrag der gesamten anrechenbaren sonstigen Kosten von 460.000 Euro auszugehen.

sonstige anrechenbare Kosten:	400.000 €
anrechenbare Kosten aus TGA (bis zu 100.000):	60.000 €
anrechenbare Kosten aus TGA (oberhalb 100.000):	0 €
anrechenbare Kosten des Gebäudes insgesamt:	**460.000 €**

Der Architekt hat ein Mehrfamilienhaus mit zahlreichen energetischen Belangen und Ausstattungen zu planen. Die Bauherren wollen ein völlig autarkes Gebäude realisieren. Die Gebäudesubstanz der KG 300 ff. wurde mit 1.000.000 Euro in der Leistungsphase 3 – Kostenberechnung – ermittelt. Die Kosten der Technischen Anlagen betragen aber 400.000 Euro oder 40 Prozent der sonstigen anrechenbaren Kosten. Hier gilt, dass bis 25 Prozent von 1.000.000 Euro voll anrechenbar sind. Das sind 250.000 Euro. Der 25 Prozent von 1.000.000 Euro übersteigende Teil beträgt 150.000 Euro. Diese sind zur Hälfte, also mit 75.000 Euro, anrechenbar. Die gesamten anrechenbaren Kosten für den Architekten betragen 1.325.000 Euro.

sonstige anrechenbare Kosten:	1.000.000 €
anrechenbare Kosten aus TGA (bis zu 250.000 €):	250.000 €
anrechenbare Kosten aus TGA (oberhalb 250.000 €):	75.000 €
anrechenbare Kosten des Gebäudes gesamt:	**1.325.000 €**

Wird der Gebäudeplaner mit weiteren Leistungen der Gebäudeausrüstung, wie beispielsweise der Lüftungsanlage, separat beauftragt und nicht der TGA-Planer, weil die energetische Planung der Gebäudehülle die Berücksichtigung dieser Planung erforderlich macht, so kann die Fachplanung der Technischen Anlagen, deren Kosten in den 400.000 Euro(KG 400) bereits enthalten sind, wie zuvor zugunsten des Architekten abgerechnet werden, aber zusätzlich und daneben stehen dem Architekten dann für die Planung der lufttechnischen Anlagen weitere 50.000 Euro anrechenbare Kosten zu, wenn die Kosten dafür 50.000 Euro betragen.

sonstige anrechenbare Kosten:	1.000.000 €
anrechenbare Kosten aus TGA (bis zu 250.000):	250.000 €
anrechenbare Kosten aus TGA (oberhalb 250.000):	75.000 €
anrechenbare Kosten des Gebäudes gesamt:	**1.325.000 €**
separat anrechenbare Kosten für Honorar TGA/Architekt:	**50.000 €**

§ 33 Abs. 3 HOAI

§ 33 Abs. 3 HOAI behandelt die gegebenenfalls anrechenbaren Kosten. Dabei ist zunächst wieder die DIN 276-1:12-2008 heranzuziehen. Nach § 33 Abs. 3 sind

- die Kosten für das Herrichten (Kostengruppe 210),
- die Kosten für die nicht-öffentliche Erschließung (Kostengruppe 230) sowie
- Leistungen für Ausstattungen und Kunstwerke (Kostengruppe 600)

nicht anrechenbar, soweit diese nicht vom Architekten geplant werden, bei der Beschaffung nicht mitgewirkt wird und ihre Ausführung oder ihren Einbau auch nicht fachlich überwacht werden. Die Nichtanrechnung ergibt sich bereits aus § 33 Abs. 1 HOAI, denn die Kosten gehören nicht zu den Kosten der Baukonstruktionen (KG 300).

Jedoch ist zu beachten, dass § 33 Abs. 3 HOAI meint, dass Kosten außerhalb der Baukonstruktionen ausnahmsweise doch anrechenbar sind, sofern sie im Rahmen der Planung, Beschaffung oder Überwachung in den weit zu fassenden Planungs- und Verantwortungsbereich des Architekten gelangen. Wenn aber Kosten nach § 33 Abs. 3 HOAI anrechenbar sind, kann eine Differenzierung nach Leistungsphasen erforderlich werden, denn § 33 Abs. 3 HOAI ordnet an, dass bestimmte Kostengruppen ausnahmsweise anrechenbar sein sollen, obwohl sie nicht zur Kostengruppe 300 gehören, denn das Wort »soweit« erweitert die Anwendung, wenn der Architekt hier plant, mitwirkt oder überwacht. Soweit er aber keine Leistungen erbringt, sind diese Kosten auch nicht anrechenbar.

Zu beachten ist aber, dass sich die anrechenbaren Kosten bei planerischen Leistungen, die zu § 33 Abs. 3 HOAI gehören, aber nur in einer oder mehreren Leistungsphasen anfallen, nur in diesen Leistungsphasen erhöhen bzw. zu berücksichtigen sind.

!

Beispiele: Kunstwerke/Abbrucharbeiten

- »Kunstwerke beschaffen« trifft meist in Leistungsphasen 5 oder 8 zu.
- Abbrucharbeiten werden meist in Leistungsphase 8 zu berücksichtigen sein, es sei denn, sie müssen genehmigt oder im Einzelnen geplant werden – dann können die Leistungsphasen 3 oder 5 bis 8 hinzukommen.

3.4.3.2 § 34 HOAI – Leistungsbild Gebäude und Innenräume

(1) Das Leistungsbild Gebäude und Innenräume umfasst Leistungen für Neubauten, Neuanlagen, Wiederaufbauten, Erweiterungsbauten, Umbauten, Modernisierungen, Instandsetzungen und Instandhaltungen.

(2) Leistungen für Innenräume sind die Gestaltung oder Erstellung von Innenräumen ohne wesentliche Eingriffe in Bestand oder Konstruktion.

(3) Die Grundleistungen sind in neun Leistungsphasen unterteilt und werden wie folgt in Prozentsätzen der Honorare des § 35 bewertet:

1. für die Leistungsphase 1 (Grundlagenermittlung) mit je 2 Prozent für Gebäude und Innenräume,
2. für die Leistungsphase 2 (Vorplanung) mit je 7 Prozent für Gebäude und Innenräume,
3. für die Leistungsphase 3 (Entwurfsplanung) mit 15 Prozent für Gebäude und Innenräume,
4. für die Leistungsphase 4 (Genehmigungsplanung) mit 3 Prozent für Gebäude und 2 Prozent für Innenräume,
5. für die Leistungsphase 5 (Ausführungsplanung) mit 25 Prozent für Gebäude und 30 Prozent für Innenräume,
6. für die Leistungsphase 6 (Vorbereitung der Vergabe) mit 10 Prozent für Gebäude und 7 Prozent für Innenräume,
7. für die Leistungsphase 7 (Mitwirkung bei der Vergabe) mit 4 Prozent für Gebäude und 3 Prozent für Innenräume,
8. für die Leistungsphase 8 (Objektüberwachung – Bauüberwachung und Dokumentation) mit 32 Prozent für Gebäude und Innenräume,
9. für die Leistungsphase 9 (Objektbetreuung) mit je 2 Prozent für Gebäude und Innenräume.

(4) Anlage 10 Nummer 10.1 regelt die Grundleistungen jeder Leistungsphase und enthält Beispiele für Besondere Leistungen.

Allgemeines

Das Leistungsbild »Gebäude und Innenräume« umfasst nur die Objekte Gebäude und Innenraum im Sinne des § 2 Abs. 1 HOAI. Dabei wird zudem Bezug genommen auf die Leistungsteile, wie sie in § 2 Abs. 2 bis 6, 8 und 9 HOAI beschrieben bzw. definiert sind. Die in Absatz 1 nicht genannten Leistungen, gehören nicht zum Leistungsbild und unterliegen nicht dem Preisrecht der HOAI. Hier sind zu nennen der gesondert beauftragte Abbruch oder Teilabbruch oder die Planungsmethode nach BIM (Building Information Modelling).

Gesondert werden in Absatz 2 Innenräume definiert. Früher wurde der Begriff »raumbildende Ausbauten« verwendet. Der Absatz 3 definiert dann die Verteilung des Honorars in Prozentpunkten ausgehend von 100 Prozentpunkten für eine vollständige Übernahme der Leistungen in den Leistungsphasen 1 bis 9. Die Leistungsinhalte, also die jeweiligen Teilleistungen innerhalb der Leistungsphase, werden in Absatz 4 durch Verweis auf die Inhalte des Leistungsbildes sowie auf die Anlage 10.1 der HOAI geregelt.

Gebäude und Innenräume (§ 34 Abs. 1 und 2 HOAI)

Eine Definition der Begriffe »Gebäude« und »Innenräume« kennt die HOAI nicht. Aus § 2 Abs. 1 ff. HOAI lässt sich auch kein Rückschluss ziehen. Wenn überhaupt bestehen Ähnlichkeiten zu Begriffen in den jeweiligen Landesbauordnungen. Der Begriff »Innenraum« ist in der HOAI nicht eindeutig definiert. Beim Begriff »Gebäude« wird man zur Abgrenzung – wie auch beim Begriff »Innenraum« – die Eckpunkte der Beschreibung in § 34 Abs. 1 HOAI heranziehen müssen. Denn was im Rahmen der Leistungs- und Honorarstruktur ebenfalls unter den Begriff fallen soll, wird dort mit Neubau, Neuanlage, Wiederaufbau, Erweiterungsbau, Umbau, Modernisierung, Instandsetzung und Instandhaltung beschrieben.

Die Begriffe finden sich auch in § 2 HOAI wieder – hier als Grunddefinitionen anzusehen. Mit dem Begriff »Innenraum« ist nach § 34 Abs. 2 HOAI die Gestaltung oder Erstellung von Räumen ohne wesentliche Eingriffe in Bestand oder Konstruktion des Gebäudes gemeint. Innenräume sind daher keine Gebäude, da sie keine selbstständig nutzbaren baulichen Anlagen sind, sondern sie befinden sich in Gebäuden. Zudem kann seit der HOAI 2013 in § 37 Abs. 2 HOAI auf die dortige Leistungsbeschreibung zurückgegriffen werden, denn als Grundleistungen für die Planung der Innenräume wird dort auf den Neubau, den Wiederaufbau, die Erweiterung und den Umbau ebenfalls hingewiesen bzw. darauf als Leistungsvoraussetzung zum Ansatz der Honorierung der Grundleistungen Bezug genommen. Diese Leistungen müssen also vorliegen.

§ 37 Abs. 2 HOAI allerdings verweist darauf, dass keine getrennte Berechnung und Abrechnung des Honorars zwischen Gebäude und Innenraum stattfinden soll. Einer anderweitigen vertraglichen Vereinbarung steht das aber nicht im Wege, arg. § 11 Abs. 1 HOAI. Die HOAI kennt die Berechnung für Innenräume von Ingenieurbauwerken nicht. Die Kosten der Gestaltung oder Erstellung von Innenräumen von Ingenieurbauwerken werden dem Objekt »Ingenieurbauwerk« zugeschlagen. Daher werden auch Umbauten und Modernisierungen von Innenräumen (§§ 36 Abs. 2, 37 Abs. 2 HOAI) nicht bei Ingenieurbauwerken angewandt.

Das Leistungsbild und die Leistungsphasen (§ 34 Abs. 3 HOAI)

Die Gliederung des Leistungsbildes Objektplanung »Gebäude und Innenräume« in neun Leistungsphasen ist durch § 34 Abs. 3 HOAI und der Anlage 10.1. für die Gebäude und Innenräume vorgegeben. Die HOAI geht von dem Idealfall aus, dass die einzelnen Leistungsphasen aufeinander aufbauen. Zum Inhalt und dem Leistungsinhalt kann auf die Anlage 10.1 der HOAI 2021 verwiesen werden. Gleichwohl wird der Aufbau nachfolgend nochmals dargestellt:

Anlage 10 (zu § 34 Absatz 4, § 35 Absatz 7)
Grundleistungen im Leistungsbild Gebäude und Innenräume, Besondere Leistungen, Objektlisten

10.1 Leistungsbild Gebäude und Innenräume

Grundleistungen	Besondere Leistungen
LPH 1 Grundlagenermittlung	
a) Klären der Aufgabenstellung auf Grundlage der Vorgaben oder der Bedarfsplanung des Auftraggebers b) Ortsbesichtigung c) Beraten zum gesamten Leistungs- und Untersuchungsbedarf d) Formulieren der Entscheidungshilfen für die Auswahl anderer an der Planung fachlich Beteiligter e) Zusammenfassen, Erläutern und Dokumentieren der Ergebnisse	• Bedarfsplanung • Bedarfsermittlung • Aufstellen eines Funktionsprogramms • Aufstellen eines Raumprogramms • Standortanalyse • Mitwirken bei Grundstücks- und Objektauswahl, -beschaffung und -übertragung • Beschaffen von Unterlagen, die für das Vorhaben erheblich sind • Bestandsaufnahme • technische Substanzerkundung • Betriebsplanung • Prüfen der Umwelterheblichkeit • Prüfen der Umweltverträglichkeit • Machbarkeitsstudie • Wirtschaftlichkeitsuntersuchung • Projektstrukturplanung • Zusammenstellen der Anforderungen aus Zertifizierungssystemen • Verfahrensbetreuung, Mitwirken bei der Vergabe von Planungs- und Gutachterleistungen

Grundleistungen	Besondere Leistungen
LPH 2 Vorplanung (Projekt- und Planungsvorbereitung)	
a) Analysieren der Grundlagen, Abstimmen der Leistungen mit den fachlich an der Planung Beteiligten b) Abstimmen der Zielvorstellungen, Hinweisen auf Zielkonflikte c) Erarbeiten der Vorplanung, Untersuchen, Darstellen und Bewerten von Varianten nach gleichen Anforderungen, Zeichnungen im Maßstab nach Art und Größe des Objekts d) Klären und Erläutern der wesentlichen Zusammenhänge, Vorgaben und Bedingungen (zum Beispiel städtebauliche, gestalterische, funktionale, technische, wirtschaftliche, ökologische, bauphysikalische, energiewirtschaftliche, soziale, öffentlich-rechtliche) e) Bereitstellen der Arbeitsergebnisse als Grundlage für die anderen an der Planung fachlich Beteiligten sowie Koordination und Integration von deren Leistungen f) Vorverhandlungen über die Genehmigungsfähigkeit g) Kostenschätzung nach DIN 276, Vergleich mit den finanziellen Rahmenbedingungen h) Erstellen eines Terminplans mit den wesentlichen Vorgängen des Planungs- und Bauablaufs i) Zusammenfassen, Erläutern und Dokumentieren der Ergebnisse	• Aufstellen eines Katalogs für die Planung und Abwicklung der Programmziele • Untersuchen alternativer Lösungsansätze nach verschiedenen Anforderungen einschließlich Kostenbewertung • Beachten der Anforderungen des vereinbarten Zertifizierungssystems • Durchführen des Zertifizierungssystems • Ergänzen der Vorplanungsunterlagen auf Grund besonderer Anforderungen • Aufstellen eines Finanzierungsplanes • Mitwirken bei der Kredit- und Fördermittelbeschaffung • Durchführen von Wirtschaftlichkeitsuntersuchungen • Durchführen der Voranfrage (Bauanfrage) • Anfertigen von besonderen Präsentationshilfen, die für die Klärung im Vorentwurfsprozess nicht notwendig sind, zum Beispiel – Präsentationsmodelle – Perspektivische Darstellungen – Bewegte Darstellung/Animation – Farb- und Materialcollagen • digitales Geländemodell • 3-D oder 4-D Gebäudemodellbearbeitung (Building Information Modelling BIM) • Aufstellen einer vertieften Kostenschätzung nach Positionen einzelner Gewerke • Fortschreiben des Projektstrukturplanes • Aufstellen von Raumbüchern • Erarbeiten und Erstellen von besonderen bauordnungsrechtlichen Nachweisen für den vorbeugenden und organisatorischen Brandschutz bei baulichen Anlagen besonderer Art und Nutzung, Bestandsbauten oder im Falle von Abweichungen von der Bauordnung

<table>
<tr><th>Grundleistungen</th><th>Besondere Leistungen</th></tr>
<tr><td colspan="2">LPH 3 Entwurfsplanung (System- und Integrationsplanung)</td></tr>
<tr><td>a) Erarbeiten der Entwurfsplanung, unter weiterer Berücksichtigung der wesentlichen Zusammenhänge, Vorgaben und Bedingungen
(zum Beispiel städtebauliche, gestalterische, funktionale, technische, wirtschaftliche, ökologische, soziale, öffentlich-rechtliche) auf der Grundlage der Vorplanung und als Grundlage für die weiteren Leistungsphasen und die erforderlichen öffentlich-rechtlichen Genehmigungen unter Verwendung der Beiträge anderer an der Planung fachlich Beteiligter.
Zeichnungen nach Art und Größe des Objekts im erforderlichen Umfang und Detaillierungsgrad unter Berücksichtigung aller fachspezifischen Anforderungen, zum Beispiel bei Gebäuden im Maßstab 1:100, zum Beispiel bei Innenräumen im Maßstab 1:50 bis 1:20
b) Bereitstellen der Arbeitsergebnisse als Grundlage für die anderen an der Planung fachlich Beteiligten sowie Koordination und Integration von deren Leistungen
c) Objektbeschreibung
d) Verhandlungen über die Genehmigungsfähigkeit
e) Kostenberechnung nach DIN 276 und Vergleich mit der Kostenschätzung
f) Fortschreiben des Terminplans
g) Zusammenfassen, Erläutern und Dokumentieren der Ergebnisse</td><td>• Analyse der Alternativen/Varianten und deren Wertung mit Kostenuntersuchung (Optimierung)
• Wirtschaftlichkeitsberechnung
• Aufstellen und Fortschreiben einer vertieften Kostenberechnung
• Fortschreiben von Raumbüchern</td></tr>
</table>

Grundleistungen	Besondere Leistungen
LPH 4 Genehmigungsplanung	
a) Erarbeiten und Zusammenstellen der Vorlagen und Nachweise für öffentlich-rechtliche Genehmigungen oder Zustimmungen einschließlich der Anträge auf Ausnahmen und Befreiungen, sowie notwendiger Verhandlungen mit Behörden unter Verwendung der Beiträge anderer an der Planung fachlich Beteiligter b) Einreichen der Vorlagen c) Ergänzen und Anpassen der Planungsunterlagen, Beschreibungen und Berechnungen	• Mitwirken bei der Beschaffung der nachbarlichen Zustimmung • Nachweise, insbesondere technischer, konstruktiver und bauphysikalischer Art, für die Erlangung behördlicher Zustimmungen im Einzelfall • Fachliche und organisatorische Unterstützung des Bauherrn im Widerspruchsverfahren, Klageverfahren oder ähnlichen Verfahren
LPH 5 Ausführungsplanung	
a) Erarbeiten der Ausführungsplanung mit allen für die Ausführung notwendigen Einzelangaben (zeichnerisch und textlich) auf der Grundlage der Entwurfs- und Genehmigungsplanung bis zur ausführungsreifen Lösung, als Grundlage für die weiteren Leistungsphasen b) Ausführungs-, Detail- und Konstruktionszeichnungen nach Art und Größe des Objekts im erforderlichen Umfang und Detaillierungsgrad unter Berücksichtigung aller fachspezifischen Anforderungen, zum Beispiel bei Gebäuden im Maßstab 1:50 bis 1:1, zum Beispiel bei Innenräumen im Maßstab 1:20 bis 1:1 c) Bereitstellen der Arbeitsergebnisse als Grundlage für die anderen an der Planung fachlich Beteiligten, sowie Koordination und Integration von deren Leistungen d) Fortschreiben des Terminplans e) Fortschreiben der Ausführungsplanung auf Grund der gewerkeorientierten Bearbeitung während der Objektausführung f) Überprüfen erforderlicher Montagepläne der vom Objektplaner geplanten Baukonstruktionen und baukonstruktiven Einbauten auf Übereinstimmung mit der Ausführungsplanung	• Aufstellen einer detaillierten Objektbeschreibung als Grundlage der Leistungsbeschreibung mit Leistungsprogramm[x]) • Prüfen der vom bauausführenden Unternehmen auf Grund der Leistungsbeschreibung mit Leistungsprogramm ausgearbeiteten Ausführungspläne auf Übereinstimmung mit der Entwurfsplanung[x] • Fortschreiben von Raumbüchern in detaillierter Form • Mitwirken beim Anlagenkennzeichnungssystem (AKS) • Prüfen und Anerkennen von Plänen Dritter, nicht an der Planung fachlich Beteiligter auf Übereinstimmung mit den Ausführungsplänen (zum Beispiel Werkstattzeichnungen von Unternehmen, Aufstellungs- und Fundamentpläne nutzungsspezifischer oder betriebstechnischer Anlagen), soweit die Leistungen Anlagen betreffen, die in den anrechenbaren Kosten nicht erfasst sind [x] Diese Besondere Leistung wird bei Leistungsbeschreibung mit Leistungsprogramm ganz oder teilweise Grundleistung. In diesem Fall entfallen die entsprechenden Grundleistungen dieser Leistungsphase.

<table>
<tr><th>Grundleistungen</th><th>Besondere Leistungen</th></tr>
<tr><td colspan="2">LPH 6 Vorbereitung der Vergabe</td></tr>
<tr><td>a) Aufstellen eines Vergabeterminplans
b) Aufstellen von Leistungsbeschreibungen mit Leistungsverzeichnissen nach Leistungsbereichen, Ermitteln und Zusammenstellen von Mengen auf der Grundlage der Ausführungsplanung unter Verwendung der Beiträge anderer an der Planung fachlich Beteiligter
c) Abstimmen und Koordinieren der Schnittstellen zu den Leistungsbeschreibungen der an der Planung fachlich Beteiligten
d) Ermitteln der Kosten auf der Grundlage vom Planer bepreister Leistungsverzeichnisse
e) Kostenkontrolle durch Vergleich der vom Planer bepreisten Leistungsverzeichnisse mit der Kostenberechnung
f) Zusammenstellen der Vergabeunterlagen für alle Leistungsbereiche</td><td>• Aufstellen der Leistungsbeschreibungen mit Leistungsprogramm auf der Grundlage der detaillierten Objektbeschreibung[x]
• Aufstellen von alternativen Leistungsbeschreibungen für geschlossene Leistungsbereiche
• Aufstellen von vergleichenden Kostenübersichten unter Auswertung der Beiträge anderer an der Planung fachlich Beteiligter

[x] Diese Besondere Leistung wird bei einer Leistungsbeschreibung mit Leistungsprogramm ganz oder teilweise zur Grundleistung. In diesem Fall entfallen die entsprechenden Grundleistungen dieser Leistungsphase.</td></tr>
<tr><td colspan="2">LPH 7 Mitwirkung bei der Vergabe</td></tr>
<tr><td>a) Koordinieren der Vergaben der Fachplaner
b) Einholen von Angeboten
c) Prüfen und Werten der Angebote einschließlich Aufstellen eines Preisspiegels nach Einzelpositionen oder Teilleistungen, Prüfen und Werten der Angebote zusätzlicher und geänderter Leistungen der ausführenden Unternehmen und der Angemessenheit der Preise
d) Führen von Bietergesprächen
e) Erstellen der Vergabevorschläge, Dokumentation des Vergabeverfahrens
f) Zusammenstellen der Vertragsunterlagen für alle Leistungsbereiche
g) Vergleichen der Ausschreibungsergebnisse mit den vom Planer bepreisten Leistungsverzeichnissen oder der Kostenberechnung
h) Mitwirken bei der Auftragserteilung</td><td>• Prüfen und Werten von Nebenangeboten mit Auswirkungen auf die abgestimmte Planung
• Mitwirken bei der Mittelabflussplanung
• Fachliche Vorbereitung und Mitwirken bei Nachprüfungsverfahren
• Mitwirken bei der Prüfung von bauwirtschaftlich begründeten Nachtragsangeboten
• Prüfen und Werten der Angebote aus Leistungsbeschreibung mit Leistungsprogramm einschließlich Preisspiegel[x]
• Aufstellen, Prüfen und Werten von Preisspiegeln nach besonderen Anforderungen

[x] Diese Besondere Leistung wird bei Leistungsbeschreibung mit Leistungsprogramm ganz oder teilweise Grundleistung. In diesem Fall entfallen die entsprechenden Grundleistungen dieser Leistungsphase.</td></tr>
</table>

Grundleistungen	Besondere Leistungen
LPH 8 Objektüberwachung (Bauüberwachung) und Dokumentation	
a) Überwachen der Ausführung des Objektes auf Übereinstimmung mit der öffentlich-rechtlichen Genehmigung oder Zustimmung, den Verträgen mit ausführenden Unternehmen, den Ausführungsunterlagen, den einschlägigen Vorschriften sowie mit den allgemein anerkannten Regeln der Technik b) Überwachen der Ausführung von Tragwerken mit sehr geringen und geringen Planungsanforderungen auf Übereinstimmung mit dem Standsicherheitsnachweis c) Koordinieren der an der Objektüberwachung fachlich Beteiligten d) Aufstellen, Fortschreiben und Überwachen eines Terminplans (Balkendiagramm) e) Dokumentation des Bauablaufs (zum Beispiel Bautagebuch) f) Gemeinsames Aufmaß mit den ausführenden Unternehmen g) Rechnungsprüfung einschließlich Prüfen der Aufmaße der bauausführenden Unternehmen h) Vergleich der Ergebnisse der Rechnungsprüfungen mit den Auftragssummen einschließlich Nachträgen i) Kostenkontrolle durch Überprüfen der Leistungsabrechnung der bauausführenden Unternehmen im Vergleich zu den Vertragspreisen j) Kostenfeststellung, zum Beispiel nach DIN 276 k) Organisation der Abnahme der Bauleistungen unter Mitwirkung anderer an der Planung und Objektüberwachung fachlich Beteiligter, Feststellung von Mängeln, Abnahmeempfehlung für den Auftraggeber l) Antrag auf öffentlich-rechtliche Abnahmen und Teilnahme daran m) Systematische Zusammenstellung der Dokumentation, zeichnerischen Darstellungen und rechnerischen Ergebnisse des Objekts	• Aufstellen, Überwachen und Fortschreiben eines Zahlungsplanes • Aufstellen, Überwachen und Fortschreiben von differenzierten Zeit-, Kosten- oder Kapazitätsplänen • Tätigkeit als verantwortlicher Bauleiter, soweit diese Tätigkeit nach jeweiligem Landesrecht über die Grundleistungen der LPH 8 hinausgeht

Grundleistungen	Besondere Leistungen
n) Übergabe des Objekts o) Auflisten der Verjährungsfristen für Mängelansprüche p) Überwachen der Beseitigung der bei der Abnahme festgestellten Mängel	
LPH 9 Objektbetreuung	
a) Fachliche Bewertung der innerhalb der Verjährungsfristen für Gewährleistungsansprüche festgestellten Mängel, längstens jedoch bis zum Ablauf von fünf Jahren seit Abnahme der Leistung, einschließlich notwendiger Begehungen b) Objektbegehung zur Mängelfeststellung vor Ablauf der Verjährungsfristen für Mängelansprüche gegenüber den ausführenden Unternehmen c) Mitwirken bei der Freigabe von Sicherheitsleistungen	• Überwachen der Mängelbeseitigung innerhalb der Verjährungsfrist • Erstellen einer Gebäudebestandsdokumentation, • Aufstellen von Ausrüstungs- und Inventarverzeichnissen • Erstellen von Wartungs- und Pflegeanweisungen • Erstellen eines Instandhaltungskonzepts • Objektbeobachtung • Objektverwaltung • Baubegehungen nach Übergabe • Aufbereiten der Planungs- und Kostendaten für eine Objektdatei oder Kostenrichtwerte • Evaluieren von Wirtschaftlichkeitsberechnungen

Die einzelnen Leistungsphasen sind in Prozent im Verhältnis zum Gesamthonorar zu werten. Die HOAI geht in der Summe der Bewertungen aller Leistungsphasen von 100 Prozent aus:

	Gebäude HOAI 2021	Innenräume HOAI 2021
Leistungsphase 1 Grundlagenermittlung	2	2
Leistungsphase 2 Vorplanung	7	7
Leistungsphase 3 Entwurfsplanung	15	15
Leistungsphase 4 Genehmigungsplanung	3	2
Leistungsphase 5 Ausführungsplanung	25	30
Leistungsphase 6 Vorbereitung der Vergabe	10	7
Leistungsphase 7 Mitwirkung bei der Vergabe	4	3
Leistungsphase 8 Objektüberwachung und Dokumentation	32	32
Leistungsphase 9 Objektbetreuung	2	2
	100	100

Es können allerdings auch Ausnahmen davon gemacht werden. So können bei einer Übertragung einzelner Leistungsphasen, Leistungen oder Teile von Leistungen übertragen werden und eine Bewertung gemäß §8 HOAI stattfinden. Werden die Vorplanung, Entwurfsplanung oder Objektüberwachung als Einzelleistung in Auftrag gegeben, können abweichende Leistungsbewertungen gemäß §9 Abs. 1 und 2 HOAI ganz oder teilweise an die Stelle der Bewertung nach §34 HOAI treten. Werden auf Veranlassung des Auftraggebers mehrere Vorentwurfs- oder Entwurfsplanungen für dasselbe Objekt nach grundsätzlich verschiedenen Anforderungen gefertigt, kann es gemäß §10 HOAI ebenfalls zu abweichenden Leistungsbewertungen kommen, die an die Stelle der Bewertung nach §34 HOAI treten.

Vielfach werden nur Teilleistungen der Leistungsphasen beauftragt, also nicht alle Teilleistungen der jeweiligen Leistungsphase.

!

Beispiel: Sanierung eines Schulgebäudes

Bei der Beauftragung eines Objektplaners mit der Sanierung eines Schulgebäudes beauftragt die Kommune aus Leistungsphase 5 **nicht** Ziffer 5d »Fortschreiben des Terminplanes«, Ziffer 8d »Aufstellen, Fortschreiben und Überwachen des Terminplanes (Balkendiagramm)« sowie die Kostenkontrolle nach Ziffer 8i, weil das alles der Projektsteuerer übernimmt. Hier können die Wägungs- oder auch Minderungstabellen zum Einsatz kommen, die jedoch vertraglich vereinbart werden müssen. Bei Minderleistungen als Nichterfüllungseinwand gegen den Planer können sie aber hilfreich eingesetzt werden. So können Abzüge für Ziffer 5d von 0,25 Prozent bis 0,75 Prozent des dortigen Prozentanteils, teilweise Anteile aus 1,00 Prozent bis 1,50 Prozent aus dem vorangehenden Vergleich der Regelungsinhalte nach Ziffer 8h und bei 8d zwischen 0,5 Prozent bis 1,00 Prozent in Betracht kommen.

Bei den »Anhalts- oder Wägungswerten« für die prozentuale Einordnung der Teilleistungen der Leistungsphasen gibt es von Zeit zu Zeit neue Versuche, neue Tabellen zur Erfassung einer möglichst genauen Differenzierung der Schwerpunkte der jeweilige Tätigkeiten in den jeweiligen Teilleistungen in den Anhängen der HOAI aufzustellen, hier zum Beispiel in Anhang 10.1. für die Gebäude und Innenräume. Anerkannt sind auf jeden Fall die »Siemon-Liste« und insbesondere im süddeutschen Raum die »Simmendinger-Liste«. Beide unterscheiden sich in Details. Auch vom Ausschuss der Verbände und Kammern der Ingenieure und Architekten für Honorarordnungen e.V. (AHO) wurden teilweise zu Einzelthemen Empfehlungen ausgesprochen und in den »AHO-Heften« herausgegeben.

Man wird wegen der »Empfehlungswirkung« der HOAI 2021 (nicht mehr preislich verbindlich, sondern als Orientierung gedacht) nun etwa nachfolgende Einordnungen der einzelnen Teilleistungen der Leistungsphasen bei §34 Abs. 3 i.V.m. Anlage 10.1 vorzunehmen haben, wobei die bisherigen Listen von Siemon und Simmendinger eine Orientierung für den Anwender darstellen sollen:

Leistungsphase 1 – Honorarpunkte			
Leistungsbewertung (Gebäude) für	**Siemon**	**Simmendinger**	**Tabelle Simmendinger für Innenräume**
GL 1/a	0,75 bis 1,0 (mit GL 1/b)	0,5	0,5
GL 1/b	0 (in GL 1/a enthalten)	0,5	0,5
GL 1/c	0,75 bis 1,0 (inkl. GL 1/d)	0,5	0,5
GL 1/d	0 (in GL 1/c enthalten)	0,25	0,25
GL 1/e	0,1 bis 0,5	0,25	0,25
GL 2/a	0,25 bis 0,5 (inkl. GL 2/b)	0,5	0,5
GL 2/b	0 (in GL 2/a enthalten)	0,5	0,5
GL 2/c	3,0 bis 3,5	3,5	3,5
GL 2/d	1,0 bis 2,0 (inkl. GL 2/e)	0,5	0,5
GL 2/e	0 (in GL 2/d enthalten)	0,5	0,5
GL 2/f	0,1 bis 0,5	0,5	0,5
GL 2/g	0,75 bis 1,5	0,5	0,5
GL 2/h	0,1 bis 0,5	0,25	0,25
GL 2/i	0,1 bis 0,5	0,25	0,25
GL 3/a	10,0 bis 12,0	10,0	10,0

Bei fehlenden einzelnen Plänen kann der Wert für die gesamte Teilleistung wiederum geteilt werden. Hier kann man berücksichtigen, dass die Grundleistung aus zwei Teilen besteht, die früher auch getrennt aufgeführt waren, nämlich das geistig-schöpferische Durcharbeiten und die zeichnerische Darstellung.

Leistungsphase 1 – Honorarpunkte			
Tabellen zur Leistungsbewertung (Gebäude)	**Siemon**	**Simmendinger**	**Tabelle Simmendinger für Innenräume**
GL 3/b	0,5 bis 1,5	1,0	1,0
GL 3/c	0,25 bis 0,75	0,5	0,5
GL 3/d	0,5 bis 1,0	1,0	1,0
GL 3/e	1,0 bis 2,0	1,5	**1,0***
GL 3/f	0,25 bis 0,5	0,75	0,75
GL 3/g	0,25 bis 5,0	0,25	0,25

Leistungsphase 1 – Honorarpunkte			
Tabellen zur Leistungsbewertung (Gebäude)	**Siemon**	**Simmendinger**	**Tabelle Simmendinger für Innenräume**
GL 4/a	3,0 (ungeteilt für alle Leistungen der LPh 4)	2,0	**1,5**
	Siemon geht davon aus, dass die GL 4/a bis GL 4/c unselbständige Arbeitsschritte einer Leistung sind, die keine Planung, sondern die umfassende Betreuung und Vertretung in einem öffentlich-rechtlichen Verfahren darstellt. GL 4/c ist damit eine Art Verbesserungs- und Ergänzungsleistung und nicht eine Mangelbeseitigung.		
GL 4/b	0 (ist in GL 4/a enthalten, siehe dort)	0,25	0,25
GL 4/c	0 (ist in GL 4/a enthalten, siehe dort)	0,75	**0,25**
GL 5/a	10,0 bis 13,0 (inkl. Der anteiligen GL 5/c und GL 5/f)	6,0	**8,0**
	Siemon bewertet die GL 5/a wegen des tatsächlichen Leistungsanfalls höher, als die GL 5/b.		
GL 5/b	10,0 bis 13,0 (inkl. Der anteiligen GL 5/c und GL 5/f)	14,0	**19,0**
GL 5/c	0 (in GL 5/a und GL 5/b enthalten)	1,5	1,5
GL 5/d	0,25 bis 0,75	0,25	**1,0**
	Siemon bezieht sich darauf , dass das Fortschreiben in LPh 5 schwieriger, als in LPh 3 ist. Die GL 2/h ist bei Innenräumen aber nicht um ein Mehrfaches aufwendiger, als bei Gebäuden		
GL 5/e	0,5 bis 1,0	0,75	**0,5**
GL 5/f	0 (in GL5/a und GL5/b enthalten)	2,5	**0**
GL 6/a	0,0 bis 0,25	0,5	0,5
GL 6/b	8,0 bis 9,0 (inkl. GL 6/c und GL 6/f)	7,0	4,5
GL 6/c	0 (in 6/b enthalten)	1,0	**0,5**

Leistungsphase 1 – Honorarpunkte			
Tabellen zur Leistungsbewertung (Gebäude)	**Siemon**	**Simmendinger**	**Tabelle Simmendinger für Innenräume**
GL 6/d	3,0 bis 4,0; Siemon: 1,0 bis 2,0	1,0	1,0
GL 6/e	0 (in GL 6/d enthalten)	0,5	0,5
GL 6/f	0 (in 6/b enthalten)	0	0
GL 7/a	0,1 bis 0,5	0,5	**0,25**
GL 7/b	0 bis 0,25	0,25	0,25
GL 7/c	2,75 bis 3,5 (inkl. 7/d und 7/e)	1,5	**1,0**
GL 7/d	0 (in GL 7/c enthalten)	0,25	0,25
GL 7/e	0 (in GL 7/c enthalten)	0,25	0,25
GL 7/f	0,1 bis 0,25	0,25	0,25
GL 7/g	0,25 bis 0,5	0,75	**0,5**
GL 7/h	0,0 bis 0,25	0,25	**0,25**
GL 8/a	20,0 bis 23,0 (inkl. GL 8/b und GL 8/c)	18,0	18,0
GL 8/b	0 (in GL 8/a enthalten)	0 (wohl in GL 8/a enthalten)	0
GL 8/c	0 (in GL 8/a enthalten)	2,0	2,0
GL 8/d	0,5 bis 1,0	1,5	1,5
GL 8/e	0,25 bis 0,5	0,5	0,5
GL 8/f	0 (in GL 8/g enthalten)	1,5	1,5
GL 8/g	4,0 bis 7,0	1,5	1,5
GL 8/h und GL 8/i	GL 8/h + GL 8/i gesamt 1,0 bis 1,5	GL 8/h 0,5, GL 8/i 1,0	GL 8/h 0,5, GL 8/i 1,0
GL 8/j	0,5 bis 1,0	1,0	1,0
GL 8/k	1,0 bis 3,0 (inkl. GL 8/l, GL 8/n und GL 8/o)	2,0	2,0
GL 8/l	0 (in 8/k enthalten)	0,25	0,25
GL 8/m	0,1 bis 0,25	0,5	0,5

Leistungsphase 1 – Honorarpunkte			
Tabellen zur Leistungsbewertung (Gebäude)	**Siemon**	**Simmendinger**	**Tabelle Simmendinger für Innenräume**
GL 8/n	0 (in GL 8/k enthalten)	0,25	0,25
GL 8/o	0 (in GL 8/k enthalten)	0,5	0,5
GL 9/a	0,25 bis 1,0	1,0	1,0
GL 9/b	1,0 bis 1,75 (inkl. GL 9/c)	0,5	0,5
GL 9/c	0 (in GL 9/b enthalten)	0,5	0,5
	*Abweichungen zwischen Simmendinger und Tabelle Simmendinger für Innenräume wurden hervorgehoben.		

Das Leistungsbild Gebäude und Innenräume wurde gegenüber Anlage 11 der HOAI 2009 in der HOAI 2013 teilweise geändert und so in der HOAI 2021 dann fortgeführt.

Leistungsphase 2: Vorplanung (Projekt- und Planungsvorbereitung)
Buchstabe c): Anstelle des Planungskonzepts ist die Vorplanung getreten. Damit soll verdeutlicht werden, dass über die gestalterische Konzeption hinaus Zusammenhänge, Vorgaben, Bedingungen mit und aus den Fachplanungen Bestandteil der Vorplanung sind. Dies ergibt sich auch aus den folgenden Teilleistungen der Leistungsphase 2.

Buchstabe e): Über die eigene Planung hinaus trifft Architekten und Architektinnen als Objektplaner bereits in der Vorplanung die Pflicht zur Koordination und Integration der Leistungen der übrigen an der Planung fachlich Beteiligten. Aus diesem Grund wurde bewusst der Begriff »Arbeitsergebnisse« der Vorplanung gewählt. Diese sind Grundlagen der weiteren Planungsschritte und müssen allen anderen fachlich Beteiligten zur Verfügung gestellt werden.

Buchstabe g): Die alternative Kostenschätzung nach dem wohnungsrechtlichen Berechnungsrecht ist entfallen. Die Regelung, die auf die Zweite Berechnungsverordnung verwies, ist in der Praxis nicht mehr notwendig. Im Wesentlichen findet die Zweite Berechnungsverordnung auf den öffentlich geförderten und den steuerbegünstigten Wohnungsbau Anwendung. Diese Förderung des sozialen Wohnungsbaus wurde durch das Gesetz über die soziale Wohnraumförderung (WoFG) 2002 grundlegend modifiziert. Die Zweite Berechnungsverordnung gilt daher lediglich für bestehenden Wohnungsbau, nicht aber für Neu- und Umbauten.

Neue Besondere Leistung »Vorbeugender und organisatorischer Brandschutz«
Der Leistungsphase 2 wurde die Besondere Leistung zur Erarbeitung und Erstellung von besonderen bauordnungsrechtlichen Nachweisen für den vorbeugenden und organisatorischen Brandschutz neu zugeordnet. § 11 Abs. 1 Musterbauvorlagen-Verordnung (MBauVorlV) enthält eine Liste von Angaben, die insbesondere für den Nachweis des Brandschutzes im Lageplan, in den Bauzeichnungen und in der Baubeschreibung, soweit erforderlich, darzustellen sind. Somit stellen diese Angaben keine besonderen bauordnungsrechtlichen Nachweise dar und sind den Grundleistungen der Objektplanung zuzuordnen. Bei Bestandsbauten oder Abweichungen werden allerdings in der Regel darüber hinausgehende Unterlagen und Nachweise erforderlich, die den Besonderen Leistungen zuzuordnen sind.

Nach § 11 Abs. 2 Satz 1 MBauVorlV müssen bei Sonderbauten sowie Mittel- und Großgaragen zusätzliche Angaben gemäß dortiger Auflistung gemacht werden. Es geht dabei um besondere bauordnungsrechtliche Nachweise, die in der Regel eine eigenständige Dokumentation erfordern, die über die vorbeschriebenen Einträge in den Planunterlagen bzw. üblichen Bauvorlagen hinausgeht. Damit handelt es sich um Besondere Leistungen. § 11 Abs. 2 Satz 2 MBauVorlV legt fest, dass auch anzugeben ist, weshalb es der Einhaltung von Vorschriften wegen der besonderen Art oder Nutzung baulicher Anlagen oder Räume oder wegen besonderer Anforderungen nicht bedarf (siehe § 51 Satz 2 Musterbau-Ordnung [MBO]).

§ 11 Abs. 2 Satz 3 MBauVorlV regelt, dass der Brandschutznachweis auch gesondert in Form eines objektbezogenen Brandschutzkonzepts dargestellt werden kann. Die Bearbeitung dieser speziellen Fragestellungen erfordert besondere fachübergreifende Kenntnisse des baulichen, anlagentechnischen und betrieblich-organisatorischen Brandschutzes. In verschiedenen Bundesländern ist für die Bearbeitung dieser Nachweise eine besondere Qualifikation (z. B. Nachweisberechtigung, staatliche Anerkennung) bauaufsichtlich vorgeschrieben. Häufig sind hierfür besondere Planunterlagen als Visualisierung des Brandschutzkonzepts zu erstellen, die erheblich über die in § 11 Abs. 1 MBauVorlV beschriebenen üblichen Bauvorlagen hinausgehen.

Leistungsphase 3: Entwurfsplanung (System- und Integrationsplanung)
Buchstabe a): Die Zeichnungsmaßstäbe werden nur beispielhaft benannt und sollen den erforderlichen Durcharbeitungsgrad verdeutlichen. Da im Zuge des Computer-Aided-Designs jeder beliebige Maßstab ausgedruckt werden kann und auch je nach Projektgröße und -art die Planmaßstäbe variieren können, ist nicht der konkrete Maßstab ausschlaggebend, sondern die enthaltenen Informationen.

Leistungsphase 4: Genehmigungsplanung
Buchstabe b): Wie unter Buchstabe a) auch schon bisher verwendet, wurde der Begriff »Unterlagen« durch den im Zusammenhang mit dem Einreichen der Baugenehmigung üblicherweise verwendeten Begriff »Vorlagen« ersetzt.

Buchstabe c): Die hier aufgeführten Grundleistungen ergeben sich, soweit aufgrund von Auflagen zur öffentlich-rechtlichen Genehmigung Ergänzungen oder Anpassungen der Planunterlagen erforderlich sind. Gegenüber der bisherigen Formulierung der Teilleistung wurde darauf verzichtet, die Verwendung der Beiträge anderer an der Planung fachlich Beteiligter zu wiederholen. Müssen aber andere an der Planung fachlich Beteiligte an Ergänzungen oder Anpassungen mitwirken, sind diese auch weiterhin im Rahmen der Grundleistungen durch den Architekten zu beteiligen und deren Beiträge zu verwenden.

Leistungsphase 5: Ausführungsplanung
Buchstabe b): Wie auch in der Leistungsphase 3 werden die Maßstäbe nur beispielhaft benannt und sollen den erforderlichen Durcharbeitungsgrad der Planung verdeutlichen.

Buchstabe f): Die Leistung »Überprüfen erforderlicher Montagepläne der vom Objektplaner geplanten Baukonstruktionen …« wurde neu als Grundleistung aufgenommen. Diese Grundleistung gehörte auch bisher schon zum Leistungsumfang, wird aber nun aus Gründen der Klarstellung aufgeführt. Dagegen wird das »Prüfen und Anerkennen von Plänen Dritter, nicht an der Planung fachlich Beteiligter … soweit die Leistungen Anlagen betreffen, die in den anrechenbaren Kosten nicht erfasst sind« als Besondere Leistung fortgeführt.

Leistungsphase 7: Mitwirken bei der Vergabe
Buchstabe a): Die neue Grundleistung »Koordinieren der Vergaben der Fachplaner« ersetzt die bisherige Grundleistung unter Buchstabe d) HOAI 2009 »Abstimmen und Zusammenstellen der Leistungen der fachlich Beteiligten, die an der Vergabe mitwirken«.

Buchstabe c): Die Grundleistung wurde ergänzt um das Prüfen und Werten der Angebote zusätzlicher und geänderter Leistungen der ausführenden Unternehmen. Darunter sind im Zuge der Ausführung sich ergebende Änderungen zum Beispiel hinsichtlich des beauftragten Produkts oder der Materialien zu verstehen, die aber nicht zu einem geänderten Leistungsumfang gemäß § 10 Abs. 1 führen. Um dies klarzustellen, wurde auch das Prüfen und Werten von Nebenangeboten mit Auswirkungen auf die abgestimmte Planung als Besondere Leistung aufgenommen.

Leistungsphase 8: Objektüberwachung (Bauüberwachung) und Dokumentation
Buchstabe a): Mit »Überwachung der Ausführung des Objekts« ist unter anderem auch die Übereinstimmung mit den Verträgen der ausführenden Firmen zu prüfen. Hierbei

geht es um die Prüfung, inwieweit die beauftragten Leistungen vertragsgemäß ausgeführt werden. Da sich dies nicht allein aus der Leistungsbeschreibung ergibt, sondern zum Beispiel auch aus den besonderen Vertragsbedingungen, wurden allgemein die Verträge in Bezug genommen. Mit der Überprüfung der Übereinstimmung der Ausführung mit den Verträgen ist keine rechtliche Vertragsprüfung gemeint.

Buchstabe b): Mit der Grundleistung »Überwachen der Ausführung von Tragwerken« soll klargestellt werden, ob und welche Tragwerke durch den Objektplaner im Rahmen der örtlichen Bauüberwachung in der Leistungsphase 8 zu überwachen sind. Im Wesentlichen geht es dabei um die Kontrolle der Bewehrung im Stahlbetonbau. Es wird klargestellt, dass nur einfache Tragwerke der Honorarzone 1 und 2 gemäß § 49 Abs. 3 Nr. 1 und 2 vom Objektplaner überwacht werden. Wird das Tragwerk einer höheren Honorarzone zugeordnet, so handelt es sich bei der Kontrolle der Bewehrung um eine ingenieurtechnische Kontrolle, die nach Teil IV Abschnitt 1 vom Auftragnehmer als Besondere Leistung durch gesonderte vertragliche Vereinbarung übernommen und berechnet werden kann.

Buchstabe k): Die Grundleistung h) HOAI 2009 wurde von »Abnahme der Bauleistungen …« in »Organisation der Abnahme der Bauleistungen, … Feststellen von Mängeln, Abnahmeempfehlung für den Auftraggeber« geändert. Hintergrund ist, dass die rechtsgeschäftliche Abnahme im Regelfall durch den Auftraggeber selbst erfolgt und der Architekt bzw. Ingenieur dafür eine Abnahmeempfehlung gibt.

Die wesentlichen Tätigkeitserfordernisse der Leistungsphase 8 lassen sich für die Grundleistungen wie folgt zusammenfassen: Der Objektplaner schuldet in dieser Phase eine umfassende Überwachung der Ausführung in Übereinstimmung mit der Baugenehmigung, den Ausführungsplänen, den Leistungsbeschreibungen sowie den Regeln der Technik und den einschlägigen Vorschriften.

Die Person des objektüberwachenden Planers muss nicht identisch sein mit dem verantwortlichen Bauleiter im Sinne der Landesbauordnungen. Letztere haben öffentlich-rechtliche Ordnungspflichten zu erfüllen, um eine Gefährdung Dritter auszuschließen. Allerdings umfassen die Pflichten des objektüberwachenden Planers auch die Pflichten des verantwortlichen Bauleiters. Eine mangelfreie Objektüberwachung ist daher nicht denkbar, ohne dass gleichzeitig die Einhaltung öffentlich-rechtlicher Ordnungsvorschriften sichergestellt wird. Der objektüberwachende Planer schuldet die Einhaltung öffentlich-rechtlicher Vorschriften selbst dann, wenn die Tätigkeit als verantwortlicher Bauleiter im Sinne der Landesbauordnung ausdrücklich ausgeschlossen wurde (BGH, Urteile vom 10.3.1977 – VII ZR 278/75, NJW 1977, 898 und vom 6.12.1979 – VII ZR 236/78, NJW 1980, 1101 f.). Weil die Tätigkeit als verantwortlicher Bauleiter lediglich einen Teilausschnitt aus der Objektüberwachungstätigkeit darstellt, steht dem Planer hierfür kein gesondertes Honorar zu. Etwas anderes gilt, wenn der Planer nicht mit der Objektüberwachung, sondern nur mit der verantwortlichen Bauleitung beauftragt wird.

Keine Deckungsgleichheit besteht zwischen der Tätigkeit des objektüberwachenden Planers und des Sicherheits- und Gesundheitskoordinators (SiGeKo). Letztere ist daher gesondert zu vergüten, wobei die Höhe der Vergütung mangels ausdrücklicher Vereinbarung nicht nach der HOAI, sondern nach § 612 Abs. 1 bzw. § 632 Abs. 2 BGB zu bemessen ist.

Die Intensität der geschuldeten Überwachung hängt von der Schadensträchtigkeit der zu überwachenden Gewerke ab. Je höher die Qualitätsanforderungen an die Bauausführung, umso intensiver hat der Planer diese zu überwachen. Als schadensträchtig wurden in der Rechtsprechung etwa folgende Arbeiten eingestuft:

- Herstellung von Betondecken und deren Bewehrung (OLG München, Urteil vom 19.11.1987 – 24 U 831/86, NJW-RR 1988, 337)
- Abdichtungs- und Isolierarbeiten (BGH, Urteil vom 11.10.1990 – VII ZR 120/89, NJW 1991, 563; OLG Celle, Urteil vom 18.10.2006 – 7 U 69/06, BauR 2007, 1602)
- Abdichtung von Balkonen (BGH, Urteil vom 26.9.1985 – VII ZR 50/84, BauR 1986, 113)

Dagegen fallen handwerklich einfachste Tätigkeiten in die alleinige Verantwortungssphäre des Unternehmers.

Planungsänderungen verlangen eine gesteigerte Aufmerksamkeit (KG, Urteil vom 29.4.2008 – 7 U 108/07, BauR 2009, 107). Ferner erfordern Eigenleistungen des Auftraggebers eine erhöhte Überwachungsintensität.

Sind für die Überwachung Spezialkenntnisse erforderlich, entfällt zwar die Verpflichtung zur Überwachung. Der Planer hat allerdings die Pflicht, den Auftraggeber hierauf hinzuweisen und die Hinzuziehung eines Fachmanns zu empfehlen.

Die Anforderungen an die inhaltliche Kontrolle von Statikplänen beschränken sich auf die Einhaltung der tatsächlichen Vorgaben sowie auf die Kontrolle offensichtlicher Fehler. Die ingenieurtechnische Kontrolle schuldet der Planer mangels Spezialkenntnissen in der Regel nicht.

In der Praxis kann sich ein Problem daraus ergeben, dass der Tragwerksplaner nicht ohne Weiteres eine Überwachungstätigkeit schuldet, da diese nach Anlage 2, Ziff. 2.10.7 zu den Besonderen Leistungen gehört. Insoweit kann ein Überwachungsvakuum entstehen.

Der Planer schuldet ferner die Koordinierung aller an der Objektausführung fachlich Beteiligten in zeitlicher und technischer Hinsicht. Die Reihenfolge der zu erbringenden

Leistungen ist so festzulegen, dass Baubeteiligte sich gegenseitig nicht behindern, fertiggestellte Teile des Bauwerks nicht durch Folgegewerke beschädigt werden und eine zeitsparende Fertigstellung erreicht wird.

Als weitere Teilleistung wird die Überwachung und Detailkorrektur von Fertigteilen genannt. Wesensmerkmal von Fertigteilen ist, dass sich der Produktionsprozess von der Baustelle in den Betrieb des ausführenden Unternehmers verlagert. Der Planer muss nicht dem gesamten Produktionsprozess beiwohnen. Es genügt die Kontrolle auf denkbare Fehler, die auf der Baustelle nicht mehr feststellbar sind. Auf der Baustelle sind die zum Einbau gelieferten Fertigteile auf sichtbare Mängel, Maßabweichungen und sonstige, ohne Weiteres erkennbare Abweichungen von der vorgeschriebenen Beschaffenheit zu prüfen (OLG Stuttgart, Urteil vom 1.8.1989 – 10 U 217/88, BauR 1990, 384). Sofern die Herstellung von Fertigteilen von zertifizierten Betrieben vorgenommen wird, besteht die Pflicht des Planers zu prüfen, ob der Herstellerbetrieb tatsächlich zertifiziert ist.

Die fünfte Leistung der Leistungsphase 8 verpflichtet den Planer zur umfassenden Koordinierung in zeitlicher Hinsicht. Die vertraglichen Abmachungen mit den einzelnen Unternehmen über Beginn und Ende der Bauleistungen sind geordnet darzustellen, und zwar in Form eines Balkendiagramms. Ob die darin eingetragenen Termine rechtsgeschäftliche Bedeutung in dem Sinne haben, dass sie die Fälligkeit der Leistung bestimmen und verzugsbegründend wirken, hängt von den Umständen des Einzelfalls ab. Sind die im Balkendiagramm aufgenommenen Termine gleichzeitig vertraglich fest vereinbart, begründet eine Fristüberschreitung ohne weitere Mahnung Verzug (§ 286 Abs. 2 BGB).

Öffentliche Auftraggeber schreiben das Führen des Bautagebuches gemäß »Richtlinien für die Führung des Bautagebuches« (VHB) unter Verwendung des darin enthaltenen Formblatts vor. Danach soll das Bautagebuch Stand und Fortschritt der Bauarbeiten sowie alle bemerkenswerten Ereignisse des Bauablaufs lückenlos festhalten. Es dient als Grundlage für alle Meldungen und Berichte, die über die Bauausführung zu erstatten sind, und bildet nach Abschluss der Bauarbeiten einen wichtigen Bestandteil der Bauakten.

Die HOAI enthält darüber hinaus keine Formvorschriften für das Bautagebuch. Soll es seinen Dokumentationszweck erfüllen, muss es allerdings in Schriftform geführt werden. Inhaltlich sollten mindestens die Leistungen der Baubeteiligten, die Lieferungen, die Witterungsbedingungen und die Anwesenheit der Baubeteiligten festgehalten werden. Weitergehende inhaltliche Anforderungen beinhalten die »Richtlinien für die Führung des Bautagebuches«.

Als siebte Teilleistung ist das gemeinsame Aufmaß mit den bauausführenden Unternehmen vorgesehen. Ist dies vertraglich nicht ausdrücklich vereinbart, kann der

Unternehmer hierzu nicht gezwungen werden, da § 14 Nr. 2 VOB/B ein gemeinsames Aufmaß lediglich empfiehlt und das Aufmaß nach DIN 18299 Abschnitt 5 in der Regel anhand der Ausführungspläne genommen wird. Wird beim gemeinsamen Aufmaß eine Abweichung der Ausführung von den Ausführungsplänen festgestellt, hat der Auftragnehmer den Auftraggeber auf die Notwendigkeit einer Fortschreibung der Ausführungsplanung hinzuweisen.

Bei Pauschalpreisverträgen entfällt das gemeinsame Aufmaß, es sei denn, es muss wegen vorzeitiger Vertragsbeendigung der sich aus dem Verhältnis der erbrachten Leistung zum Wert der Gesamtleistung ergebende Teilbetrag ermittelt werden.

Das gemeinsame Aufmaß kann die Wirkung eines deklaratorischen Schuldanerkenntnisses haben. Voraussetzung ist der Wille der Parteien, das Aufmaß dem Streit endgültig zu entziehen (BGH, Urteil vom 1.12.1994 – VII ZR 215/93, BauR 1995, 232). Dieser Wille wird in der Regel nicht vorliegen, insbesondere dann nicht, wenn das Aufmaß ohne Weiteres auch später noch nachprüfbar ist. Der Auftraggeber ist daher mit späteren Einwendungen gegen das Aufmaß nicht ausgeschlossen (strittig a. A. BGH, a. a. O.).

Mit der Abnahme der Bauleistungen wird die technische Abnahme angesprochen, die von der rechtsgeschäftlichen Abnahme, also dem Hinnehmen der Leistungen als im Großen und Ganzen vertragsgerecht, zu unterscheiden ist. Die rechtsgeschäftliche Abnahme ist allein Sache des Auftraggebers. Hierzu ist der Auftragnehmer durch eine normale Architektenvollmacht nicht berechtigt. Im Mittelpunkt der technischen Abnahme steht die Überprüfung der Bauarbeiten und Baustoffe auf Mängel. Vom Ergebnis dieser Prüfung wird in der Regel die Entscheidung des Auftraggebers abhängen, ob er eine rechtsgeschäftliche Abnahme vornimmt.

Eine weitere Teilleistung ist die Rechnungsprüfung. Sie soll verhindern, dass der Auftraggeber Zahlungen leistet, die von ihm nicht, nicht in der geforderten Höhe bzw. nicht zu diesem Zeitpunkt geschuldet werden. Die Prüfung beschränkt sich auf Rechnungen aus dem eigenen Leistungsbereich, während Rechnungen aus dem Leistungsbereich von Sonderfachleuten von diesen geprüft werden. Der Auftragnehmer hat dem Auftraggeber das Ergebnis der Prüfung mitzuteilen und die Rechnungen mit seinem Prüfvermerk zu versehen. Der Prüfvermerk ist eine interne Empfehlung an den Auftraggeber. Hieraus kann kein Anerkenntnis des Auftraggebers im Verhältnis zum Unternehmer abgeleitet werden (BGH, Urteile vom 6.12.2001 – VII ZR 241/00, BauR 2002, 613, vom 14.4.2005 – VII ZR 14/04, BauR 2005, 1152 und vom 27.7.2006 – VII ZR 202/04, BauR 2006, 2040).

Die Kostenfeststellung nach DIN 276 oder nach dem wohnungsrechtlichen Berechnungsrecht ist Maßstab dafür, ob die vorherigen Kostenermittlungen eingehalten wurden.

Als elfte Teilleistung ist der Antrag auf behördliche Abnahme und die Teilnahme daran vorgesehen. Hiermit sind die nach den Landesbauordnungen notwendigen Abnahmen gemeint: Rohbauabnahme, Gebrauchsabnahme und Schlussabnahme. Zur Vermeidung von Verzögerungen hat der Auftragnehmer die Abnahmen rechtzeitig zu beantragen und zu koordinieren.

Die zwölfte Leistung besteht in der Übergabe des Objekts einschließlich des Zusammenstellens und Übergebens der erforderlichen Unterlagen. Darunter fallen alle Unterlagen, die zur Nutzung des Objekts und für einen Ausbau, Erweiterungsbau sowie die Ausführung von Reparaturen nötig sind. Die beispielhaft genannten Bedienungsanleitungen und Prüfprotokolle können ergänzt werden um Unterlagen, die Auskunft über Ausbau und Verlauf wichtiger Konstruktionen und Anlagen geben, zum Beispiel Verlegepläne für Installationen, Bewehrungen und Entwässerungen, oder Abnahmeprotokolle für technische Anlagen. Zwar gehören die nach der Energieeinsparverordnung (EnEV) vorzulegenden Nachweise nicht zum Leistungsbereich des Architekten. Dieser hat den Auftraggeber aber auf die Verpflichtung zur Einhaltung hinzuweisen und im Rahmen der Koordinierungspflicht diese Unterlagen zum Beispiel von Sonderfachleuten zu beschaffen.

Das Auflisten der Gewährleistungsfristen setzt erhebliche Rechtskenntnisse voraus, sind doch die Verträge mit den Baubeteiligten daraufhin zu prüfen, ob die VOB/B wirksam einbezogen ist oder ob Werkvertrags- bzw. Dienstvertragsrecht nach BGB Anwendung findet. Ferner ist zu prüfen, ob eine förmliche, fiktive oder schlüssige Abnahme stattgefunden hat, ob eine Verjährung gehemmt wurde usw.

Der Architekt hat die Beseitigung der bei der Abnahme der Bauleistung festgestellten Mängel zu überwachen. Ziel der Überwachungspflicht ist die mangelfreie Errichtung des Bauwerks. Die Verpflichtung erstreckt sich daher auf Mängel, die in der Bauphase bzw. bei der technischen Abnahme festgestellt werden. Überwachungspflichten im Zusammenhang mit später auftretenden Mängeln fallen in die Leistungsphase 9. Der Architekt ist nicht verpflichtet, für den Auftraggeber im Zusammenhang mit der Geltendmachung von Gewährleistungsansprüchen rechtsgeschäftliche Erklärungen abzugeben. Er muss die für die Mängel verantwortlichen Baubeteiligten aber zur Mängelbeseitigung auffordern und die Mängelbeseitigungsarbeiten technisch abnehmen. Und er muss den Auftraggeber auf sein Zurückbehaltungsrecht wegen vorhandener Mängel hinweisen, ferner auf die Erklärung eines Vertragsstrafenvorbehalts bei der Abnahme (OLG Düsseldorf, Urteil vom 22.3.2002 – 5 U 31/01, BauR 2002, 1420).

Die Kostenkontrolle bezieht sich auf die zum aktuellen Zeitpunkt feststehenden Kosten des Projekts, die mit den Vertragspreisen und den übrigen Kostenermittlungen zu vergleichen sind. Sie ist Ausdruck der allgemeinen, während der gesamten Bauausführung geschuldeten Kostenkontrolle, die dem Auftraggeber Korrekturen ermöglichen soll.

Besondere Leistung »Erstellen einer Gebäudebestandsdokumentation«
In der Leistungsphase 9 wurde neu die Besondere Leistung »Erstellen einer Gebäudebestandsdokumentation« aufgenommen. Dies soll eine bessere Abgrenzung gegenüber der Grundleistung des Buchstabens m) in Leistungsphase 8 »Systematische Zusammenstellung der Dokumentation« ermöglichen.

Die Grundleistung der Leistungsphase 8 konzentriert sich in Buchstabe m) auf das Zusammenstellen aller Daten und Ergebnisse des Objekts. Demgegenüber umfasst eine gesondert zu vergütende Gebäudebestandsdokumentation der Leistungsphase 9, wie sie zum Beispiel in den »Baufachlichen Richtlinien Gebäudebestandsdokumentation« des Bundes festgeschrieben ist, alphanumerische und geometrische Bestandsdaten, die nach bestimmten Anforderungen aufzubereiten und zu erstellen sind.

Werden nicht alle Leistungen einer Leistungsphase dem Architekten/Ingenieur übertragen, kommt wie erwähnt die in § 8 HOAI enthaltene Regelung zum Tragen. Sie basiert darauf, dass dem Auftragnehmer entweder die Leistungen nicht übertragen wurden oder er Leistungen nicht erbracht hat. Hierzu wurde schon auf die Entscheidung des BGH hingewiesen, in der er Listen (Steinfort-Liste, Siemon-Liste, Listen in den HOAI-Kommentaren von Locher/Koeble/Frik, Korbion/Mantscheff/Vygen oder auch Rath/Kniffka) anerkannt hat (BGH, BauR 2005, 588). Dabei wurde bewusst jeweils nur ein Mittelwert angenommen, der üblicherweise als Leistungserfolg anzunehmen ist, wenn eine Teilleistung entfällt. Änderungen können vertraglich vereinbart werden, bevor es zur Ausführung kommt.

In § 35 Abs. 1 HOAI wurde die aktualisierte Honorartafel mit der Festsetzung der Mindest- und Höchstsätze für die in Anlage 10 aufgeführten Grundleistungen aufgenommen.

3.4.3.3 § 35 – Honorare für Grundleistungen bei Gebäuden und Innenräumen

> (1) Für die in § 34 und Anlage 10 Nummer 10.1 genannten Grundleistungen für Gebäude und Innenräume sind die in der folgenden Honorartafel aufgeführten Honorarspannen Orientierungswerte:

Anrechenbare Kosten in Euro	Honorarzone I sehr geringe Anforderungen		Honorarzone II geringe Anforderungen		Honorarzone III durchschnittliche Anforderungen		Honorarzone IV hohe Anforderungen		Honorarzone V sehr hohe Anforderungen	
	von	bis	von	bis	von	bis	von	bis	von	bis
	Euro		Euro		Euro		Euro		Euro	
25 000	3 120	3 657	3 657	4 339	4 339	5 412	5 412	6 094	6 094	6 631
35 000	4 217	4 942	4 942	5 865	5 865	7 315	7 315	8 237	8 237	8 962
50 000	5 804	6 801	6 801	8 071	8 071	10 066	10 066	11 336	11 336	12 333
75 000	8 342	9 776	9 776	11 601	11 601	14 469	14 469	16 293	16 293	17 727
100 000	10 790	12 644	12 644	15 005	15 005	18 713	18 713	21 074	21 074	22 928
150 000	15 500	18 164	18 164	21 555	21 555	26 883	26 883	30 274	30 274	32 938
200 000	20 037	23 480	23 480	27 863	27 863	34 751	34 751	39 134	39 134	42 578
300 000	28 750	33 692	33 692	39 981	39 981	49 864	49 864	56 153	56 153	61 095
500 000	45 232	53 006	53 006	62 900	62 900	78 449	78 449	88 343	88 343	96 118
750 000	64 666	75 781	75 781	89 927	89 927	112 156	112 156	126 301	126 301	137 416
1 000 000	83 182	97 479	97 479	115 675	115 675	144 268	144 268	162 464	162 464	176 761
1 500 000	119 307	139 813	139 813	165 911	165 911	206 923	206 923	233 022	233 022	253 527
2 000 000	153 965	180 428	180 428	214 108	214 108	267 034	267 034	300 714	300 714	327 177
3 000 000	220 161	258 002	258 002	306 162	306 162	381 843	381 843	430 003	430 003	467 843
5 000 000	343 879	402 984	402 984	478 207	478 207	596 416	596 416	671 640	671 640	730 744
7 500 000	493 923	578 816	578 816	686 862	686 862	856 648	856 648	964 694	964 694	1 049 587
10 000 000	638 277	747 981	747 981	887 604	887 604	1 107 012	1 107 012	1 246 635	1 246 635	1 356 339
15 000 000	915 129	1 072 416	1 072 416	1 272 601	1 272 601	1 587 176	1 587 176	1 787 360	1 787 360	1 944 648
20 000 000	1 180 414	1 383 298	1 383 298	1 641 513	1 641 513	2 047 281	2 047 281	2 305 496	2 305 496	2 508 380
25 000 000	1 436 874	1 683 837	1 683 837	1 998 153	1 998 153	2 492 079	2 492 079	2 806 395	2 806 395	3 053 358

(2) Welchen Honorarzonen die Grundleistungen für Gebäude zugeordnet werden, richtet sich nach folgenden Bewertungsmerkmalen:
1. Anforderungen an die Einbindung in die Umgebung,
2. Anzahl der Funktionsbereiche,
3. gestalterische Anforderungen,
4. konstruktive Anforderungen,
5. technische Ausrüstung,
6. Ausbau.

(3) Welchen Honorarzonen die Grundleistungen für Innenräume zugeordnet werden, richtet sich nach folgenden Bewertungsmerkmalen:
1. Anzahl der Funktionsbereiche,
2. Anforderungen an die Lichtgestaltung,
3. Anforderungen an die Raumzuordnung und Raumproportion,
4. technische Ausrüstung,
5. Farb- und Materialgestaltung,
6. konstruktive Detailgestaltung.

(4) Sind für ein Gebäude Bewertungsmerkmale aus mehreren Honorarzonen anwendbar und bestehen deswegen Zweifel, welcher Honorarzone das Gebäude oder der Innenraum zugeordnet werden kann, so ist zunächst die Anzahl der Bewertungspunkte zu ermitteln. Zur Ermittlung der Bewertungspunkte werden die Bewertungsmerkmale wie folgt gewichtet:
1. die Bewertungsmerkmale gemäß Absatz 2 Nummer 1, 4 bis 6 mit je bis zu 6 Punkten und
2. die Bewertungsmerkmale gemäß Absatz 2 Nummer 2 und 3 mit je bis zu 9 Punkten.

(5) Sind für Innenräume Bewertungsmerkmale aus mehreren Honorarzonen anwendbar und bestehen deswegen Zweifel, welcher Honorarzone das Gebäude oder der Innenraum zugeordnet werden kann, so ist zunächst die Anzahl der Bewertungspunkte zu ermitteln. Zur Ermittlung der Bewertungspunkte werden die Bewertungsmerkmale wie folgt gewichtet:
1. die Bewertungsmerkmale gemäß Absatz 3 Nummer 1 bis 4 mit je bis zu 6 Punkten und
2. die Bewertungsmerkmale gemäß Absatz 3 Nummer 5 und 6 mit je bis zu 9 Punkten.

(6) Das Gebäude oder der Innenraum ist anhand der nach Absatz 5 ermittelten Bewertungspunkte einer der Honorarzonen zuzuordnen:
1. Honorarzone I: bis zu 10 Punkte,
2. Honorarzone II: 11 bis 18 Punkte,

3. Honorarzone III: 19 bis 26 Punkte,
4. Honorarzone IV: 27 bis 34 Punkte,
5. Honorarzone V: 35 bis 42 Punkte.

(7) Für die Zuordnung zu den Honorarzonen ist die Objektliste der Anlage 10 Nummer 10.2 und Nummer 10.3 zu berücksichtigen.

Allgemeines

§ 35 HOAI stellt deutlich auf den Willen des Verordnungsgebers ab, dass der Architekten- und Ingenieurvertrag keine verbindlichen Honoraransätze und Honorare mehr nach der HOAI berücksichtigen muss, sondern die Honorare anhand von Honorarspannen als Orientierungswerte für die Vertragsparteien zu verstehen sind. Grundsätzlich ergibt sich das aus § 7 Abs. 1 HOAI. Ist der Vertragspartner des Architekten/Ingenieurs kein Verbraucher (§ 13 BGB), hat der Auftragnehmer zunächst nur auf den Inhalt der Leistungsverpflichtung hinzuwirken und dieses Leistungssoll vertraglich als Grundlage zu definieren (wie sicherlich auch der Auftraggeber dies tun sollte). Dabei sind die Einordnungen der Leistungsphasen 1 bis 9 in Anlage 10.1 bei den Grundleistungen hilfreich und als Grundlage zu nehmen. Aus den Ansätzen des § 34 Abs. 2 und 3 HOAI i. V. m. Anlage 10.1 ergeben sich dann die prozentualen Ansätze der jeweiligen Teilleistungen. Sie können zusammen mit den Wägungslisten von Siemon oder Simmendinger (vertraglich vereinbaren!) zur Einordnung der entsprechenden Tätigkeit und zu den jeweiligen prozentualen Einordnungen führen. Diese sollen nach dem Willen des Verordnungsgebers dann zur Basis für die Honorarverhandlungen gemacht werden.

Zu beachten ist dabei, dass die Honorarermittlungsgrundlagen des § 6 HOAI 2021 in jedem Fall notwendig einzuhalten sind. Der Ermittlungsweg muss also klar und umfassend sein, was schon der objektiven Einordnung der Honorarermittlung beim Vertrag dient. Wird das nicht gemacht, gilt als Vermutungsregel in § 7 Abs. 1 Satz 2 HOAI, dass für zu erbringende Grundleistungen auf jeden Fall die Honorarermittlung des § 6 HOAI verbindlich gilt, aber hier in der Ermittlung des Honorars nur der unterste Satz, also der frühere Mindestsatz (jetzt Basissatz), als vereinbart gilt. Damit sind nicht nur die objektiven Honorarermittlungsgrundlagen bei der Prüfung des richtigen Honorars maßgeblich geworden, sondern es sind auch die Honorarermittlungswege beibehalten worden.

Wird der Vertrag mit einem Verbraucher geschlossen, ist dieser sogar schriftlich auf die Möglichkeit eines höheren oder niedrigeren Honorars als in der Honorartafel angegeben (§ 126b BGB) hinzuweisen. Der Hinweis zielt also dahin, dass das Basishonorar sowie der Höchstwert der Tafel durchaus unter- oder überschritten werden kann, wenn der Vertrag die Honorarhöhe so vorsieht. Dem Verbraucher soll also die Möglichkeit eingeräumt werden zu erkennen, dass die HOAI 2021 nun eine Möglichkeit der

Verhandlung über ein anderes Honorar vorsieht. Allerdings werden die Grenzen der Verhandlung bei den Grenzen des Wuchers oder Sittenwidrigkeit zulasten des Auftragnehmers liegen.

Wenn der Auftragnehmer den Verbraucher aber nicht oder nicht rechtzeitig auf diese Möglichkeit hingewiesen hat, so gilt für den Fall, dass das Honorar mehr als den Basissatz laut Vertrag (oder ohne Vertrag) ausmacht, eine in der HOAI 2021 angeordnete Reduzierung auf den Basissatz, also den ehemaligen Mindestsatz. Zu bedenken ist dazu aber auch, dass dies nur innerhalb der objektiven Einordnung der Honorarzone der Tabelle gilt. Heranzuziehen ist jeweils Anlage 10.2 und 10.3 – Objektliste für Gebäude bzw. Innenräume.

§ 35 Abs. 1 – Honorartafel

Die Honorartafel in § 35 Abs. 1 HOAI 2021 gilt weiterhin für Gebäude und Innenräume. Die Honorare steigen bei höheren Baukosten nicht linear mit den anrechenbaren Kosten (Degression). Die Honorarwerte für die Leistungen bei Gebäuden und Innenräumen werden durch die anrechenbaren Kosten (§§ 4, 6 Abs. 1, 33 HOAI) zwischen 25.000 Euro und 25.000.000 Euro in der Tabelle festgelegt. Nur hierfür gilt dann die Ermittlung des Honorars entsprechend Vertrag (§ 7 HOAI) und des Ermittlungsweges aus § 6 HOAI. Innerhalb der Tafelwerte ist das Honorar nach den anrechenbaren Kosten (§§ 4, 6 Abs. 1 HOAI) und der Honorarzone (§ 5 HOAI) zu ermitteln. Die Honorarzone ist dabei die Einschätzung der jeweiligen Planungsanforderungen und des damit verbundenen Schwierigkeitsgrades (§ 5 Abs. 1 HOAI). Die Einordnung erfolgt nach § 5 Abs. 2 HOAI bei den jeweiligen Leistungsbildern – bei der Objektplanung – Gebäude und Innenräume – nach § 35 Abs. 2 bis 7 HOAI 2021 i. V. m. Anlagen 10.2 und 10.3. Dabei sind zunächst die Beispiele der Anlagen 10.2 und 10.3 zu berücksichtigen und dann, wenn es um die Überprüfung dieser ersten Einordnung geht, die Berechnung nach den Vorgaben in § 35 Abs. 2 bis 6 HOAI vorzunehmen.

Gelangt man zu Zwischenwerten in der Honorartafel, so ist die Interpolation nach § 13 HOAI anzuwenden. Hierfür gibt es aber Berechnungsprogramme oder umfangreiche Honorartabellen, die weiterhelfen.

Zu den anrechenbaren Kosten unter 25.000 Euro oder über 25.000.000 Euro findet sich in den Tabellen nichts – sie liegen außerhalb der Tafelwerte. Bereits in den früheren Fassungen der HOAI war dies so geregelt. Auch nach der HOAI 2021 können in diesen Fällen die Honorare frei vereinbart werden. § 7 HOAI braucht das nicht mehr berücksichtigen, weil nur der verbindliche Teil der HOAI zu regeln war. Allerdings ist es weiterhin notwendig zu eruieren, ob die Tafelwerte unter- oder überschritten sind. Hier sind zunächst die in § 33 HOAI und §§ 4, 6 HOAI bereits besprochenen anrechenbaren Kosten nach DIN 276-1:12-2008 zu ermitteln. Für die weitere Berechnung ist im Übrigen auch § 11 Abs. 1 HOAI wesentlich, weswegen dort auch § 11 Abs. 2 HOAI zu berücksichtigen ist. Die Abrechnung hat also die mögliche Trennung von Objekten zu berücksichtigen. So kann die separate Beauftragung mit einer Sporthalle zu einer Schule durchaus eine Trennung der Objekte darstellen (nicht nur im funktionalen Sinne).

Kommt man zum Beispiel zu dem Ergebnis, dass die anrechenbaren Kosten unter 25.000 Euro liegen, kann und konnte das Honorar nach alter und neuer HOAI frei vereinbart werden (bei diesen Werten meist als Stundensatz). Hier gilt § 632 Abs. 2 BGB weiterhin, nicht § 650q Abs. 2 BGB, der nur den Nachtrag regelt. Zudem sind die §§ 315 und 316 BGB zu berücksichtigen (Honorarbestimmungsrecht im Rahmen der Üblichkeit – Angemessenheit des Honorars). Es darf nicht sittenwidrig oder wucherähnlich sein.

Bei Überschreitung der anrechenbaren Kosten von 25.000.000 Euro ist ebenfalls keine Änderung festzustellen, weil auch hier § 35 Abs. 1 HOAI nur auf die Tabelle hinweist. Die Honorare waren bisher auch hier frei vereinbar. Dabei gab es verschiedene Wege, das Honorar zu berechnen. Unangemessen und gegen die §§ 315, 316 BGB verstoßend waren Verträge, die das Honorar auf den obersten Honorarwert der Tafel festschrieben, auch wenn die anrechenbaren Kosten ein Vielfaches dieses Werts betrugen.

Die Länder Baden-Württemberg und Bayern haben z. B. die Rift-Tabelle eingeführt. Dort bestehen aufgrund ministerieller Weisung Verpflichtungen zur Anwendung solcher Fortschreibungstabellen. Durch Berechnungen sind auch sie degressiv fortgeschrieben. Die AHO hat inzwischen eine eigene Fortschreibung entwickelt, die zu einem erhöhten Honorar führen kann, aber mathematisch zutreffender ist. Wichtig ist nur, dass die Parteien die Anwendung der Tabellen (Rift) auch im Vertrag verbindlich vereinbaren. Denn für die weitere Honorarentwicklung durch gestiegene oder gesenkte anrechenbare Kosten ist die Anpassung nach § 650q Abs. 2 BGB zu beachten, die den Weg über § 650b und c BGB vorgibt. Danach muss der Planer bei Nachträgen einen neuen Leistungs- und Honorarkatalog vorlegen, woraufhin der Bauherr 30 Tage Zeit zur Entscheidung über Leistung und Honorar hat, bevor er von seinem Anordnungsrecht Gebrauch macht.

Durch den Wegfall der Verbindlichkeitsanordnung der HOAI ist auch das Problem entfallen, wonach eine Über- oder Unterschreitung der Tafelwerte zu einer Anpassung an die Honorarhöhe führte. Waren die Werte unterschritten, so führte das zur Anhebung des Honorars auf den Mindestsatz. Umgekehrt konnte die Überschreitung zur Reduzierung auf den Höchstsatz bei richtiger Einordnung in die Honorarzone führen oder bei falscher Einordnung zur Reduzierung sogar auf den Mindestsatz der richtigen Honorarzone. Zum Thema des Wegfalls des Mindestsatzes und zur »Aufstockungsklage« ist bereits oben in der Einleitung im Rahmen der Entscheidung des EuGH, Rs. 377/17 vom 4.07.2019 ausführlich gesprochen worden, da dies der Anlass zur neuen HOAI 2021 war.

§ 35 Abs. 2 HOAI – Bewertungsmerkmale bei Leistungen für Gebäude
Obwohl § 35 Abs. 2 bis 6 HOAI 2021 die rechnerische Darstellung der Ermittlung der Honorarzone gem. § 5 HOAI i. V. m. § 6 Abs. 1 Nr. 2 HOAI darstellt, ist § 35 Abs. 7 HOAI rechtlich und tatsächlich immer vorzuziehen. Denn dort finden sich Musterbeispiele für die Einordnung in die Honorarzonen. Diese stellen den »Normalfall« dar. Der Anwender sollte also die Einordnungen vorziehen. Bei Unsicherheiten in der Einordnung – auch vor dem Hintergrund der »Objektivitätsrechtsprechung« des BGH bei der Einordnung – sind dann erst Abs. 2 bis 6 anzuwenden. Diese dienen also der Prüfung der Richtigkeit im Einzelfall.

Aus § 35 Abs. 7 HOAI 2021 i. V. m. Anlage 10.2 und 10.3 ist daher zunächst zu entnehmen:

Anlage 10.2 Objektliste Gebäude

Nachstehende Gebäude werden in der Regel folgenden Honorarzonen zugerechnet.

Objektliste – Gebäude	Honorarzone				
	I	II	III	IV	V
Wohnen					
• Einfache Behelfsbauten für vorübergehende Nutzung	x				
• Einfache Wohnbauten mit gemeinschaftlichen Sanitär- und Kücheneinrichtungen		x			
• Einfamilienhäuser, Wohnhäuser oder Hausgruppen in verdichteter Bauweise			x	x	
• Wohnheime, Gemeinschaftsunterkünfte, Jugendherbergen, -freizeitzentren, -stätten			x	x	
Ausbildung/Wissenschaft/Forschung					
• Offene Pausen-, Spielhallen	x				
• Studentenhäuser			x	x	
• Schulen mit durchschnittlichen Planungsanforderungen, zum Beispiel Grundschulen, weiterführende Schulen und Berufsschulen			x		
• Schulen mit hohen Planungsanforderungen, Bildungszentren, Hochschulen, Universitäten, Akademien				x	
• Hörsaal-, Kongresszentren				x	
• Labor- oder Institutsgebäude				x	x

Objektliste – Gebäude	Honorarzone				
	I	II	III	IV	V
Büro/Verwaltung/Staat/Kommune					
• Büro-, Verwaltungsgebäude			x	x	
• Wirtschaftsgebäude, Bauhöfe			x	x	
• Parlaments-, Gerichtsgebäude				x	
• Bauten für den Strafvollzug				x	x
• Feuerwachen, Rettungsstationen			x	x	
• Sparkassen- oder Bankfilialen			x	x	
• Büchereien, Bibliotheken, Archive			x	x	
Gesundheit/Betreuung					
• Liege- oder Wandelhallen	x				
• Kindergärten, Kinderhorte			x		
• Jugendzentren, Jugendfreizeitstätten			x		
• Betreuungseinrichtungen, Altentagesstätten			x		
• Pflegeheime oder Bettenhäuser, ohne oder mit medizinisch-technischer Einrichtungen			x	x	
• Unfall-, Sanitätswachen, Ambulatorien		x	x		
• Therapie- oder Rehabilitations-Einrichtungen, Gebäude für Erholung, Kur oder Genesung			x	x	
• Hilfskrankenhäuser			x		
• Krankenhäuser der Versorgungsstufe I oder II, Krankenhäuser besonderer Zweckbestimmung				x	
• Krankenhäuser der Versorgungsstufe III, Universitätskliniken					x
Handel und Verkauf/Gastgewerbe					
• Einfache Verkaufslager, Verkaufsstände, Kioske		x			
• Ladenbauten, Discounter, Einkaufszentren, Märkte, Messehallen			x	x	
• Gebäude für Gastronomie, Kantinen oder Mensen			x	x	
• Großküchen, mit oder ohne Speiseräume				x	
• Pensionen, Hotels			x	x	

Objektliste – Gebäude	Honorarzone				
	I	II	III	IV	V
Freizeit/Sport					
• Einfache Tribünenbauten		x			
• Bootshäuser		x			
• Turn- oder Sportgebäude			x	x	
• Mehrzweckhallen, Hallenschwimmbäder, Großsportstätten				x	x
Gewerbe/Industrie/Landwirtschaft					
• Einfache landwirtschaftliche Gebäude, zum Beispiel Feldscheunen, Einstellhallen	x				
• Landwirtschaftliche Betriebsgebäude, Stallanlagen		x	x	x	
• Gewächshäuser für die Produktion		x			
• Einfache geschlossene, eingeschossige Hallen, Werkstätten		x			
• Spezielle Lagergebäude, zum Beispiel Kühlhäuser			x		
• Werkstätten, Fertigungsgebäude des Handwerks oder der Industrie		x	x	x	
• Produktionsgebäude der Industrie			x	x	x
Infrastruktur					
• Offene Verbindungsgänge, Überdachungen, zum Beispiel Wetterschutzhäuser, Carports	x				
• Einfache Garagenbauten		x			
• Parkhäuser, -garagen, Tiefgaragen, jeweils mit integrierten weiteren Nutzungsarten		x	x		
• Bahnhöfe oder Stationen verschiedener öffentlicher Verkehrsmittel				x	
• Flughäfen				x	x
• Energieversorgungszentralen, Kraftwerksgebäude, Großkraftwerke				x	x
Kultur-/Sakralbauten					
• Pavillons für kulturelle Zwecke		x	x		
• Bürger-, Gemeindezentren, Kultur-/Sakralbauten, Kirchen				x	

Objektliste – Gebäude	Honorarzone				
	I	II	III	IV	V
• Mehrzweckhallen für religiöse oder kulturelle Zwecke				x	
• Ausstellungsgebäude, Lichtspielhäuser			x	x	
• Museen				x	x
• Theater-, Opern-, Konzertgebäude				x	x
• Studiogebäude für Rundfunk oder Fernsehen				x	x

Anlage 10.3 Objektliste Innenräume

Nachstehende Innenräume werden in der Regel folgenden Honorarzonen zugerechnet:

Innenräume	Honorarzone				
	I	II	III	IV	V
• Einfachste Innenräume für vorübergehende Nutzung ohne oder mit einfachsten seriellen Einrichtungsgegenständen	x				
• Innenräume mit geringer Planungsanforderung, unter Verwendung von serienmäßig hergestellten Möbeln und Ausstattungsgegenständen einfacher Qualität, ohne technische Ausstattung		x			
• Innenräume mit durchschnittlicher Planungsanforderung, zum überwiegenden Teil unter Verwendung von serienmäßig hergestellten Möbeln und Ausstattungsgegenständen oder mit durchschnittlicher technischer Ausstattung			x		
• Innenräume mit hohen Planungsanforderungen, unter Mitverwendung von serienmäßig hergestellten Möbeln und Ausstattungsgegenständen gehobener Qualität oder gehobener technischer Ausstattung				x	
• Innenräume mit sehr hohen Planungsanforderungen, unter Verwendung von aufwendiger Einrichtung oder Ausstattung oder umfangreicher technischer Ausstattung					x

Innenräume	Honorarzone				
	I	II	III	IV	V
Wohnen					
• Einfachste Räume ohne Einrichtung oder für vorübergehende Nutzung	x				
• Einfache Wohnräume mit geringen Anforderungen an Gestaltung oder Ausstattung		x			
• Wohnräume mit durchschnittlichen Anforderungen, serielle Einbauküchen			x		
• Wohnräume in Gemeinschaftsunterkünften oder Heimen			x		
• Wohnräume gehobener Anforderungen, individuell geplante Küchen und Bäder				x	
• Dachgeschossausbauten, Wintergärten				x	
• Individuelle Wohnräume in anspruchsvoller Gestaltung mit aufwendiger Einrichtung, Ausstattung und technischer Ausrüstung					x
Ausbildung/Wissenschaft/Forschung					
• Einfache offene Hallen	x				
• Lager- oder Nebenräume mit einfacher Einrichtung oder Ausstattung		x			
• Gruppenräume zum Beispiel in Kindergärten, Kinderhorten, Jugendzentren, Jugendherbergen, Jugendheimen			x	x	
• Klassenzimmer, Hörsäle, Seminarräume, Büchereien, Mensen			x	x	
• Aulen, Bildungszentren, Bibliotheken, Labore, Lehrküchen mit oder ohne Speise- oder Aufenthaltsräume, Fachunterrichtsräume mit technischer Ausstattung				x	
• Kongress-, Konferenz-, Seminar-, Tagungsbereiche mit individuellem Ausbau und Einrichtung und umfangreicher technischer Ausstattung				x	
• Räume wissenschaftlicher Forschung mit hohen Ansprüchen und technischer Ausrüstung					x
Büro/Verwaltung/Staat/Kommune					
• Innere Verkehrsflächen	x				
• Post-, Kopier-, Putz- oder sonstige Nebenräume ohne baukonstruktive Einbauten		x			

Innenräume	Honorarzone				
	I	II	III	IV	V
• Büro-, Verwaltungs-, Aufenthaltsräume mit durchschnittlichen Anforderungen, Treppenhäuser, Wartehallen, Teeküchen			x		
• Räume für sanitäre Anlagen, Werkräume, Wirtschaftsräume, Technikräume			x		
• Eingangshallen, Sitzungs- oder Besprechungsräume, Kantinen, Sozialräume			x	x	
• Kundenzentren, -ausstellungen, -präsentationen			x	x	
• Versammlungs-, Konferenzbereiche, Gerichtssäle, Arbeitsbereiche von Führungskräften mit individueller Gestaltung oder Einrichtung oder gehobener technischer Ausstattung				x	
• Geschäfts-, Versammlungs- oder Konferenzräume mit anspruchsvollem Ausbau oder anspruchsvoller Einrichtung, aufwendiger Ausstattung oder sehr hohen technischen Anforderungen					x
Gesundheit/Betreuung					
• Offene Spiel- oder Wandelhallen	x				
• Einfache Ruhe- oder Nebenräume		x			
• Sprech-, Betreuungs-, Patienten-, Heimzimmer oder Sozialräume mit durchschnittlichen Anforderungen ohne medizintechnische Ausrüstung			x		
• Behandlungs- oder Betreuungsbereiche mit medizintechnischer Ausrüstung oder Einrichtung in Kranken-, Therapie-, Rehabilitations- oder Pflegeeinrichtungen, Arztpraxen				x	
• Operations-, Kreißsäle, Röntgenräume				x	x
Handel/Gastgewerbe					
• Verkaufsstände für vorübergehende Nutzung	x				
• Kioske, Verkaufslager, Nebenräume mit einfacher Einrichtung und Ausstattung		x			
• Durchschnittliche Laden- oder Gasträume, Einkaufsbereiche, Schnellgaststätten			x		
• Fachgeschäfte, Boutiquen, Showrooms, Lichtspieltheater, Großküchen				x	

Innenräume	Honorarzone				
	I	II	III	IV	V
• Messestände, bei Verwendung von System- oder Modulbauteilen			x		
• Individuelle Messestände				x	
• Gasträume, Sanitärbereiche gehobener Gestaltung, zum Beispiel in Restaurants, Bars, Weinstuben, Cafés, Clubräumen				x	
• Gast- oder Sanitärbereiche, zum Beispiel in Pensionen oder Hotels mit durchschnittlichen Anforderungen oder Einrichtungen oder Ausstattungen			x		
• Gast-, Informations- oder Unterhaltungsbereiche in Hotels mit individueller Gestaltung oder Möblierung oder gehobener Einrichtung oder technischer Ausstattung				x	
Freizeit/Sport					
• Neben- oder Wirtschaftsräume in Sportanlagen oder Schwimmbädern		x			
• Schwimmbäder, Fitness-, Wellness- oder Saunaanlagen, Großsportstätten			x	x	
• Sport-, Mehrzweck- oder Stadthallen, Gymnastikräume, Tanzschulen			x	x	
Gewerbe/Industrie/Landwirtschaft/Verkehr					
• Einfache Hallen oder Werkstätten ohne fachspezifische Einrichtung, Pavillons		x			
• Landwirtschaftliche Betriebsbereiche		x	x		
• Gewerbebereiche, Werkstätten mit technischer oder maschineller Einrichtung			x	x	
• Umfassende Fabrikations- oder Produktionsanlagen				x	
• Räume in Tiefgaragen, Unterführungen		x			
• Gast- oder Betriebsbereiche in Flughäfen, Bahnhöfen				x	x
Kultur-/Sakralbauten					
• Kultur- oder Sakralbereiche, Kirchenräume				x	x
• Individuell gestaltete Ausstellungs-, Museums- oder Theaterbereiche				x	x
• Konzert- oder Theatersäle, Studioräume für Rundfunk, Fernsehen oder Theater					x

Grundlage der Anwendung des §35 Abs. 2 bis 7 HOAI ist §5 HOAI 2021 zur Ermittlung der Schwierigkeit des Vorhabens. Siehe hierzu die Erläuterungen zu §5 HOAI 2021 oben a. a. O. Für jedes Bewertungsmerkmal ist zu prüfen, ob sehr geringe, geringe, durchschnittliche, überdurchschnittliche oder sehr hohe Planungsanforderungen bestehen. Gibt es kein eindeutiges Ergebnis, muss eine Bewertung nach dem Punktesystem gemäß §35 Abs. 4 , 6 erfolgen. So kommt hier eine Punktewertung bis sechs in Betracht.

§35 Abs. 2 Nr. 1 HOAI 2021 gibt die **Einbindung in die Umgebung** vor. Eine Einbindung in die Umgebung ist die Summe der Bedingungen, unter denen sich das zu planende Gebäude seinem Umfeld anzupassen hat. Es sind die vorhandene und geplante Umgebungsbebauung, städtebauliche Bedingungen, der Verkehr, der Charakter der Landschaft, die Topografie, aber auch die Kompliziertheit der Abstimmungsmechanismen und Auflagen aufgrund öffentlich-rechtlicher oder privatrechtlicher Bindungen zu berücksichtigen. Beim **Bestandsbau**, der saniert oder umgebaut wird, ist das nicht der Fall, hier kann die Einbindung in die Umgebung nur bei der Fassadengestaltung eine Rolle spielen. Hier können höchstens sechs Punkte angesetzt werden.

Die **Anzahl der Funktionsbereiche** nach **§35 Abs. 2 Nr. 2** HOAI sind z. B. die Funktionsbereiche Wohnen, Essen, Arbeiten, Schlafen etc. bei einem Wohngebäude. Allerdings ist zu beachten, dass bei einfachen Gebäuden hier die Auslegung durchaus die Honorarzone II und bei komplexen Gebäuden die Honorarzone IV ergeben kann. Anhaltspunkte bieten auch die Anlagen 10.2 und 10.3. Das Bewertungsmerkmal nach §35 Abs. 4 und 6 HOAI 2021 ist mit höchstens neun Punkten vorgegeben.

Nach **§35 Abs. 2 Nr. 3** HOAI sind **gestalterische Anforderungen** architektonische Qualitätsmerkmale des Gebäudes innen und außen. Das ist meist eine sehr individuelle Sichtweise. Die Bewertung ist nach §35 Abs. 4 und 6 HOAI 2021 mit höchstens neun Punkten zu bewerten.

Die **konstruktiven Anforderungen** sind nach **§35 Abs. 2 Nr. 4** HOAI zu bewerten, wobei die statischen Verhältnisse und die Schwierigkeit des konstruktiven Aufbaus zu berücksichtigen sind. Die Bewertung findet nach §35 Abs. 4 und 6 HOAI mit höchstens sechs Punkten statt.

Die **technische Ausrüstung** nach **§35 Abs. 2 Nr. 5** HOAI berücksichtigt die Schwierigkeit der geplanten Leistungen der technischen Ausrüstung nach §§53 ff. HOAI. Nach §35 Abs. 4 und 6 HOAI ist das mit höchstens sechs Punkten zu bewerten.

Nach **§35 Abs. 2 Nr. 6** HOAI betrifft der **Ausbau** alle Gewerke, die nicht zum Rohbau gehören. Insbesondere sind hier die Leistungen zu berücksichtigen, die zum raumbildenden und raumteilenden Ausbau gehören. Wenn sich für die Bewertung von Innenraumplanung nach §§34, 35 HOAI eine hohe Honorarzone ergibt, ist das hier anzuwenden. Bei der planerischen Mitverwertung des Altbestandes ist er in die Bewertung aufzunehmen. Insgesamt ist die Bewertung nach §35 Abs. 4 und 6 HOAI mit höchstens sechs Punkten vorzunehmen.

§35 Abs. 3 HOAI gibt die Bewertungsmerkmale zur Ermittlung der Honorarzone bei Leistungen für Innenräume vor. Die bei der Ermittlung der Honorarzone ergänzend anwendbare Objektliste für die Leistungen bei Innenräumen ist Anlage 10.3. **§35 Abs. 5** HOAI gibt die Punktezahl bei Nr. 1 bis 4 mit bis sechs Punkten und bei Nr. 5 und 6 mit bis neun Punkten vor. Daraus ergibt sich folgende Vorgabe bei Gebäuden:

Bewertungsmerkmal	Punkte (von ... bis)
Einbindung in die Umgebung	0–6
Anzahl der Funktionsbereiche	0–9
gestalterische Anforderungen	0–9
konstruktive Anforderungen	0–6
technische Ausrüstung	0–6
Ausbau	0–6
	0–42

Bei Innenräumen:

Bewertungsmerkmal	Punkte (von ... bis)
Anzahl der Funktionsbereiche	0–6
Anforderungen an die Lichtgestaltung	0–6
Anforderungen an Raumzuordnung und Raumproportion	0–6
technische Ausrüstung	0–6
Farb- und Materialgestaltung	0–9
konstruktive Details	0–9
	0–42

!

Beispiel: Einordnung »freistehendes Einfamilienhaus mit durchschnittlichen Anforderungen«

Bewertungsmerkmal	Punkte (von ... bis)	Punkte (am Bsp.)
Einbindung in die Umgebung	0–6	3
Anzahl der Funktionsbereiche	0–9	5
gestalterische Anforderungen	0–9	6
konstruktive Anforderungen	0–6	4
technische Ausrüstung	0–6	4
Ausbau	0–6	4
	0–42	26

Nach **§ 35 Abs. 6** HOAI sind **Leistungen für Gebäude** mit 19 bis 26 Punkten der Honorarzone III zuzuordnen. Da aber die genaue Verteilung der Bewertungspunkte nicht vorgegeben ist und beispielsweise der Verordnungsgeber auch keine Vorgaben für Zwischenpunkte gegeben hat, hat sich seit vielen Jahren die nachfolgende Tabelle bewährt:

Planungsanforderungen	sehr gering	gering	durchschnittlich	überdurchschnittlich	sehr hoch
Einbindung in die Umgebung	1	2	3–4	5	6
Anzahl der Funktionsbereiche	1–2	3–4	5–6	7–8	9
gestalterische Anforderungen	1–2	3–4	5–6	7–8	9
konstruktive Anforderungen	1	2	3–4	5	6
technische Ausrüstung	1	2	3–4	5	6
Ausbau	1	2	3–4	5	6

Alternativ kann durchaus nachfolgende Tabelle verwendet werden:

Planungsanforderungen	sehr gering	gering	durchschnittlich	überdurchschnittlich	sehr hoch
Einbindung in die Umgebung	1	2–3	4	5	6
Anzahl der Funktionsbereiche	1–2	3	4–5	6–7	8–9
gestalterische Anforderungen	1–2	3	4–5	6–7	8–9

Planungsanforderungen	sehr gering	gering	durch-schnitt-lich	über-durch-schnitt-lich	sehr hoch
konstruktive Anforderungen	1–2	3	4	5	6
technische Ausrüstung	1	2–3	4	5	6
Ausbau	1–2	3	4	5	6

3.4.3.4 § 36 – Umbauten und Modernisierung von Gebäuden und Innenräumen

> (1) Für Umbauten und Modernisierungen von Gebäuden kann bei einem durchschnittlichen Schwierigkeitsgrad ein Zuschlag gemäß § 6 Absatz 2 Satz 3 bis 33 Prozent auf das ermittelte Honorar in Textform vereinbart werden.
>
> (2) Für Umbauten und Modernisierungen von Innenräumen in Gebäuden kann bei einem durchschnittlichen Schwierigkeitsgrad ein Zuschlag gemäß § 6 Absatz 2 Satz 3 bis 50 Prozent auf das ermittelte Honorar in Textform vereinbart werden.

§ 36 HOAI ist in Verbindung mit den Vorgaben des § 6 Abs. 2 und 3 HOAI 2021 zu sehen und unterscheidet sich hiervon in Abs. 3, der den Fall vorsieht, wenn eine vertragliche Honorarvereinbarung nicht in Textform getroffen wurde. Dann ist der Ansatz 20 Prozent ab einem durchschnittlichen Schwierigkeitsgrad und eben nicht bis 33 Prozent oder 50 Prozent.

Wichtig ist, dass bei **durchschnittlichem Schwierigkeitsgrad**, der meist in Honorarzone III verortet werden kann, Zuschläge von 0 bis 33 Prozent bei Gebäuden und von 0 bis 50 Prozent bei Innenräumen vereinbart werden. Bei Umbauten mit hohen oder sehr hohen Planungsanforderungen, wie sie in Honorarzonen IV oder V vorkommen, können mehr als 33 Prozent Zuschlag vereinbart werden. Dabei ist zu beachten, dass nicht die Honorarzone des Gebäudes oder des Innenraums ausschlaggebend ist, sondern die Honorarzone des Umbaus oder der Modernisierung in sinngemäßer Anwendung der Bewertungsmerkmale (§ 6 Abs. 2 Nr. 2 HOAI).

Die prozentualen Obergrenzen können aber auch für Umbauten oder die Modernisierung mit einem **geringerem als dem durchschnittlichen Schwierigkeitsgrad** gelten, denn die Parteien sind in der Annahme des Durchschnittssatzes seit der HOAI 2021 im Rahmen der vertraglichen Gestaltung nun frei und können auch das vereinbaren.

3.4.3.5 § 37 – Aufträge für Gebäude und Freianlagen oder Gebäude und Innenräume

(1) § 11 Absatz 1 ist nicht anzuwenden, wenn die getrennte Berechnung der Honorare für Freianlagen weniger als 7 500 Euro anrechenbare Kosten ergeben würde.

(2) Werden Grundleistungen für Innenräume in Gebäuden, die neu gebaut, wiederaufgebaut, erweitert oder umgebaut werden, einem Auftragnehmer übertragen, dem auch Grundleistungen für dieses Gebäude nach § 34 übertragen werden, so sind die Grundleistungen für Innenräume bei der Vereinbarung des Honorars für die Grundleistungen am Gebäude zu berücksichtigen. Ein gesondertes Honorar nach § 11 Absatz 1 darf für die Grundleistungen für Innenräume nicht berechnet werden.

§ 37 ist im Zusammenhang und gleichzeitig als Ausnahme zu § 11 Abs. 1 HOAI zu sehen. Entgegen dem Trennungsprinzip des § 11 Abs. 1 HOAI und § 2 Abs. 1 HOAI zu Objekten, werden hier diese durchbrochen. Infolge des Wegfalls der verbindlichen Mindest- und Höchsthonorarsätze werden die entsprechenden Begrifflichkeiten in **§ 37 Abs. 2 Satz 1** gestrichen.

Umfasst der Planungsauftrag neben einem Gebäude auch Freianlagen, deren anrechenbare Kosten weniger als 7.500 Euro betragen, so sind diese den anrechenbaren Kosten des Gebäudes nach **§ 37 Abs. 1** HOAI zuzuschlagen. Dabei ist zu berücksichtigen, dass die KG 300 die Außenanlagen nicht aufführen, sondern unter KG 500 zu finden sind.

Zudem gilt § 11 Abs. 1 HOAI bezogen auf die Objekttrennung, denn § 37 HOAI bezieht sich auf die Trennung zwischen einem Gebäude und der dazugehörenden Freianlage. Bei gemeinsamen Freianlagen mit weniger als 7.500 Euro anrechenbaren Kosten werden dann auch mehrere Gebäude nicht zu einem Abrechnungsobjekt.

Beispiel: Mehrere Einheiten !

Der Auftragnehmer plant mehrere Reihenhäuser oder die Aufteilung eines Gutshofes in mehrere Wohneinheiten mit einem einheitlichen Park.

Aber: Bei der gemeinsame Abrechnung von **Ingenieurbauwerken und Verkehrsanlagen mit Freianlagen** findet § 37 Abs. 1 HOAI keine Anwendung, was schon der Wortlaut besagt. Dies war bisher streitig, weil der Verordnungsgeber in der HOAI 2009 und 2013 das vergaß klarzustellen.

Wenn **neben einem Neubau** oder sonstigen Maßnahmen, die mit wesentlichen Eingriffen in Bestand oder Konstruktion verbunden waren (Wiederaufbau, Erweiterungsbau,

Umbau) **auch der raumbildende Ausbau** an denselben Auftragnehmer übertragen wurde, so ist das Honorar nach **§ 37 Abs. 2** HOAI nicht separat zu berechnen. Zudem ist zu berücksichtigen, dass die Zusammenfassung zu einem Objekt nicht voraussetzt, dass der umfassende Auftrag in einem Zug oder gleichzeitig erteilt wird. Es kommt nicht auf die Einheitlichkeit des Vertragsschlusses, sondern auf die zusammenhängende Ausführung der Leistungen an. Allerdings wird man das anders sehen müssen, wenn die Parteien das vertraglich anders regeln.

3.4.4 Abschnitt 2 – Freianlagen

Die Freianlagen sind in § 2 Nr. 1 als »Objekte« bezeichnet. Die Abgrenzung zu Ingenieurbauwerken und zu Verkehrsanlagen kann im Einzelfall schwierig sein. Leistungen für Freianlagen, Ingenieurbauwerke und Verkehrsanlagen sind eigenständige Leistungen, die nach den jeweils auf sie entfallenden anrechenbaren Kosten getrennt abgerechnet werden. Dabei haben Freianlagen im Zweifel Vorrang vor Ingenieurbauwerken und Verkehrsanlagen. Die Vergabe von Leistungen für Freianlagen durch öffentliche Auftraggeber erfolgt in der Regel unter Verwendung des Vertragsmusters Tragwerksplanung (RBBau, VM6, Stand 24.04.2020) der Richtlinien für die Durchführung von Bauaufgaben des Bundes.

3.4.4.1 § 38 – Besondere Grundlagen des Honorars

> (1) Für Grundleistungen bei Freianlagen sind die Kosten für Außenanlagen anrechenbar, insbesondere für folgende Bauwerke und Anlagen, soweit diese durch den Auftragnehmer geplant oder überwacht werden:
> 1. Einzelgewässer mit überwiegend ökologischen und landschaftsgestalterischen Elementen,
> 2. Teiche ohne Dämme,
> 3. flächenhafter Erdbau zur Geländegestaltung,
> 4. einfache Durchlässe und Uferbefestigungen als Mittel zur Geländegestaltung, soweit keine Grundleistungen nach Teil 4 Abschnitt 1 erforderlich sind,
> 5. Lärmschutzwälle als Mittel zur Geländegestaltung,
> 6. Stützbauwerke und Geländeabstützungen ohne Verkehrsbelastung als Mittel zur Geländegestaltung, soweit keine Tragwerke mit durchschnittlichem Schwierigkeitsgrad erforderlich sind,
> 7. Stege und Brücken, soweit keine Grundleistungen nach Teil 4 Abschnitt 1 erforderlich sind,
> 8. Wege ohne Eignung für den regelmäßigen Fahrverkehr mit einfachen Entwässerungsverhältnissen sowie andere Wege und befestigte Flächen, die als Gestaltungselement der Freianlagen geplant werden und für die keine Grundleistungen nach Teil 3 Abschnitt 3 und 4 erforderlich sind.

(2) Nicht anrechenbar sind für Grundleistungen bei Freianlagen die Kosten für
1. das Gebäude sowie die in § 33 Absatz 3 genannten Kosten und
2. den Unter- und Oberbau von Fußgängerbereichen ausgenommen die Kosten für die Oberflächenbefestigung.

§ 38 entspricht weitestgehend § 37 der HOAI 2009. § 37 Abs. 1 wurde als Katalog von Regelbeispielen für Außenanlagen abgefasst. Damit wird klargestellt, dass die in **§ 38 Abs. 1 Nr. 1 bis 8** aufgeführten Beispiele den Begriff »Außenanlage« konkretisieren. Wie in den entsprechenden Regelungen zum Beispiel für Gebäude (§ 34 Abs. 3 HOAI 2021) oder Technische Ausrüstung (§ 54 Abs. 3 HOAI 2013) wird darüber hinaus in § 38 Abs. 1 klargestellt, dass die anrechenbaren Kosten für die genannten Bauwerke und Anlagen zu berücksichtigen sind, soweit der Auftragnehmer diese plant oder überwacht. Weiterhin wurden in § 38 Abs. 1 Nr. 4, 6, 7 und 8 die Verweise innerhalb der HOAI konkretisiert. Bei den in § 38 Abs. 1 Nr. 6 ausgenommenen Tragwerken der Honorarzone III bis V handelt es sich um solche der Anlage 14.2. § 37 Abs. 3 HOAI 2009 wurde in § 37 Abs. 1 der neuen HOAI überführt.

Nach § 38 Abs. 1 HOAI zählen zu den anrechenbaren Kosten für Leistungen bei Freianlagen

- die Kosten für Außenanlagen; gemeint sind die Kosten für Außenanlagen im Rahmen der Gebäudeplanung nach der Kostengruppe 500 der DIN 276:
  - 500 Außenanlagen
  - 510 Geländeflächen
  - 511 Oberbodenarbeiten
  - 512 Bodenarbeiten
  - 519 Geländeflächen, Sonstiges
  - 520 Befestigte Flächen
  - 521 Wege
  - 522 Straßen
  - 523 Plätze, Höfe
  - 524 Stellplätze
  - 525 Sportplatzflächen
  - 526 Spielplatzflächen
  - 527 Gleisanlagen
  - 529 Befestigte Flächen, Sonstiges
  - 530 Baukonstruktionen im Außenbereich
  - 531 Einfriedungen
  - 532 Schutzkonstruktionen
  - 533 Mauern, Wände
  - 534 Rampen, Treppen, Tribünen
  - 535 Überdachungen
  - 536 Brücken, Stege

- 537 Kanal- und Schachtbauanlagen
- 538 Wasserbauliche Anlagen
- 539 Baukonstruktionen in Außenanlagen, Sonstiges
- 540 Technische Anlagen in Außenanlagen
- 541 Abwasseranlagen
- 542 Wasseranlagen
- 543 Gasanlagen
- 544 Wärmeversorgungsanlagen
- 545 Lufttechnische Anlagen
- 546 Starkstromanlagen
- 547 Fernmelde- und informationstechnische Anlagen
- 548 Nutzungsspezifische Anlagen
- 549 Technische Anlagen in Außenanlagen, Sonstiges
- 550 Einbauten in Außenanlagen
- 551 Allgemeine Einbauten
- 552 Besondere Einbauten
- 559 Einbauten in Außenanlagen, Sonstiges
- 560 Wasserflächen
- 561 Abdichtungen
- 562 Bepflanzungen
- 569 Wasserflächen, Sonstiges
- 570 Pflanz- und Saatflächen
- 571 Oberbodenarbeiten
- 572 Vegetationstechnische Bodenbearbeitung
- 573 Sicherungsbauweisen
- 574 Pflanzen
- 575 Rasen und Ansaaten
- 576 Begrünung unterbauter Flächen
- 579 Pflanz- und Saatflächen, Sonstiges
- 590 Sonstige Außenanlagen
- 591 Baustelleneinrichtung
- 592 Gerüste
- 593 Sicherungsmaßnahmen
- 594 Abbruchmaßnahmen
- 595 Instandsetzungen
- 596 Materialentsorgung
- 597 Zusätzliche Maßnahmen
- 598 Provisorische Außenanlagen
- 599 Sonstige Maßnahmen für Außenanlagen, Sonstiges

• die in § 38 Abs. 1 HOAI aufgezählten Bauwerke und Anlagen, deren Kosten anrechenbar sind, soweit sie der Auftragnehmer plant und überwacht.

Da die DIN 276-1:2008-12 für Hochbauten anwendbar ist und für die Kosten von Freianlagen nicht passt, umfasst § 38 Abs. 1 HOAI im Übrigen – wie bereits § 10 Abs. 4a HOAI 1996 – eine nicht abschließende Aufzählung solcher Objekte, deren Kosten bei der Honorarermittlung berücksichtigt werden sollen. Das können sein:

- Einzelgewässer mit überwiegenden ökologischen und landschaftsgestalterischen Elementen
- Teiche und Dämme
- flächenhafter Erdbau zur Geländegestaltung
- einfache Durchlässe und Uferbefestigungen als Mittel zur Geländegestaltung, soweit keine Leistungen nach Teil 4 (Fachplanung) erforderlich sind
- Lärmschutzwälle als Mittel zur Geländegestaltung
- Stützbauwerke und Geländeabstützungen ohne Verkehrsbelastung als Mittel zur Geländegestaltung, soweit keine Leistungen nach Teil 4 erforderlich sind
- Stege und Brücken, soweit keine Leistungen nach Teil 4 erforderlich sind
- Wege ohne Eignung für den regelmäßigen Fahrverkehr mit einfachen Entwässerungsverhältnissen sowie andere Wege und befestigte Flächen, die als Gestaltungselement der Freianlagen geplant werden und für die Leistungen nach Teil 4 nicht erforderlich sind.

Bei den aufgezählten Objekten handelt es sich zum Teil um Maßnahmen, die auch im Rahmen von Ingenieurbauwerken und Verkehrsanlagen vorkommen. Eine Abgrenzung ist relevant, weil beide Bereiche grundsätzlich getrennt abgerechnet werden. Insoweit bestimmt § 41 Nr. 3 HOAI, dass Bauwerke und Anlagen des Wasserbaus nur dann in den Anwendungsbereich der Ingenieurbauwerke fallen, soweit keine Freianlagenplanung vorliegt. Entsprechendes regelt § 45 Nr. 1 HOAI für Verkehrsanlagen. Entscheidendes Kriterium für die Abgrenzung soll sein, ob die Funktionalität oder die planerische Gestaltung im Vordergrund steht.

Beispiel: Wege aus einem Krankenhausgelände !

Wege aus einem Krankenhausgelände, die nicht nur dem Fußgängerverkehr, sondern auch dem Fahrzeugverkehr dienen, gehören zu den Verkehrsanlagen, weil verkehrstechnische Aspekte bei der Planung im Vordergrund stehen (KG, BauR 1991, 251).

Die in § 38 Nr. 4, 6, 7 und 8 HOAI aufgeführten Maßnahmen fallen nur dann unter den Begriff der Freianlagen, wenn hierfür keine Tragwerksplanung erforderlich ist. Leistungen der Tragwerksplanung liegen vor, wenn die Leistungsphasen 3 und 4 gemäß § 51 Abs. 1 HOAI realisiert werden. Ist das der Fall, sind die Kosten der Maßnahmen im Leistungsbild Freianlagen nicht anrechenbar.

Nach Nr. 1 gehören die Kosten der Gebäudeherstellung (DIN 276 KG 300) nicht zu den anrechenbaren Kosten. Im Übrigen verweist die Vorschrift auf § 3 Abs. 3 HOAI, wonach die Kosten der dort genannten Leistungen nur dann anrechenbar sind, wenn sie geplant bzw. beschafft und/oder fachlich überwacht werden. Gemeint sind hiermit die Kosten gemäß DIN 276 KG 100, 200, 600 und 700.

Nach Nr. 2 sind die Kosten von Fußgängerbereichen auf die Oberflächenbefestigung beschränkt.

3.4.4.2 § 39 – Leistungsbild Freianlagen

> (1) Freianlagen sind planerisch gestaltete Freiflächen und Freiräume sowie entsprechend gestaltete Anlagen in Verbindung mit Bauwerken oder in Bauwerken und landschaftspflegerische Freianlagenplanungen in Verbindung mit Objekten.
>
> (2) § 34 Absatz 1 gilt entsprechend.
>
> (3) Die Grundleistungen bei Freianlagen sind in neun Leistungsphasen unterteilt und werden wie folgt in Prozentsätzen der Honorare des § 40 bewertet:
> 1. für die Leistungsphase 1 (Grundlagenermittlung) mit 3 Prozent,
> 2. für die Leistungsphase 2 (Vorplanung) mit 10 Prozent,
> 3. für die Leistungsphase 3 (Entwurfsplanung) mit 16 Prozent,
> 4. für die Leistungsphase 4 (Genehmigungsplanung) mit 4 Prozent,
> 5. für die Leistungsphase 5 (Ausführungsplanung) mit 25 Prozent,
> 6. für die Leistungsphase 6 (Vorbereitung der Vergabe) mit 7 Prozent,
> 7. für die Leistungsphase 7 (Mitwirkung bei der Vergabe) mit 3 Prozent,
> 8. für die Leistungsphase 8 (Objektüberwachung – Bauüberwachung und Dokumentation) mit 30 Prozent und
> 9. für die Leistungsphase 9 (Objektbetreuung) mit 2 Prozent.
>
> (4) Anlage 11 Nummer 11.1 regelt die Grundleistungen jeder Leistungsphase und enthält Beispiele für Besondere Leistungen.

Allgemeines zu § 39 Abs. 1 bis 3

Neu aufgenommen wurde mit der HOAI 2013 in **§ 39 Abs. 1** die bislang im allgemeinen Teil in § 2 enthaltene Definition der Freianlagen. **§ 39 Abs. 2** entspricht mit dem Verweis auf § 34 Abs. 1 zum Umfang des Leistungsbildes der Fassung von § 38 Abs. 1 Satz 1 HOAI 2009. Für den bereits in der HOAI 2009 im eigenständigen Abschnitt 2 des Teils 3 Objektplanung geregelten Leistungsbereich Freianlagen wird nunmehr auch der Inhalt des Leistungsbildes in einer eigenständigen Anlage abgebildet. Der Inhalt des Leistungsbildes Freianlagen kann damit konkreter anhand des weiten Spektrums der Planungsaufgaben erläutert werden. Dort werden auch die Leistungen der landschaftspflegerischen Ausführungsplanung deutlicher herausgebildet.

§ 39 Abs. 3 HOAI ordnet die prozentualen Ansätze der Leistungsphasen an:

	Freianlagen HOAI 2021
Leistungsphase 1 Grundlagenermittlung	3
Leistungsphase 2 Vorplanung	10
Leistungsphase 3 Entwurfsplanung	16
Leistungsphase 4 Genehmigungsplanung	4
Leistungsphase 5 Ausführungsplanung	25
Leistungsphase 6 Vorbereitung der Vergabe	7
Leistungsphase 7 Mitwirkung bei der Vergebe	3
Leistungsphase 8 Objektüberwachung und Dokumentation	30
Leistungsphase 9 Objektbetreuung	2
	100

§ 39 Abs. 4 HOAI verweist auf Anlage 11.1:

Grundleistungen im Leistungsbild Freianlagen, Besondere Leistungen, Objektliste

11.1 Leistungsbild Freianlagen

Grundleistungen	Besondere Leistungen
LPH 1 Grundlagenermittlung	
a) Klären der Aufgabenstellung auf Grund der Vorgaben oder der Bedarfsplanung des Auftraggebers oder vorliegender Planungs- und Genehmigungsunterlagen b) Ortsbesichtigung c) Beraten zum gesamten Leistungs- und Untersuchungsbedarf d) Formulieren von Entscheidungshilfen für die Auswahl anderer an der Planung fachlich Beteiligter e) Zusammenfassen, Erläutern und Dokumentieren der Ergebnisse	• Mitwirken bei der öffentlichen Erschließung • Kartieren und Untersuchen des Bestandes, Floristische oder faunistische Kartierungen • Begutachtung des Standortes mit besonderen Methoden zum Beispiel Bodenanalysen • Beschaffen bzw. Aktualisieren bestehender Planunterlagen, Erstellen von Bestandskarten

Grundleistungen	Besondere Leistungen
LPH 2 Vorplanung (Projekt- und Planungsvorbereitung)	
a) Analysieren der Grundlagen, Abstimmen der Leistungen mit den fachlich an der Planung Beteiligten b) Abstimmen der Zielvorstellungen c) Erfassen, Bewerten und Erläutern der Wechselwirkungen im Ökosystem d) Erarbeiten eines Planungskonzepts einschließlich Untersuchen und Bewerten von Varianten nach gleichen Anforderungen unter Berücksichtigung zum Beispiel – der Topographie und der weiteren standörtlichen und ökologischen Rahmenbedingungen, – der Umweltbelange einschließlich der natur- und artenschutzrechtlichen Anforderungen und der vegetationstechnischen Bedingungen, – der gestalterischen und funktionalen Anforderungen, – Klären der wesentlichen Zusammenhänge, Vorgänge und Bedingungen, – Abstimmen oder Koordinieren unter Integration der Beiträge anderer an der Planung fachlich Beteiligter e) Darstellen des Vorentwurfs mit Erläuterungen und Angaben zum terminlichen Ablauf f) Kostenschätzung, zum Beispiel nach DIN 276, Vergleich mit den finanziellen Rahmenbedingungen g) Zusammenfassen, Erläutern und Dokumentieren der Vorplanungsergebnisse	• Umweltfolgenabschätzung • Bestandsaufnahme, Vermessung • Fotodokumentationen • Mitwirken bei der Beantragung von Fördermitteln und Beschäftigungsmaßnahmen • Erarbeiten von Unterlagen für besondere technische Prüfverfahren • Beurteilen und Bewerten der vorhandenen Bausubstanz, Bauteile, Materialien, Einbauten oder der zu schützenden oder zu erhaltenden Gehölze oder Vegetationsbestände

Grundleistungen	Besondere Leistungen
LPH 3 Entwurfsplanung (System- und Integrationsplanung)	
a) Erarbeiten der Entwurfsplanung auf Grundlage der Vorplanung unter Vertiefung zum Beispiel der gestalterischen, funktionalen, wirtschaftlichen, standörtlichen, ökologischen, natur- und artenschutzrechtlichen Anforderungen b) Abstimmen oder Koordinieren unter Integration der Beiträge anderer an der Planung fachlich Beteiligter c) Abstimmen der Planung mit zu beteiligenden Stellen und Behörden d) Darstellen des Entwurfs zum Beispiel im Maßstab 1 : 500 bis 1 : 100, mit erforderlichen Angaben insbesondere – zur Bepflanzung, – zu Materialien und Ausstattungen, – zu Maßnahmen auf Grund rechtlicher Vorgaben, – zum terminlichen Ablauf e) Objektbeschreibung mit Erläuterung von Ausgleichs- und Ersatzmaßnahmen nach Maßgabe der naturschutzrechtlichen Eingriffsregelung f) Kostenberechnung, zum Beispiel nach DIN 276 einschließlich zugehöriger Mengenermittlung g) Vergleich der Kostenberechnung mit der Kostenschätzung h) Zusammenfassen, Erläutern und Dokumentieren der Entwurfsplanungsergebnisse	• Mitwirken beim Beschaffen nachbarlicher Zustimmungen • Erarbeiten besonderer Darstellungen, zum Beispiel Modelle, Perspektiven, Animationen • Beteiligung von externen Initiativ- und Betroffenengruppen bei Planung und Ausführung • Mitwirken bei Beteiligungsverfahren oder Workshops • Mieter- oder Nutzerbefragungen • Erarbeiten von Ausarbeitungen nach den Anforderungen der naturschutzrechtlichen Eingriffsregelung sowie des besonderen Arten- und Biotopschutzrechtes, Eingriffsgutachten, Eingriffs- oder Ausgleichsbilanz nach landesrechtlichen Regelungen • Mitwirken beim Erstellen von Kostenaufstellungen und Planunterlagen für Vermarktung und Vertrieb • Erstellen und Zusammenstellen von Unterlagen für die Beauftragung von Dritten (Sachverständigenbeauftragung) • Mitwirken bei der Beantragung und Abrechnung von Fördermitteln und Beschäftigungsmaßnahmen • Abrufen von Fördermitteln nach Vergleich mit den Ist-Kosten (Baufinanzierungsleistung) • Mitwirken bei der Finanzierungsplanung • Erstellen einer Kosten-Nutzen-Analyse • Aufstellen und Berechnen von Lebenszykluskosten

Grundleistungen	Besondere Leistungen
LPH 4 Genehmigungsplanung	
a) Erarbeiten und Zusammenstellen der Vorlagen und Nachweise für öffentlich-rechtliche Genehmigungen oder Zustimmungen einschließlich der Anträge auf Ausnahmen und Befreiungen sowie notwendiger Verhandlungen mit Behörden unter Verwendung der Beiträge anderer an der Planung fachlich Beteiligter b) Einreichen der Vorlagen c) Ergänzen und Anpassen der Planungsunterlagen, Beschreibungen und Berechnungen	• Teilnahme an Sitzungen in politischen Gremien oder im Rahmen der Öffentlichkeitsbeteiligung • Erstellen von landschaftspflegerischen Fachbeiträgen oder natur- und artenschutzrechtlichen Beiträgen • Mitwirken beim Einholen von Genehmigungen und Erlaubnissen nach Naturschutz-, Fach- und Satzungsrecht • Erfassen, Bewerten und Darstellen des Bestandes gemäß Ortssatzung • Erstellen von Rodungs- und Baumfällanträgen • Erstellen von Genehmigungsunterlagen und Anträgen nach besonderen Anforderungen • Erstellen eines Überflutungsnachweises für Grundstücke • Prüfen von Unterlagen der Planfeststellung auf Übereinstimmung mit der Planung
LPH 5 Ausführungsplanung	
a) Erarbeiten der Ausführungsplanung auf Grundlage der Entwurfs- und Genehmigungsplanung bis zur ausführungsreifen Lösung als Grundlage für die weiteren Leistungsphasen b) Erstellen von Plänen oder Beschreibungen, je nach Art des Bauvorhabens zum Beispiel im Maßstab 1 : 200 bis 1 : 50 c) Abstimmen oder Koordinieren unter Integration der Beiträge anderer an der Planung fachlich Beteiligter d) Darstellen der Freianlagen mit den für die Ausführung notwendigen Angaben, Detail- oder Konstruktionszeichnungen, insbesondere – zu Oberflächenmaterial, -befestigungen und -relief, – zu ober- und unterirdischen Einbauten und Ausstattungen, – zur Vegetation mit Angaben zu Arten, Sorten und Qualitäten, – zu landschaftspflegerischen, naturschutzfachlichen oder artenschutzrechtlichen Maßnahmen	• Erarbeitung von Unterlagen für besondere technische Prüfverfahren (zum Beispiel Lastplattendruckversuche) • Auswahl von Pflanzen beim Lieferanten (Erzeuger)

Grundleistungen	Besondere Leistungen
e) Fortschreiben der Angaben zum terminlichen Ablauf f) Fortschreiben der Ausführungsplanung während der Objektausführung	
LPH 6 Vorbereitung der Vergabe	
a) Aufstellen von Leistungsbeschreibungen mit Leistungsverzeichnissen b) Ermitteln und Zusammenstellen von Mengen auf Grundlage der Ausführungsplanung c) Abstimmen oder Koordinieren der Leistungsbeschreibungen mit den an der Planung fachlich Beteiligten d) Aufstellen eines Terminplans unter Berücksichtigung jahreszeitlicher, bauablaufbedingter und witterungsbedingter Erfordernisse e) Ermitteln der Kosten auf Grundlage der vom Planer bepreisten Leistungsverzeichnisse f) Kostenkontrolle durch Vergleich der vom Planer bepreisten Leistungsverzeichnisse mit der Kostenberechnung g) Zusammenstellen der Vergabeunterlagen	• Alternative Leistungsbeschreibung für geschlossene Leistungsbereiche • Besondere Ausarbeitungen zum Beispiel für Selbsthilfearbeiten
LPH 7 Mitwirkung bei der Vergabe	
a) Einholen von Angeboten b) Prüfen und Werten der Angebote einschließlich Aufstellen eines Preisspiegels nach Einzelpositionen oder Teilleistungen, Prüfen und Werten der Angebote zusätzlicher und geänderter Leistungen der ausführenden Unternehmen und der Angemessenheit der Preise c) Führen von Bietergesprächen d) Erstellen der Vergabevorschläge, Dokumentation des Vergabeverfahrens e) Zusammenstellen der Vertragsunterlagen f) Kostenkontrolle durch Vergleichen der Ausschreibungsergebnisse mit den vom Planer bepreisten Leistungsverzeichnissen und der Kostenberechnung g) Mitwirken bei der Auftragserteilung	• Prüfen von Nebenangeboten

Grundleistungen	Besondere Leistungen
LPH 8 Objektüberwachung (Bauüberwachung) und Dokumentation	
a) Überwachen der Ausführung des Objekts auf Übereinstimmung mit der Genehmigung oder Zustimmung, den Verträgen mit ausführenden Unternehmen, den Ausführungsunterlagen, den einschlägigen Vorschriften sowie mit den allgemein anerkannten Regeln der Technik b) Überprüfen von Pflanzen- und Materiallieferungen c) Abstimmen mit den oder Koordinieren der an der Objektüberwachung fachlich Beteiligten d) Fortschreiben und Überwachen des Terminplans unter Berücksichtigung jahreszeitlicher, bauablaufbedingter und witterungsbedingter Erfordernisse e) Dokumentation des Bauablaufes (zum Beispiel Bautagebuch), Feststellen des Anwuchsergebnisses f) Mitwirken beim Aufmaß mit den bauausführenden Unternehmen g) Rechnungsprüfung einschließlich Prüfen der Aufmaße der ausführenden Unternehmen h) Vergleich der Ergebnisse der Rechnungsprüfungen mit den Auftragssummen einschließlich Nachträgen i) Organisation der Abnahme der Bauleistungen unter Mitwirkung anderer an der Planung und Objektüberwachung fachlich Beteiligter, Feststellung von Mängeln, Abnahmeempfehlung für den Auftraggeber j) Antrag auf öffentlich-rechtliche Abnahmen und Teilnahme daran k) Übergabe des Objekts l) Überwachen der Beseitigung der bei der Abnahme festgestellten Mängel m) Auflisten der Verjährungsfristen für Mängelansprüche n) Überwachen der Fertigstellungspflege bei vegetationstechnischen Maßnahmen o) Kostenkontrolle durch Überprüfen der Leistungsabrechnung der bauausführenden Unternehmen im Vergleich zu den Vertragspreisen	• Dokumentation des Bauablaufs nach besonderen Anforderungen des Auftraggebers • fachliches Mitwirken bei Gerichtsverfahren • Bauoberleitung, künstlerische Oberleitung • Erstellen einer Freianlagenbestandsdokumentation

Grundleistungen	Besondere Leistungen
p) Kostenfeststellung, zum Beispiel nach DIN 276 q) Systematische Zusammenstellung der Dokumentation, zeichnerischen Darstellungen und rechnerischen Ergebnisse des Objekts	
LPH 9 Objektbetreuung	
a) Fachliche Bewertung der innerhalb der Verjährungsfristen für Gewährleistungsansprüche festgestellten Mängel, längstens jedoch bis zum Ablauf von 5 Jahren seit Abnahme der Leistung, einschließlich notwendiger Begehungen b) Objektbegehung zur Mängelfeststellung vor Ablauf der Verjährungsfristen für Mängelansprüche gegenüber den ausführenden Unternehmen c) Mitwirken bei der Freigabe von Sicherheitsleistungen	• Überwachung der Entwicklungs- und Unterhaltungspflege • Überwachen von Wartungsleistungen • Überwachen der Mängelbeseitigung innerhalb der Verjährungsfrist

Die Grundleistungen und Besonderen Leistungen wurden teilweise neu gefasst und geändert. Die wesentlichen Tätigkeiten sind nachfolgend aufgeführt.

Leistungsphase 1: Grundlagenermittlung
Buchstabe a): Zum Zweck der Klarstellung wurde neu die Alternative »Klärung der Aufgabenstellung aufgrund vorliegender Planungs- und Genehmigungsunterlagen« aufgenommen. Freianlagenplanungen werden in der Praxis auch auf der Grundlage bereits erteilter Planfeststellungen oder Plangenehmigungen erstellt.

Leistungsphase 2: Vorplanung
Buchstabe d): Erstmals werden Beispiele angeführt, wie die Topografie, die Umweltbelange sowie die gestalterischen und funktionalen Anforderungen bei der Erarbeitung des Planungskonzepts zu berücksichtigen sind. Insbesondere die Berücksichtigung der Umweltbelange einschließlich der artenschutzrechtlichen Bedingungen ist neuen Anforderungen des europäischen sowie nationalen Natur- und Artenschutzrechts sowie den gesetzlichen Bestimmungen zum Boden- und Gewässerschutz geschuldet. Dies hat für Freianlagen eine große Bedeutung. Diese Leistungspflicht setzt sich in den Leistungsphasen 3 bis 5 fort.

Buchstabe 2e): Die Teilleistung »Darstellen des Vorentwurfs mit Erläuterungen und Angaben zum terminlichen Ablauf« stellt gegenüber dem Leistungsbild Gebäude und Innenräume – dort Buchstabe 2g) »Erstellen eines Terminplans« – weniger strenge Anforderungen. Diese Abweichung liegt darin begründet, dass die Herstellung von Freianlagen besonders den jahreszeitlichen Witterungseinflüssen unterliegt und darüber hinaus Abhängigkeiten in der Terminplanung zur Erstellung von Gebäuden, Verkehrsanlagen oder Ingenieurbauwerken bestehen können.

Buchstabe 2f): Lediglich beispielhaft wird auf die DIN 276 Bezug genommen. Abhängig vom konkreten Vorhaben können auch andere Maßgaben zu Kostenermittlungen zum Beispiel nach der Anweisung zur Kostenberechnung für Straßenbaumaßnahmen (AKS) herangezogen werden. Die Anwendung der DIN 276 als Grundlage zur Bemessung der anrechenbaren Kosten für die Honorare bleibt davon unberührt.

Leistungsphase 3: Entwurfsplanung (System- und Integrationsplanung)
Buchstabe 3c): Die Angabe verschiedener Maßstäbe für die Darstellung des Entwurfs erfolgt beispielhaft zur Verdeutlichung, dass die Planungsunterlagen je nach Stand des Planungsprozesses einen unterschiedlichen Durcharbeitungsgrad haben können. Erläuterungen und Angaben zum terminlichen Ablauf erfolgen bereits in der Leistungsphase 2e).

Buchstabe 3d): Über die Objektbeschreibung hinaus wurde auf die Teilleistung »Erläuterung von Ausgleichs- und Ersatzmaßnahmen nach Maßgaben der naturschutzrechtlichen Eingriffsregelung« – Leistungsphase 3c) HOAI 2009 – verzichtet. Damit sollen Abgrenzungsschwierigkeiten zum Leistungsbild des Landschaftspflegerischen Begleitplans vermieden werden. Zwar ist die Erbringung der Fachplanung selbst nicht Teilleistung des Leistungsbildes Freianlagen. Die Integration der Leistungen anderer Fachplanungen sowie die Berücksichtigung weiterer fachlicher Aspekte erfolgt jedoch in der Objektbeschreibung. Darin sind somit auch Parameter des Landschaftspflegerischen Begleitplans aufzunehmen.

Buchstabe 3e): Lediglich beispielhaft wird auf die DIN 276 Bezug genommen. Abhängig vom konkreten Vorhaben können auch andere Maßgaben zu Kostenermittlungen, zum Beispiel die AKS, herangezogen werden. Die Anwendung der DIN 276 als Grundlage zur Bemessung der anrechenbaren Kosten für die Honorare bleibt davon unberührt.

Leistungsphase 4: Genehmigungsplanung
Buchstaben b) und c): Siehe die Erläuterungen zu Vorlagen und Anpassungen der Planungsunterlagen im Leistungsbild Gebäude zur Leistungsphase 4b) und c).

Leistungsphase 5: Ausführungsplanung
Buchstabe b): Die Angabe verschiedener Maßstäbe für die Darstellung des Entwurfs erfolgt beispielhaft zur Verdeutlichung, dass die Planungsunterlagen je nach Stand des Planungsprozesses einen unterschiedlichen Durcharbeitungsgrad haben können.

Erläuterungen und Angaben zum terminlichen Ablauf erfolgen bereits in der Leistungsphase 2e).

Buchstabe d): Die Teilleistung umfasst die Darstellung der Freianlagen mit den notwendigen Angaben sowie Detail- und Konstruktionszeichnungen, die insbesondere zu den dort beispielhaft aufgeführten Planungsparametern Aussagen treffen sollen. Die aufgeführten Beispiele verdeutlichen die erforderliche Bearbeitungs- und Durchdringungstiefe der Planung. Damit sollen für die Ausführungsplanung die wesentlichen Festlegungen getroffen werden, die allerdings wegen der Bearbeitungs- und Durchdringungstiefe der Planung in Leistungsphase 5 nicht abschließend sind.

Buchstabe 5e): Die Teilleistung »Fortschreiben der Angaben zum terminlichen Ablauf« stellt gegenüber dem Leistungsbild Gebäude und Innenräume – dort Buchstabe 5 d) »Fortschreiben des Terminplans« – weniger strenge Anforderungen. Diese Abweichung liegt darin begründet, dass die Herstellung von Freianlagen besonders den jahreszeitlichen Witterungseinflüssen unterliegt und darüber hinaus Abhängigkeiten in der Terminplanung zur Erstellung von Gebäuden, Verkehrsanlagen oder Ingenieurbauwerken bestehen können.

Leistungsphase 6: Vorbereitung der Vergabe
Die Teilleistungen zur Vorbereitung der Vergabe wurden leistungsbildspezifisch konkretisiert und an die Änderungen der Leistungsphase 6 im Leistungsbild »Gebäude und Innenräume« angepasst.

Abweichungen zum Gebäude ergeben sich bei der Bewertung der einzelnen Grundleistungen. Diese nimmt Simmendinger wie folgt vor:

Bewertung der Grundleistungen nach Simmendinger	
GL 2/a: 0,5 GL 2/b: 0,5 GL 2/c: 2,0 GL 2/d: 4,0 GL 2/e: 2,0 GL 2/f: 0,75 GL 2/g: 0,25	GL 3/a: 5,0 GL 3/b: 0,5 GL 3/c: 7,0 GL 3/d: 1,0 GL 3/e: 1,0 GL 3/f: 1,0 GL 3/g: 0, 5
GL 4/a: 3,0 GL 4/b: 0,25 GL 4/c: 0,75	GL 5/a: 7,0 GL 5/b: 7,0 GL 5/c: 1,5 GL 5/d: 8,0 GL 5/e: 0,5 GL 5/f: 1,0

Bewertung der Grundleistungen nach Simmendinger	
GL 6/a: 2,0 GL 6/b: 2,5 GL 6/c: 0,25 GL 6/d: 0,5 GL 6/e: 1,0 GL 6/f: 0,5 GL 6/g: 0,25	GL 7/a: 0,25 GL 7/b: 1,25 GL 7/c: 0,25 GL 7/d: 0,25 GL 7/e: 0,25 GL 7/f: 0,5 GL 7/g: 0,25
GL 8/a: 16,0 GL 8/b: 1,0 GL 8/c: 1,0 GL 8/d: 1,0 GL 8/e: 1,0 GL 8/f: 1,0 GL 8/g: 2,0 GL 8/h: 0,5 GL 8/i: 1,5 GL 8/j: 0,25 GL 8/k: 0,25 GL 8/l: 1,0 GL 8/m: 0,25 GL 8/n: 1,0 GL 8/o: 1,0 GL 8/p: 1,0 GL 8/q: 0,25	

3.4.4.3 § 40 – Honorare für Grundleistungen bei Freianlagen

(1) Die Mindest- und Höchstsätze der Honorare für die in § 39 und der Anlage 11 Nummer 11.1 aufgeführten Grundleistungen für Freianlagen sind in der nachstehenden Honorartafel aufgeführten Honorarspannen Orientierungswerte:

Anrechenbare Kosten in Euro	Honorarzone I sehr geringe Anforderungen		Honorarzone II geringe Anforderungen		Honorarzone III durchschnittliche Anforderungen		Honorarzone IV hohe Anforderungen		Honorarzone V sehr hohe Anforderungen	
	von	bis	von	bis	von	bis	von	bis	von	bis
	Euro		Euro		Euro		Euro		Euro	
20 000	3 643	4 348	4 348	5 229	5 229	6 521	6 521	7 403	7 403	8 108
25 000	4 406	5 259	5 259	6 325	6 325	7 888	7 888	8 954	8 954	9 807
30 000	5 147	6 143	6 143	7 388	7 388	9 215	9 215	10 460	10 460	11 456

Anrechenbare Kosten in Euro	Honorarzone I sehr geringe Anforderungen		Honorarzone II geringe Anforderungen		Honorarzone III durchschnittliche Anforderungen		Honorarzone IV hohe Anforderungen		Honorarzone V sehr hohe Anforderungen	
	von	bis	von	bis	von	bis	von	bis	von	bis
	Euro		Euro		Euro		Euro		Euro	
35 000	5 870	7 006	7 006	8 426	8 426	10 508	10 508	11 928	11 928	13 064
40 000	6 577	7 850	7 850	9 441	9 441	11 774	11 774	13 365	13 365	14 638
50 000	7 953	9 492	9 492	11 416	11 416	14 238	14 238	16 162	16 162	17 701
60 000	9 287	11 085	11 085	13 332	13 332	16 627	16 627	18 874	18 874	20 672
75 000	11 227	13 400	13 400	16 116	16 116	20 100	20 100	22 816	22 816	24 989
100 000	14 332	17 106	17 106	20 574	20 574	25 659	25 659	29 127	29 127	31 901
125 000	17 315	20 666	20 666	24 855	24 855	30 999	30 999	35 188	35 188	38 539
150 000	20 201	24 111	24 111	28 998	28 998	36 166	36 166	41 053	41 053	44 963
200 000	25 746	30 729	30 729	36 958	36 958	46 094	46 094	52 323	52 323	57 306
250 000	31 053	37 063	37 063	44 576	44 576	55 594	55 594	63 107	63 107	69 117
350 000	41 147	49 111	49 111	59 066	59 066	73 667	73 667	83 622	83 622	91 586
500 000	55 300	66 004	66 004	79 383	79 383	99 006	99 006	112 385	112 385	123 088
650 000	69 114	82 491	82 491	99 212	99 212	123 736	123 736	140 457	140 457	153 834
800 000	82 430	98 384	98 384	118 326	118 326	147 576	147 576	167 518	167 518	183 472
1 000 000	99 578	118 851	118 851	142 942	142 942	178 276	178 276	202 368	202 368	221 641
1 250 000	120 238	143 510	143 510	172 600	172 600	215 265	215 265	244 355	244 355	267 627
1 500 000	140 204	167 340	167 340	201 261	201 261	251 011	251 011	284 931	284 931	312 067

(2) Welchen Honorarzonen die Grundleistungen zugeordnet werden, richtet sich nach folgenden Bewertungsmerkmalen:

1. Anforderungen an die Einbindung in die Umgebung,
2. Anforderungen an Schutz, Pflege und Entwicklung von Natur und Landschaft,
3. Anzahl der Funktionsbereiche,
4. gestalterische Anforderungen,
5. Ver- und Entsorgungseinrichtungen.

(3) Sind für eine Freianlage Bewertungsmerkmale aus mehreren Honorarzonen anwendbar und bestehen deswegen Zweifel, welcher Honorarzone die Freianlage zugeordnet werden kann, so ist zunächst die Anzahl der Bewer-

tungspunkte zu ermitteln. Zur Ermittlung der Bewertungspunkte werden die Bewertungsmerkmale wie folgt gewichtet:

1. die Bewertungsmerkmale gemäß Absatz 2 Nummer 1, 2 und 4 mit je bis zu 8 Punkten,
2. die Bewertungsmerkmale gemäß Absatz 2 Nummer 3 und 5 mit je bis zu 6 Punkten.

(4) Die Freianlage ist anhand der nach Absatz 3 ermittelten Bewertungspunkte einer der Honorarzonen zuzuordnen:

1. Honorarzone I: bis zu 8 Punkte,
2. Honorarzone II: 9 bis 15 Punkte,
3. Honorarzone III: 16 bis 22 Punkte,
4. Honorarzone IV: 23 bis 29 Punkte,
5. Honorarzone V: 30 bis 36 Punkte.

(5) Für die Zuordnung zu den Honorarzonen ist die Objektliste der Anlage 11 Nummer 11.2 zu berücksichtigen.

(6) § 36 Absatz 1 ist für Freianlagen entsprechend anzuwenden.

Wie auch bei § 35 Abs. 7 HOAI wird in **§ 40 Abs. 5** HOAI zunächst auf die hier relevante Anlage 11.2 zur Einordnung in die Honorarzone Bezug genommen:

11.2 Objektliste Freianlagen

Nachstehende Freianlagen werden in der Regel folgenden Honorarzonen zugeordnet:

Objekte	Honorarzone				
	I	II	III	IV	V
In der freien Landschaft					
• einfache Geländegestaltung	x				
• Einsaaten in der freien Landschaft	x				
• Pflanzungen in der freien Landschaft oder Windschutzpflanzungen, mit sehr geringen oder geringen Anforderungen	x	x			
• Pflanzungen in der freien Landschaft mit natur- und artenschutzrechtlichen Anforderungen (Kompensationserfordernissen)			x		

Objekte	Honorarzone				
	I	II	III	IV	V
• Flächen für den Arten- und Biotopschutz mit differenzierten Gestaltungsansprüchen oder mit Biotopverbundfunktion				x	
• Naturnahe Gewässer- und Ufergestaltung			x		
• Geländegestaltungen und Pflanzungen für Deponien, Halden und Entnahmestellen mit geringen oder durchschnittlichen Anforderungen		x	x		
• Freiflächen mit einfachem Ausbau bei kleineren Siedlungen, bei Einzelbauwerken und bei landwirtschaftlichen Aussiedlungen		x			
• Begleitgrün zu Objekten, Bauwerken und Anlagen mit geringen oder durchschnittlichen Anforderungen		x	x		
In Stadt- und Ortslagen					
• Grünverbindungen ohne besondere Ausstattung			x		
• innerörtliche Grünzüge, Grünverbindungen mit besonderer Ausstattung				x	
• Freizeitparks und Parkanlagen				x	
• Geländegestaltung ohne oder mit Abstützungen			x	x	
• Begleitgrün zu Objekten, Bauwerken und Anlagen sowie an Ortsrändern		x	x		
• Schulgärten und naturkundliche Lehrpfade und -gebiete				x	
• Hausgärten und Gartenhöfe mit Repräsentationsansprüchen				x	x
Gebäudebegrünung					
• Terrassen- und Dachgärten					x
• Bauwerksbegrünung vertikal und horizontal mit hohen oder sehr hohen Anforderungen				x	x
• Innenbegrünung mit hohen oder sehr hohen Anforderungen				x	x
• Innenhöfe mit hohen oder sehr hohen Anforderungen				x	x
Spiel- und Sportanlagen					
• Ski- und Rodelhänge ohne oder mit technischer Ausstattung	x	x			
• Spielwiesen		x			

Objekte	Honorarzone				
	I	II	III	IV	V
• Ballspielplätze, Bolzplätze, mit geringen oder durchschnittlichen Anforderungen		x	x		
• Sportanlagen in der Landschaft, Parcours, Wettkampfstrecken			x		
• Kombinationsspielfelder, Sport-, Tennisplätze und Sportanlagen mit Tennenbelag oder Kunststoff- oder Kunstrasenbelag			x	x	
• Spielplätze				x	
• Sportanlagen Typ A bis C oder Sportstadien				x	x
• Golfplätze mit besonderen natur- und artenschutzrechtlichen Anforderungen oder in stark reliefiertem Geländeumfeld				x	x
• Freibäder mit besonderen Anforderungen, Schwimmteiche				x	x
• Schul- und Pausenhöfe mit Spiel- und Bewegungsangebot				x	
• Freilichtbühnen				x	
• Zelt- oder Camping- oder Badeplätze, mit durchschnittlicher oder hoher Ausstattung oder Kleingartenanlagen			x	x	
Objekte					
• Friedhöfe, Ehrenmale, Gedenkstätten, mit hoher oder sehr hoher Ausstattung				x	x
• Zoologische und botanische Gärten					x
• Lärmschutzeinrichtungen				x	
• Garten- und Hallenschauen					x
• Freiflächen im Zusammenhang mit historischen Anlagen, historische Park- und Gartenanlagen, Gartendenkmale					x
Sonstige Freianlagen					
• Freiflächen mit Bauwerksbezug, mit durchschnittlichen topographischen Verhältnissen oder durchschnittlicher Ausstattung			x		
• Freiflächen mit Bauwerksbezug, mit schwierigen oder besonders schwierigen topographischen Verhältnissen oder hoher oder sehr hoher Ausstattung				x	x
• Fußgängerbereiche und Stadtplätze mit hoher oder sehr hoher Ausstattungsintensität				x	x

Sodann ist in entsprechender Weise, wie bei §35 Abs. 2 bis 6 HOAI bei der Einordnung zur Honorarzone vorzugehen. Auf das Vorgehen kann darauf verwiesen werden, weil keine Unterschiede bestehen. **§40 Abs. 2 und 3** HOAI stellen die Bewertungspunkte wie folgt auf:

Bewertungsmerkmal	Punkte (von ... bis)
Anforderungen an die Einbindung in die Umgebung	0–8
Anforderungen an Schutz, Pflege und Entwicklung von Natur und Landschaft	0–8
Anzahl der Funktionsbereiche	0–6
gestalterische Anforderungen	0–8
Ver- und Entsorgungseinrichtungen	0–6

Die Punktebewertung kann nachfolgend angewandt werden:

Planungsanforderungen	sehr gering	gering	durch-schnittlich	überdurch-schnittlich	sehr hoch
Einbindung in die Umgebung	1	2–3	4–5	6–7	8
Schutz, Pflege und Entwicklung von Natur und Landschaft	1	2–3	4–5	6–7	8
Anzahl der Funktionsbereiche	1	2	3–4	5	6
gestalterische Anforderungen	1	2–3	4–5	6–7	8
Ver- und Entsorgungseinrichtungen	1	2	3–4	5	6

Oder auch vertretbar:

Planungsanforderungen	sehr gering	gering	durch-schn.	über-durchschn.	sehr hoch
Einbindung in die Umgebung	1	2–3	4	5–6	7–8
Schutz, Pflege und Entwicklung von Natur und Landschaft	1	2–3	4	5–6	7–8
Anzahl der Funktionsbereiche	1	2	3	4	5–6
gestalterische Anforderungen	1	2–3	4	5–6	7–8
Ver- und Entsorgungseinrichtungen	1	2	3	4	5–6

3.4.5 Abschnitt 3 – Ingenieurbauwerke

Die Ingenieurbauwerke bilden – gemeinsam mit den Verkehrsanlagen des Abschnitts 4 – die typischen Aufgabenbereiche der Bauingenieure. Aufgrund ihrer Bedeutung haben die Planungsleistungen für Ingenieurbauwerke und Verkehrsanlagen in der Neufassung der HOAI jeweils selbstständige Abschnitte erhalten. Die Objektplanung Ingenieurbauwerke ist nun in Abschnitt 3 geregelt, die Objektplanung Verkehrsanlagen wird in Abschnitt 4 des dritten Teils der HOAI behandelt.

Der sachliche Anwendungsbereich der Objektplanung Ingenieurbauwerke erfasst nur die in § 41 HOAI benannten Objekte. Soweit Planungsleistungen für Ingenieurbauwerke dort nicht aufgeführt sind, fallen solche Leistungen nicht unter die HOAI. Das heißt, sie sind preisrechtlich nicht gebunden, ihre Honorierung unterliegt der freien Honorarvereinbarung.

Ebenfalls frei vereinbar sind Leistungen, die zwar für die in § 41 HOAI genannten Ingenieurbauwerke erbracht werden, allerdings im Leistungsbild des § 43 HOAI (und Anlage 12) nicht benannt sind.

!

Beispiel: Frei vereinbare Leistungen

Zu denken ist hier etwa an die örtliche Bauüberwachung (Besondere Leistung gemäß Anlage 2, Ziff. 2.8.8) oder an vorbereitende Maßnahmen wie Machbarkeitsstudien oder Bedarfsplanungen nach DIN 18205.

Die Abgrenzung der Planungsleistungen für Ingenieurbauwerke zur Objektplanung Gebäude (Teil 3 Abschnitt 1) bereitet in der Regel keine Probleme. Bei der Abgrenzung kann auf die Objektlisten der Anlage 3 (Gebäude Ziff. 3.1, Ingenieurbauwerke Ziff. 3.4) zurückgegriffen werden. Hierbei ist allerdings zu beachten, dass selbstständige Tiefgaragen trotz ihrer Erwähnung in der Objektliste für Ingenieurbauwerke entsprechend der Gebäudedefinition in § 2 Nr. 2 HOAI wohl den Gebäuden zuzuordnen sind. Allerdings dürfte die bloße formale Ausrichtung an der neu in die HOAI eingeführten Gebäudedefinition der Musterbauordnung nicht in jedem Fall den Planungsrealitäten gerecht werden.

Werden Gebäude gemeinsam mit Ingenieurbauwerken geplant, so müssen diese Objekte, die verschiedenen Leistungsbildern zuzuordnen sind, auch getrennt abgerechnet werden.

!

Beispiele: Verschiedene Leistungsbilder

Zu denken ist hier an eine Müllverbrennungsanlage mit Verwaltungsgebäude, eine Talsperre mit Technik- und Verwaltungsgebäude oder eine Hafenanlage mit administrativen Gebäuden.

Bei der Abgrenzung zu den Planungsleistungen für Verkehrsanlagen ist ebenso auf die Objektlisten der Anlage 3 (Ingenieurbauwerke Ziff. 3.4, Verkehrsanlagen Ziff. 3.5) abzustellen. Hier kommt es in der Praxis häufig zu gemeinsamen Planungsleistungen für Ingenieurbauwerke und Verkehrsanlagen.

!

Beispiele: Ingenieurbauwerke und Verkehrsanlagen

Zu denken ist hier an Straßen- und Brückenbau, Straßen- und Lärmschutzanlagen, Gleis- und Tunnelbau sowie Regelüberlaufbecken im Straßenbereich.

Auch hier erfolgt eine getrennte Abrechnung der verschiedenen Leistungsbilder. Eine Zusammenfassung ist selbst bei einem engen funktionalen Zusammenhang nicht möglich (vgl. BGH, Urteil vom 20.9.2004 – VII ZR 192/03, BauR 2004, 1963).

Auch zur Freianlagenplanung (Teil 3 Abschnitt 2) ergeben sich in der Praxis oftmals Abgrenzungsprobleme: So sind etwa Lärmschutzanlagen regelmäßig Ingenieurbauwerke. Dienen sie allerdings der Geländegestaltung, werden sie den Freianlagen zugeordnet. Auch Pflanzungen in Ingenieurbauwerken (zum Beispiel in Häfen oder an Deichen) fallen unter die Freianlagenplanung. Gleiches gilt für das Begleitgrün wie beispielsweise an Sendemasten. Diese Planungsleistungen sind getrennt nach Abschnitt 2 (Freianlagen) abzurechnen.

Schließlich ist auf ein Abgrenzungsproblem zur Fachplanung Technische Ausrüstung hinzuweisen: Nach der novellierten HOAI werden nunmehr auch Anlagen der nichtöffentlichen Erschließung (Kostengruppe 230) und technische Anlagen der Außenanlagen (Kostengruppe 540), zum Beispiel Abwasser- und Versorgungsanlagen (Wasser, Gas, Wärme etc.), von der Fachplanung Technische Ausrüstung umfasst, wenn der Ingenieur diese plant oder überwacht (vgl. § 53 HOAI). Wenn daher von einem Auftragnehmer Leistungen sowohl der Objektplanung Ingenieurbauwerke als auch der Fachplanung Technische Ausrüstung erbracht werden, gilt auch hier der Grundsatz der getrennten Abrechnung der Planungs- und/oder Überwachungsleistungen.

Die Vorschriften im Einzelnen:

3.4.5.1 § 41 – Anwendungsbereich

Ingenieurbauwerke umfassen:

1. Bauwerke und Anlagen der Wasserversorgung,
2. Bauwerke und Anlagen der Abwasserentsorgung,
3. Bauwerke und Anlagen des Wasserbaus ausgenommen Freianlagen nach § 39 Absatz 1,
4. Bauwerke und Anlagen für Ver- und Entsorgung mit Gasen, Feststoffen wassergefährdenden Flüssigkeiten, ausgenommen Anlagen der Technischen Ausrüstung nach § 53 Absatz 2,
5. Bauwerke und Anlagen der Abfallentsorgung,
6. konstruktive Ingenieurbauwerke für Verkehrsanlagen,
7. sonstige Einzelbauwerke ausgenommen Gebäude und Freileitungsmaste.

Als Ingenieurbauwerke werden von der HOAI nur Bauwerke und Anlagen aus Bereichen erfasst, die in **§41 Abs. 1 Nr. 1 bis 7** erwähnt sind. Soweit Bereiche nicht darin vorkommen, zum Beispiel Elektrizitätswerke oder Versorgungsleitungen für Elektrizität, zählen die Leistungen hierfür nicht zu den von der Verordnung erfassten Leistungen und sind damit preisrechtlich nicht gebunden. Bauwerke oder Anlagen, die funktional eine Einheit bilden, sind als ein Objekt anzusehen. Werden dagegen einem Auftragnehmer die Planung einer Abwasserbehandlungsanlage und eines Abwasserkanalnetzes in einem Auftrag übergeben, handelt es sich um die Übertragung der Leistungen für zwei verschiedene Objekte mit jeweils eigener funktionaler Einheit. Das Abwasserkanalsystem erfüllt die Transportfunktion für das Abwasser, die Abwasserbehandlungsanlage erfüllt die Reinigungsfunktion für das Abwasser.

3.4.5.2 § 42 – Besondere Grundlagen des Honorars

(1) Für Grundleistungen bei Ingenieurbauwerken sind die Kosten der Baukonstruktion anrechenbar. Die Kosten für die Anlagen der Maschinentechnik, die der Zweckbestimmung des Ingenieurbauwerks dienen, sind anrechenbar, soweit der Auftragnehmer diese plant oder deren Ausführung überwacht.

(2) Für Grundleistungen bei Ingenieurbauwerken sind auch die Kosten für Technische Anlagen, die der Auftragnehmer nicht fachlich plant oder deren Ausführung der Auftragnehmer nicht fachlich überwacht,

1. vollständig anrechenbar bis zum Betrag von 25 Prozent der sonstigen anrechenbaren Kosten und
2. zur Hälfte anrechenbar mit dem Betrag, der 25 Prozent der sonstigen anrechenbaren Kosten übersteigt.

(3) Nicht anrechenbar sind, soweit der Auftragnehmer die Anlagen weder plant noch ihre Ausführung überwacht, die Kosten für

1. das Herrichten des Grundstücks,
2. die öffentliche und die nichtöffentliche Erschließung, die Außenanlagen, das Umlegen und Verlegen von Leitungen,
3. verkehrsregelnde Maßnahmen während der Bauzeit,
4. die Ausstattung und Nebenanlagen von Ingenieurbauwerken.

Anwendungsbereich und § 42 Abs. 1 HOAI – Grundleistungen

§ 42 regelt die Grundlagen der Berechnung. Nicht in den Kosten der Baukonstruktion im Sinne des **§ 42 Abs. 1 Satz 1** enthalten sind die Anschaffungskosten für das Baugrundstück (zum Beispiel einschließlich der Kosten des Erwerbs des Freimachens und der Erschließung) sowie die Kosten für Vermessung und Vermarktung, Winterbauschutzvorkehrungen, sonstige zusätzliche Maßnahmen bei der Erschließung, das

Bauwerk sowie die Außenanlagen für den Winterbau, Entschädigungen und Schadenersatzleistungen sowie die Baunebenkosten. Auch die Anschaffungskosten für Kunstwerke dürfen nicht angerechnet werden, soweit sie nicht wesentlicher Bestandteil des Objekts sind. Die Regelung zur Anrechenbarkeit von Anlagen der Maschinentechnik in § 42 Abs. 1 Satz 2 wurde ebenfalls zur Klarstellung ergänzt.

Im Einzelnen: **§ 42 Abs. 1 Satz 2** stellt klar, dass die Kosten für die Maschinentechnik, die der Zweckbestimmung des Ingenieurbauwerks dienen, anrechenbar sind, soweit der Objektplaner diese plant oder deren Ausführung überwacht. Sie sind bei den Kosten der Baukonstruktion im Sinne des § 42 Abs. 1 Satz 1 zu berücksichtigen und nicht bei den Kosten für die Anlagen der Technischen Ausrüstung im Sinne des § 42 Abs. 2. Zudem wurden aus der Definition der Technischen Ausrüstung in § 53 Abs. 2 Nr. 7 die maschinen- und elektrotechnischen Anlagen in Ingenieurbauwerken herausgenommen. Bei Anlagen der Maschinentechnik handelt es sich um Anlagen ohne jegliche Anschlusstechnik, die als Einheit vom Hersteller geliefert werden, zum Beispiel um Räume für Absetzbecken in Kläranlagen und Wasserwerken, Kammerfilterpressen, Oberflächenbelüfter oder Gasentschwefler sowie Gasspeicher von Abwasserbehandlungsanlagen. Darüber hinaus zählen hierzu die reinen Stahlbauteile bei Schleusen und Wehren sowie die Grob- und Feinrechen.

Voraussetzung für die Anrechenbarkeit der Anlagen der Maschinentechnik ist, dass der Auftragnehmer diese plant oder deren Ausführung überwacht. Erforderlich für die Planungsleistung ist nicht, dass der Planer selbst die Konstruktionszeichnungen und weitere Unterlagen für die Anfertigung der Anlagen der Maschinentechnik erstellt. Ausreichend ist, dass der Auftragnehmer auf die Anlagen der Maschinentechnik planerisch Einfluss nimmt. Bei einer Räumerbrücke muss der Objektplaner zum Beispiel auf inneren und äußeren Antrieb, Laufgeschwindigkeit, Windbelastung oder bestimmte Lichtraummaße ebenso Einfluss nehmen wie bei der gesamten technischen Gestaltung der eigentlichen Räumereinrichtung, die mit der Räumerbrücke verbunden ist und wesentliche technische Aufgaben zu erfüllen hat. In diesem Sinn wird die Räumerbrücke vom Objektplaner geplant und regelmäßig wird er in der Praxis auch ihre Ausführung auf der Baustelle überwachen.

§ 42 Abs. 2 beschreibt die Kosten für Technische Anlagen. Es handelt sich um Kosten der Anlagen der Technischen Ausrüstung gemäß § 53 Abs. 2.

§ 42 Abs. 3 regelt, welche Kosten für Leistungen bei Ingenieurbauwerken nicht anrechenbar sind, es sei denn, der Auftragnehmer plant oder überwacht die Ausführung der jeweiligen Maßnahme. Wenn also entweder die Planung oder Überwachung der in § 42 Abs. 3 Nr. 1 bis 4 genannten Maßnahmen übernommen wird, kommt die Anrechnung der Kosten bereits zum Tragen. § 42 Abs. 3 Nr. 2 wurde durch den Tatbestand »Umlegen und Verlegen von Leitungen« ergänzt. Ebenfalls aufgrund dieser Systematik der Trennung von Ingenieurbauwerken und Verkehrsanlagen wurden unter Nr. 4 die Ausstattung und Nebenanlagen auf Ingenieurbauwerke bezogen und im Abschnitt Verkehrsanlagen

§ 46 Abs. 3 Nr. 3 auf Nebenanlagen und Anlagen des Straßen- und Flugverkehrs. Die verkehrsrelevanten Einzeltatbestände des § 41 Abs. 3 Nr. 4 der HOAI 2009 (Ausstattung und Nebenanlagen von Straßen sowie Ausrüstung und Nebenanlagen von Gleisanlagen) werden in die spezifische Regelung für Verkehrsanlagen in § 46 Abs. 3 Nr. 3 und 4 überführt. § 41 Abs. 3 Nr. 5 HOAI 2009 wurde in § 42 Abs. 1 Satz 2 aufgenommen.

Während § 52 HOAI 1996 die »Grundlagen des Honorars« in neun Absätzen darstellte, beschränkt sich die neue Fassung in § 42 HOAI auf lediglich drei Absätze. Die inhaltliche Straffung macht die Vorschrift übersichtlicher. Der § 42 HOAI enthält nur noch die »Besonderen Grundlagen« des Honorars, während für die »Allgemeinen Grundlagen« die §§ 4 und 6 HOAI gelten. Die anrechenbaren Kosten sind nicht mehr zweigeteilt nach der Kostenberechnung (Leistungsphasen 1 bis 4) sowie nach der Kostenfeststellung (Leistungsphasen 5 bis 9) zu ermitteln, sondern einheitlich nach der Kostenberechnung. Weggefallen ist ferner die Negativabgrenzung der anrechenbaren Kosten (§ 51 Abs. 7 HOAI 1996) sowie die Regelung zur freien Honorarvereinbarung für Leistungen bei Deponien für den unbelasteten Erdaushub, bei hydraulischer Sanierung von Altablagerungen und bei kontaminierten Standorten.

Der § 42 HOAI beschränkt sich auf die Benennung derjenigen Kosten, die in die anrechenbaren Kosten entweder voll (Abs. 1), quotal (Abs. 2) oder nur unter bestimmten Voraussetzungen (Abs. 3) einfließen. Von Bedeutung ist ferner, dass sich die in § 42 Abs. 1 bis 3 HOAI benannten Kosten an der DIN 276 orientieren. Diese sind zwar in ihrem Kernbereich (Teil 1 der DIN 276) nur für Gebäude anwendbar. Allerdings regelt der Teil 4 der DIN 276-1:12-2008 auch die Kosten von Ingenieurbauwerken und Verkehrsanlagen.

Voll anrechenbar sind die Kosten der Baukonstruktion. Diese sind in der Kostengruppe 300 der DIN 276 Teil 4 – Fassung 12-2008 enthalten. Damit sind vollanrechenbar:

KG	Bezeichnung der Kostengruppe	Anmerkungen
310	Erdbaumaßnahmen	Unter anderem Baugruben, Dämme, Einschnitte, Wälle, Hangsicherungen, Unterbauten, Oberbodenabtrag, -sicherung, -auftrag
320	Gründung	Die Kostengruppen enthalten die zugehörigen Erdarbeiten und Sauberkeitsschichten
330	Vertikale Bauteile	Wände, Tragkonstruktionen und Stützen, die dem Außenklima ausgesetzt sind bzw. an das Erdreich oder an andere Bauwerke grenzen, Innenwände und Innenstützen
340	Horizontale Bauteile	Decken, Treppen und Rampen oberhalb der Gründung und unterhalb der Dachfläche, horizontale Tragglieder, flache oder geneigte Dächer

KG	Bezeichnung der Kostengruppe	Anmerkungen
350	Räumliche Bauteile	Kuppeln, Tunnel, Gewölbe
360	Linienbauteile	Zum Beispiel Straßen, Gleise, Rohrleitungsanlagen, Kabelleitungsanlagen
370	Baukonstruktive Einbauten	Kosten der mit dem Bauwerk fest verbundenen Einbauten, jedoch ohne nutzungsspezifische Anlagen (zum Beispiel verfahrenstechnische Anlagen)
390	Sonstige Maßnahmen für Baukonstruktionen	Zum Beispiel Baustelleneinrichtungen, Schutz- und Sicherungsmaßnahmen, Abbruchmaßnahmen, Materialentsorgungen, provisorische Baukonstruktionen

Quotal anrechenbare Kosten für technische Anlagen (§ 42 Abs. 2 HOAI)

Die Kosten für technische Anlagen, die der Auftragnehmer nicht fachlich plant oder deren Ausführung er nicht fachlich überwacht, sind quotal anrechenbar, nämlich

- vollständig bis zu 25 Prozent der sonstigen anrechenbaren Kosten und
- zur Hälfte mit den die 25 Prozent der sonstigen anrechenbaren Kosten übersteigenden Betrag.

Von der quotalen Anrechnung ausgenommen sind die Anlagen der Maschinentechnik, die der Zweckbestimmung des Ingenieurbauwerks dienen.

Beispiel: Turbinen einer Windkraftanlage

!

Die Turbinen einer Windkraftanlage dienen unmittelbar der Zweckbestimmung des Ingenieurbauwerks und sind daher als Technische Anlagen nicht anrechenbar.

Damit sind quotal anrechenbar:

KG	Bezeichnung der Kostengruppe	Anmerkungen
410	Abwasser-, Wasser-, Gasanlagen	Abwasseranlagen (Abläufe, Schächte, Leitungen bis zum Sammlervorfluter), Wasseranlagen, Gasanlagen
420	Wärmeversorgungsanlagen	Wärmeerzeugungsanlagen, Wärmeverteilnetze, Heizflächen
430	Lufttechnische Anlagen	Lüftungsanlagen, Klimaanlagen, Kälteanlagen für lufttechnische Anlagen
440	Starkstromanlagen	Hoch- und Mittelspannungsanlagen, Eigenstromversorgungsanlagen, Niederspannungsschaltanlagen, Niederspannungsinstallationsanlagen, Beleuchtungsanlagen, Blitzschutz- und Erdungsanlagen

KG	Bezeichnung der Kostengruppe	Anmerkungen
450	Fernmelde- und informationstechnische Anlagen	Unter anderem Telekommunikationsanlagen, Signalanlagen, elektroakustische Anlagen, Antennenanlagen, Alarmanlagen, Telematikanlagen (Parkleitsysteme, Mauterfassungssysteme etc.)
460	Förderanlagen	Auszugsanlagen, Fahrtreppen und Fahrsteige, Transportanlagen, Krananlagen etc.
470	Verfahrenstechnische Anlagen	Etwa Anlagen zur Wassergewinnung, Abwasser- und Abfallbehandlung sowie -entsorgung
480	Automaten	Zum Beispiel Verkehrsleit- und -sicherheitstechnik
490	Sonstige Maßnahmen für technische Anlagen	Zum Beispiel Baustelleneinrichtungen, Schutz- und Sicherungsmaßnahmen sowie Abbruchmaßnahmen und provisorische technische Anlagen

Unter bestimmten Voraussetzungen anrechenbare Kosten (§ 42 Abs. 3 HOAI)
Wie bereits in der Altfassung der HOAI 2009 vorgesehen, sind die Kosten für bestimmte Leistungen nur dann anrechenbar, wenn der Auftragnehmer die Anlagen plant oder ihre Ausführung überwacht. Nach der Rechtsprechung stellt allerdings das »bloße Einbeziehen in die eigene Planung« noch keine unmittelbare Planung der in Abs. 3 aufgeführten Bereiche dar (BGH, Urteil vom 30.9.2004 – VII ZR 192/03, BauR 2004, 1963). Es genügt eine Objektplanung, sodass die konkrete Fachplanung oder Fachbauüberwachung nicht erforderlich ist. Anrechenbar sind daher, soweit der Auftragnehmer die Anlagen plant oder überwacht, folgende Kostenpositionen:

1.	Herrichten des Grundstücks	Hierunter fallen auch Abbruchmaßnahmen, Altlastenbeseitigung, das Roden und Planieren sowie der Schutz von vorhandenen Bauwerken (vgl. im Einzelnen Kostengruppe 210 der DIN 276 Teil 1, Fassung 12-2008)
2.	Die öffentliche Erschließung	Vgl. hierzu Kostengruppe 220 der DIN 276 Teil 1, Fassung 12/2008
3.	Die nicht öffentliche Erschließung und die Außenanlagen	Vgl. im Einzelnen Kostengruppe 230 der DIN 276 Teil 1, Fassung 12/2008
4.	Verkehrsregelungsmaßnahmen während der Bauzeit, das Umlegen und Verlegen von Leitungen, die Ausstattung und Nebenanlagen von Straßen sowie Ausrüstung und Nebenanlagen von Gleisanlagen	
5.	Anlagen der Maschinentechnik, die der Zweckbestimmung des Ingenieurbauwerks dienen	

Gemäß § 42 Abs. 2 der HOAI 2009 waren die Regelungen der § 35 und § 36 Abs. 2 HOAI 2009 zum Bauen im Bestand und zu Instandsetzungen und Instandhaltungen entsprechend anwendbar. Dieser Verweis ist entfallen und wird durch die Neuregelung in § 44 Abs. 6 und § 12 Abs. 1 ersetzt. Aufgrund der wiedereingeführten Berücksichtigung der mitzuverarbeitenden Bausubstanz und der in § 2 Abs. 5 neu getroffenen Definition von Umbauten (Umgestaltungen mit wesentlichen Eingriffen in Konstruktion oder Bestand) wurde auch die Prozentmarge für den Umbauzuschlag auf bis zu 33 Prozent gemäß § 59 Abs. 1 HOAI 2002 zurückgeführt. § 42 Abs. 3 der HOAI 2009 ist entfallen. Die Honorarauswirkungen der Teilnahme an Erläuterungs- und Erörterungsterminen sind jetzt für die Ingenieurbauwerke in den Leistungsphasen 2 bis 4 der Anlage 12 Nr. 12.1 konkretisiert.

In § 43 Abs. 1 wurde in Satz 1 der Verweis auf den Umfang des Leistungsbildes »Gebäude und Innenräume« gemäß § 34 Abs. 1 neu angepasst. In § 43 Abs. 1 Satz 2 wurde zum Zweck der Klarstellung im Hinblick auf § 3 Abs. 2 der Begriff der »Grundleistungen« aufgenommen. Diese Differenzierung zwischen »Grundleistungen« und »Besonderen Leistungen« geht auch in § 43 Abs. 1 Satz 3 durch die Verweisung auf die Anlage 12 Nr. 12.1 ein.

Anlage 12 konkretisiert lediglich die Leistungen im Leistungsbild Ingenieurbauwerke. Anders als in der HOAI 2009 werden die Leistungen der Leistungsbilder Ingenieurbauwerke und Verkehrsanlagen nicht mehr einheitlich erfasst. Zukünftig konkretisiert die Anlage 12 das Leistungsbild Ingenieurbauwerke und die Anlage 13 das Leistungsbild Verkehrsanlagen.

3.4.5.3 § 43 – Leistungsbild Ingenieurbauwerke

> (1) § 34 Absatz 1 gilt entsprechend. Die Grundleistungen für Ingenieurbauwerke sind in neun Leistungsphasen unterteilt und werden wie folgt in Prozentsätzen der Honorare des § 44 bewertet:
> 1. für die Leistungsphase 1 (Grundlagenermittlung) mit 2 Prozent,
> 2. für die Leistungsphase 2 (Vorplanung) mit 20 Prozent,
> 3. für die Leistungsphase 3 (Entwurfsplanung) mit 25 Prozent,
> 4. für die Leistungsphase 4 (Genehmigungsplanung) mit 5 Prozent,
> 5. für die Leistungsphase 5 (Ausführungsplanung) mit 15 Prozent,
> 6. für die Leistungsphase 6 (Vorbereitung der Vergabe) mit 13 Prozent,
> 7. für die Leistungsphase 7 (Mitwirkung bei der Vergabe) mit 4 Prozent,
> 8. für die Leistungsphase 8 (Bauoberleitung) mit 15 Prozent,
> 9. für die Leistungsphase 9 (Objektbetreuung) mit 1 Prozent.

(2) Abweichend von Absatz 1 Nummer 2 wird die Leistungsphase 2 bei Objekten nach §41 Nummer 6 und 7, die eine Tragwerksplanung erfordern, mit 10 Prozent bewertet.

(3) Die Vertragsparteien können abweichend von Absatz 1 in Textform vereinbaren, dass

1. die Leistungsphase 4 mit 5 bis 8 Prozent bewertet wird, wenn dafür ein eigenständiges Planfeststellungsverfahren erforderlich ist,
2. die Leistungsphase 5 mit 15 bis 35 Prozent bewertet wird, wenn ein überdurchschnittlicher Aufwand an den Ausführungszeichnungen erforderlich wird.

(4) Anlage 12 Nummer 12.1 regelt die Grundleistungen jeder Leistungsphase und enthält Beispiele für Besondere Leistungen.

Allgemeine Regelungen

§43 Abs. 1 Satz 1 HOAI verweist auf §34 Abs. 1 HOAI. Es gelten die o. a. Maßgaben. Der Umfang der Grundleistungen ergibt sich aus Abs. 1 und Anlage 12.1.

Grundleistungen im Leistungsbild Ingenieurbauwerke, Besondere Leistungen, Objektliste

12.1 Leistungsbild Ingenieurbauwerke

Grundleistungen	Besondere Leistungen
LPH 1 Grundlagenermittlung	
a) Klären der Aufgabenstellung auf Grund der Vorgaben oder der Bedarfsplanung des Auftraggebers b) Ermitteln der Planungsrandbedingungen sowie Beraten zum gesamten Leistungsbedarf c) Formulieren von Entscheidungshilfen für die Auswahl anderer an der Planung fachlich Beteiligter d) bei Objekten nach §41 Nummer 6 und 7, die eine Tragwerksplanung erfordern: Klären der Aufgabenstellung auch auf dem Gebiet der Tragwerksplanung e) Ortsbesichtigung f) Zusammenfassen, Erläutern und Dokumentieren der Ergebnisse	• Auswahl und Besichtigung ähnlicher Objekte

Grundleistungen	Besondere Leistungen
LPH 2 Vorplanung	
a) Analysieren der Grundlagen b) Abstimmen der Zielvorstellungen auf die öffentlich-rechtlichen Randbedingungen sowie Planungen Dritter c) Untersuchen von Lösungsmöglichkeiten mit ihren Einflüssen auf bauliche und konstruktive Gestaltung, Zweckmäßigkeit, Wirtschaftlichkeit unter Beachtung der Umweltverträglichkeit d) Beschaffen und Auswerten amtlicher Karten e) Erarbeiten eines Planungskonzepts einschließlich Untersuchung der alternativen Lösungsmöglichkeiten nach gleichen Anforderungen mit zeichnerischer Darstellung und Bewertung unter Einarbeitung der Beiträge anderer an der Planung fachlich Beteiligter f) Klären und Erläutern der wesentlichen fachspezifischen Zusammenhänge, Vorgänge und Bedingungen g) Vorabstimmen mit Behörden und anderen an der Planung fachlich Beteiligten über die Genehmigungsfähigkeit, ggf. Mitwirken bei Verhandlungen über die Bezuschussung und Kostenbeteiligung h) Mitwirken beim Erläutern des Planungskonzepts gegenüber Dritten an bis zu zwei Terminen i) Überarbeiten des Planungskonzepts nach Bedenken und Anregungen j) Kostenschätzung, Vergleich mit den finanziellen Rahmenbedingungen k) Zusammenfassen, Erläutern und Dokumentieren der Ergebnisse	• Erstellen von Leitungsbestandsplänen • vertiefte Untersuchungen zum Nachweis von Nachhaltigkeitsaspekten • Anfertigen von Nutzen-Kosten-Untersuchungen • Wirtschaftlichkeitsprüfung • Beschaffen von Auszügen aus Grundbuch, Kataster und anderen amtlichen Unterlagen

Grundleistungen	Besondere Leistungen
LPH 3 Entwurfsplanung	
a) Erarbeiten des Entwurfs auf Grundlage der Vorplanung durch zeichnerische Darstellung im erforderlichen Umfang und Detaillierungsgrad unter Berücksichtigung aller fachspezifischen Anforderungen, Bereitstellen der Arbeitsergebnisse als Grundlage für die anderen an der Planung fachlich Beteiligten sowie Integration und Koordination der Fachplanungen b) Erläuterungsbericht unter Verwendung der Beiträge anderer an der Planung fachlich Beteiligter c) fachspezifische Berechnungen ausgenommen Berechnungen aus anderen Leistungsbildern d) Ermitteln und Begründen der zuwendungsfähigen Kosten, Mitwirken beim Aufstellen des Finanzierungsplans sowie Vorbereiten der Anträge auf Finanzierung e) Mitwirken beim Erläutern des vorläufigen Entwurfs gegenüber Dritten an bis zu drei Terminen, Überarbeiten des vorläufigen Entwurfs auf Grund von Bedenken und Anregungen f) Vorabstimmen der Genehmigungsfähigkeit mit Behörden und anderen an der Planung fachlich Beteiligten g) Kostenberechnung einschließlich zugehöriger Mengenermittlung, Vergleich der Kostenberechnung mit der Kostenschätzung h) Ermitteln der wesentlichen Bauphasen unter Berücksichtigung der Verkehrslenkung und der Aufrechterhaltung des Betriebes während der Bauzeit i) Bauzeiten- und Kostenplan j) Zusammenfassen, Erläutern und Dokumentieren der Ergebnisse	• Fortschreiben von Nutzen-Kosten-Untersuchungen • Mitwirken bei Verwaltungsvereinbarungen • Nachweis der zwingenden Gründe des überwiegenden öffentlichen Interesses der Notwendigkeit der Maßnahme (zum Beispiel Gebiets- und Artenschutz gemäß der Richtlinie 92/43/EWG des Rates vom 21. Mai 1992 zur Erhaltung der natürlichen Lebensräume sowie der wildlebenden Tiere und Pflanzen (ABl. L 206 vom 22. Juli 1992, S. 7) • Fiktivkostenberechnungen (Kostenteilung)

Grundleistungen	Besondere Leistungen
LPH 4 Genehmigungsplanung	
a) Erarbeiten und Zusammenstellen der Unterlagen für die erforderlichen öffentlich-rechtlichen Verfahren oder Genehmigungsverfahren einschließlich der Anträge auf Ausnahmen und Befreiungen, Aufstellen des Bauwerksverzeichnisses unter Verwendung der Beiträge anderer an der Planung fachlich Beteiligter b) Erstellen des Grunderwerbsplanes und des Grunderwerbsverzeichnisses unter Verwendung der Beiträge anderer an der Planung fachlich Beteiligter c) Vervollständigen und Anpassen der Planungsunterlagen, Beschreibungen und Berechnungen unter Verwendung der Beiträge anderer an der Planung fachlich Beteiligter d) Abstimmen mit Behörden e) Mitwirken in Genehmigungsverfahren einschließlich der Teilnahme an bis zu vier Erläuterungs-, Erörterungsterminen f) Mitwirken beim Abfassen von Stellungnahmen zu Bedenken und Anregungen in bis zu zehn Kategorien	• Mitwirken bei der Beschaffung der Zustimmung von Betroffenen
LPH 5 Ausführungsplanung	
a) Erarbeiten der Ausführungsplanung auf Grundlage der Ergebnisse der Leistungsphasen 3 und 4 unter Berücksichtigung aller fachspezifischen Anforderungen und Verwendung der Beiträge anderer an der Planung fachlich Beteiligter bis zur ausführungsreifen Lösung b) Zeichnerische Darstellung, Erläuterungen und zur Objektplanung gehörige Berechnungen mit allen für die Ausführung notwendigen Einzelangaben einschließlich Detailzeichnungen in den erforderlichen Maßstäben c) Bereitstellen der Arbeitsergebnisse als Grundlage für die anderen an der Planung fachlich Beteiligten und Integrieren ihrer Beiträge bis zur ausführungsreifen Lösung d) Vervollständigen der Ausführungsplanung während der Objektausführung	• Objektübergreifende, integrierte Bauablaufplanung • Koordination des Gesamtprojekts • Aufstellen von Ablauf- und Netzplänen • Planen von Anlagen der Verfahrens- und Prozesstechnik für Ingenieurbauwerke gemäß § 41 Nummer 1 bis 3 und 5, die dem Auftragnehmer übertragen werden, der auch die Grundleistungen für die jeweiligen Ingenieurbauwerke erbringt

Grundleistungen	Besondere Leistungen
LPH 6 Vorbereitung der Vergabe	
a) Ermitteln von Mengen nach Einzelpositionen unter Verwendung der Beiträge anderer an der Planung fachlich Beteiligter b) Aufstellen der Vergabeunterlagen, insbesondere Anfertigen der Leistungsbeschreibungen mit Leistungsverzeichnissen sowie der Besonderen Vertragsbedingungen c) Abstimmen und Koordinieren der Schnittstellen zu den Leistungsbeschreibungen der anderen an der Planung fachlich Beteiligten d) Festlegen der wesentlichen Ausführungsphasen e) Ermitteln der Kosten auf Grundlage der vom Planer (Entwurfsverfasser) bepreisten Leistungsverzeichnisse f) Kostenkontrolle durch Vergleich der vom Planer (Entwurfsverfasser) bepreisten Leistungsverzeichnisse mit der Kostenberechnung g) Zusammenstellen der Vergabeunterlagen	• detaillierte Planung von Bauphasen bei besonderen Anforderungen
LPH 7 Mitwirkung bei der Vergabe	
a) Einholen von Angeboten b) Prüfen und Werten der Angebote, Aufstellen des Preisspiegels c) Abstimmen und Zusammenstellen der Leistungen der fachlich Beteiligten, die an der Vergabe mitwirken d) Führen von Bietergesprächen e) Erstellen der Vergabevorschläge, Dokumentation des Vergabeverfahrens f) Zusammenstellen der Vertragsunterlagen g) Vergleichen der Ausschreibungsergebnisse mit den vom Planer bepreisten Leistungsverzeichnissen und der Kostenberechnung h) Mitwirken bei der Auftragserteilung	• Prüfen und Werten von Nebenangeboten

Grundleistungen	Besondere Leistungen
LPH 8 Bauoberleitung	
a) Aufsicht über die örtliche Bauüberwachung, Koordinierung der an der Objektüberwachung fachlich Beteiligten, einmaliges Prüfen von Plänen auf Übereinstimmung mit dem auszuführenden Objekt und Mitwirken bei deren Freigabe b) Aufstellen, Fortschreiben und Überwachen eines Terminplans (Balkendiagramm) c) Veranlassen und Mitwirken beim Inverzugsetzen der ausführenden Unternehmen d) Kostenfeststellung, Vergleich der Kostenfeststellung mit der Auftragssumme e) Abnahme von Bauleistungen, Leistungen und Lieferungen unter Mitwirkung der örtlichen Bauüberwachung und anderer an der Planung und Objektüberwachung fachlich Beteiligter, Feststellen von Mängeln, Fertigung einer Niederschrift über das Ergebnis der Abnahme f) Überwachen der Prüfungen der Funktionsfähigkeit der Anlagenteile und der Gesamtanlage g) Antrag auf behördliche Abnahmen und Teilnahme daran h) Übergabe des Objekts i) Auflisten der Verjährungsfristen der Mängelansprüche j) Zusammenstellen und Übergeben der Dokumentation des Bauablaufs, der Bestandsunterlagen und der Wartungsvorschriften	• Kostenkontrolle • Prüfen von Nachträgen • Erstellen eines Bauwerksbuchs • Erstellen von Bestandsplänen • Örtliche Bauüberwachung: – Plausibilitätsprüfung der Absteckung – Überwachen der Ausführung der Bauleistungen – Mitwirken beim Einweisen des Auftragnehmers in die Baumaßnahme (Bauanlaufbesprechung) – Überwachen der Ausführung des Objektes auf Übereinstimmung mit den zur Ausführung freigegebenen Unterlagen, dem Bauvertrag und den Vorgaben des Auftraggebers – Prüfen und Bewerten der Berechtigung von Nachträgen – Durchführen oder Veranlassen von Kontrollprüfungen – Überwachen der Beseitigung der bei der Abnahme der Leistungen festgestellten Mängel • Dokumentation des Bauablaufs • Mitwirken beim Aufmaß mit den ausführenden Unternehmen und Prüfen der Aufmaße • Mitwirken bei behördlichen Abnahmen • Mitwirken bei der Abnahme von Leistungen und Lieferungen • Rechnungsprüfung, Vergleich der Ergebnisse der Rechnungsprüfungen mit der Auftragssumme • Mitwirken beim Überwachen der Prüfung der Funktionsfähigkeit der Anlagenteile und der Gesamtanlage • Überwachen der Ausführung von Tragwerken nach Anlage 14.2 Honorarzone I und II mit sehr geringen und geringen Planungsanforderungen auf Übereinstimmung mit dem Standsicherheitsnachweis

Grundleistungen	Besondere Leistungen
LPH 9 Objektbetreuung	
a) Fachliche Bewertung der innerhalb der Verjährungsfristen für Gewährleistungsansprüche festgestellten Mängel, längstens jedoch bis zum Ablauf von fünf Jahren seit Abnahme der Leistung, einschließlich notwendiger Begehungen b) Objektbegehung zur Mängelfeststellung vor Ablauf der Verjährungsfristen für Mängelansprüche gegenüber den ausführenden Unternehmen c) Mitwirken bei der Freigabe von Sicherheitsleistungen	• Überwachen der Mängelbeseitigung innerhalb der Verjährungsfrist

Anlage 12.1 enthält das aktualisierte Leistungsbild der Ingenieurbauwerke. Folgende wichtige Teilleistungen sind zu erläutern.

Leistungsphase 3: Entwurfsplanung

Buchstabe g): Der Begriff der Kostenkontrolle, ehemals enthalten bei Buchstabe h) (»Kostenkontrolle durch Vergleich der Kostenberechnung mit Kostenschätzung«) wurde mit Rücksicht auf den in der Leistungsphase 3 erreichten Planungsstand gestrichen. Für die Entwurfsplanung beschränkt sich die Anforderung unter Buchstabe g) neu darauf, die Kostenberechnung mit der Kostenschätzung zu vergleichen. Unter j) neu (»Zusammenfassen, Erläutern und Dokumentieren der Ergebnisse«) sind auch Abweichungen zwischen Kostenschätzung und Kostenberechnung zusammenzufassen, zu erläutern und zu dokumentieren.

Leistungsphase 4: Genehmigungsplanung

Durch die Neuformulierung »erforderliche Genehmigungsverfahren« anstelle von »öffentlich-rechtlichen Verfahren« wird die Grundleistung allgemeiner gefasst und klargestellt, dass hierunter auch die Erarbeitung und Zusammenstellung von Unterlagen für nicht genehmigungspflichtige Vorhaben fallen.

Leistungsphase 5: Ausführungsplanung

Entsprechend der Anlage 2.8.5 der HOAI 2009 wird als Besondere Leistung das Planen von Anlagen der Verfahrens- und Prozesstechnik beibehalten. Für den Fall, dass die Planung von Anlagen der Verfahrens- und Prozesstechnik als eigenständiges Objekt beauftragt wird, wurde die Objektliste der Anlagen der Technischen Ausrüstung Anlagengruppe 7.2 um die verfahrenstechnischen Anlagen erweitert (siehe § 53 Abs. 2 Nr. 7 Alt. 2 neu).

Leistungsphase 6: Vorbereiten der Vergabe

Buchstaben b) und c): Der Begriff der »Verdingungsunterlagen« wird entsprechend dem modernen Sprachgebrauch durch »Vergabeunterlagen« ersetzt. Im Übrigen bleibt die Konkretisierung der Leistungsphase 6 inhaltlich unverändert.

Leistungsphase 8: Bauoberleitung

Buchstaben e) und g): Die Grundleistung wurde auf das Mitwirken bei der Abnahme von Bauleistungen und beim Antrag auf behördliche Abnahmen beschränkt. Die rechtsgeschäftliche Abnahme der Leistung erfolgt durch den Auftraggeber selbst. Die Leistung des Planers beschränkt sich auf fachliche Unterstützung.

Honorarempfehlung für die örtliche Bauüberwachung

Die Honorarempfehlung ist in Zusammenarbeit von Vertretern der öffentlichen Auftraggeber des Bundes, der Länder und der kommunalen Spitzenverbände, der Deutschen Bahn AG und Vertretern des Ausschusses der Verbände und Kammern der Ingenieure und Architekten für die Honorarordnung e.V. (AHO), der Bundesarchitektenkammer (BAK) und der Bundesingenieurkammer (BIngK) unter Federführung des BMVBS erarbeitet worden.

Das Honorar für die örtliche Bauüberwachung wird mit den anrechenbaren Kosten nach §§ 4 und 42 und den in nachfolgender Tabelle aufgeführten Mindest- und Höchstsätzen abhängig von den objektspezifischen Anforderungen festgelegt. Zwischenwerte sind linear zu interpolieren.

Honorartafel zur örtlichen Bauüberwachung		
Anrechenbare Kosten in Euro	**Von-Satz in Prozent**	**Bis-Satz in Prozent**
25.000	3,1	4,1
1.000.000	2,9	3,9
15.000.000	2,5	3,5
25.000.000	1,9	2,9

Honorarempfehlung für die Planung der Verfahrens- und Prozesstechnik

Wird die Verfahrens- und Prozesstechnik (VPT) als eigenständiges Objekt übertragen, so ist sie unter dem Teil Technische Ausrüstung, Anlagengruppe 7.2 erfasst. Das Honorar ermittelt sich dann nach den anrechenbaren Kosten gemäß § 44, der Honorarzone und der Honorartafel gemäß § 46 und den Leistungsphasen gemäß § 45.

Wird die Planung der VPT zusammen mit der Objektplanung Ingenieurbauwerke übertragen, kann gemäß amtlicher Begründung zu Anlage 11, Nr. 11.1 das Honorar hierfür frei vereinbart werden. Für diesen Fall wird empfohlen, ein Honorar wie nach dem vorstehenden Absatz festzulegen. Wird kein Honorar für diese Leistungen benannt, ist als übliche Vergütung gleichfalls ein Honorar nach dem vorstehenden Absatz anzusetzen.

Alternativ dazu kann eine Abrechnung für die Leistungen der VPT über nachfolgenden Zuschlagsfaktor aus der RBBau vereinbart werden.

Zuschlagsregelung nach RBBau
Ein angemessenes Honorar für Leistungen bei Ingenieurbauwerken wird unter Einschluss der Leistungen für die Anlagen der Verfahrens- und Prozesstechnik dann erreicht, wenn die Honorare für die Leistungen der Ingenieurbauwerke nach den preisrechtlichen Vorschriften der HOAI ermittelt und anschließend mit einem Faktor nach Maßgabe der folgenden Tabelle abhängig von den Kostenanteilen der Verfahrens- und Prozesstechnik einerseits und der sonstigen Kosten der Technischen Ausrüstung andererseits erhöht werden.

Zuschlagsfaktor				
Kostenanteil der sonstigen Technischen Ausrüstung nach DIN 276 in von Hundert der Herstellkosten	**Faktor bei ... % Kostenanteil Verfahrens- und Prozesstechnik**			
Von Hundert der Herstellkosten	**10 von Hundert**	**20 von Hundert**	**30 von Hundert**	**40 von Hundert**
5	1,18	1,28	1,36	1,42
10	1,16	1,25	1,32	1,37
15	1,14	1,22	1,28	1,32
20	1,12	1,19	1,24	1,27

Zwischenwerte sind linear zu interpolieren.

Das Honorar für die örtliche Bauüberwachung ist mit den gleichen Faktoren zu beaufschlagen.

In § 43 Abs. 2 wurde die Vorschrift des § 42 Abs. 1 Satz 4 der HOAI 2009 inhaltlich unverändert übernommen. Lediglich die Verweise auf § 42 Nr. 6 und 7 wurden aktualisiert.

§ 43 Abs. 3 eröffnet nunmehr die Möglichkeit für abweichende textliche Honorarvereinbarungen in Fällen mit gesteigertem Kostenaufwand aufseiten des Auftragnehmers, wenn in der Leistungsphase 4 ein eigenständiges Planfeststellungsverfahren für das Ingenieurbauwerk und in der Leistungsphase 5 ein überdurchschnittlicher Aufwand an Ausführungszeichnungen erforderlich ist. Die Parteien sind aber frei in der Bewertung. Der Begriff des »durchschnittlichen Aufwandes« ist dabei genauso zu behandeln wie der Begriff »durchschnittlicher Schwierigkeitsgrad« unter Berücksichtigung des tatsächlichen Aufwandes des Planers. Bei Notwendigkeit eines gesonderten Planfeststellungsverfahrens in Leistungsphasen 4 und 5 können wegen des damit verbundenen erhöhten Aufwandes bis 8 Prozent Honorar mehr vereinbart werden; bei überdurchschnittlichem Aufwand kann grundsätzlich für den erforderlichen Aufwand des Planers bis 35 Prozent statt bis 15 Prozent vereinbart werden, da § 43 Abs. 1 HOAI dort nur von durchschnittlichem Aufwand ausgeht.

3.4.5.4 § 44 – Honorare für Grundleistungen bei Ingenieurbauwerken

In der Überschrift sowie in § 44 Abs. 1 wurde zum Zweck der Klarstellung im Hinblick auf § 3 Abs. 1 der Begriff der »Grundleistungen« aufgenommen. Die Honorartafel sieht nun folgendermaßen aus.

> (1) Die Mindest- und Höchstsätze der Honorare für die in § 43 und der Anlage 12 Nummer 12.1 aufgeführten Grundleistungen bei Ingenieurbauwerken sind in der nachfolgenden Honorartafel aufgeführten Honorarspannen Orientierungswerte:

Anrechenbare Kosten in Euro	Honorarzone I sehr geringe Anforderungen		Honorarzone II geringe Anforderungen		Honorarzone III durchschnittliche Anforderungen		Honorarzone IV hohe Anforderungen		Honorarzone V sehr hohe Anforderungen	
	von	bis	von	bis	von	bis	von	bis	von	bis
	Euro		Euro		Euro		Euro		Euro	
25 000	3 449	4 109	4 109	4 768	4 768	5 428	5 428	6 036	6 036	6 696
35 000	4 475	5 331	5 331	6 186	6 186	7 042	7 042	7 831	7 831	8 687
50 000	5 897	7 024	7 024	8 152	8 152	9 279	9 279	10 320	10 320	11 447
75 000	8 069	9 611	9 611	11 154	11 154	12 697	12 697	14 121	14 121	15 663
100 000	10 079	12 005	12 005	13 932	13 932	15 859	15 859	17 637	17 637	19 564
150 000	13 786	16 422	16 422	19 058	19 058	21 693	21 693	24 126	24 126	26 762
200 000	17 215	20 506	20 506	23 797	23 797	27 088	27 088	30 126	30 126	33 417
300 000	23 534	28 033	28 033	32 532	32 532	37 031	37 031	41 185	41 185	45 684
500 000	34 865	41 530	41 530	48 195	48 195	54 861	54 861	61 013	61 013	67 679
750 000	47 576	56 672	56 672	65 767	65 767	74 863	74 863	83 258	83 258	92 354
1 000 000	59 264	70 594	70 594	81 924	81 924	93 254	93 254	103 712	103 712	115 042
1 500 000	80 998	96 482	96 482	111 967	111 967	127 452	127 452	141 746	141 746	157 230

Anrechenbare Kosten in Euro	Honorarzone I sehr geringe Anforderungen		Honorarzone II geringe Anforderungen		Honorarzone III durchschnittliche Anforderungen		Honorarzone IV hohe Anforderungen		Honorarzone V sehr hohe Anforderungen	
	von	bis	von	bis	von	bis	von	bis	von	bis
	Euro		Euro		Euro		Euro		Euro	
2 000 000	101 054	120 373	120 373	139 692	139 692	159 011	159 011	176 844	176 844	196 163
3 000 000	137 907	164 272	164 272	190 636	190 636	217 001	217 001	241 338	241 338	267 702
5 000 000	203 584	242 504	242 504	281 425	281 425	320 345	320 345	356 272	356 272	395 192
7 500 000	278 415	331 642	331 642	384 868	384 868	438 095	438 095	487 227	487 227	540 453
10 000 000	347 568	414 014	414 014	480 461	480 461	546 908	546 908	608 244	608 244	674 690
15 000 000	474 901	565 691	565 691	656 480	656 480	747 270	747 270	831 076	831 076	921 866
20 000 000	592 324	705 563	705 563	818 801	818 801	932 040	932 040	1 036 568	1 036 568	1 149 806
25 000 000	702 770	837 123	837 123	971 476	971 476	1 105 829	1 105 829	1 229 848	1 229 848	1 364 201

(2) Welchen Honorarzonen die Grundleistungen zugeordnet werden, richtet sich nach folgenden Bewertungsmerkmalen:

1. geologische und baugrundtechnische Gegebenheiten,
2. technische Ausrüstung und Ausstattung,
3. Einbindung in die Umgebung oder in das Objektumfeld,
4. Umfang der Funktionsbereiche oder der konstruktiven oder technischen Anforderungen,
5. fachspezifische Bedingungen.

(3) Sind für Ingenieurbauwerke Bewertungsmerkmale aus mehreren Honorarzonen anwendbar und bestehen deswegen Zweifel, welcher Honorarzone das Objekt zugeordnet werden kann, so ist zunächst die Anzahl der Bewertungspunkte zu ermitteln. Zur Ermittlung der Bewertungspunkte werden die Bewertungsmerkmale wie folgt gewichtet:

1. die Bewertungsmerkmale gemäß Absatz 2 Nummer 1, 2 und 3 mit bis zu 5 Punkten,
2. das Bewertungsmerkmal gemäß Absatz 2 Nummer 4 mit bis zu 10 Punkten,
3. das Bewertungsmerkmal gemäß Absatz 2 Nummer 5 mit bis zu 15 Punkten.

(4) Das Ingenieurbauwerk ist anhand der nach Absatz 3 ermittelten Bewertungspunkte einer der Honorarzonen zuzuordnen:

1. Honorarzone I: bis zu 10 Punkte,
2. Honorarzone II: 11 bis 17 Punkte,
3. Honorarzone III: 18 bis 25 Punkte,

4. Honorarzone IV: 26 bis 33 Punkte,
5. Honorarzone V: 34 bis 40 Punkte.

(5) Für die Zuordnung zu den Honorarzonen ist die Objektliste der Anlage 12 Nummer 12.2 zu berücksichtigen.

(6) Für Umbauten und Modernisierungen von Ingenieurbauwerken kann bei einem durchschnittlichen Schwierigkeitsgrad ein Zuschlag gemäß § 6 Absatz 2 Satz 3 bis 33 Prozent in Textform vereinbart werden.

§ 44 Abs. 5 HOAI und Anlage 12.2

Die Objektliste für Ingenieurbauwerke geht nunmehr in die Anlage 12, Objektliste Verkehrsanlagen 12.2 ein. Diese Liste bezeichnet die Objekte beispielhaft und im Übrigen ist die Matrix nach § 44 Abs. 2 bis 5 zu beachten. Dabei muss die Einordnung objektiv erfolgen.

12.2 Objektliste Ingenieurbauwerke

Nachstehende Objekte werden in der Regel folgenden Honorarzonen zugerechnet:

Gruppe 1 – Bauwerke und Anlagen der Wasserversorgung	Honorarzone				
	I	II	III	IV	V
• Zisternen	x				
• einfache Anlagen zur Gewinnung und Förderung von Wasser, zum Beispiel Quellfassungen, Schachtbrunnen		x			
• Tiefbrunnen			x		
• Brunnengalerien und Horizontalbrunnen				x	
• Leitungen für Wasser ohne Zwangspunkte	x				
• Leitungen für Wasser mit geringen Verknüpfungen und wenigen Zwangspunkten		x			
• Leitungen für Wasser mit zahlreichen Verknüpfungen und mehreren Zwangspunkten			x		
• Einfache Leitungsnetze für Wasser		x			
• Leitungsnetze mit mehreren Verknüpfungen und zahlreichen Zwangspunkten und mit einer Druckzone			x		
• Leitungsnetze für Wasser mit zahlreichen Verknüpfungen und zahlreichen Zwangspunkten				x	
• einfache Anlagen zur Speicherung von Wasser, zum Beispiel Behälter in Fertigbauweise, Feuerlöschbecken		x			

• Speicherbehälter			x		
• Speicherbehälter in Turmbauweise				x	
• einfache Wasseraufbereitungsanlagen und Anlagen mit mechanischen Verfahren, Pumpwerke und Druckerhöhungsanlagen			x		
• Wasseraufbereitungsanlagen mit physikalischen und chemischen Verfahren, schwierige Pumpwerke und Druckerhöhungsanlagen				x	
• Bauwerke und Anlagen mehrstufiger oder kombinierter Verfahren der Wasseraufbereitung					x

Gruppe 2 – Bauwerke und Anlagen der Abwasserentsorgung mit Ausnahme Entwässerungsanlagen, die der Zweckbestimmung der Verkehrsanlagen dienen, und Regenwasserversickerung (Abgrenzung zu Freianlagen)	**Honorarzone**				
	I	**II**	**III**	**IV**	**V**
• Leitungen für Abwasser ohne Zwangspunkte	x				
• Leitungen für Abwasser mit geringen Verknüpfungen und wenigen Zwangspunkten		x			
• Leitungen für Abwasser mit zahlreichen Verknüpfungen und zahlreichen Zwangspunkten			x		
• einfache Leitungsnetze für Abwasser		x			
• Leitungsnetze für Abwasser mit mehreren Verknüpfungen und mehreren Zwangspunkten			x		
• Leitungsnetze für Abwasser mit zahlreichen Zwangspunkten				x	
• Erdbecken als Regenrückhaltebecken		x			
• Regenbecken und Kanalstauräume mit geringen Verknüpfungen und wenigen Zwangspunkten			x		
• Regenbecken und Kanalstauräume mit zahlreichen Verknüpfungen und zahlreichen Zwangspunkten, kombinierte Regenwasserbewirtschaftungsanlagen				x	
• Schlammabsetzanlagen, Schlammpolder		x			
• Schlammabsetzanlagen mit mechanischen Einrichtungen			x		
• Schlammbehandlungsanlagen				x	
• Bauwerke und Anlagen für mehrstufige oder kombinierte Verfahren der Schlammbehandlung					x

Gruppe 2 – Bauwerke und Anlagen der Abwasserentsorgung mit Ausnahme Entwässerungsanlagen, die der Zweckbestimmung der Verkehrsanlagen dienen, und Regenwasserversickerung (Abgrenzung zu Freianlagen)	Honorarzone				
	I	II	III	IV	V
• Industriell systematisierte Abwasserbehandlungsanlagen, einfache Pumpwerke und Hebeanlagen		x			
• Abwasserbehandlungsanlagen mit gemeinsamer aerober Stabilisierung, Pumpwerke und Hebeanlagen			x		
• Abwasserbehandlungsanlagen, schwierige Pumpwerke und Hebeanlagen				x	
• Schwierige Abwasserbehandlungsanlagen					x

Gruppe 3 – Bauwerke und Anlagen des Wasserbaus ausgenommen Freianlagen nach § 39 Absatz 1	Honorarzone				
	I	II	III	IV	V
• Berieselung und rohrlose Dränung, flächenhafter Erdbau mit unterschiedlichen Schütthöhen oder Materialien		x			
• Beregnung und Rohrdränung			x		
• Beregnung und Rohrdränung bei ungleichmäßigen Boden- und schwierigen Geländeverhältnissen				x	
• Einzelgewässer mit gleichförmigem ungegliedertem Querschnitt ohne Zwangspunkte, ausgenommen Einzelgewässer mit überwiegend ökologischen und landschaftsgestalterischen Elementen	x				
• Einzelgewässer mit gleichförmigem gegliedertem Querschnitt und einigen Zwangspunkten		x			
• Einzelgewässer mit ungleichförmigem ungegliedertem Querschnitt und einigen Zwangspunkten, Gewässersysteme mit einigen Zwangspunkten			x		
• Einzelgewässer mit ungleichförmigem gegliedertem Querschnitt und vielen Zwangspunkten, Gewässersysteme mit vielen Zwangspunkten, besonders schwieriger Gewässerausbau mit sehr hohen technischen Anforderungen und ökologischen Ausgleichsmaßnahmen				x	
• Teiche bis 3 m Dammhöhe über Sohle ohne Hochwasserentlastung ausgenommen Teiche ohne Dämme	x				
• Teiche mit mehr als 3 m Dammhöhe über Sohle ohne Hochwasserentlastung, Teiche bis 3 m Dammhöhe über Sohle mit Hochwasserentlastung		x			

Gruppe 3 – Bauwerke und Anlagen des Wasserbaus ausgenommen Freianlagen nach § 39 Absatz 1	**Honorarzone**				
	I	**II**	**III**	**IV**	**V**
• Hochwasserrückhaltebecken und Talsperren bis 5 m Dammhöhe über Sohle oder bis 100 000 m^3 Speicherraum			x		
• Hochwasserrückhaltebecken und Talsperren mit mehr als 100 000 m^3 und weniger als 5 000 000 m^3 Speicherraum				x	
• Hochwasserrückhaltebecken und Talsperren mit mehr als 5 000 000 m^3 Speicherraum					x
• Deich- und Dammbauten		x			
• schwierige Deich- und Dammbauten			x		
• besonders schwierige Deich- und Dammbauten				x	
• einfache Pumpanlagen, Pumpwerke und Schöpfwerke		x			
• Pump- und Schöpfwerke, Siele			x		
• schwierige Pump- und Schöpfwerke				x	
• einfache Durchlässe	x				
• Durchlässe und Düker		x			
• schwierige Durchlässe und Düker			x		
• besonders schwierige Durchlässe und Düker				x	
• einfache feste Wehre		x			
• feste Wehre			x		
• einfache bewegliche Wehre			x		
• bewegliche Wehre				x	
• einfache Sperrwerke und Sperrtore			x		
• Sperrwerke				x	
• Kleinwasserkraftanlagen			x		
• Wasserkraftanlagen				x	
• schwierige Wasserkraftanlagen, zum Beispiel Pumpspeicherwerke oder Kavernenkraftwerke					x
• Fangedämme, Hochwasserwände			x		
• Fangedämme, Hochwasserschutzwände in schwieriger Bauweise				x	

Gruppe 3 – Bauwerke und Anlagen des Wasserbaus ausgenommen Freianlagen nach § 39 Absatz 1	Honorarzone				
	I	II	III	IV	V
• eingeschwommene Senkkästen, schwierige Fangedämme, Wellenbrecher					x
• Bootsanlegestellen mit Dalben, Leitwänden, Festmacher- und Fenderanlagen an stehenden Gewässern	x				
• Bootsanlegestellen mit Dalben, Leitwänden, Festmacher- und Fenderanlagen an fließenden Gewässern, einfache Schiffslösch- und -ladestellen, einfache Kaimauern und Piers		x			
• Schiffslösch- und -ladestellen, Häfen, jeweils mit Dalben, Leitwänden, Festmacherund Fenderanlagen mit hohen Belastungen, Kaimauern und Piers			x		
• Schiffsanlege-, -lösch- und -ladestellen bei Tide- oder Hochwasserbeeinflussung, Häfen bei Tide- und Hochwasserbeeinflussung, schwierige Kaimauern und Piers				x	
• schwierige schwimmende Schiffsanleger, bewegliche Verladebrücken					x
• einfache Uferbefestigungen	x				
• Uferwände und -mauern		x			
• schwierige Uferwände und -mauern, Ufer- und Sohlensicherung an Wasserstraßen			x		
• Schifffahrtskanäle mit Dalben, Leitwänden, bei einfachen Bedingungen			x		
• Schifffahrtskanäle mit Dalben, Leitwänden, bei schwierigen Bedingungen in Dammstrecken, mit Kreuzungsbauwerken				x	
• Kanalbrücken					x
• einfache Schiffsschleusen, Bootsschleusen		x			
• Schiffsschleusen bei geringen Hubhöhen			x		
• Schiffsschleusen bei großen Hubhöhen und Sparschleusen				x	
• Schiffshebewerke					x
• Werftanlagen, einfache Docks			x		
• schwierige Docks				x	
• Schwimmdocks					x

Gruppe 4 – Bauwerke und Anlagen für Ver- und Entsorgung mit Gasen, Energieträgern, Feststoffen einschließlich wassergefährdenden Flüssigkeiten, ausgenommen Anlagen nach § 53 Absatz 2	Honorarzone				
	I	II	III	IV	V
• Transportleitungen für Fernwärme, wassergefährdende Flüssigkeiten und Gase ohne Zwangspunkte	x				
• Transportleitungen für Fernwärme, wassergefährdende Flüssigkeiten und Gase mit geringen Verknüpfungen und wenigen Zwangspunkten		x			
• Transportleitungen für Fernwärme, wassergefährdende Flüssigkeiten und Gase mit zahlreichen Verknüpfungen oder zahlreichen Zwangspunkten			x		
• Transportleitungen für Fernwärme, wassergefährdende Flüssigkeiten und Gase mit zahlreichen Verknüpfungen und zahlreichen Zwangspunkten				x	
• industriell vorgefertigte einstufige Leichtflüssigkeitsabscheider		x			
• einstufige Leichtflüssigkeitsabscheider			x		
• mehrstufige Leichtflüssigkeitsabscheider				x	
• Leerrohrnetze mit wenigen Verknüpfungen			x		
• Leerrohrnetze mit zahlreichen Verknüpfungen				x	
• Handelsübliche Fertigbehälter für Tankanlagen	x				
• Pumpzentralen für Tankanlagen in Ortbetonbauweise			x		
• Anlagen zur Lagerung wassergefährdender Flüssigkeiten in einfachen Fällen			x		

Gruppe 5 – Bauwerke und Anlagen der Abfallentsorgung	Honorarzone				
	I	II	III	IV	V
• Zwischenlager, Sammelstellen und Umladestationen offener Bauart für Abfälle oder Wertstoffe ohne Zusatzeinrichtungen	x				
• Zwischenlager, Sammelstellen und Umladestationen offener Bauart für Abfälle oder Wertstoffe mit einfachen Zusatzeinrichtungen		x			
• Zwischenlager, Sammelstellen und Umladestationen offener Bauart für Abfälle oder Wertstoffe, mit schwierigen Zusatzeinrichtungen			x		

Gruppe 5 – Bauwerke und Anlagen der Abfallentsorgung	Honorarzone				
	I	II	III	IV	V
• einfache, einstufige Aufbereitungsanlagen für Wertstoffe		x			
• Aufbereitungsanlagen für Wertstoffe			x		
• mehrstufige Aufbereitungsanlagen für Wertstoffe				x	
• einfache Bauschuttaufbereitungsanlagen		x			
• Bauschuttaufbereitungsanlagen			x		
• Bauschuttdeponien ohne besondere Einrichtungen		x			
• Bauschuttdeponien			x		
• Pflanzenabfall-Kompostierungsanlagen ohne besondere Einrichtungen		x			
• Biomüll-Kompostierungsanlagen, Pflanzenabfall-Kompostierungsanlagen			x		
• Kompostwerke				x	
• Hausmüll- und Monodeponien			x		
• Hausmülldeponien und Monodeponien mit schwierigen technischen Anforderungen				x	
• Anlagen zur Konditionierung von Sonderabfällen				x	
• Verbrennungsanlagen, Pyrolyseanlagen					x
• Sonderabfalldeponien				x	
• Anlagen für Untertagedeponien				x	
• Behälterdeponien				x	
• Abdichtung von Altablagerungen und kontaminierten Standorten			x		
• Abdichtung von Altablagerungen und kontaminierten Standorten mit schwierigen technischen Anforderungen				x	
• Anlagen zur Behandlung kontaminierter Böden einschließlich Bodenluft				x	
• einfache Grundwasserdekontaminierungsanlagen				x	
• komplexe Grundwasserdekontaminierungsanlagen					x

Gruppe 6 – konstruktive Ingenieurbauwerke für Verkehrsanlagen	Honorarzone				
	I	II	III	IV	V
• Lärmschutzwälle ausgenommen Lärmschutzwälle als Mittel der Geländegestaltung	x				
• einfache Lärmschutzanlagen		x			
• Lärmschutzanlagen			x		
• Lärmschutzanlagen in schwieriger städtebaulicher Situation				x	
• gerade Einfeldbrücken einfacher Bauart		x			
• Einfeldbrücken			x		
• einfache Mehrfeld- und Bogenbrücken			x		
• schwierige Einfeld-, Mehrfeld- und Bogenbrücken				x	
• schwierige, längs vorgespannte Stahlverbundkonstruktionen					x
• besonders schwierige Brücken					x
• Tunnel und Trogbauwerke			x		
• schwierige Tunnel und Trogbauwerke				x	
• besonders schwierige Tunnel und Trogbauwerke					x
• Untergrundbahnhöfe			x		
• schwierige Untergrundbahnhöfe				x	
• besonders schwierige Untergrundbahnhöfe und Kreuzungsbahnhöfe					x

Gruppe 7 – sonstige Einzelbauwerke sonstige Einzelbauwerke ausgenommen Gebäude und Freileitungs- und Oberleitungsmaste	Honorarzone				
	I	II	III	IV	V
• einfache Schornsteine			x		
• Schornsteine				x	
• schwierige Schornsteine					x
• besonders schwierige Schornsteine					
• einfache Masten und Türme ohne Aufbauten	x				
• Masten und Türme ohne Aufbauten		x			
• Masten und Türme mit Aufbauten			x		
• Masten und Türme mit Aufbauten und Betriebsgeschoss				x	
• Masten und Türme mit Aufbauten, Betriebsgeschoss und Publikumseinrichtungen					x

Gruppe 7 – sonstige Einzelbauwerke sonstige Einzelbauwerke ausgenommen Gebäude und Freileitungs- und Oberleitungsmaste	**Honorarzone**				
	I	**II**	**III**	**IV**	**V**
• einfache Kühltürme			x		
• Kühltürme				x	
• schwierige Kühltürme					x
• Versorgungsbauwerke und Schutzrohre in sehr einfachen Fällen ohne Zwangspunkte	x				
• Versorgungsbauwerke und Schutzrohre mit zugehörigen Schächten für Versorgungssysteme mit wenigen Zwangspunkten		x			
• Versorgungsbauwerke mit zugehörigen Schächten für Versorgungssysteme unter beengten Verhältnissen			x		
• Versorgungsbauwerke mit zugehörigen Schächten in schwierigen Fällen für mehrere Medien				x	
• flach gegründete, einzeln stehende Silos ohne Anbauten		x			
• einzeln stehende Silos mit einfachen Anbauten, auch in Gruppenbauweise			x		
• Silos mit zusammengefügten Zellenblöcken und Anbauten				x	
• schwierige Windkraftanlagen				x	
• unverankerte Stützbauwerke bei geringen Geländesprüngen ohne Verkehrsbelastung als Mittel zur Geländegestaltung und zur konstruktiven Böschungssicherung	x				
• Unverankerte Stützbauwerke bei hohen Geländesprüngen mit Verkehrsbelastungen mit einfachen Baugrund-, Belastungs- und Geländeverhältnissen		x			
• Stützbauwerke mit Verankerung oder unverankerte Stützbauwerke bei schwierigen Baugrund-, Belastungs- oder Geländeverhältnissen			x		
• Stützbauwerke mit Verankerung und schwierigen Baugrund-, Belastungs- oder Geländeverhältnissen				x	
• Stützbauwerke mit Verankerung und ungewöhnlich schwierigen Randbedingungen					x
• Schlitz- und Bohrpfahlwände, Trägerbohlwände			x		
• einfache Traggerüste und andere einfache Gerüste			x		
• Traggerüste und andere Gerüste				x	
• sehr schwierige Gerüste und sehr hohe oder weit gespannte Traggerüste, verschiebliche (Trag-)Gerüste					x

Gruppe 7 – sonstige Einzelbauwerke sonstige Einzelbauwerke ausgenommen Gebäude und Freileitungs- und Oberleitungsmaste	**Honorarzone**				
	I	II	III	IV	V
• eigenständige Tiefgaragen, einfache Schacht- und Kavernenbauwerke, einfache Stollenbauten			x		
• schwierige eigenständige Tiefgaragen, schwierige Schacht- und Kavernenbauwerke, schwierige Stollenbauwerke				x	
• besonders schwierige Schacht- und Kavernenbauwerke					x

§ 44 Abs. 5 stellt klar, dass diese Anlage für die Zuordnung des Objekts zu den Honorarzonen anzuwenden ist. Gemäß **§ 44 Abs. 6** kann für Umbauten und Modernisierungen von Ingenieurbauwerken bei einem durchschnittlichen Schwierigkeitsgrad (Honorarzone III) gemäß § 6 Abs. 2 Satz 3 und § 7 Abs. 1 ein Zuschlag von bis zu 33 Prozent bei Auftragserteilung schriftlich vereinbart werden.

3.4.6 Abschnitt 4 – Verkehrsanlagen

Der Verkehrsanlagenbau bildet – gemeinsam mit den Ingenieurbauwerken des Abschnitts 3 – den typischen Aufgabenbereich der Bauingenieure. Aufgrund ihrer Bedeutung haben die Planungsleistungen für Ingenieurbauwerke und Verkehrsanlagen in der Neufassung der HOAI jeweils selbstständige Abschnitte erhalten. Die Objektplanung Verkehrsanlagen ist nun eigenständig in Abschnitt 4 des dritten Teils der HOAI geregelt.

3.4.6.1 § 45 – Anwendungsbereich

Verkehrsanlagen sind

1. Anlagen des Straßenverkehrs ausgenommen selbstständige Rad-, Geh- und Wirtschaftswege und Freianlagen nach § 39 Abs. 1 ,
2. Anlagen des Schienenverkehrs,
3. Anlagen des Flugverkehrs.

Anwendungsbereich

Der sachliche Anwendungsbereich der Objektplanung Verkehrsanlagen erfasst nur die in § 45 HOAI benannten Anlagen des Straßenverkehrs, des Schienenverkehrs und des Flugverkehrs. Soweit Planungsleistungen für Verkehrsanlagen dort nicht aufgeführt sind, fallen sie entweder nicht unter die HOAI oder werden den Ingenieurbauwerken zugeordnet. So sind etwa Anlagen und Bauwerke des Wasserstraßenverkehrs wie Schifffahrtkanäle, Hafenanlagen und Schleusen den Ingenieurbauwerken nach § 41 Nr. 3 HOAI zuzurechnen.

Die Abgrenzung der Planungsleistungen für Verkehrsanlagen zur Objektplanung Gebäude (Teil 3 Abschnitt 1) bereitet in der Regel keine Probleme. So ist etwa ein Bahnhof der Objektplanung Gebäude zuzurechnen, wohingegen die entsprechende Schienentrasse mit Bahnsteig den Anlagen des Schienenverkehrs und damit den Verkehrsanlagen zuzuordnen ist. Werden Gebäude gemeinsam mit Verkehrsanlagen geplant, so sind die Objekte der verschiedenen Leistungsbilder auch getrennt abzurechnen.

Bei der Abgrenzung zu den Planungsleistungen für Ingenieurbauwerke ist auf die Objektlisten der Anlage 3 (Ingenieurbauwerke Ziff. 3.4, Verkehrsanlagen Ziff. 3.5) abzustellen. In der Praxis kommt es häufig zu gemeinsamen Planungsleistungen für Ingenieurbauwerke und Verkehrsanlagen.

Beispiele: Ingenieurbauwerke und Verkehrsanlagen

!

Hier ist an Straßen- und Brückenbau, Straßen- und Lärmschutzanlagen, Gleis- und Tunnelbau sowie Regenüberlaufbecken im Straßenbereich zu denken.

Auch hier erfolgt eine getrennte Abrechnung der verschiedenen Leistungsbilder. Eine Zusammenfassung ist selbst bei einem engen funktionalen Zusammenhang nicht möglich (vgl. BGH, Urteil vom 30.9.2004 – VII ZR 192/03, BauR 2004, 1963).

Zur Freianlagenplanung (Teil 3 Abschnitt 2) ergeben sich in der Praxis häufig Abgrenzungsprobleme: Nach **§ 45 Nr. 1** HOAI liegen Anlagen des Straßenverkehrs nur vor, wenn es sich nicht um eine Freianlage nach § 2 Nr. 1 HOAI handelt. So kann es sich bei verkehrsberuhigten Zonen, Fußgängerbereichen oder Parkplätzen sowohl um Freianlagen als auch um Verkehrsanlagen handeln. Entscheidendes Merkmal ist in der Regel, ob der gestalterische Aspekt im Vordergrund steht (dann Freianlage) oder ob die Verkehrsfunktion tragendes Merkmal ist (dann Verkehrsanlage) (so auch Korbion/Mantscheff/Vygen, § 3 Rn. 58, Locher/Koeble/Frik, § 2 Rn. 27).

3.4.6.2 § 46 – Besondere Grundlagen des Honorars

> (1) Für Grundleistungen bei Verkehrsanlagen sind die Kosten der Baukonstruktion anrechenbar. Soweit der Auftragnehmer die Ausstattung von Anlagen des Straßen-, Schienen- und Flugverkehrs einschließlich der darin enthaltenen Entwässerungsanlagen, die der Zweckbestimmung der Verkehrsanlagen dienen, plant oder deren Ausführung überwacht, sind die dadurch entstehenden Kosten anrechenbar.
>
> (2) Für Grundleistungen bei Verkehrsanlagen sind auch die Kosten für Technische Anlagen, die der Auftragnehmer nicht fachlich plant oder deren Ausführung der Auftragnehmer nicht fachlich überwacht,

1. vollständig anrechenbar bis zu einem Betrag von 25 Prozent der sonstigen anrechenbaren Kosten und
2. zur Hälfte anrechenbar mit dem Betrag, der 25 Prozent der sonstigen anrechenbaren Kosten übersteigt.

(3) Nicht anrechenbar sind, soweit der Auftragnehmer die Anlagen weder plant noch ihre Ausführung überwacht, die Kosten für
1. das Herrichten des Grundstücks,
2. die öffentliche und die nichtöffentliche Erschließung, die Außenanlagen, das Umlegen und Verlegen von Leitungen,
3. die Nebenanlagen von Anlagen des Straßen-, Schienen- und Flugverkehrs,
4. verkehrsregelnde Maßnahmen während der Bauzeit.

(4) Für Grundleistungen der Leistungsphasen 1 bis 7 und 9 bei Verkehrsanlagen sind
1. die Kosten für Erdarbeiten einschließlich Felsarbeiten anrechenbar bis zu einem Betrag von 40 Prozent der sonstigen anrechenbaren Kosten nach Absatz 1 und
2. 10 Prozent der Kosten für Ingenieurbauwerke anrechenbar, wenn dem Auftragnehmer für diese Ingenieurbauwerke nicht gleichzeitig Grundleistungen nach § 43 übertragen werden.

(5) Die nach den Absätzen 1 bis 4 ermittelten Kosten sind für Grundleistungen des § 47 Absatz 1 Satz 2 Nummer 1 bis 7 und 9
1. bei Straßen, die mehrere durchgehende Fahrspuren mit einer gemeinsamen Entwurfsachse und einer gemeinsamen Entwurfsgradiente haben, wie folgt anteilig anrechenbar:
   a) bei dreistreifigen Straßen zu 85 Prozent,
   b) bei vierstreifigen Straßen zu 70 Prozent und
   c) bei mehr als vierstreifigen Straßen zu 60 Prozent,
2. bei Gleis- und Bahnsteiganlagen, die zwei Gleise mit einem gemeinsamen Planum haben, zu 90 Prozent anrechenbar. Das Honorar für Gleis- und Bahnsteiganlagen mit mehr als zwei Gleisen oder Bahnsteigen kann abweichend von den Grundsätzen des Satzes 1, der Absätze 1 bis 4 und der §§ 47 und 48 vereinbart werden.

Anwendungsbereich

§ 46 wurde teilweise gegenüber der HOAI 2009 geändert. Die Besonderen Grundlagen des Honorars bei Verkehrsanlagen werden nunmehr leistungsspezifisch ausgestaltet. Neu konzipiert wurden für Verkehrsanlagen die Regelungen über die Abrechenbarkeit von Kosten in § 46 Abs. 1 bis 3. Diese gehen konzeptionell auf die entsprechenden Regelungen für Ingenieurbauwerke in § 42 Abs. 1 bis 3 zurück.

Während **§ 46 Abs. 1** leistungsspezifisch die anrechenbaren Kosten für Verkehrsanlagen regelt, behandelt **§ 46 Abs. 2 bis 4** die Integrationshonorare bei der Objektplanung von Verkehrsanlagen. In **§ 46 Abs. 4** wurde eine leistungsspezifische Regelung zum Integrationshonorar für Verkehrsanlagen sowie zur Anrechenbarkeit von Kosten für Erdarbeiten und Ingenieurbauwerke aufgenommen. Als Folge davon, dass der Verweis auf die Besonderen Grundlagen des Honorars für Ingenieurbauwerke wegfällt, wurde in **§ 46 Abs. 1** eine leistungsspezifische Regelung zu den anrechenbaren Kosten für Verkehrsanlagen aufgenommen. § 46 Abs. 1 entspricht sinngemäß der Regelung zu den Besonderen Grundlagen des Honorars für Ingenieurbauwerke in § 42 Abs. 1.

§ 46 Abs. 1 Satz 2 stellt klar, dass die Kosten für die Ausstattung von Anlagen des Straßen-, Flug- und Schienenverkehrs einschließlich der darin enthaltenen Entwässerungsanlagen, die der Zweckbestimmung der Verkehrsanlage dienen, anrechenbar sind, soweit der Objektplaner diese plant oder deren Ausführung überwacht. Sie sind bei den Kosten der Baukonstruktion im Sinne des § 46 Abs. 1 Satz 1 zu berücksichtigen und nicht bei den Kosten für die Anlagen der Technischen Ausrüstung im Sinne des § 46 Abs. 2. Die Ausstattung von Anlagen des Straßen-, Flug- und Schienenverkehrs einschließlich Entwässerungsanlagen ist nicht in der Objektliste der Technischen Ausrüstung enthalten. Unter »Ausstattung von Anlagen des Straßen- und Flugverkehrs« fallen zum Beispiel Signalanlagen, Schutzplanken und Beschilderungen. Bei den Entwässerungsanlagen handelt es sich um Straßenabläufe, Sammelleitungen und zugehörige Anschlussleitungen sowie Regenwasserversickerungen, die nicht als eigenständige Objekte in der Objektliste Ingenieurbauwerke Gruppe 2 aufgeführt sind (vgl. Anlage 12 Nr. 12.2). Zur Ausstattung von Anlagen des Schienenverkehrs gehören Oberleitungsanlagen, Signalanlagen, Telekommunikationsanlagen, die den Zugbetrieb beeinflussen, und Weichenheizungsanlagen.

§ 46 Abs. 2 regelt die anrechenbaren Kosten von Technischen Anlagen für die Honorarberechnung der Grundleistungen zur Planung der Verkehrsanlagen. **§ 46 Abs. 3** weist die Kosten der Nebenanlagen von Anlagen des Straßen- und Flugverkehrs den eingeschränkt anrechenbaren Kosten der Verkehrsanlagen zu.

§ 46 Abs. 4 regelt die für die Leistungsphasen 1 bis 7 und 9 des § 46 teilweise anrechenbaren Kosten. Gemäß § 46 Abs. 4 Nr. 1 sind die Kosten der Erd- und Felsarbeiten nur bis zu 40 Prozent der sonstigen anrechenbaren Kosten nach § 46 Abs. 1 anrechenbar. Grund dafür ist, dass der Arbeitsaufwand für Erd- und Felsarbeiten nicht proportional zu den nach § 46 Abs. 1 anrechenbaren Kosten steigt.

Diese Sondervorschrift entspricht der früheren Regelung des § 52 Abs. 2 Nr. 1 HOAI 1996. Es werden die Kosten für Erdarbeiten einschließlich Felsarbeiten auf maximal 40 Prozent der sonstigen anrechenbaren Kosten beschränkt. Diese Abminderung gilt nicht für die Leistungsphase 8.

!

Beispiel: Berechnung	
Herstellungskosten insgesamt	150.000,00 Euro
davon Kosten der Erd- und Felsarbeiten	50.000,00 Euro
sonstige anrechenbare Kosten	100.000,00 Euro
Berechnung: anrechenbare Kosten für die Leistungsphasen 1 bis 7 und 9	
sonstige anrechenbare Kosten	100.000,00 Euro
Kosten der Erd- und Felsarbeiten 50.000,00 Euro, hiervon 40 % der sonstigen anrechenbaren Kosten, daher anrechenbar für Erd- und Felsarbeiten nur	40.000,00 Euro
Summe der anrechenbaren Kosten (Leistungsphase 1 bis 7, 9)	**140.000,00 Euro**
Anrechenbare Kosten für die Leistungsphase 8: (volle) Herstellungskosten	**150.000,00 Euro**

§ 46 Abs. 4 Nr. 2 regelt die anrechenbaren Kosten für Ingenieurbauwerke für den Sachverhalt, dass ein Ingenieurbauwerk in eine Verkehrsanlage integriert wird. Sachgerecht erscheint es, 10 Prozent der Kosten für Ingenieurbauwerke zur Vergütung des Aufwands für die Einbeziehung des Ingenieurbauwerks in die Planung für die Verkehrsanlage anzurechnen, wenn dem Auftragnehmer nicht gleichzeitig die Objektplanung für das Ingenieurbauwerk übertragen wird.

§ 46 Abs. 5 Nr. 2 HOAI 2021 ist im Vergleich zur Fassung HOAI 2013 geändert worden. Die teilweise Anrechenbarkeit der Kosten für mehrstreifige Straßen und Gleisanlagen gemäß § 46 Abs. 5 begründet sich dadurch, dass sich bei diesen Verkehrsanlagen Leistungen wiederholen oder einmal erbrachte Leistungen übernommen werden können. Neu aufgenommen wurde eine Regelung zur »textlichen« Vereinbarung (§ 126b BGB) des Honorars für Gleis- und Bahnsteiganlagen mit mehr als zwei Gleisen oder Bahnsteigen. Anders als bei der Straße gibt es im Bereich des Schienenverkehrs häufig mehr als vier Gleise, zum Beispiel bei Rangier- und Zugbildungsanlagen. Hier war eine noch weitere Aufgliederung als bei der Straße notwendig, um im Ergebnis zu einem angemessenen Honorar zu kommen. Im Sinne einer einfachen und flexiblen Regelung wird deshalb die freie textliche Vereinbarkeit festgelegt, wie sie auch in schon § 52 Abs. 9 HOAI 2002 verankert war.

3.4.6.3 § 47 – Leistungsbild Verkehrsanlagen

(1) § 34 Absatz 1 gilt entsprechend. Die Grundleistungen für Verkehrsanlagen sind in neun Leistungsphasen unterteilt und werden wie folgt in Prozentsätzen der Honorare des § 48 bewertet:

1. für die Leistungsphase 1 (Grundlagenermittlung) mit 2 Prozent,
2. für die Leistungsphase 2 (Vorplanung) mit 20 Prozent,
3. für die Leistungsphase 3 (Entwurfsplanung) mit 25 Prozent,

4. für die Leistungsphase 4 (Genehmigungsplanung) mit 8 Prozent,
5. für die Leistungsphase 5 (Ausführungsplanung) mit 15 Prozent,
6. für die Leistungsphase 6 (Vorbereitung der Vergabe) mit 10 Prozent,
7. für die Leistungsphase 7 (Mitwirkung bei der Vergabe) mit 4 Prozent,
8. für die Leistungsphase 8 (Bauoberleitung) mit 15 Prozent,
9. für die Leistungsphase 9 (Objektbetreuung) mit 1 Prozent.

(2) Anlage 13 Nummer 13.1 regelt die Grundleistungen jeder Leistungsphase und enthält Beispiele für Besondere Leistungen.

Anwendungsbereich
In **§47 Satz 1** wurde der Verweis auf den Umfang des Leistungsbildes »Gebäude und Innenräume« (§34 Abs. 1) angepasst. Die Anordnung der entsprechenden Anwendbarkeit der Regelung zum Bauen im Bestand, zu Instandhaltungen und Instandsetzungen gemäß §§35 und 36 Abs. 2 HOAI 2009 nach §42 Abs. 2 HOAI 2009 ist entfallen und wurde in §48 Abs. 6 und §12 Abs. 1 aufgenommen. Aufgrund der wiedereingeführten Berücksichtigung der mitzuverarbeitenden Bausubstanz und der in §2 Abs. 5 getroffenen Definition von Umbauten (Umgestaltungen mit wesentlichen Eingriffen in Konstruktion oder Bestand) wurde auch die Prozentmarge für den Umbauzuschlag auf bis zu 33 Prozent im Sinne des §59 Abs. 1 der HOAI 2002 zurückgeführt. §47 Abs. 2 verweist auf die Regelung der Grundleistungen und die Aufzählung von Beispielen für Besondere Leistungen in der Anlage 13 Nr. 13.1. Anlage 13 der HOAI konkretisiert nunmehr gesondert die Leistungen im Leistungsbild Verkehrsanlagen.

Grundleistungen im Leistungsbild Verkehrsanlagen, Besondere Leistungen, Objektliste

13.1 Leistungsbild Verkehrsanlagen

Grundleistungen	Besondere Leistungen
LPH 1 Grundlagenermittlung	
a) Klären der Aufgabenstellung auf Grund der Vorgaben oder der Bedarfsplanung des Auftraggebers b) Ermitteln der Planungsrandbedingungen sowie Beraten zum gesamten Leistungsbedarf c) Formulieren von Entscheidungshilfen für die Auswahl anderer an der Planung fachlich Beteiligter d) Ortsbesichtigung e) Zusammenfassen, Erläutern und Dokumentieren der Ergebnisse	• Ermitteln besonderer, in den Normen nicht festgelegter Einwirkungen • Auswahl und Besichtigen ähnlicher Objekte

Grundleistungen	Besondere Leistungen
LPH 2 Vorplanung	
a) Beschaffen und Auswerten amtlicher Karten b) Analysieren der Grundlagen c) Abstimmen der Zielvorstellungen auf die öffentlich-rechtlichen Randbedingungen sowie Planungen Dritter d) Untersuchen von Lösungsmöglichkeiten mit ihren Einflüssen auf bauliche und konstruktive Gestaltung, Zweckmäßigkeit, Wirtschaftlichkeit unter Beachtung der Umweltverträglichkeit e) Erarbeiten eines Planungskonzepts einschließlich Untersuchung von bis zu 3 Varianten nach gleichen Anforderungen mit zeichnerischer Darstellung und Bewertung unter Einarbeitung der Beiträge anderer an der Planung fachlich Beteiligter f) Überschlägige verkehrstechnische Bemessung der Verkehrsanlage, Ermitteln der Schallimmissionen von der Verkehrsanlage an kritischen Stellen nach Tabellenwerten g) Untersuchen der möglichen Schallschutzmaßnahmen, ausgenommen detaillierte schalltechnische Untersuchungen h) Klären und Erläutern der wesentlichen fachspezifischen Zusammenhänge, Vorgänge und Bedingungen i) Vorabstimmen mit Behörden und anderen an der Planung fachlich Beteiligten über die Genehmigungsfähigkeit, ggf. Mitwirken bei Verhandlungen über die Bezuschussung und Kostenbeteiligung j) Mitwirken bei Erläutern des Planungskonzepts gegenüber Dritten an bis zu 2 Terminen k) Überarbeiten des Planungskonzepts nach Bedenken und Anregungen l) Bereitstellen von Unterlagen als Auszüge aus der Voruntersuchung zur Verwendung für ein Raumordnungsverfahren m) Kostenschätzung, Vergleich mit den finanziellen Rahmenbedingungen n) Zusammenfassen, Erläutern und Dokumentieren	• Erstellen von Leitungsbestandsplänen • Untersuchungen zur Nachhaltigkeit • Anfertigen von Nutzen-Kosten-Untersuchungen • Wirtschaftlichkeitsprüfung • Beschaffen von Auszügen aus Grundbuch, Kataster und anderen amtlichen Unterlagen

Grundleistungen	Besondere Leistungen
LPH 3 Entwurfsplanung	
a) Erarbeiten des Entwurfs auf Grundlage der Vorplanung durch zeichnerische Darstellung im erforderlichen Umfang und Detaillierungsgrad unter Berücksichtigung aller fachspezifischen Anforderungen Bereitstellen der Arbeitsergebnisse als Grundlage für die anderen an der Planung fachlich Beteiligten sowie Integration und Koordination der Fachplanungen b) Erläuterungsbericht unter Verwendung der Beiträge anderer an der Planung fachlich Beteiligter c) Fachspezifische Berechnungen ausgenommen Berechnungen aus anderen Leistungsbildern d) Ermitteln der zuwendungsfähigen Kosten, Mitwirken beim Aufstellen des Finanzierungsplans sowie Vorbereiten der Anträge auf Finanzierung e) Mitwirken beim Erläutern des vorläufigen Entwurfs gegenüber Dritten an bis zu drei Terminen, Überarbeiten des vorläufigen Entwurfs auf Grund von Bedenken und Anregungen f) Vorabstimmen der Genehmigungsfähigkeit mit Behörden und anderen an der Planung fachlich Beteiligten g) Kostenberechnung einschließlich zugehöriger Mengenermittlung, Vergleich der Kostenberechnung mit der Kostenschätzung h) Überschlägige Festlegung der Abmessungen von Ingenieurbauwerken i) Ermitteln der Schallimmissionen von der Verkehrsanlage nach Tabellenwerten; Festlegen der erforderlichen Schallschutzmaßnahmen an der Verkehrsanlage, ggf. unter Einarbeitung der Ergebnisse detaillierter schalltechnischer Untersuchungen und Feststellen der Notwendigkeit von Schallschutzmaßnahmen an betroffenen Gebäuden j) Rechnerische Festlegung des Objekts k) Darlegen der Auswirkungen auf Zwangspunkte l) Nachweis der Lichtraumprofile	• Fortschreiben von Nutzen-Kosten-Untersuchungen • Detaillierte signaltechnische Berechnung • Mitwirken bei Verwaltungsvereinbarungen • Nachweis der zwingenden Gründe des überwiegenden öffentlichen Interesses der Notwendigkeit der Maßnahme (zum Beispiel Gebiets- und Artenschutz gemäß der Richtlinie 92/43/EWG des Rates vom 21. Mai 1992 zur Erhaltung der natürlichen Lebensräume sowie der wildlebenden Tiere und Pflanzen (ABl. L 206 vom 22. Juli 1992, S. 7) • Fiktivkostenberechnungen (Kostenteilung)

Grundleistungen	Besondere Leistungen
m) Ermitteln der wesentlichen Bauphasen unter Berücksichtigung der Verkehrslenkung und der Aufrechterhaltung des Betriebs während der Bauzeit n) Bauzeiten- und Kostenplan o) Zusammenfassen, Erläutern und Dokumentieren der Ergebnisse	
LPH 4 Genehmigungsplanung	
a) Erarbeiten und Zusammenstellen der Unterlagen für die erforderlichen öffentlich-rechtlichen Verfahren oder Genehmigungsverfahren einschließlich der Anträge auf Ausnahmen und Befreiungen, Aufstellen des Bauwerksverzeichnisses unter Verwendung der Beiträge anderer an der Planung fachlich Beteiligter b) Erstellen des Grunderwerbsplans und des Grunderwerbsverzeichnisses unter Verwendung der Beiträge anderer an der Planung fachlich Beteiligter c) Vervollständigen und Anpassen der Planungsunterlagen, Beschreibungen und Berechnungen unter Verwendung der Beiträge anderer an der Planung fachlich Beteiligter d) Abstimmen mit Behörden e) Mitwirken in Genehmigungsverfahren einschließlich der Teilnahme an bis zu vier Erläuterungs-, Erörterungsterminen f) Mitwirken beim Abfassen von Stellungnahmen zu Bedenken und Anregungen in bis zu 10 Kategorien	• Mitwirken bei der Beschaffung der Zustimmung von Betroffenen
LPH 5 Ausführungsplanung	
a) Erarbeiten der Ausführungsplanung auf Grundlage der Ergebnisse der Leistungsphasen 3 und 4 unter Berücksichtigung aller fachspezifischen Anforderungen und Verwendung der Beiträge anderer an der Planung fachlich Beteiligter bis zur ausführungsreifen Lösung b) Zeichnerische Darstellung, Erläuterungen und zur Objektplanung gehörige Berechnungen mit allen für die Ausführung notwendigen Einzelangaben einschließlich Detailzeichnungen in den erforderlichen Maßstäben	• Objektübergreifende, integrierte Bauablaufplanung • Koordination des Gesamtprojekts • Aufstellen von Ablauf- und Netzplänen

Grundleistungen	Besondere Leistungen
c) Bereitstellen der Arbeitsergebnisse als Grundlage für die anderen an der Planung fachlich Beteiligten und Integrieren ihrer Beiträge bis zur ausführungsreifen Lösung d) Vervollständigen der Ausführungsplanung während der Objektausführung	
LPH 6 Vorbereitung der Vergabe	
a) Ermitteln von Mengen nach Einzelpositionen unter Verwendung der Beiträge anderer an der Planung fachlich Beteiligter b) Aufstellen der Vergabeunterlagen, insbesondere Anfertigen der Leistungsbeschreibungen mit Leistungsverzeichnissen sowie der Besonderen Vertragsbedingungen c) Abstimmen und Koordinieren der Schnittstellen zu den Leistungsbeschreibungen der anderen an der Planung fachlich Beteiligten d) Festlegen der wesentlichen Ausführungsphasen e) Ermitteln der Kosten auf Grundlage der vom Planer (Entwurfsverfasser) bepreisten Leistungsverzeichnisse f) Kostenkontrolle durch Vergleich der vom Planer (Entwurfsverfasser) bepreisten Leistungsverzeichnisse mit der Kostenberechnung g) Zusammenstellen der Vergabeunterlagen	• detaillierte Planung von Bauphasen bei besonderen Anforderungen
LPH 7 Mitwirkung bei der Vergabe	
a) Einholen von Angeboten b) Prüfen und Werten der Angebote, Aufstellen des Preisspiegels c) Abstimmen und Zusammenstellen der Leistungen der fachlich Beteiligten, die an der Vergabe mitwirken d) Führen von Bietergesprächen e) Erstellen der Vergabevorschläge, Dokumentation des Vergabeverfahrens f) Zusammenstellen der Vertragsunterlagen g) Vergleichen der Ausschreibungsergebnisse mit den vom Planer bepreisten Leistungsverzeichnissen und der Kostenberechnung h) Mitwirken bei der Auftragserteilung	• Prüfen und Werten von Nebenangeboten

Grundleistungen	Besondere Leistungen
LPH 8 Bauoberleitung	
a) Aufsicht über die örtliche Bauüberwachung, Koordinierung der an der Objektüberwachung fachlich Beteiligten, einmaliges Prüfen von Plänen auf Übereinstimmung mit dem auszuführenden Objekt und Mitwirken bei deren Freigabe b) Aufstellen, Fortschreiben und Überwachen eines Terminplans (Balkendiagramm) c) Veranlassen und Mitwirken daran, die ausführenden Unternehmen in Verzug zu setzen d) Kostenfeststellung, Vergleich der Kostenfeststellung mit der Auftragssumme e) Abnahme von Bauleistungen, Leistungen und Lieferungen unter Mitwirkung der örtlichen Bauüberwachung und anderer an der Planung und Objektüberwachung fachlich Beteiligter, Feststellen von Mängeln, Fertigung einer Niederschrift über das Ergebnis der Abnahme f) Antrag auf behördliche Abnahmen und Teilnahme daran g) Überwachen der Prüfungen der Funktionsfähigkeit der Anlagenteile und der Gesamtanlage h) Übergabe des Objekts i) Auflisten der Verjährungsfristen der Mängelansprüche j) Zusammenstellen und Übergeben der Dokumentation des Bauablaufs, der Bestandsunterlagen und der Wartungsvorschriften	• Kostenkontrolle • Prüfen von Nachträgen • Erstellen eines Bauwerksbuchs • Erstellen von Bestandsplänen • Örtliche Bauüberwachung: – Plausibilitätsprüfung der Absteckung – Überwachen der Ausführung der Bauleistungen – Mitwirken beim Einweisen des Auftragnehmers in die Baumaßnahme (Bauanlaufbesprechung) – Überwachen der Ausführung des Objektes auf Übereinstimmung mit den zur Ausführung freigegebenen Unterlagen, dem Bauvertrag und den Vorgaben des Auftraggebers – Prüfen und Bewerten der Berechtigung von Nachträgen – Durchführen oder Veranlassen von Kontrollprüfungen – Überwachen der Beseitigung der bei der Abnahme der Leistungen festgestellten Mängel • Dokumentation des Bauablaufs • Mitwirken beim Aufmaß mit den ausführenden Unternehmen und Prüfen der Aufmaße • Mitwirken bei behördlichen Abnahmen • Mitwirken bei der Abnahme von Leistungen und Lieferungen • Rechnungsprüfung, Vergleich der Ergebnisse der Rechnungsprüfungen mit der Auftragssumme • Mitwirken beim Überwachen der Prüfung der Funktionsfähigkeit der Anlagenteile und der Gesamtanlage • Überwachen der Ausführung von Tragwerken nach Anlage 14.2 Honorarzone I und II mit sehr geringen und geringen Planungsanforderungen auf Übereinstimmung mit dem Standsicherheitsnachweis

Grundleistungen	Besondere Leistungen
LPH 9 Objektbetreuung	
a) Fachliche Bewertung der innerhalb der Verjährungsfristen für Gewährleistungsansprüche festgestellten Mängel, längstens jedoch bis zum Ablauf von fünf Jahren seit Abnahme der Leistung, einschließlich notwendiger Begehungen b) Objektbegehung zur Mängelfeststellung vor Ablauf der Verjährungsfristen für Mängelansprüche gegenüber den ausführenden Unternehmen c) Mitwirken bei der Freigabe von Sicherheitsleistungen	• Überwachen der Mängelbeseitigung innerhalb der Verjährungsfrist

Das Leistungsbild Verkehrsanlagen hat folgende besondere Tätigkeitsbilder:

Leistungsphase 2: Vorplanung
Buchstabe h): Das Mitwirken beim Erläutern des Planungskonzepts gegenüber Dritten wurde auf bis zu zwei Termine beschränkt.

Buchstabe g): Nicht mehr erfasst ist als Leistung die Vorverhandlung über die Bezuschussung und Kostenbeteiligung. Stattdessen beschränkt sich die Leistung auf das Mitwirken bei Verhandlungen über die Bezuschussung und Kostenbeteiligung. Grund dafür ist, dass in der Regel keine selbstständigen Verhandlungen durch die Auftragnehmer erfolgen.

Leistungsphase 3: Entwurfsplanung
Buchstabe e): Das Mitwirken beim Erläutern des vorläufigen Entwurfs gegenüber Dritten wurde auf bis zu drei Termine beschränkt.

Leistungsphase 4: Genehmigungsplanung
Buchstabe e): Die Teilnahme im Genehmigungsverfahren wurde auf bis zu vier Erläuterungs- bzw. Erörterungstermine beschränkt.

Buchstabe f): Das Mitwirken beim Abfassen von Stellungnahmen zu Bedenken und Anregungen wurde auf bis zu zehn Kategorien begrenzt.

Leistungsphase 6: Vorbereiten der Vergabe
Buchstaben b) und c): Der Begriff »Verdingungsunterlagen« wurde entsprechend dem modernen Sprachgebrauch durch »Vergabeunterlagen« ersetzt. Im Übrigen bleibt die Konkretisierung der Leistungsphase 6 inhaltlich unverändert.

Leistungsphase 8: Bauoberleitung
Buchstaben e) und g): Die Grundleistung wird nunmehr auf das Mitwirken bei der Abnahme von Bauleistungen und beim Antrag auf behördliche Abnahmen beschränkt. Die rechtsgeschäftliche Abnahme der Leistung erfolgt durch den Auftraggeber selbst. Die Leistung des Planers beschränkt sich auf eine fachliche Unterstützung.

Honorarempfehlung für die örtliche Bauüberwachung
Die Honorarempfehlung ist in Zusammenarbeit von Vertretern der öffentlichen Auftraggeber des Bundes, der Länder und der kommunalen Spitzenverbände, der Deutschen Bahn AG und Vertretern des AHO, der BAK und der BIngK unter Federführung des BMVBS erarbeitet worden.

Das Honorar für die örtliche Bauüberwachung wird mit den anrechenbaren Kosten nach § 4 und § 43 und den in der folgenden Tabelle aufgeführten Mindest- und Höchstsätzen abhängig von den objektspezifischen Anforderungen festgelegt. Zwischenwerte sind linear zu interpolieren.

Honorartafel zur örtlichen Bauüberwachung		
Anrechenbare Kosten in Euro	**Von Satz in %**	**Bis Satz in %**
25.000	3,1	4,1
1.000.000	2,9	3,9
15.000.000	2,5	3,5
25.000.000	1,9	2,9

3.4.6.4 § 48 – Honorare für die Grundleistungen bei Verkehrsanlagen

(1) Für die in § 47 und der Anlage 13 Nummer 13.1 genannten Grundleistungen bei Verkehrsanlagen sind in der nachstehenden Honorartafel aufgeführten Honorarspannen Orientierungswerte:

Anrechenbare Kosten in Euro	Honorarzone I sehr geringe Anforderungen		Honorarzone II geringe Anforderungen		Honorarzone III durchschnittliche Anforderungen		Honorarzone IV hohe Anforderungen		Honorarzone V sehr hohe Anforderungen	
	von	bis	von	bis	von	bis	von	bis	von	bis
	Euro		Euro		Euro		Euro		Euro	
25 000	3 882	4 624	4 624	5 366	5 366	6 108	6 108	6 793	6 793	7 535
35 000	4 981	5 933	5 933	6 885	6 885	7 837	7 837	8 716	8 716	9 668
50 000	6 487	7 727	7 727	8 967	8 967	10 207	10 207	11 352	11 352	12 592
75 000	8 759	10 434	10 434	12 108	12 108	13 783	13 783	15 328	15 328	17 003
100 000	10 839	12 911	12 911	14 983	14 983	17 056	17 056	18 968	18 968	21 041
150 000	14 634	17 432	17 432	20 229	20 229	23 027	23 027	25 610	25 610	28 407
200 000	18 106	21 567	21 567	25 029	25 029	28 490	28 490	31 685	31 685	35 147
300 000	24 435	29 106	29 106	33 778	33 778	38 449	38 449	42 761	42 761	47 433
500 000	35 622	42 433	42 433	49 243	49 243	56 053	56 053	62 339	62 339	69 149
750 000	48 001	57 178	57 178	66 355	66 355	75 532	75 532	84 002	84 002	93 179
1 000 000	59 267	70 597	70 597	81 928	81 928	93 258	93 258	103 717	103 717	115 047
1 500 000	80 009	95 305	95 305	110 600	110 600	125 896	125 896	140 015	140 015	155 311
2 000 000	98 962	117 881	117 881	136 800	136 800	155 719	155 719	173 183	173 183	192 102
3 000 000	133 441	158 951	158 951	184 462	184 462	209 973	209 973	233 521	233 521	259 032
5 000 000	194 094	231 200	231 200	268 306	268 306	305 412	305 412	339 664	339 664	376 770
7 500 000	262 407	312 573	312 573	362 739	362 739	412 905	412 905	459 212	459 212	509 378
10 000 000	324 978	387 107	387 107	449 235	449 235	511 363	511 363	568 712	568 712	630 840
15 000 000	439 179	523 140	523 140	607 101	607 101	691 062	691 062	768 564	768 564	852 525
20 000 000	543 619	647 546	647 546	751 473	751 473	855 401	855 401	951 333	951 333	1 055 260
25 000 000	641 265	763 860	763 860	886 454	886 454	1 009 049	1 009 049	1 122 213	1 122 213	1 244 808

2) Welchen Honorarzonen die Grundleistungen zugeordnet werden, richtet sich nach folgenden Bewertungsmerkmalen:
1. geologische und baugrundtechnische Gegebenheiten,
2. technische Ausrüstung und Ausstattung,
3. Einbindung in die Umgebung oder das Objektumfeld,
4. Umfang der Funktionsbereiche oder der konstruktiven oder technischen Anforderungen,
5. fachspezifische Bedingungen.

(3) Sind für Verkehrsanlagen Bewertungsmerkmale aus mehreren Honorarzonen anwendbar und bestehen deswegen Zweifel, welcher Honorarzone das Objekt zugeordnet werden kann, so ist zunächst die Anzahl der Bewertungspunkte zu ermitteln. Zur Ermittlung der Bewertungspunkte werden die Bewertungsmerkmale wie folgt gewichtet:
1. die Bewertungsmerkmale gemäß Absatz 2 Nummer 1, 2 mit bis zu 5 Punkten,
2. das Bewertungsmerkmal gemäß Absatz 2 Nummer 3 mit bis zu 15 Punkten,
3. das Bewertungsmerkmal gemäß Absatz 2 Nummer 4 mit bis zu 10 Punkten,
4. das Bewertungsmerkmal gemäß Absatz 2 Nummer 5 mit bis zu 5 Punkten,

(4) Die Verkehrsanlage ist anhand der nach Absatz 3 ermittelten Bewertungspunkte einer der Honorarzonen zuzuordnen:
1. Honorarzone I: bis zu 10 Punkte,
2. Honorarzone II: 11 bis 17 Punkte,
3. Honorarzone III: 18 bis 25 Punkte,
4. Honorarzone IV: 26 bis 33 Punkte,
5. Honorarzone V: 34 bis 40 Punkte.

(5) Für die Zuordnung zu den Honorarzonen ist die Objektliste der Anlage 13 Nummer 13.2 zu berücksichtigen.

(6) Für Umbauten und Modernisierungen von Verkehrsanlagen kann bei einem durchschnittlichen Schwierigkeitsgrad ein Zuschlag gemäß § 6 Absatz 2 Satz 3 bis 33 Prozent in Textform vereinbart werden.

§ 48 Abs. 1 HOAI nimmt hier deutlich auf die neue Änderung der HOAI 2021 hinsichtlich der frei zu vereinbarenden Honorarempfehlung Bezug. Es wird nur noch von »Orientierungswerten« gesprochen, die die Berechnung des Honorars zum Leitfaden machen, deren Anwendung aber nicht zwingend vorgeschrieben ist. Auch hier sind die Werte im unteren Bereich als Basiswerte verortet und nicht die Mittelsätze.

Die Anwendung der **Abs. 2 bis 4** entspricht wieder den Vorgaben aus § 35 Abs. 2 bis 6 HOAI 2021, weswegen darauf zu verweisen ist.

In **§48 Abs. 5** wird die Bepunktung der Bewertungsmerkmale eigenständig für Verkehrsanlagen ausgewiesen. Die Objektliste für Verkehrsanlagen geht in die Anlage 13, Objektliste Verkehrsanlagen, Nr. 13.2 ein.

13.2 Objektliste Verkehrsanlagen

Nachstehende Verkehrsanlagen werden in der Regel folgenden Honorarzonen zugeordnet:

Objekte	Honorarzone				
	I	II	III	IV	V
a) Anlagen des Straßenverkehrs					
Außerörtliche Straßen					
• ohne besondere Zwangspunkte oder im wenig bewegten Gelände		x			
• mit besonderen Zwangspunkten oder in bewegtem Gelände			x		
• mit vielen besonderen Zwangspunkten oder in stark bewegtem Gelände				x	
• im Gebirge					x
Innerörtliche Straßen und Plätze					
• Anlieger- und Sammelstraßen		x			
• sonstige innerörtliche Straßen mit normalen verkehrstechnischen Anforderungen oder normaler städtebaulicher Situation (durchschnittliche Anzahl Verknüpfungen mit der Umgebung)			x		
• sonstige innerörtliche Straßen mit hohen verkehrstechnischen Anforderungen oder schwieriger städtebaulicher Situation (hohe Anzahl Verknüpfungen mit der Umgebung)				x	
• sonstige innerörtliche Straßen mit sehr hohen verkehrstechnischen Anforderungen oder sehr schwieriger städtebaulicher Situation (sehr hohe Anzahl Verknüpfungen mit der Umgebung)					x
Wege					
• im ebenen Gelände mit einfachen Entwässerungsverhältnissen	x				
• im bewegten Gelände mit einfachen Baugrund- und Entwässerungsverhältnissen		x			
• im bewegten Gelände mit schwierigen Baugrund- und Entwässerungsverhältnissen			x		

Objekte	Honorarzone				
	I	II	III	IV	V
Plätze, Verkehrsflächen					
• einfache Verkehrsflächen, Plätze außerorts	x				
• innerörtliche Parkplätze		x			
• verkehrsberuhigte Bereiche mit normalen städtebaulichen Anforderungen			x		
• verkehrsberuhigte Bereiche mit hohen städtebaulichen Anforderungen				x	
• Flächen für Güterumschlag Straße zu Straße			x		
• Flächen für Güterumschlag im kombinierten Ladeverkehr				x	
• Tankstellen, Rastanlagen					
• mit normalen verkehrstechnischen Anforderungen	x				
Knotenpunkte					
• einfach höhengleich		x			
• schwierig höhengleich			x		
• sehr schwierig höhengleich				x	
• einfach höhenungleich			x		
• schwierig höhenungleich				x	
• sehr schwierig höhenungleich					x
b) Anlagen des Schienenverkehrs					
Gleis und Bahnsteiganlagen der freien Strecke					
• ohne Weichen und Kreuzungen	x				
• ohne besondere Zwangspunkte oder in wenig bewegtem Gelände		x			
• mit besonderen Zwangspunkten oder in bewegtem Gelände			x		
• mit vielen Zwangspunkten oder in stark bewegtem Gelände				x	
Gleis- und Bahnsteiganlagen der Bahnhöfe					
• mit einfachen Spurplänen		x			
• mit schwierigen Spurplänen			x		
• mit sehr schwierigen Spurplänen				x	

Objekte	Honorarzone				
	I	II	III	IV	V
c) Anlagen des Flugverkehrs					
• einfache Verkehrsflächen für Landeplätze, Segelfluggelände		x			
• schwierige Verkehrsflächen für Landeplätze, einfache Verkehrsflächen für Flughäfen			x		
• schwierige Verkehrsflächen für Flughäfen				x	

Auch hier muss die Einordnung und Bewertung nach der Matrix in § 48 Abs. 2 bis 5 objektiv sein.

§ 48 Abs. 6 stellt klar, dass diese Anlage für die Zuordnung des Objekts zu den Honorarzonen Anwendung findet. Gemäß § 48 Abs. 6 kann für Umbauten und Modernisierungen von Verkehrsanlagen bei einem durchschnittlichen Schwierigkeitsgrad (Honorarzone III) gemäß § 6 Abs. 2 Satz 3 und § 7 Abs. 1 ein Zuschlag von bis zu 33 Prozent während der Durchführung des Auftrags textlich (§ 126b BGB) vereinbart werden. Maßgeblich ist der Schwierigkeitsgrad der konkreten Umbau- oder Modernisierungsmaßnahme im jeweiligen Einzelfall. Die textliche Vereinbarung kann nach der hier vertretenen Auffassung bis zum Ende der Leistung, aber vor Stellung der Schlussrechnung vereinbart werden. Der Gesetzgeber hat in § 126b BGB unklare Vorgaben gemacht. Deutlich aber wird jetzt in der Begründung zur Anwendung der HOAI 2021 (1. VO zur Änderung der Honorarordnung der Architekten und Ingenieure vom 6.11.2020, BGBl. I S. 2276) auch auf die Versendung von E-Mails Bezug genommen. Dabei aber muss der Text speicherbar und reproduzierbar sein.

3.5 Teil 4 – Fachplanungen

3.5.1 Abschnitt 1 – Tragwerksplanungen

Der Bereich der Fachplanungen umfasst nur noch Leistungen für Tragwerke (§ 49 ff. HOAI) und Technische Ausrüstung (§§ 53 ff. HOAI). Die bisherigen Planungsleistungen (Umweltverträglichkeitsstudie, §§ 48 bis 48b HOAI 1996; Thermische Bauphysik, §§ 77 ff. HOAI 1996; Schallschutz und Raumakustik, §§ 80 ff. HOAI 1996; Bodenmechanik, Erd- und Grundbau, §§ 91 ff. HOAI 1996 sowie Vermessungstechnische Leistungen, §§ 96 ff. HOAI 1996) wurden bei der HOAI 2009 bereits aus dem verbindlichen Teil der HOAI in einen unverbindlichen Anlagenteil 1 ausgelagert; sie hatten lediglich empfehlenden Charakter (vgl. BR-Drs. 395/09, S. 150, III. Nr. 2). Der Bundesrat hatte aber mit Beschluss vom 12.6.2009 hierzu folgende Empfehlung ausgesprochen:

> Für nicht unproblematisch hält er jedoch, dass die Vorgabe verbindlicher Honorarsätze im Wesentlichen auf Planungsleistungen beschränkt wird und die Honorare für Beratungsleistungen nicht verbindlich geregelt werden, sondern künftig frei vereinbart werden können (§ 3 Abs. 1 Satz 2 HOAI). Der Bundesrat hält es für erforderlich, die Auswirkungen dieser Entscheidung kritisch zu begleiten und ggf. zur Verbindlichkeit der Honorare für Berufungsleistungen nach Anlage I der Verordnung zurückzukehren.

Da die Bundesregierung darauf nicht in angemessenem Umfang reagiert und insbesondere das erforderliche Gutachten zu spät beauftragt und den Bundesrat nicht informiert hatte, stimmte dieser der Fassung der HOAI 2013 mit knapper Mehrheit zu, fasste aber unter anderem diesen Beschluss:

> Der Bundesrat ist der Auffassung, dass die Frage der Rückführung der Beratungsleistungen in den verbindlichen Teil der HOAI in der neuen Legislaturperiode intensiv geprüft werden muss. Er bittet die Bundesregierung, darüber innerhalb von zwei Jahren nach Inkrafttreten der Verordnung zu berichten.

Mit der Fassung der HOAI 2021 wurde der empfehlende Charakter der Honorarberechnung aufgenommen. Daher bestand keine Notwendigkeit mehr, die Anlage 1 in einen »unverbindlichen Teil« auszulagern und sie wurde in den ehemaligen »verbindlichen Teil« der HOAI wieder zurückgeführt, denn die Anlage 1 hatte in der HOAI 2009 und der HOAI 2013 ja auch nur empfehlenden Charakter und die Parteien brauchten sich an die dortigen Honorarvorgaben und -berechnungen nicht zu halten.

Speziell für den Bereich der Tragwerksplanung gilt seit der HOAI 2013 und damit auch der HOAI 2021 nun Folgendes: Die Vergabe von Tragwerksplanungen durch öffentliche Auftraggeber erfolgt in der Regel unter Verwendung des Vertragsmusters Tragwerksplanung (RBBau Anhang 12, 12/1 BMVBS 2009) der Richtlinie für die Durchführung von Bauaufgaben des Bundes.

Wie in allen Leistungsbildern der Fachplanung wurde in den Leistungsphasen 1 bis 3 die Grundleistung zur Dokumentation und Erläuterung der Ergebnisse präzisiert. Damit wurde die bisher in § 3 Abs. 8 geregelte Unterrichtung des Auftraggebers direkt in die relevanten Leistungsphasen aufgenommen. Die Prüfung und Wertung der Angebote ist ohne eine Dokumentation des Vergabeverfahrens nicht möglich und schließt diese ein. In die Leistungsphase 7 wurde daher die Dokumentation des Vergabeverfahrens aufgenommen. Die schon bestehende systematische Zusammenstellung der zeichnerischen Darstellungen und rechnerischen Ergebnisse wurde nunmehr in die Leistungsphase 8 eingegliedert, da sie zeitlich mit der Übergabe des Objekts verknüpft ist. Damit soll darauf hingewirkt werden, dass dem Auftraggeber bei einer etwaigen Teilabnahme nach der Leistungsphase 8 die notwendige Objektdokumentation zur Verfügung steht. Das Leistungsbild Tragwerksplanung endet mit der Leistungsphase 6. Die Grundleistung zur Dokumentation und Erläuterung der Ergebnisse ist daher auf die Leistungsphasen 1 bis 3 begrenzt.

Die in der Leistungsphase 2 aufgestellte Terminplanung soll in den Leistungsphasen 3, 5 und 8 kontinuierlich fortgeschrieben und ergänzt werden. Über die bisherige Grundleistung unter Buchstabe e) der Leistungsphase 8 der HOAI 2009 hinaus wurde das Erstellen, Fortschreiben und Überwachen des Terminplans als Teilleistung in die Leistungsphasen 2, 3, 5 und 8 aufgenommen. Zur Leistungsphase 8 – bisher: »Mitwirken bei dem Aufstellen, Fortschreiben und Überwachen eines Zeitplans (Balkendiagramm)«, neu: »Aufstellen, Fortschreiben und Überwachen eines Terminplans (Balkendiagramm)« – war das Fortschreiben des Terminplans während der Ausführung bereits durch das Überwachen erfasst und wurde zur Klarstellung aufgenommen. Darüber hinaus ist die Terminplanung während der Bauausführung durch die Berücksichtigung der ineinandergreifenden Abläufe der Bauarbeiten als fortlaufender Prozess zu betrachten. Daher ist neben dem Fortschreiben eine kontinuierliche Überwachung des fortgeschriebenen Terminplans im Bauablauf erforderlich. Bei der Tragwerksplanung ist die Mitwirkung in den Leistungsphasen 2 und 3 berücksichtigt.

Die Objektlisten wurden in der HOAI 2013 neu strukturiert, bisher waren sie nach den Honorarzonen gegliedert. Bei der Technischen Ausrüstung wird durch die Strukturierung nach Anlagentypen und die tabellarische Zuordnung zu den Honorarzonen für den Anwender ein besserer Überblick geschaffen und die Zuordnung zur Honorarzone erleichtert. In der Tragwerksplanung wird bisher keine gesonderte Objektliste dargestellt, sondern der statisch-konstruktive Schwierigkeitsgrad anhand spezifischer Bewertungsmerkmale beschrieben. Formal ist die Darstellung an diejenige der Objektlisten angepasst.

Die Vorschriften im Einzelnen:

3.5.1.1 § 49 – Anwendungsbereich

(1) Leistungen der Tragwerksplanung sind die statische Fachplanung für die Objektplanungsgebäude und Ingenieurbauwerke.

(2) Das Tragwerk bezeichnet das statische Gesamtsystem der miteinander verbundenen, lastabtragenden Konstruktionen, die für die Standsicherheit von Gebäuden, Ingenieurbauwerken und Traggerüsten bei Ingenieurbauwerken maßgeblich sind.

Analog zur Strukturierung der Leistungsbilder der Objektplanung wird der Anwendungsbereich der Honorarregelungen zur Tragwerksplanung festgelegt. **§ 49 Abs. 1** stellt klar, dass die Tragwerksplanung die Fachplanung für Gebäude oder Ingenieurbauwerke umfasst. In **§ 49 Abs. 2** wird eine Begriffsdefinition des Tragwerks aufgenommen.

Anhand der §§ 49 ff. HOAI ist das Honorar für Leistungen der Tragwerksplanung bei Gebäuden und die dazugehörigen baulichen Anlagen sowie für Ingenieurbauwerke zu ermitteln.

Der Begriff des Tragwerks bzw. der Tragwerksplanung wird in der HOAI nicht erläutert. Gebräuchlich ist folgende Definition der Arbeitsgruppe HOAI der Landesverbände des Verbandes Beratender Ingenieure (VBI): Unter Tragwerk sind »alle Teile der Baukonstruktion zu verstehen, die die Eigenlasten der Bau- und Ausbaukonstruktion, die lot- und waagerechten Verkehrslasten, die Wind- und Schneelasten sowie alle sonstigen Belastungen ableiten, und der Baugrund.« Zum statischen System gehören insbesondere Decken einschließlich Unter- und Überzüge, Stützen, Wände, Treppen, Aussteifungen und Gründungen. Nicht zum statischen System gehören Bauteile, die für die Funktionsfähigkeit des Tragwerks keine Bedeutung haben, sondern vor allem repräsentativen Zwecken dienen, zum Beispiel Fassaden (es sei denn, sie haben statische Funktion) oder Geländer an Treppen und Balkonen. Sogenannte Baubehelfe – das sind nur zu einem vorübergehenden Zweck hergestellte Hilfskonstruktionen (Arbeits- und Hilfsbrücken, Gerüste, Einschalungen) – unterliegen ebenfalls nicht der Honorarermittlung nach der HOAI, was bedeutet, dass das Honorar hierfür frei vereinbar ist bzw. mangels Vereinbarung das übliche Honorar nach § 632 Abs. 2 BGB geschuldet wird.

Der Begriff »Gebäude« ist in § 2 Nr. 1 HOAI definiert. Ingenieurbauwerke sind über die Aufzählung in § 41 HOAI sowie die Objektliste in Anlage 12.2 definiert. Eine Erklärung des Begriffs der zugehörigen baulichen Anlagen findet sich in der HOAI dagegen nicht.

3.5.1.2 § 50 – Besondere Grundlagen des Honorars

> (1) Bei Gebäuden und zugehörigen baulichen Anlagen sind 55 Prozent der Baukonstruktionskosten und 10 Prozent der Kosten der Technischen Anlagen anrechenbar.
>
> (2) Die Vertragsparteien können bei Gebäuden mit einem hohen Anteil an Kosten der Gründung und der Tragkonstruktionen in Textform vereinbaren, dass die anrechenbaren Kosten abweichend von Absatz 1 nach Absatz 3 ermittelt werden.

(3) Bei Ingenieurbauwerken sind 90 Prozent der Baukonstruktionskosten und 15 Prozent der Kosten der Technischen Anlagen anrechenbar.

(4) Für Traggerüste bei Ingenieurbauwerken sind die Herstellkosten einschließlich der zugehörigen Kosten für Baustelleneinrichtungen anrechenbar. Bei mehrfach verwendeten Bauteilen ist der Neuwert anrechenbar.

(5) Die Vertragsparteien können vereinbaren, dass Kosten von Arbeiten, die nicht in den Absätzen 1 bis 3 erfasst sind, ganz oder teilweise anrechenbar sind, wenn der Auftragnehmer wegen dieser Arbeiten Mehrleistungen für das Tragwerk nach § 51 erbringt.

§ 50 ist eine inhaltliche Straffung der bislang in § 48 HOAI 2009 enthaltenen Regelung der bei der Tragwerksplanung von Gebäuden und Ingenieurbauwerken anrechenbaren Kosten. Die Fassung des § 50 Abs. 1, 2, 4 und 5 greift weitestgehend unverändert § 48 Abs. 1, 2, 5 und 6 der HOAI 2009 auf. § 48 Abs. 3 und 4 der HOAI 2009 entfallen und werden durch § 50 Abs. 3 ersetzt.

§ 50 Abs. 2 deckt sich insoweit mit § 48 Abs. 2 der HOAI 2009, als die Vertragsparteien bei der Tragwerksplanung für Gebäude mit einem hohen Anteil an Kosten der Gründung und der Tragwerkskonstruktion weiterhin die anrechenbaren Kosten für Ingenieurbauwerke zugrunde legen können. Die Umbauten werden nicht mehr in Bezug genommen, da deren Honorierung über den Umbauzuschlag gemäß § 53 Abs. 4 geregelt wird.

§ 50 Abs. 3 ersetzt die Regelungen in § 48 Abs. 3 und 4 der HOAI 2009. Grund dafür ist, dass sich das Honorar für die Tragwerksplanung als Leistungsbild des Teils 4 gemäß § 6 Abs. 1 nach den anrechenbaren Kosten auf Grundlage der Kostenberechnung zu richten hat. Die Kostenaufgliederung in der Kostenberechnung ist nach Bauteilen ausgerichtet. Anrechenbare Kosten nach Fachlosen können hieraus nicht abgeleitet werden.

Das Honorar für Leistungen der Tragwerksplanung berechnet sich nach den anrechenbaren Kosten des Objekts, der Honorarzone, der das Tragwerk angehört, nach der Honorartafel sowie dem Umfang der beauftragten und erbrachten Leistungen. Die erwähnten Honorarparameter sind § 6 HOAI (allgemeine Honorargrundlagen) und § 4 HOAI (Form der Kostenermittlung) in Verbindung mit §§ 50 ff. HOAI zu entnehmen.

Die Ermittlung der anrechenbaren Kosten erfolgt anhand § 50 HOAI. Die Zuordnung in eine Honorarzone ist nach § 52 Abs. 2 und 3 in Verbindung mit Anlage 14.2 HOAI vorzunehmen. Die Honorartafel findet sich in § 51 Abs. 1 HOAI. Der erbrachte Leistungsumfang ist anhand § 50 Abs. 1 HOAI in Verbindung mit Anlage 14 festzustellen.

Die Ermittlung der anrechenbaren Kosten erfolgt nach § 6 Abs. 1 Nr. 1 HOAI auf Grundlage der Kostenberechnung, und zwar gemäß § 4 Abs. 1 HOAI unter Verwendung der DIN 276-1:2008-12 bei Gebäuden und der DIN 276-4:2008-12 bei Ingenieurbauwerken. Dabei ist zu berücksichtigen, dass es sich um die Kostenermittlungen des Objektplaners handelt, nicht um die des Tragwerksplaners, der keine eigenen Kostenermittlungen schuldet. Der Tragwerksplaner hat einen Anspruch gegen seinen Auftraggeber auf Vorlage der Kostenberechnung. Der Anspruch ist gerichtlich durchsetzbar. Alternativ kann der Tragwerksplaner seiner Honorarabrechnung geschätzte anrechenbare Kosten zugrunde legen. Welche Kosten im Einzelnen anrechenbar sind, ist in § 50 Abs. 1 bis 5 HOAI geregelt. Die Vorschrift unterscheidet drei Fallgruppen:

- Die Ermittlung der anrechenbaren Kosten bei Gebäuden und zugehörigen Anlagen gemäß Abs. 1; danach sind stets anrechenbar
  - die Kosten der Baukonstruktion (Kostengruppe 300 nach DIN 276) mit 55 Prozent ihrer Summe und
  - die Kosten der Technischen Anlagen (Kostengruppe 400 nach DIN 276) mit 10 Prozent ihrer Summe.
- Die Ermittlung anrechenbarer Kosten bei Gebäuden mit einem hohen Anteil an Kosten der Gründung und der Tragkonstruktion gemäß Abs. 2 stellt eine Ausnahme von der in Abs. 1 enthaltenen Regel dar. Wann ein hoher Anteil an Kosten der Gründung und der Tragkonstruktion vorliegt, regelt die Verordnung nicht. Aus der amtlichen Begründung zu § 62 Abs. 5 HOAI 1996 ergibt sich, dass vor allem Tribünen, Parkhäuser, Hallen, Lagergebäude oder Kraftwerksgebäude erfasst werden sollen, weil hierbei der Anteil der Kosten der Tragwerkskonstruktion und der Gründung an den Gesamtkosten so hoch ist, dass die Ermittlung der anrechenbaren Kosten nach Abs. 1 zu unangemessen niedrigen Honoraren führen würde.

§ 50 Abs. 4 entspricht § 49 Abs. 5 der HOAI 2009. Das Honorar für die Tragwerksplanung von Traggerüsten bei Ingenieurbauwerken richtet sich nach den Herstellungskosten einschließlich der zugehörigen Kosten für die Baustelleneinrichtung. Da jedoch bei Traggerüsten regelmäßig nur die Kosten für Abschreibung und Montage in die Angebotspreise eingerechnet werden und damit zu den Herstellungskosten gehören, bestimmt Satz 2, dass bei mehrfach verwendeten Bauteilen von Gerüsten jeweils der Neuwert anrechenbar ist. Die in die Herstellkosten des Objekts eingerechneten Kosten der Traggerüste würden als Bemessungsgrundlage zu nicht immer auskömmlichen Honoraren führen.

3.5.1.3 § 51 – Leistungsbild Tragwerksplanung

> (1) Die Grundleistungen der Tragwerksplanung sind für Gebäude und zugehörige bauliche Anlagen sowie für Ingenieurbauwerke nach § 41 Nummer 1 bis 5 in den Leistungsphasen 1 bis 6 sowie für Ingenieurbauwerke nach § 41 Num-

mer 6 und 7 in den Leistungsphasen 2 bis 6 zusammengefasst und werden wie folgt in Prozentsätzen der Honorare des § 52 bewertet:
1. für die Leistungsphase 1 (Grundlagenermittlung) mit 3 Prozent,
2. für die Leistungsphase 2 (Vorplanung) mit 10 Prozent,
3. für die Leistungsphase 3 (Entwurfsplanung) mit 15 Prozent,
4. für die Leistungsphase 4 (Genehmigungsplanung) mit 30 Prozent,
5. für die Leistungsphase 5 (Ausführungsplanung) mit 40 Prozent,
6. für die Leistungsphase 6 (Vorbereitung der Vergabe) mit 2 Prozent.

(2) Die Leistungsphase 5 ist abweichend von Absatz 1 mit 30 Prozent der Honorare des § 52 zu bewerten
1. im Stahlbetonbau, sofern keine Schalpläne in Auftrag gegeben werden,
2. im Holzbau mit unterdurchschnittlichem Schwierigkeitsgrad.

(3) Die Leistungsphase 5 ist abweichend von Absatz 1 mit 20 Prozent der Honorare des § 52 zu bewerten, sofern nur Schalpläne in Auftrag gegeben werden.

(4) Bei sehr enger Bewehrung kann die Bewertung der Leistungsphase 5 um bis zu 4 Prozent erhöht werden.

(5) Anlage 14 Nummer 14.1 regelt die Grundleistungen jeder Leistungsphase und enthält Beispiele für Besondere Leistungen. Für Ingenieurbauwerke nach § 41 Nummer 6 und 7 sind die Grundleistungen der Tragwerksplanung zur Leistungsphase 1 im Leistungsbild der Ingenieurbauwerke gemäß § 43 enthalten.

§ 51 HOAI entspricht weitgehend dem Wortlaut des § 49 HOAI 2009. Änderungen wurden in den Absätzen 3 bis 6 vorgenommen. Die Anordnung der entsprechenden Anwendbarkeit der Regelungen zum Bauen im Bestand und zu Instandhaltungen und Instandsetzungen gemäß §§ 35 und 36 Abs. 2 HOAI 2009 nach § 49 Abs. 3 HOAI 2009 ist entfallen und wurde in § 12 Abs. 1 und § 52 Abs. 4 neu aufgenommen. Aufgrund der wiedereingeführten Berücksichtigung der mitzuverarbeitenden Bausubstanz und der in § 2 Abs. 5 neu getroffenen Definition von Umbauten (Umgestaltungen mit wesentlichen Eingriffen in Konstruktion oder Bestand), wurde auch die Prozentmarge auf bis zu 50 Prozent gemäß § 66 Abs. 5 HOAI 2002 zurückgeführt.

§ 51 Abs. 1 entspricht weitgehend § 49 Abs. 1 der HOAI 2009. § 51 Abs. 1 Satz 1 entspricht im Wesentlichen § 53 Abs. 1 der HOAI 2009. In § 51 Abs. 1 Satz 1 wurde auf Grundlage des überarbeiteten Leistungsbildes der Technischen Ausrüstung eine neue Bewertung des Anteils der Leistungsphasen am Honorar vorgenommen. In § 55 Abs. 1 Satz 2 wurde der Verweis auf die Konkretisierung der Grundleistungen und Besonderen Leistungen in der neuen Anlage 14.1 aufgenommen. In Abs. 1 Satz 3 wird klargestellt, dass die Grundleistungen der Leistungsphase 1 der Tragwerksplanung von konstruktiven Ingenieurbauwerken für Verkehrsanlagen sowie sonstige Einzelbauwerke, ausgenommen Gebäude und Freileitungsmaste (§ 42 Nr. 6 und 7), im Leistungsbild Ingenieurbauwerke enthalten sind.

§ 51 Abs. 2 regelt die Kürzungen der prozentualen Bewertung der Leistungsphase 5 abweichend von § 51 Abs. 1. § 51 Abs. 2 Nr. 3 regelt die Kürzung der Leistungsphase 5 abweichend von § 51 Abs. 1 im Stahlbau, sofern der Auftragnehmer die Werkstattzeichnungen nicht auf Übereinstimmung mit der Genehmigungsplanung und den Ausführungszeichnungen, die der Auftragnehmer in dieser Leistungsphase anfertigt, überprüft. Hintergrund ist, dass die Werkstattzeichnungen regelmäßig von Stahlbauunternehmen erstellt und vom Auftragnehmer auf Übereinstimmung mit seinen Ausführungsplänen überprüft werden. Dazu zählt insbesondere die Übernahme des Konstruktionsprinzips, um die Standsicherheit zu gewährleisten. § 51 Abs. 2 Nr. 3 regelt auch die Kürzung der Honorare im Holzbau mit unterdurchschnittlichem Schwierigkeitsgrad, das heißt, sofern das Tragwerk in die Honorarzonen I oder II einzuordnen ist. Die Kürzung bleibt auf den Holzbau mit unterdurchschnittlichem Schwierigkeitsgrad beschränkt, weil der Aufwand in dem modernen Ingenieurholzbau gegenüber dem zimmermannsmäßigen Holzbau, der regelmäßig in den Honorarzonen II bis V angewandt wird, besonders hoch ist.

§ 51 Abs. 3 regelt die abweichende Bewertung der Leistungsphase 5 mit 20 Prozent, wenn Schalpläne als Einzelleistung in Auftrag gegeben werden. Gegenüber dem Ansatz in Abs. 2 Nr. 1, der bei Nichtbeauftragung der Schalpläne die Leistungsphase 5 mit 30 Prozent ausweist, wird die Einzelleistung doppelt so hoch bewertet. Dies begründet sich darin, dass die Erstellung der Schalpläne als Einzelleistung einen erheblichen Mehraufwand bedeutet. Bei einer Beauftragung im Rahmen der Gesamtleistung stammen die Schalpläne aufgrund der modernen Zeichen- und Konstruktionsmethoden mit CAD aus einer Datenbasis und sind damit leicht generierbar. Dies ist bei der isolierten Beauftragung der Schalpläne nicht der Fall. Die prozentuale Bewertung ist deshalb wesentlich höher.

§ 51 Abs. 4 regelt die Möglichkeit, die Bewertung der Leistungsphase 5 um 4 Prozent zu erhöhen. Voraussetzung dafür ist eine dahin gehende Einigung der Vertragsparteien. Dieser fakultativen Erhöhung der Bewertung liegt die Erwägung zugrunde, dass bei geringen Bewehrungsabständen untereinander und/oder engen Bewehrungsknoten der Aufwand bei der Erstellung der Bewehrungspläne zum Beispiel aufgrund der stärkeren Durchdringungen und aufwendigeren Verlegeanweisungen stark ansteigt. Allerdings sind im Regelfall die geringeren Bewehrungsabstände und/oder hohen Bewehrungsdichten nicht durchgängig erforderlich, sodass die mögliche Erhöhung auf einen Zuschlag von 4 Prozent beschränkt bleibt.

§ 51 Abs. 5 verweist auf die Regelung der Grundleistungen und Aufzählung von Beispielen für Besondere Leistungen in Anlage 14.1. Die Besonderen Leistungen sind unverbindliche Darstellungen und beschreiben die in den Leistungsphasen üblicherweise gebräuchlichen Tätigkeiten, können aber im Hinblick auf die Honorierung frei gestaltet werden.

Anlage 14 (zu § 51 Absatz 5, § 52 Absatz 2)
Grundleistungen im Leistungsbild Tragwerksplanung, Besondere Leistungen, Objektliste

14.1 Leistungsbild Tragwerksplanung

Grundleistungen	Besondere Leistungen
LPH 1 Grundlagenermittlung	
a) Klären der Aufgabenstellung auf Grund der Vorgaben oder der Bedarfsplanung des Auftraggebers b) Zusammenstellen der die Aufgabe beeinflussenden Planungsabsichten c) Zusammenfassen, Erläutern und Dokumentieren der Ergebnisse	
LPH 2 Vorplanung (Projekt- u. Planungsvorbereitung)	
a) Analysieren der Grundlagen b) Beraten in statisch-konstruktiver Hinsicht unter Berücksichtigung der Belange der Standsicherheit, der Gebrauchsfähigkeit und der Wirtschaftlichkeit c) Mitwirken bei dem Erarbeiten eines Planungskonzepts einschließlich Untersuchung der Lösungsmöglichkeiten des Tragwerks unter gleichen Objektbedingungen mit skizzenhafter Darstellung, Klärung und Angabe der für das Tragwerk wesentlichen konstruktiven Festlegungen für zum Beispiel Baustoffe, Bauarten und Herstellungsverfahren, Konstruktionsraster und Gründungsart d) Mitwirken bei Vorverhandlungen mit Behörden und anderen an der Planung fachlich Beteiligten über die Genehmigungsfähigkeit e) Mitwirken bei der Kostenschätzung und bei der Terminplanung f) Zusammenfassen, Erläutern und Dokumentieren der Ergebnisse	• Aufstellen von Vergleichsberechnungen für mehrere Lösungsmöglichkeiten unter verschiedenen Objektbedingungen • Aufstellen eines Lastenplans, zum Beispiel als Grundlage für die Baugrundbeurteilung und Gründungsberatung • Vorläufige nachprüfbare Berechnung wesentlicher tragender Teile • Vorläufige nachprüfbare Berechnung der Gründung

Grundleistungen	Besondere Leistungen
LPH 3 Entwurfsplanung (System- u. Integrationsplanung)	
a) Vorgezogene, prüfbare und für die Ausführung geeignete Berechnung wesentlich tragender Teile b) Vorgezogene, prüfbare und für die Ausführung geeignete Berechnung der Gründung c) Mehraufwand bei Sonderbauweisen oder Sonderkonstruktionen, zum Beispiel Klären von Konstruktionsdetails d) Vorgezogene Stahl- oder Holzmengenermittlung des Tragwerks und der kraftübertragenden Verbindungsteile für eine Ausschreibung, die ohne Vorliegen von Ausführungsunterlagen durchgeführt wird e) Mitwirken beim Vergleich der Kostenberechnung mit der Kostenschätzung f) Zusammenfassen, Erläutern und Dokumentieren der Ergebnisse	• Nachweise der Erdbebensicherung
LPH 4 Genehmigungsplanung	
a) Aufstellen der prüffähigen statischen Berechnungen für das Tragwerk unter Berücksichtigung der vorgegebenen bauphysikalischen Anforderungen b) Bei Ingenieurbauwerken: Erfassen von normalen Bauzuständen c) Anfertigen der Positionspläne für das Tragwerk oder Eintragen der statischen Positionen, der Tragwerksabmessungen, der Verkehrslasten, der Art und Güte der Baustoffe und der Besonderheiten der Konstruktionen in die Entwurfszeichnungen des Objektplaners d) Zusammenstellen der Unterlagen der Tragwerksplanung zur Genehmigung e) Abstimmen mit Prüfämtern und Prüfingenieuren oder Eigenkontrolle f) Vervollständigen und Berichtigen der Berechnungen und Pläne	• Nachweise zum konstruktiven Brandschutz, soweit erforderlich unter Berücksichtigung der Temperatur (Heißbemessung) • Statische Berechnung und zeichnerische Darstellung für Bergschadenssicherungen und Bauzustände bei Ingenieurbauwerken, soweit diese Leistungen über das Erfassen von normalen Bauzuständen hinausgehen • Zeichnungen mit statischen Positionen und den Tragwerksabmessungen, den Bewehrungsquerschnitten, den Verkehrslasten und der Art und Güte der Baustoffe sowie Besonderheiten der Konstruktionen zur Vorlage bei der bauaufsichtlichen Prüfung anstelle von Positionsplänen • Aufstellen der Berechnungen nach militärischen Lastenklassen (MLC) • Erfassen von Bauzuständen bei Ingenieurbauwerken, in denen das statische System von dem des Endzustands abweicht • Statische Nachweise an nicht zum Tragwerk gehörende Konstruktionen (zum Beispiel Fassaden)

Grundleistungen	Besondere Leistungen
LPH 5 Ausführungsplanung	
a) Durcharbeiten der Ergebnisse der Leistungsphasen 3 und 4 unter Beachtung der durch die Objektplanung integrierten Fachplanungen b) Anfertigen der Schalpläne in Ergänzung der fertig gestellten Ausführungspläne des Objektplaners c) Zeichnerische Darstellung der Konstruktionen mit Einbau- und Verlegeanweisungen, zum Beispiel Bewehrungspläne, Stahlbau- oder Holzkonstruktionspläne mit Leitdetails (keine Werkstattzeichnungen) d) Aufstellen von Stahl- oder Stücklisten als Ergänzung zur zeichnerischen Darstellung der Konstruktionen mit Stahlmengenermittlung e) Fortführen der Abstimmung mit Prüfämtern und Prüfingenieuren oder Eigenkontrolle	• Konstruktion und Nachweise der Anschlüsse im Stahl- und Holzbau • Werkstattzeichnungen im Stahl- und Holzbau einschließlich Stücklisten, Elementpläne für Stahlbetonfertigteile einschließlich Stahl- und Stücklisten • Berechnen der Dehnwege, Festlegen des Spannvorganges und Erstellen der Spannprotokolle im Spannbetonbau • Rohbauzeichnungen im Stahlbetonbau, die auf der Baustelle nicht der Ergänzung durch die Pläne des Objektplaners bedürfen
LPH 6 Vorbereitung der Vergabe	
a) Ermitteln der Betonstahlmengen im Stahlbetonbau, der Stahlmengen im Stahlbau und der Holzmengen im Ingenieurholzbau als Ergebnis der Ausführungsplanung und als Beitrag zur Mengenermittlung des Objektplaners b) Überschlägiges Ermitteln der Mengen der konstruktiven Stahlteile und statisch erforderlichen Verbindungs- und Befestigungsmittel im Ingenieurholzbau c) Mitwirken beim Erstellen der Leistungsbeschreibung als Ergänzung zu den Mengenermittlungen als Grundlage für das Leistungsverzeichnis des Tragwerks	• Beitrag zur Leistungsbeschreibung mit Leistungsprogramm des Objektplaners[x] • Beitrag zum Aufstellen von vergleichenden Kostenübersichten des Objektplaners • Beitrag zum Aufstellen des Leistungsverzeichnisses des Tragwerks [x] Diese Besondere Leistung wird bei Leistungsbeschreibung mit Leistungsprogramm Grundleistung. In diesem Fall entfallen die Grundleistungen dieser Leistungsphase.
LPH 7 Mitwirkung bei der Vergabe	
	• Mitwirken bei der Prüfung und Wertung der Angebote Leistungsbeschreibung mit Leistungsprogramm des Objektplaners • Mitwirken bei der Prüfung und Wertung von Nebenangeboten • Mitwirken beim Kostenanschlag nach DIN 276 oder anderer Vorgaben des Auftraggebers aus Einheitspreisen oder Pauschalangeboten

Grundleistungen	Besondere Leistungen
LPH 8 Objektüberwachung	
	• Ingenieurtechnische Kontrolle der Ausführung des Tragwerks auf Übereinstimmung mit den geprüften statischen Unterlagen • Ingenieurtechnische Kontrolle der Baubehelfe, zum Beispiel Arbeits- und Lehrgerüste, Kranbahnen, Baugrubensicherungen • Kontrolle der Betonherstellung und -verarbeitung auf der Baustelle in besonderen Fällen sowie Auswertung der Güteprüfungen • Betontechnologische Beratung • Mitwirken bei der Überwachung der Ausführung der Tragwerkseingriffe bei Umbauten und Modernisierungen
LPH 9 Dokumentation und Objektbetreuung	
	• Baubegehung zur Feststellung und Überwachung von die Standsicherheit betreffenden Einflüssen

Ergänzend ist auf die folgenden Leistungen hinzuweisen:

Leistungsphase 3
Buchstabe d): Die Grundleistung wurde neu aufgenommen. Zur Erzielung von Kostensicherheit benötigt der Objektplaner die aus der Entwurfsplanung abgeleiteten Angaben zur Erstellung einer den Anforderungen und Qualitäten entsprechenden Kostenberechnung. So stellen beispielsweise die Kosten von Betonstahl eine wichtige Größe dar.

Leistungsphase 4
Buchstabe d): Da es sich bei den erforderlichen Genehmigungen nicht ausschließlich um solche der Bauaufsicht handelt, wurde die Leistung allgemeiner gefasst.

Leistungsphase 5
Buchstabe c): Die Leistung umfasst die zeichnerische Darstellung der Konstruktion. Zur Klarstellung werden hierbei auch Leitdetails aufgenommen.

Leistungsphase 6
Buchstabe c): Durch Einfügen des Begriffs »Mitwirkung« wird klargestellt, dass die Leistungsbeschreibungen durch den Objektplaner aufgestellt werden und die Tragwerksplaner hierbei lediglich mitwirken.

§ 52 wurde gegenüber § 50 der HOAI 2009 wesentlich überarbeitet. § 52 Abs. 1 enthält die aktualisierte Honorartafel für die Grundleistungen bei Tragwerksplanungen.

3.5.1.4 § 52 Honorare für Grundleistungen bei Tragwerksplanungen

(1) Die Mindest- und Höchstsätze der Honorare für die in § 51 und der Anlage 14 Nummer 14.1 aufgeführten Grundleistungen der Tragwerksplanungen sind in der nachstehenden Honorartafel aufgeführten Honorarspannen Orientierungswerte:

Anrechenbare Kosten in Euro	Honorarzone I sehr geringe Anforderungen		Honorarzone II geringe Anforderungen		Honorarzone III durchschnittliche Anforderungen		Honorarzone IV hohe Anforderungen		Honorarzone V sehr hohe Anforderungen	
	von	bis	von	bis	von	bis	von	bis	von	bis
	Euro		Euro		Euro		Euro		Euro	
10 000	1 461	1 624	1 624	2 064	2 064	2 575	2 575	3 015	3 015	3 178
15 000	2 011	2 234	2 234	2 841	2 841	3 543	3 543	4 149	4 149	4 373
25 000	3 006	3 340	3 340	4 247	4 247	5 296	5 296	6 203	6 203	6 537
50 000	5 187	5 763	5 763	7 327	7 327	9 139	9 139	10 703	10 703	11 279
75 000	7 135	7 928	7 928	10 080	10 080	12 572	12 572	14 724	14 724	15 517
100 000	8 946	9 940	9 940	12 639	12 639	15 763	15 763	18 461	18 461	19 455
150 000	12 303	13 670	13 670	17 380	17 380	21 677	21 677	25 387	25 387	26 754
250 000	18 370	20 411	20 411	25 951	25 951	32 365	32 365	37 906	37 906	39 947
350 000	23 909	26 565	26 565	33 776	33 776	42 125	42 125	49 335	49 335	51 992
500 000	31 594	35 105	35 105	44 633	44 633	55 666	55 666	65 194	65 194	68 705
750 000	43 463	48 293	48 293	61 401	61 401	76 578	76 578	89 686	89 686	94 515
1 000 000	54 495	60 550	60 550	76 984	76 984	96 014	96 014	112 449	112 449	118 504
1 250 000	64 940	72 155	72 155	91 740	91 740	114 418	114 418	134 003	134 003	141 218
1 500 000	74 938	83 265	83 265	105 865	105 865	132 034	132 034	154 635	154 635	162 961
2 000 000	93 923	104 358	104 358	132 684	132 684	165 483	165 483	193 808	193 808	204 244
3 000 000	129 059	143 398	143 398	182 321	182 321	227 389	227 389	266 311	266 311	280 651
5 000 000	192 384	213 760	213 760	271 781	271 781	338 962	338 962	396 983	396 983	418 359
7 500 000	264 487	293 874	293 874	373 640	373 640	466 001	466 001	545 767	545 767	575 154
10 000 000	331 398	368 220	368 220	468 166	468 166	583 892	583 892	683 838	683 838	720 660
15 000 000	455 117	505 686	505 686	642 943	642 943	801 873	801 873	939 131	939 131	989 699

(2) Die Honorarzone wird nach dem statisch-konstruktiven Schwierigkeitsgrad anhand der in Anlage 14 Nummer 14.2 dargestellten Bewertungsmerkmale ermittelt.

(3) Sind für ein Tragwerk Bewertungsmerkmale aus mehreren Honorarzonen anwendbar und bestehen deswegen Zweifel, welcher Honorarzone das Tragwerk zugeordnet werden kann, so ist für die Zuordnung die Mehrzahl der in den jeweiligen Honorarzonen nach Absatz 2 aufgeführten Bewertungsmerkmale und ihre Bedeutung im Einzelfall maßgebend.

(4) Für Umbauten und Modernisierungen kann bei einem durchschnittlichen Schwierigkeitsgrad ein Zuschlag gemäß § 6 Absatz 2 Satz 3 bis 50 Prozent in Textform vereinbart werden.

Die bislang in § 50 Abs. 2 und 3 der HOAI 2009 geregelte Zuordnung zu den Honorarzonen nach dem statisch-konstruktiven Schwierigkeitsgrad und nach bestimmten Bewertungsmerkmalen ist entfallen. § 52 Abs. 2 regelt die Anwendung der Anlage 14, Nr. 14.2. Die Bewertungsmerkmale wurden in Bezug auf ihre Anwendung bei Ingenieurbauwerken angepasst und spezifische Merkmale für Ingenieurbauwerke, zum Beispiel Stütz- und Uferwände oder Baugrubenverbau, ergänzt. Auch die aktuellen Rechenmethoden wurden berücksichtigt: Zum Beispiel ist der Aufwand zur Berechnung von Fachwerken (mit gelenkigen Knoten) oder Stabwerken (mit biegesteifen Knoten) mit computergestützten Methoden kein vorhersehbares Kriterium mehr.

14.2 Objektliste Tragwerksplanung

Nachstehende Tragwerke können in der Regel folgenden Honorarzonen zugeordnet werden:

	Honorarzone				
	I	II	III	IV	V
Bewertungsmerkmale zur Ermittlung der Honorarzone bei der Tragwerksplanung					
• Tragwerke mit sehr geringem Schwierigkeitsgrad, insbesondere einfache statisch bestimmte ebene Tragwerke aus Holz, Stahl, Stein oder unbewehrtem Beton mit ruhenden Lasten, ohne Nachweis horizontaler Aussteifung	x				
• Tragwerke mit geringem Schwierigkeitsgrad, insbesondere statisch bestimmte ebene Tragwerke in gebräuchlichen Bauarten ohne Vorspann- und Verbundkonstruktionen, mit vorwiegend ruhenden Lasten		x			

	Honorarzone				
	I	II	III	IV	V
• Tragwerke mit durchschnittlichem Schwierigkeitsgrad, insbesondere schwierige statisch bestimmte und statisch unbestimmte ebene Tragwerke in gebräuchlichen Bauarten und ohne Gesamtstabilitätsuntersuchungen			x		
• Tragwerke mit hohem Schwierigkeitsgrad, insbesondere statisch und konstruktiv schwierige Tragwerke in gebräuchlichen Bauarten und Tragwerke, für deren Standsicherheit- und Festigkeitsnachweis schwierig zu ermittelnde Einflüsse zu berücksichtigen sind				x	
• Tragwerke mit sehr hohem Schwierigkeitsgrad, insbesondere statisch und konstruktiv ungewöhnlich schwierige Tragwerke					x
Stützwände, Verbau					
• Anlieger- und Sammelstraßen		x			
• unverankerte Stützwände zur Abfangung von Geländesprüngen bis 2 m Höhe und konstruktive Böschungssicherungen bei einfachen Baugrund-, Belastungs- und Geländeverhältnissen	x				
• Sicherung von Geländesprüngen bis 4 m Höhe ohne Rückverankerungen bei einfachen Baugrund-, Belastungs- und Geländeverhältnissen wie zum Beispiel Stützwände, Uferwände, Baugrubenverbauten		x			
• Sicherung von Geländesprüngen ohne Rückverankerungen bei schwierigen Baugrund-, Belastungs- oder Geländeverhältnissen oder mit einfacher Rückverankerung bei einfachen Baugrund-, Belastungs- oder Geländeverhältnissen wie zum Beispiel Stützwände, Uferwände, Baugrubenverbauten			x		
• schwierige, verankerte Stützwände, Baugrubenverbauten oder Uferwände				x	
• Baugrubenverbauten mit ungewöhnlich schwierigen Randbedingungen					x
Gründung					
• Flachgründungen einfacher Art		x			
• Flachgründungen mit durchschnittlichem Schwierigkeitsgrad, ebene und räumliche Pfahlgründungen mit durchschnittlichem Schwierigkeitsgrad			x		
• schwierige Flachgründungen, schwierige ebene und räumliche Pfahlgründungen, besondere Gründungsverfahren, Unterfahrungen				x	

	Honorarzone				
	I	II	III	IV	V
Mauerwerk					
• Mauerwerksbauten mit bis zur Gründung durchgehenden tragenden Wänden ohne Nachweis horizontaler Aussteifung		x			
• Tragwerke mit Abfangung der tragenden bzw. aussteifenden Wände			x		
• Konstruktionen mit Mauerwerk nach Eignungsprüfung (Ingenieurmauerwerk)				x	
Gewölbe					
• einfache Gewölbe			x		
• schwierige Gewölbe und Gewölbereihen				x	
Deckenkonstruktionen, Flächentragwerke					
• Deckenkonstruktionen mit einfachem Schwierigkeitsgrad, bei vorwiegend ruhenden Flächenlasten		x			
• Deckenkonstruktionen mit durchschnittlichem Schwierigkeitsgrad			x		
• schiefwinklige Einfeldplatten				x	
• schiefwinklige Mehrfeldplatten					x
• schiefwinklig gelagerte oder gekrümmte Träger				x	
• schiefwinklig gelagerte, gekrümmte Träger					x
• Trägerroste und orthotrope Platten mit durchschnittlichem Schwierigkeitsgrad				x	
• schwierige Trägerroste und schwierige orthotrope Platten					x
• Flächentragwerke (Platten, Scheiben) mit durchschnittlichem Schwierigkeitsgrad				x	
• schwierige Flächentragwerke (Platten, Scheiben, Faltwerke, Schalen)					x
• einfache Faltwerke ohne Vorspannung				x	
Verbund-Konstruktionen					
• einfache Verbundkonstruktionen ohne Berücksichtigung des Einflusses von Kriechen und Schwinden			x		
• Verbundkonstruktionen mittlerer Schwierigkeit				x	
• Verbundkonstruktionen mit Vorspannung durch Spannglieder oder andere Maßnahmen					x

	Honorarzone				
	I	II	III	IV	V
Rahmen- und Skelettbauten					
• ausgesteifte Skelettbauten			x		
• Tragwerke für schwierige Rahmen- und Skelettbauten sowie turmartige Bauten, bei denen der Nachweis der Stabilität und Aussteifung die Anwendung besonderer Berechnungsverfahren erfordert				x	
• einfache Rahmentragwerke ohne Vorspannkonstruktionen und ohne Gesamtstabilitätsuntersuchungen			x		
• Rahmentragwerke mit durchschnittlichem Schwierigkeitsgrad				x	
• schwierige Rahmentragwerke mit Vorspannkonstruktionen und Stabilitätsuntersuchungen					x
Räumliche Stabwerke					
• räumliche Stabwerke mit durchschnittlichem Schwierigkeitsgrad				x	
• schwierige räumliche Stabwerke					x
Seilverspannte Konstruktionen					
• einfache seilverspannte Konstruktionen				x	
• seilverspannte Konstruktionen mit durchschnittlichem bis sehr hohem Schwierigkeitsgrad					x
Konstruktionen mit Schwingungsbeanspruchung					
• Tragwerke mit einfachen Schwingungsuntersuchungen				x	
• Tragwerke mit Schwingungsuntersuchungen mit durchschnittlichem bis sehr hohem Schwierigkeitsgrad					x
Besondere Berechnungsmethoden					
• schwierige Tragwerke, die Schnittgrößenbestimmungen nach der Theorie II. Ordnung erfordern				x	
• ungewöhnlich schwierige Tragwerke, die Schnittgrößenbestimmungen nach der Theorie II. Ordnung erfordern					x
• schwierige Tragwerke in neuen Bauarten					x
• Tragwerke mit Standsicherheitsnachweisen, die nur unter Zuhilfenahme modellstatischer Untersuchungen oder durch Berechnungen mit finiten Elementen beurteilt werden können					x
• Tragwerke, bei denen die Nachgiebigkeit der Verbindungsmittel bei der Schnittkraftermittlung zu berücksichtigen ist					x

	Honorarzone				
	I	II	III	IV	V
Spannbeton					
• einfache, äußerlich und innerlich statisch bestimmte und zwängungsfrei gelagerte vorgespannte Konstruktionen			x		
• vorgespannte Konstruktionen mit durchschnittlichem Schwierigkeitsgrad				x	
• vorgespannte Konstruktionen mit hohem bis sehr hohem Schwierigkeitsgrad					x
Trag-Gerüste					
• einfache Traggerüste und andere einfache Gerüste für Ingenieurbauwerke		x			
• schwierige Traggerüste und andere schwierige Gerüste für Ingenieurbauwerke				x	
• sehr schwierige Traggerüste und andere sehr schwierige Gerüste für Ingenieurbauwerke, zum Beispiel weit gespannte oder hohe Traggerüste					x

§ 52 Abs. 3 entspricht inhaltlich § 49 Abs. 3 der HOAI 2009. Bestehen Zweifel hinsichtlich der Zuordnung, weil Bewertungsmerkmale aus mehreren Honorarzonen anwendbar sind, hat eine Zuordnung nach Maßgabe des § 52 Abs. 3 zu erfolgen: Maßgebend ist die Mehrzahl der in den jeweiligen Honorarzonen nach § 52 Abs. 2 aufgeführten Bewertungsmerkmale und ihre Bedeutung im Einzelfall. Jedes Bewertungsmerkmal muss daher bei Zweifeln unabhängig von seiner Einstufung in einen Schwierigkeitsgrad auf seine Bedeutung für die konkrete Tragwerksplanung hin überprüft werden.

§ 52 Abs. 4 konkretisiert die Höhe der prozentualen Wertspanne gemäß § 6 Abs. 2 Satz 3 HOAI für die Tragwerksplanung für Umbauten und Modernisierungen.

Aufgrund der wieder eingeführten Berücksichtigung der mitzuverarbeitenden Bausubstanz und der in § 2 Abs. 5 neu getroffenen Definition von Umbauten (Umgestaltungen mit wesentlichen Eingriffen in Konstruktion oder Bestand) wurde auch die Prozentmarge auf § 66 Abs. 5 HOAI 2002 zurückgeführt. Gemäß § 52 Abs. 4 kann für Umbauten und Modernisierungen von Tragwerken bei einem durchschnittlichen Schwierigkeitsgrad (Honorarzone III) gemäß § 6 Abs. 2 Satz 2, 3 und § 7 Abs. 1 ein Zuschlag von bis zu 50 Prozent bei Auftragserteilung vereinbart werden. Maßgeblich ist der Schwierigkeitsgrad der konkreten Umbau- oder Modernisierungsmaßnahme im jeweiligen Einzelfall. Für die Tragwerksplanung von Ingenieurbauwerken mit großer Längenausdehnung enthält § 52 Abs. 5 ebenso wie § 44 Abs. 7 und § 56 Abs. 6 zur Klarstellung eine Rechtsgrundverweisung auf die zulässige Unterschreitung der Mindestsätze gemäß § 7 Abs. 3 HOAI. Die Tragwerksplanung für Ingenieurbauwerke mit großer Längenausdehnung, die unter gleichen baulichen Bedingungen errichtet werden, stellt einen Ausnahmefall im Sinne des § 7 Abs. 3 dar. Steht der Aufwand in einem Missverhältnis zu dem auf Grundlage der anrechenbaren Kosten ermittelten Honorar des Auftragnehmers, kann dies durch textliche Vereinbarung unterschritten werden.

3.5.2 Abschnitt 2 – Technische Ausrüstung

3.5.2.1 § 53 –Anwendungsbereich

(1) Die Leistungen der Technischen Ausrüstung umfassen die Fachplanungen für Objekte.

(2) Zur Technischen Ausrüstung gehören folgende Anlagengruppen:
1. Abwasser-, Wasser- und Gasanlagen,
2. Wärmeversorgungsanlagen,
3. Lufttechnische Anlagen,
4. Starkstromanlagen,
5. Fernmelde- und informationstechnische Anlagen,
6. Förderanlagen,
7. nutzungsspezifische Anlagen und verfahrenstechnische Anlagen,
8. Gebäudeautomation und Automation von Ingenieurbauwerken.

Die Anwendung dieser Normen beschränkt sich auf acht Anlagengruppen. Diese sind in § 53 benannt. Anlagen und Ausrüstungen, die sich dort nicht wiederfinden, werden von der HOAI nicht umfasst und können honorartechnisch gesondert vereinbart werden (BGH, BauR 2003, 748).

§ 53 HOAI entspricht weitestgehend § 51 der HOAI 2009. In **§ 53 Abs. 1** wird nunmehr klargestellt, dass die Technische Ausrüstung die Fachplanung für Objekte im Sinne des § 2 Nr. 1 der HOAI umfasst, mithin Gebäude, Innenräume, Freianlagen, Ingenieurbauwerke und Verkehrsanlagen. **§ 53 Abs. 2** Nr. 7 greift neben den nutzungsspezifischen die verfahrenstechnischen Anlagen auf. Für die nutzungsspezifischen Anlagen ist die Bezugnahme auf die maschinen- und elektrotechnischen Anlagen in Ingenieurbauwerken entfallen. Hintergrund dafür ist, dass die Anlagen der Verfahrens- und Prozesstechnik bei Ingenieurbauwerken der Wasserversorgung, Abwasserentsorgung und bei Anlagen des Wasserbaus sowie bei Bauwerken und Anlagen der Abfallentsorgung (§ 42 Nr. 1 bis 3 und 5) planerisch dem Ingenieurbauwerk zuzuordnen sind. Damit im Einklang stellt § 42 Abs. 1 Satz 2 nunmehr klar, dass die Kosten für die Maschinentechnik, die der Zweckbestimmung des Ingenieurbauwerks dienen, anrechenbar sind, soweit der Objektplaner diese plant oder deren Ausführung überwacht.

Die Anlagengruppe 7 wird zukünftig in nutzungsspezifische (Anlagengruppe 7.1) und verfahrenstechnische Anlagen (Anlagengruppe 7.2) untergliedert. Da die Technische Ausrüstung nicht nur auf die Fachplanung für Gebäude abstellt, wird in der Anlagengruppe 8 auch die Automation von Ingenieurbauwerken aufgenommen. Hinsichtlich der Einordnung in die Honorarzonen soll bereits an dieser Stelle die Anlage 15.2 aufgeführt werden. Die dortigen Spezifizierungen der Anlagengruppen und Objekte sind in Bezug auf § 53 hilfreich, müssen aber zwingend bei § 56 Abs. 3 angesetzt werden.

Anlage 15.2 Objektliste

	Honorarzone		
	I	**II**	**III**
Anlagengruppe 1 Abwasser-, Wasser- oder Gasanlagen			
• Anlagen mit kurzen einfachen Netzen	x		
• Abwasser-, Wasser-, Gas- oder sanitärtechnische Anlagen mit verzweigten Netzen, Trinkwasserzirkulationsanlagen, Hebeanlagen, Druckerhöhungsanlagen		x	
• Anlagen zur Reinigung, Entgiftung oder Neutralisation von Abwasser, Anlagen zur biologischen, chemischen oder physikalischen Behandlung von Wasser, Anlagen mit besonderen hygienischen Anforderungen oder neuen Techniken (zum Beispiel Kliniken, Alten- oder Pflegeeinrichtungen) • Gasdruckreglerstationen, mehrstufige Leichtflüssigkeitsabscheider			x
Anlagengruppe 2 Wärmeversorgungsanlagen			
• Einzelheizgeräte, Etagenheizung	x		
• Gebäudeheizungsanlagen, mono- oder bivalente Systeme (zum Beispiel Solaranlage zur Brauchwassererwärmung, Wärmepumpenanlagen) • Flächenheizungen • Hausstationen • verzweigte Netze		x	
• Multivalente Systeme • Systeme mit Kraft-Wärme-Kopplung, Dampfanlagen, Heißwasseranlagen, Deckenstrahlheizungen (zum Beispiel Sport- oder Industriehallen)			x

	Honorarzone		
	I	II	III
Anlagengruppe 3 Lufttechnische Anlagen			
• Einzelabluftanlagen	x		
• Lüftungsanlagen mit einer thermodynamischen Luftbehandlungsfunktion (zum Beispiel Heizen), Druckbelüftung		x	
• Lüftungsanlagen mit mindestens zwei thermodynamischen Luftbehandlungsfunktionen (zum Beispiel Heizen oder Kühlen), Teilklimaanlagen, Klimaanlagen • Anlagen mit besonderen Anforderungen an die Luftqualität (zum Beispiel Operationsräume) • Kühlanlagen, Kälteerzeugungsanlagen ohne Prozesskälteanlagen • Hausstationen für Fernkälte, Rückkühlanlagen			x
Anlagengruppe 4 Starkstromanlagen			
• Niederspannungsanlagen mit bis zu zwei Verteilungsebenen ab Übergabe EVU einschließlich Beleuchtung oder Sicherheitsbeleuchtung mit Einzelbatterien • Erdungsanlagen	x		
• Kompakt-Transformatorenstationen, Eigenstromerzeugungsanlagen (zum Beispiel zentrale Batterie- oder unterbrechungsfreie Stromversorgungsanlagen, Photovoltaik-Anlagen) • Niederspannungsanlagen mit bis zu drei Verteilebenen ab Übergabe EVU einschließlich Beleuchtungsanlagen • zentrale Sicherheitsbeleuchtungsanlagen • Niederspannungsinstallationen einschließlich Bussystemen • Blitzschutz- oder Erdungsanlagen, soweit nicht in HZ I oder HZ III erwähnt • Außenbeleuchtungsanlagen		x	
• Hoch- oder Mittelspannungsanlagen, Transformatorenstationen, Eigenstromversorgungsanlagen mit besonderen Anforderungen (zum Beispiel Notstromaggregate, Blockheizkraftwerke, dynamische unterbrechungsfreie Stromversorgung) • Niederspannungsanlagen mit mindestens vier Verteilebenen oder mehr als 1 000 A Nennstrom • Beleuchtungsanlagen mit besonderen Planungsanforderungen (zum Beispiel Lichtsimulationen in aufwendigen Verfahren für Museen oder Sonderräume)			x
• Blitzschutzanlagen mit besonderen Anforderungen (zum Beispiel für Kliniken, Hochhäuser, Rechenzentren)			x

	Honorarzone		
	I	II	III
Anlagengruppe 5 Fernmelde- oder informationstechnische Anlagen			
• Einfache Fernmeldeinstallationen mit einzelnen Endgeräten	x		
• Fernmelde- oder informationstechnische Anlagen, soweit nicht in HZ I oder HZ III erwähnt		x	
• Fernmelde- oder informationstechnische Anlagen mit besonderen Anforderungen (zum Beispiel Konferenz- oder Dolmetscheranlagen, Beschallungsanlagen von Sonderräumen, Objektüberwachungsanlagen, aktive Netzwerkkomponenten, Fernübertragungsnetze, Fernwirkanlagen, Parkleitsysteme)			x
Anlagengruppe 6 Förderanlagen			
• Einzelne Standardaufzüge, Kleingüteraufzüge, Hebebühnen	x		
• Aufzugsanlagen, soweit nicht in Honorarzone I oder III erwähnt, Fahrtreppen oder Fahrsteige, Krananlagen, Ladebrücken, Stetigförderanlagen		x	
• Aufzugsanlagen mit besonderen Anforderungen, Fassadenaufzüge, Transportanlagen mit mehr als zwei Sende- oder Empfangsstellen			x
Anlagengruppe 7 Nutzungsspezifische oder verfahrenstechnische Anlagen			
7.1. Nutzungsspezifische Anlagen			
• Küchentechnische Geräte, zum Beispiel für Teeküchen	x		
• Küchentechnische Anlagen, zum Beispiel Küchen mittlerer Größe, Aufwärmküchen, Einrichtungen zur Speise- oder Getränkeaufbereitung, -ausgabe oder -lagerung (keine Produktionsküche) einschließlich zugehöriger Kälteanlagen		x	
• Küchentechnische Anlagen, zum Beispiel Großküchen, Einrichtungen für Produktionsküchen einschließlich der Ausgabe oder Lagerung sowie der zugehörigen Kälteanlagen, Gewerbekälte für Großküchen, große Kühlräume oder Kühlzellen			x
• Wäscherei- oder Reinigungsgeräte, zum Beispiel für Gemeinschaftswaschküchen	x		
• Wäscherei- oder Reinigungsanlagen, zum Beispiel Wäschereieinrichtungen für Waschsalons		x	
• Wäscherei- oder Reinigungsanlagen, zum Beispiel chemische oder physikalische Einrichtungen für Großbetriebe			x
• Medizin- oder labortechnische Anlagen, zum Beispiel für Einzelpraxen der Allgemeinmedizin	x		

	Honorarzone		
	I	II	III
• Medizin- oder labortechnische Anlagen, zum Beispiel für Gruppenpraxen der Allgemeinmedizin oder Einzelpraxen der Fachmedizin, Sanatorien, Pflegeeinrichtungen, Krankenhausabteilungen, Laboreinrichtungen für Schulen		x	
• Medizin- oder labortechnische Anlagen, zum Beispiel für Kliniken, Institute mit Lehr- oder Forschungsaufgaben, Laboratorien, Fertigungsbetriebe			x
• Feuerlöschgeräte, zum Beispiel Handfeuerlöscher	x		
• Feuerlöschanlagen, zum Beispiel manuell betätigte Feuerlöschanlagen		x	
• Feuerlöschanlagen, zum Beispiel selbsttätig auslösende Anlagen			x
• Entsorgungsanlagen, zum Beispiel Abwurfanlagen für Abfall oder Wäsche	x		
• Entsorgungsanlagen, zum Beispiel zentrale Entsorgungsanlagen für Wäsche oder Abfall, zentrale Staubsauganlagen			x

3.5.2.2 § 54 – Besondere Grundlagen des Honorars

(1) Das Honorar für Grundleistungen bei der Technischen Ausrüstung richtet sich für das jeweilige Objekt im Sinne des § 2 Absatz 1 Satz 1 nach der Summe der anrechenbaren Kosten der Anlagen jeder Anlagengruppe. Dies gilt für nutzungsspezifische Anlagen nur, wenn die Anlagen funktional gleichartig sind. Anrechenbar sind auch sonstige Maßnahmen für Technische Anlagen.

(2) Umfasst ein Auftrag für unterschiedliche Objekte im Sinne des § 2 Absatz 1 Satz 1 mehrere Anlagen, die unter funktionalen und technischen Kriterien eine Einheit bilden, werden die anrechenbaren Kosten der Anlagen jeder Anlagengruppe zusammengefasst. Dies gilt für nutzungsspezifische Anlagen nur, wenn diese Anlagen funktional gleichartig sind. § 11 Absatz 1 ist nicht anzuwenden.

(3) Umfasst ein Auftrag im Wesentlichen gleiche Anlagen, die unter weitgehend vergleichbaren Bedingungen für im Wesentlichen gleiche Objekte geplant werden, ist die Rechtsfolge des § 11 Absatz 3 anzuwenden. Umfasst ein Auftrag im Wesentlichen gleiche Anlagen, die bereits Gegenstand eines anderen Vertrags zwischen den Vertragsparteien waren, ist die Rechtsfolge des § 11 Absatz 4 anzuwenden.

(4) Nicht anrechenbar sind die Kosten für die nichtöffentliche Erschließung und die Technischen Anlagen in Außenanlagen, soweit der Auftragnehmer diese nicht plant oder ihre Ausführung nicht überwacht.

(5) Werden Teile der Technischen Ausrüstung in Baukonstruktionen ausgeführt, so können die Vertragsparteien in Textform vereinbaren, dass die Kosten hierfür ganz oder teilweise zu den anrechenbaren Kosten gehören. Satz 1 ist entsprechend für Bauteile der Kostengruppe Baukonstruktionen anzuwenden, deren Abmessung oder Konstruktion durch die Leistung der Technischen Ausrüstung wesentlich beeinflusst wird.

§ 54 Abs. 1 und 2 regeln, unter welchen Voraussetzungen die Kosten der Anlagen jeder Anlagengruppe im Sinne des § 53 Abs. 2 zur Honorarberechnung zusammengefasst werden. § 54 Abs. 1 regelt den Fall, dass mehrere Anlagen für ein Objekt geplant werden, während § 54 Abs. 2 festlegt, dass für beauftragte unterschiedliche Objekte die Kosten für mehrere Anlagen, die unter funktionalen und technischen Kriterien eine Einheit bilden, zusammengefasst werden. § 54 Abs. 3 greift für im Wesentlichen gleiche Technische Anlagen unter bestimmten Voraussetzungen die Wiederholungsregelung des § 11 Abs. 3 und 4 auf. **§ 54 Abs. 4 und 5** entspricht § 52 Abs. 3 und 4 der HOAI 2009.

Die Regelung in **§ 54 Abs. 1 Satz 1** zu den Grundzügen der Honorarberechnung wurde zum Zweck der Klarstellung überarbeitet. Wie § 52 Abs. 1 der HOAI 2009 geht § 54 Abs. 1 vom Grundsatz der getrennten Honorarberechnung für jede einzelne Anlagengruppe eines Objekts aus. Klargestellt wird, dass die Honorarberechnung nach der Summe der anrechenbaren Kosten der Anlagen jeder Anlagengruppe für das jeweilige Objekt erfolgt, nicht aber gesondert für einzelne Anlagen innerhalb jeder Anlagengruppe. Dies gilt nach der Rechtsprechung des BGH auch dann, wenn die Anlagen einer Anlagengruppe getrennt an das öffentliche Netz angeschlossen und für sich allein betrieben werden könnten (BGH, Urteil vom 20.12.2007 – VII ZR 114/07). Diese Regelung gilt auch für die Kosten der verfahrenstechnischen Anlagen des § 53 Abs. 2, neue Anlagengruppe Nr. 7.2. Erweitert wurde **§ 54 Abs. 1 Satz 2** um die Regelung zur Honorarberechnung für die nutzungsspezifischen Anlagen des § 53 Abs. 2, Anlagengruppe 7.1. Die Anlagengruppe 7.1 setzt sich aus unterschiedlichen nutzungsspezifischen Anlagenarten zusammen, die gegenseitig nicht als funktional gleichartig betrachtet werden:

1. Küchentechnische Anlagen
2. Wäscherei- und Reinigungsgeräte/-anlagen
3. Medizin- und labortechnische Anlagen
4. Feuerlöschgeräte/-anlagen
5. Entsorgungsanlagen
6. Bühnentechnische Anlagen
7. Medienversorgungsanlagen

8. Badetechnische Anlagen
9. Prozesswärmeanlagen
10. Technische Anlagen für Tankstellen
11. Lagertechnische Anlagen
12. Taumittelsprühanlagen und Enteisungsanlagen einschließlich der stationären Enteisungsanlagen

Das Honorar wird für jede der zwölf nutzungsspezifischen Anlagenarten getrennt nach den anrechenbaren Kosten der jeweiligen Anlagenart berechnet. Umfasst eine nutzungsspezifische Anlagenart mehrere Anlagen, werden die anrechenbaren Kosten dieser funktional gleichartigen Anlagen bei der Honorarermittlung zusammengefasst. **§ 54 Abs. 1 Satz 3** entspricht im Wesentlichen § 52 Abs. 1 Satz 2 der HOAI 2009. Diese Regelung zur Anrechenbarkeit der Kosten der sonstigen Maßnahmen für technische Anlagen wird über Gebäude und Innenräume auf sämtliche Objekte im Sinne des § 2 Nr. 1 der HOAI erweitert.

§ 54 Abs. 2 Satz 1 greift für den Fall der Planung unterschiedliche Objekte die bislang in § 52 Abs. 2 enthaltene Regelung zur Zusammenfassung der Kosten der Anlagen jeder Anlagengruppe in überarbeiteter Fassung auf. Eine getrennte Honorarberechnung in sinngemäßer Anwendung des § 11 Abs. 1 Satz 1 findet nicht statt. Voraussetzung der Zusammenfassung der Kosten der Anlagen jeder Anlagengruppe ist, dass die Anlagen unter funktionalen und technischen Kriterien eine Einheit bilden (BGH, Urteile vom 24.1.2002 – VII ZR 461/00 und vom 12.1.2006 – VII ZR 293/04). Im Hinblick auf die Leistungspflichten des Auftragnehmers in der Fachplanung Technische Ausrüstung kommt es im Wortlaut nicht mehr wie bislang in § 52 Abs. 2 der HOAI 2009 darauf an, dass die Anlagen in zeitlichem und örtlichem Zusammenhang als Teil einer Gesamtmaßnahme geplant, betrieben und genutzt werden. Diese Anforderungen werden im Regelfall ohnehin mit der neuen Voraussetzung erfüllt sein, dass die für unterschiedliche Objekte beauftragten Anlagen unter »funktionalen und technischen Kriterien eine Einheit bilden«. Neu ist in § 54 Abs. 2 Satz 1 im Hinblick auf § 53 Abs. 2, Anlagengruppe 7.1, die Alternative, dass nutzungsspezifische Anlagen im zeitlichen und örtlichen Zusammenhang für unterschiedliche Objekte geplant und bei der Ausführung überwacht werden. In diesem Fall werden die Kosten der nutzungsspezifischen Anlagen wie in § 54 Abs. 1 zusammengefasst, wenn diese Anlagen im Hinblick auf die Technische Ausrüstung gleichartig sind.

§ 54 Abs. 2 Satz 2 stellt wie § 54 Abs. 1 Satz 2 klar, dass für nutzungsspezifische Anlagen die anrechenbaren Kosten nur zusammengefasst werden, wenn die nutzungsspezifischen Anlagen im Hinblick auf die Technische Ausrüstung funktional gleichartig sind. **§ 54 Abs. 2 Satz 3** verdeutlicht wie bislang § 52 Abs. 2 der HOAI 2009, dass § 11 Abs. 1 in der neuen Fassung der HOAI 2013 im Anwendungsbereich des § 54 Abs. 2 Satz 1 nicht anzuwenden ist.

§ 54 Abs. 3 hält für im Wesentlichen gleiche Technische Anlagen an der Wiederholungsregelung des § 11 Abs. 3 und 4 der HOAI 2009 fest. Damit soll wie auch in den bisherigen Regelungen der HOAI (§ 11 Abs. 2 und 3 HOAI 2009 und § 69 Abs. 7 HOAI 2002) der geringe Aufwand des Auftragnehmers durch die Wiederholung der im Wesentlichen gleichen Leistungen berücksichtigt werden.

§ 54 Abs. 4 entspricht § 52 Abs. 3 der HOAI 2009 und § 54 Abs. 5 entspricht § 52 Abs. 4 der HOAI 2009. Im Hinblick auf die auch sonst in der HOAI vorgesehenen Schriftformerfordernisse für abweichende Vereinbarungen wurde ergänzend die Schriftlichkeit aufgenommen.

3.5.2.3 § 55 – Leistungsbild Technische Ausrüstung

(1) Das Leistungsbild Technische Ausrüstung umfasst Grundleistungen für Neuanlagen, Wiederaufbauten, Erweiterungsbauten, Umbauten, Modernisierungen, Instandhaltungen und Instandsetzungen. Die Grundleistungen bei der Technischen Ausrüstung sind in neun Leistungsphasen zusammengefasst und werden wie folgt in Prozentsätzen der Honorare des § 56 bewertet:

1. für die Leistungsphase 1 (Grundlagenermittlung) mit 2 Prozent,
2. für die Leistungsphase 2 (Vorplanung) mit 9 Prozent,
3. für die Leistungsphase 3 (Entwurfsplanung) mit 17 Prozent,
4. für die Leistungsphase 4 (Genehmigungsplanung) mit 2 Prozent,
5. für die Leistungsphase 5 (Ausführungsplanung) mit 22 Prozent,
6. für die Leistungsphase 6 (Vorbereitung der Vergabe) mit 7 Prozent,
7. für die Leistungsphase 7 (Mitwirkung bei der Vergabe) mit 5 Prozent,
8. für die Leistungsphase 8 (Objektüberwachung – Bauüberwachung) mit 35 Prozent,
9. für die Leistungsphase 9 (Objektbetreuung) mit 1 Prozent.

(2) Die Leistungsphase 5 ist abweichend von Absatz 1 Satz 2 mit einem Abschlag von jeweils 4 Prozent zu bewerten, sofern das Anfertigen von Schlitz- und Durchbruchsplänen oder das Prüfen der Montage- und Werkstattpläne der ausführenden Firmen nicht in Auftrag gegeben wird.

(3) Anlage 15 Nummer 15.1 regelt die Grundleistungen jeder Leistungsphase und enthält Beispiele für Besondere Leistungen.

§ 55 entspricht weitestgehend § 53 der HOAI 2009. Der Wortlaut des **§ 55 Abs. 1** wurde durch die Aufnahme des Begriffs »Grundleistungen« zum Zweck der Klarstellung an § 3 Abs. 1 HOAI angepasst. In § 55 Abs. 1 Satz 2 wurde auf der Grundlage des überarbeiteten Leistungsbildes der Technischen Ausrüstung eine neue Bewertung des Anteils der Leistungsphasen am Honorar vorgenommen. Gemäß **§ 55 Abs. 2** ist die Leistungsphase 5 abweichend von Abs. 1 mit einem Abschlag von jeweils 4 Prozent zu bewerten, sofern das Anfertigen von Schlitz- und Durchbruchplänen oder das Prüfen und Anerkennen der Montage- und Werkstattpläne der ausführenden Unternehmen auf Übereinstimmung mit der Ausführungsplanung nicht in Auftrag gegeben wird. Werden beide Alternativen nicht in Auftrag gegeben, ist ein Abschlag von 8 Prozent auf die Bewertung der Leistungsphase 5 mit 22 Prozent vorzunehmen, das heißt, die Leistungsphase 5 ist mit 14 Prozent zu bewerten. **§ 55 Abs. 3** verweist für die Grundleistungen und die Besonderen Leistungen – dort beispielhaft und unverbindlich – auf Anlage 15.1.

15.1 Grundleistungen und Besondere Leistungen im Leistungsbild Technische Ausrüstung

Grundleistungen	Besondere Leistungen
LPH 1 Grundlagenermittlung	
a) Klären der Aufgabenstellung auf Grund der Vorgaben oder der Bedarfsplanung des Auftraggebers im Benehmen mit dem Objektplaner b) Ermitteln der Planungsrandbedingungen und Beraten zum Leistungsbedarf und ggf. zur technischen Erschließung c) Zusammenfassen, Erläutern und Dokumentieren der Ergebnisse	• Mitwirken bei der Bedarfsplanung für komplexe Nutzungen zur Analyse der Bedürfnisse, Ziele und einschränkenden Gegebenheiten (Kosten, Termine und andere Rahmenbedingungen) des Bauherrn und wichtiger Beteiligter • Bestandsaufnahme, zeichnerische Darstellung und Nachrechnen vorhandener Anlagen und Anlagenteile • Datenerfassung, Analysen und Optimierungsprozesse im Bestand • Durchführen von Verbrauchsmessungen • Endoskopische Untersuchungen • Mitwirken bei der Ausarbeitung von Auslobungen und bei Vorprüfungen für Planungswettbewerbe

Grundleistungen	Besondere Leistungen
LPH 2 Vorplanung (Projekt- und Planungsvorbereitung)	
a) Analysieren der Grundlagen b) Mitwirken beim Abstimmen der Leistungen mit den Planungsbeteiligten c) Erarbeiten eines Planungskonzepts, dazu gehören zum Beispiel: Vordimensionieren der Systeme und maßbestimmenden Anlagenteile, Untersuchen von alternativen Lösungsmöglichkeiten bei gleichen Nutzungsanforderungen einschließlich Wirtschaftlichkeitsvorbetrachtung, zeichnerische Darstellung zur Integration in die Objektplanung unter Berücksichtigung exemplarischer Details, Angaben zum Raumbedarf d) Aufstellen eines Funktionsschemas bzw. Prinzipschaltbildes für jede Anlage e) Klären und Erläutern der wesentlichen fachübergreifenden Prozesse, Randbedingungen und Schnittstellen, Mitwirken bei der Integration der technischen Anlagen f) Vorverhandlungen mit Behörden über die Genehmigungsfähigkeit und mit den zu beteiligenden Stellen zur Infrastruktur g) Kostenschätzung nach DIN 276 (2. Ebene) und Terminplanung h) Zusammenfassen, Erläutern und Dokumentieren der Ergebnisse	• Erstellen des technischen Teils eines Raumbuches • Durchführen von Versuchen und Modellversuchen
LPH 3 Entwurfsplanung (System- und Integrationsplanung)	
a) Durcharbeiten des Planungskonzepts (stufenweise Erarbeitung einer Lösung) unter Berücksichtigung aller fachspezifischen Anforderungen sowie unter Beachtung der durch die Objektplanung integrierten Fachplanungen, bis zum vollständigen Entwurf b) Festlegen aller Systeme und Anlagenteile	• Erarbeiten von besonderen Daten für die Planung Dritter, zum Beispiel für Stoffbilanzen etc. • Detaillierte Betriebskostenberechnung für die ausgewählte Anlage • Detaillierter Wirtschaftlichkeitsnachweis • Berechnung von Lebenszykluskosten

Grundleistungen	Besondere Leistungen
c) Berechnen und Bemessen der technischen Anlagen und Anlagenteile, Abschätzen von jährlichen Bedarfswerten (zum Beispiel Nutz-, End- und Primärenergiebedarf) und Betriebskosten; Abstimmen des Platzbedarfs für technische Anlagen und Anlagenteile; zeichnerische Darstellung des Entwurfs in einem mit dem Objektplaner abgestimmten Ausgabemaßstab mit Angabe maßbestimmender Dimensionen Fortschreiben und Detaillieren der Funktions- und Strangschemata der Anlagen Auflisten aller Anlagen mit technischen Daten und Angaben zum Beispiel für Energiebilanzierungen Anlagenbeschreibungen mit Angabe der Nutzungsbedingungen d) Übergeben der Berechnungsergebnisse an andere Planungsbeteiligte zum Aufstellen vorgeschriebener Nachweise; Angabe und Abstimmung der für die Tragwerksplanung notwendigen Angaben über Durchführungen und Lastangaben (ohne Anfertigen von Schlitz- und Durchführungsplänen) e) Verhandlungen mit Behörden und mit anderen zu beteiligenden Stellen über die Genehmigungsfähigkeit f) Kostenberechnung nach DIN 276 (3. Ebene) und Terminplanung g) Kostenkontrolle durch Vergleich der Kostenberechnung mit der Kostenschätzung h) Zusammenfassen, Erläutern und Dokumentieren der Ergebnisse	• Detaillierte Schadstoffemissionsberechnung für die ausgewählte Anlage • Detaillierter Nachweis von Schadstoffemissionen • Aufstellen einer gewerkeübergreifenden Brandschutzmatrix • Fortschreiben des technischen Teils des Raumbuches • Auslegung der technischen Systeme bei Ingenieurbauwerken nach Maschinenrichtlinie • Anfertigen von Ausschreibungszeichnungen bei Leistungsbeschreibung mit Leistungsprogramm • Mitwirken bei einer vertieften Kostenberechnung • Simulationen zur Prognose des Verhaltens von Gebäuden, Bauteilen, Räumen und Freiräumen
LPH 4 Genehmigungsplanung	
a) Erarbeiten und Zusammenstellen der Vorlagen und Nachweise für öffentlich-rechtliche Genehmigungen oder Zustimmungen einschließlich der Anträge auf Ausnahmen oder Befreiungen sowie Mitwirken bei Verhandlungen mit Behörden b) Vervollständigen und Anpassen der Planungsunterlagen, Beschreibungen und Berechnungen	

Grundleistungen	Besondere Leistungen
LPH 5 Ausführungsplanung	
a) Erarbeiten der Ausführungsplanung auf Grundlage der Ergebnisse der Leistungsphasen 3 und 4 (stufenweise Erarbeitung und Darstellung der Lösung) unter Beachtung der durch die Objektplanung integrierten Fachplanungen bis zur ausführungsreifen Lösung b) Fortschreiben der Berechnungen und Bemessungen zur Auslegung der technischen Anlagen und Anlagenteile Zeichnerische Darstellung der Anlagen in einem mit dem Objektplaner abgestimmten Ausgabemaßstab und Detaillierungsgrad einschließlich Dimensionen (keine Montage- oder Werkstattpläne) Anpassen und Detaillieren der Funktions- und Strangschemata der Anlagen bzw. der GA-Funktionslisten Abstimmen der Ausführungszeichnungen mit dem Objektplaner und den übrigen Fachplanern c) Anfertigen von Schlitz- und Durchbruchsplänen d) Fortschreibung des Terminplans e) Fortschreiben der Ausführungsplanung auf den Stand der Ausschreibungsergebnisse und der dann vorliegenden Ausführungsplanung des Objektplaners, Übergeben der fortgeschriebenen Ausführungsplanung an die ausführenden Unternehmen f) Prüfen und Anerkennen der Montage- und Werkstattpläne der ausführenden Unternehmen auf Übereinstimmung mit der Ausführungsplanung	• Prüfen und Anerkennen von Schalplänen des Tragwerksplaners auf Übereinstimmung mit der Schlitz- und Durchbruchsplanung • Anfertigen von Plänen für Anschlüsse von beigestellten Betriebsmitteln und Maschinen (Maschinenanschlussplanung) mit besonderem Aufwand (zum Beispiel bei Produktionseinrichtungen) • Leerrohrplanung mit besonderem Aufwand (zum Beispiel bei Sichtbeton oder Fertigteilen) • Mitwirkung bei Detailplanungen mit besonderem Aufwand, zum Beispiel Darstellung von Wandabwicklungen in hochinstallierten Bereichen • Anfertigen von allpoligen Stromlaufplänen

Grundleistungen	Besondere Leistungen
LPH 6 Vorbereitung der Vergabe	
a) Ermitteln von Mengen als Grundlage für das Aufstellen von Leistungsverzeichnissen in Abstimmung mit Beiträgen anderer an der Planung fachlich Beteiligter b) Aufstellen der Vergabeunterlagen, insbesondere mit Leistungsverzeichnissen nach Leistungsbereichen, einschließlich der Wartungsleistungen auf Grundlage bestehender Regelwerke c) Mitwirken beim Abstimmen der Schnittstellen zu den Leistungsbeschreibungen der anderen an der Planung fachlich Beteiligten d) Ermitteln der Kosten auf Grundlage der vom Planer bepreisten Leistungsverzeichnisse e) Kostenkontrolle durch Vergleich der vom Planer bepreisten Leistungsverzeichnisse mit der Kostenberechnung f) Zusammenstellen der Vergabeunterlagen	• Erarbeiten der Wartungsplanung und -organisation • Ausschreibung von Wartungsleistungen, soweit von bestehenden Regelwerken abweichend
LPH 7 Mitwirkung bei der Vergabe	
a) Einholen von Angeboten b) Prüfen und Werten der Angebote, Aufstellen der Preisspiegel nach Einzelpositionen, Prüfen und Werten der Angebote für zusätzliche oder geänderte Leistungen der ausführenden Unternehmen und der Angemessenheit der Preise c) Führen von Bietergesprächen d) Vergleichen der Ausschreibungsergebnisse mit den vom Planer bepreisten Leistungsverzeichnissen und der Kostenberechnung e) Erstellen der Vergabevorschläge, Mitwirken bei der Dokumentation der Vergabeverfahren f) Zusammenstellen der Vertragsunterlagen und bei der Auftragserteilung	• Prüfen und Werten von Nebenangeboten • Mitwirken bei der Prüfung von bauwirtschaftlich begründeten Angeboten (Claimabwehr)

Grundleistungen	Besondere Leistungen
LPH 8 Objektüberwachung (Bauüberwachung) und Dokumentation	
a) Überwachen der Ausführung des Objekts auf Übereinstimmung mit der öffentlich-rechtlichen Genehmigung oder Zustimmung, den Verträgen mit den ausführenden Unternehmen, den Ausführungsunterlagen, den Montage- und Werkstattplänen, den einschlägigen Vorschriften und den allgemein anerkannten Regeln der Technik b) Mitwirken bei der Koordination der am Projekt Beteiligten c) Aufstellen, Fortschreiben und Überwachen des Terminplans (Balkendiagramm) d) Dokumentation des Bauablaufs (Bautagebuch) e) Prüfen und Bewerten der Notwendigkeit geänderter oder zusätzlicher Leistungen der Unternehmer und der Angemessenheit der Preise f) Gemeinsames Aufmaß mit den ausführenden Unternehmen g) Rechnungsprüfung in rechnerischer und fachlicher Hinsicht mit Prüfen und Bescheinigen des Leistungsstandes anhand nachvollziehbarer Leistungsnachweise h) Kostenkontrolle durch Überprüfen der Leistungsabrechnungen der ausführenden Unternehmen im Vergleich zu den Vertragspreisen und dem Kostenanschlag i) Kostenfeststellung j) Mitwirken bei Leistungs- u. Funktionsprüfungen k) fachtechnische Abnahme der Leistungen auf Grundlage der vorgelegten Dokumentation, Erstellung eines Abnahmeprotokolls, Feststellen von Mängeln und Erteilen einer Abnahmeempfehlung l) Antrag auf behördliche Abnahmen und Teilnahme daran m) Prüfung der übergebenen Revisionsunterlagen auf Vollzähligkeit, Vollständigkeit und stichprobenartige Prüfung auf Übereinstimmung mit dem Stand der Ausführung n) Auflisten der Verjährungsfristen der Ansprüche auf Mängelbeseitigung	• Durchführen von Leistungsmessungen und Funktionsprüfungen • Werksabnahmen • Fortschreiben der Ausführungspläne (zum Beispiel Grundrisse, Schnitte, Ansichten) bis zum Bestand • Erstellen von Rechnungsbelegen anstelle der ausführenden Firmen, zum Beispiel Aufmaß • Schlussrechnung (Ersatzvornahme) • Erstellen fachübergreifender Betriebsanleitungen (zum Beispiel Betriebshandbuch, Reparaturhandbuch) oder computer-aided Facility-Management-Konzepte • Planung der Hilfsmittel für Reparaturzwecke

Grundleistungen	Besondere Leistungen
o) Überwachen der Beseitigung der bei der Abnahme festgestellten Mängel p) Systematische Zusammenstellung der Dokumentation, der zeichnerischen Darstellungen und rechnerischen Ergebnisse des Objekt	
LPH 9 Objektbetreuung	
a) Fachliche Bewertung der innerhalb der Verjährungsfristen für Gewährleistungsansprüche festgestellten Mängel, längstens jedoch bis zum Ablauf von fünf Jahren seit Abnahme der Leistung, einschließlich notwendiger Begehungen b) Objektbegehung zur Mängelfeststellung vor Ablauf der Verjährungsfristen für Mängelansprüche gegenüber den ausführenden Unternehmen c) Mitwirken bei der Freigabe von Sicherheitsleistungen	• Überwachen der Mängelbeseitigung innerhalb der Verjährungsfrist • Energiemonitoring innerhalb der Gewährleistungsphase, Mitwirkung bei den jährlichen Verbrauchsmessungen aller Medien • Vergleich mit den Bedarfswerten aus der Planung, Vorschläge für die Betriebsoptimierung und zur Senkung des Medien- und Energieverbrauches

Allgemeine Vorbemerkungen zu den Leistungsphasen 2 und 3 sowie 5 bis 8
Die Beschränkung der Grundleistung des Fachplaners der Technischen Ausrüstung auf ein »Mitwirken« wurde bei der Beschreibung des Leistungsbildes in den einzelnen Leistungsphasen aufgegeben. In der Vergangenheit war das Leistungsbild darauf ausgerichtet, dass der Planer der Technischen Ausrüstung als Fachplaner in der Regel Beiträge für den Objektplaner liefert. Allerdings werden in der Praxis Aufträge an den Fachplaner der Technischen Ausrüstung vergeben, ohne dass ein Objektplaner eingeschaltet wird.

Schon in der amtlichen Begründung zu § 73 HOAI 2002 wurde festgestellt, dass zum Beispiel bei Umbauten, bei denen kein Objektplaner beauftragt wird, der Fachplaner in verschiedenen Leistungsphasen die Aufgaben des Objektplaners zu erfüllen hat. Leistungen im Bestand, Gebäudesanierungen gerade auch im haustechnischen Bereich, gewinnen in der Baupraxis zunehmend an Bedeutung. Vor allem in diesen Fällen dürfen sich die Grundleistungen des Fachplaners, zum Beispiel zur Genehmigungsfähigkeit, Kostenermittlung, Kosten- und Terminkontrolle bei der Vergabe und der Abnahme, nicht auf ein bloßes Mitwirken beschränken. Auch für Projekte, bei denen sowohl ein Objektplaner als auch ein Fachplaner tätig werden, ändert dies nichts an dem durch den Fachplaner geschuldeten Leistungsumfang, sodass in diesen Fällen eine Minderung der prozentualen Ansätze für die jeweiligen Leistungsphasen ausscheidet. Im Einzelnen ist das Leistungsbild Technische Ausrüstung gegenüber Anlage 14 HOAI 2009 wie folgt geändert worden.

Leistungsphasen 3, 6 und 7: Kostenermittlung und Kostenkontrolle

Die Leistungsphase 3 sowie 6 und 7 sind um das Aufstellen bepreister Leistungsverzeichnisse und den Vergleich dieser bepreisten Leistungsverzeichnisse mit der Kostenberechnung und den Ausschreibungsergebnissen ergänzt worden. Durch diese präzisierte Kostenermittlung und -kontrolle wurde der Kostenanschlag entbehrlich. Der Kostenanschlag umfasst nämlich gemäß DIN 276-1:2008-12 lediglich die Kostenermittlung bis zur dritten Ebene und die Ordnung nach Vergabeeinheiten.

Leistungsphase 6: Vorbereitung der Vergabe

Die Grundleistung »Zusammenstellen der Vergabeunterlagen« wurde systematisch der Vorbereitung der Vergabe zugeordnet und aus der Leistungsphase 7 in die Leistungsphase 6 verlagert.

Leistungsphase 7: Mitwirkung bei der Vergabe

Die vormalige Grundleistung »Mitwirken bei der Verhandlung mit Bietern« wurde durch »Führen von Bietergesprächen ersetzt«. Unter Bietergesprächen sind Aufklärungsgespräche oder Verhandlungen im Rahmen der Vergabeverfahren zu verstehen. Bei öffentlichen Auftragsvergaben sind Verhandlungen mit Bietern allerdings nicht bei allen Vergabearten zulässig. Zum Aspekt des »Mitwirkens« siehe die vorstehenden allgemeinen Vorbemerkungen zum Leistungsbild Technische Ausrüstung. Mit den Änderungen wird der Prozess der Vergabe in der Leistungsphase umfassender abgebildet und dem Verbraucherschutz Rechnung getragen.

Leistungsphase 9: Objektbetreuung

Der Aufwand für die bisherige Grundleistung – Überwachen der Mängelbeseitigung – ist vom Umfang her nur schwierig kalkulierbar. Daher soll die Überwachung der Mängelbeseitigung zukünftig als Besondere Leistung zum Beispiel auf Zeithonorarbasis beauftragt werden können. Durch die neu aufgenommene Grundleistung der fachlichen Bewertung der Mängel einschließlich notwendiger Begehungen wird sichergestellt, dass der beauftragte Architekt oder Ingenieur auch nach Abschluss des Projekts dem Bauherrn bei auftretenden Mängeln zur Seite steht und eine verursachungsgerechte Inanspruchnahme des Schädigers ermöglicht wird.

Mit der fachlichen Bewertung der Mängel soll in erster Linie die Zuordnung des Mangels zu einem Bau- oder Planungsbeteiligten aus fachlicher Sicht sichergestellt werden. Eine Bewertung mit der Qualität und Ausführlichkeit eines Sachverständigengutachtens ist nicht Gegenstand dieser Grundleistung.

Die HOAI 2009 orientierte sich an § 13 Abs. 4 VOB/B und verpflichtete den Auftragnehmer, die Mängelbeseitigung vier Jahre lang zu überwachen. Da diese Gewährleistungsfrist nicht in jedem Fall die vertragliche Praxis abbildet, wurde die Frist für die fachliche Bewertung der festgestellten Mängel im Hinblick auf § 438 Abs. 1 Nr. 2 BGB auf fünf Jahre angepasst.

3.5.2.4 § 56 Honorare für Grundleistungen der Technischen Ausrüstung

§ 56 entspricht im Wesentlichen § 54 der HOAI 2009. Die Höhe der Honorartafelwerte wurde in § 56 Abs. 1 aktualisiert.

> (1) Für die in § 55 und der Anlage 15.1 genannten Grundleistungen bei einzelnen Anlagen sind in der nachstehenden Honorartafel aufgeführten Honorarspannen Orientierungswerte:

Anrechenbare Kosten in Euro	Honorarzone I geringe Anforderungen		Honorarzone II durchschnittliche Anforderungen		Honorarzone III hohe Anforderungen	
	von	bis	von	bis	von	bis
	Euro		Euro		Euro	
5 000	2 132	2 547	2 547	2 990	2 990	3 405
10 000	3 689	4 408	4 408	5 174	5 174	5 893
15 000	5 084	6 075	6 075	7 131	7 131	8 122
25 000	7 615	9 098	9 098	10 681	10 681	12 164
35 000	9 934	11 869	11 869	13 934	13 934	15 869
50 000	13 165	15 729	15 729	18 465	18 465	21 029
75 000	18 122	21 652	21 652	25 418	25 418	28 948
100 000	22 723	27 150	27 150	31 872	31 872	36 299
150 000	31 228	37 311	37 311	43 800	43 800	49 883
250 000	46 640	55 726	55 726	65 418	65 418	74 504
500 000	80 684	96 402	96 402	113 168	113 168	128 886
750 000	111 105	132 749	132 749	155 836	155 836	177 480
1 000 000	139 347	166 493	166 493	195 448	195 448	222 594
1 250 000	166 043	198 389	198 389	232 891	232 891	265 237
1 500 000	191 545	228 859	228 859	268 660	268 660	305 974
2 000 000	239 792	286 504	286 504	336 331	336 331	383 044
2 500 000	285 649	341 295	341 295	400 650	400 650	456 296
3 000 000	329 420	393 593	393 593	462 044	462 044	526 217
3 500 000	371 491	443 859	443 859	521 052	521 052	593 420
4 000 000	412 126	492 410	492 410	578 046	578 046	658 331

(2) Welchen Honorarzonen die Grundleistungen zugeordnet werden, richtet sich nach folgenden Bewertungsmerkmalen:
1. Anzahl der Funktionsbereiche,
2. Integrationsansprüche,
3. technische Ausgestaltung,
4. Anforderungen an die Technik,
5. konstruktive Anforderungen.

(3) Für die Zuordnung zu den Honorarzonen ist die Objektliste der Anlage 15 Nummer 15.2 zu berücksichtigen.

(4) Werden Anlagen einer Gruppe verschiedenen Honorarzonen zugeordnet, so ergibt sich das Honorar nach Absatz 1 aus der Summe der Einzelhonorare. Ein Einzelhonorar wird dabei für alle Anlagen ermittelt, die einer Honorarzone zugeordnet werden. Für die Ermittlung des Einzelhonorars ist zunächst das Honorar für die Anlagen jeder Honorarzone zu berechnen, das sich ergeben würde, wenn die gesamten anrechenbaren Kosten der Anlagengruppe nur der Honorarzone zugeordnet würden, für die das Einzelhonorar berechnet wird. Das Einzelhonorar ist dann nach dem Verhältnis der Summe der anrechenbaren Kosten der Anlagen einer Honorarzone zu den gesamten anrechenbaren Kosten der Anlagengruppe zu ermitteln.

(5) Für Umbauten und Modernisierungen kann bei einem durchschnittlichen Schwierigkeitsgrad ein Zuschlag gemäß §6 Absatz 2 Satz 3 bis 50 Prozent in Textform vereinbart werden.

§56 Abs. 2 führt für die Bewertung nicht die aus der Objektplanung bekannte Punktebewertung an, sondern lediglich vorgegebene Bewertungsmerkmale. So sind die vorstehend benannten fünf Bewertungsmerkmale jeweils einer Honorarzone zuzuordnen. Fallen die Bewertungsmerkmale in unterschiedliche Honorarzonen, ist entscheidend, zu welcher Honorarzone die Mehrheit der Bewertungsmerkmale zählt (so auch Locher/Koeble/Frik, §54 Rn. 11). In der Praxis ist zu empfehlen, bei der Einordnung der jeweiligen Anlage in eine Honorarzone zusätzlich auf die Objektliste in Anlage 15.3 zurückzugreifen. Insoweit ist allerdings auf einen redaktionellen Fehler des Verordnungsgebers hinzuweisen: Die Objektliste in Anlage 15.3 entspricht der Objektliste des §72 HOAI 1996 nicht mehr. Dies bedeutet, dass nun acht Anlagengruppen in der Objektliste verzeichnet sind. Insbesondere bei den neuen Anlagengruppen 7 und 8 ist eine Zuordnung in die Objektliste daher möglich. Es handelt sich um die Anlagengruppen »Nutzungsspezifische Anlagen einschließlich maschinen- und elektrotechnische Anlagen in Ingenieurbauwerken« sowie »Gebäudeautomation«.

§ 56 Abs. 3 verweist hinsichtlich der Zuordnung zu den Honorarzonen auf die Objektliste der Anlage 15.2 und 15.3. Anlage 15.2 wurde bereits § 53 zur Anwendung zugeordnet.

Anlage 15.2 Objektliste

Objektliste – Technische Ausrüstung	Honorarzone		
	I	II	III
• Bühnentechnische Anlagen, zum Beispiel technische Anlagen für Klein- oder Mittelbühnen		x	
• Bühnentechnische Anlagen, zum Beispiel für Großbühnen			x
• Medienversorgungsanlagen, zum Beispiel zur Erzeugung, Lagerung, Aufbereitung oder Verteilung medizinischer oder technischer Gase, Flüssigkeiten oder Vakuum			x
• Badetechnische Anlagen, zum Beispiel Aufbereitungsanlagen, Wellenerzeugungsanlagen, höhenverstellbare Zwischenböden			x
• Prozesswärmeanlagen, Prozesskälteanlagen, Prozessluftanlagen, zum Beispiel Vakuumanlagen, Prüfstände, Windkanäle, industrielle Ansauganlagen			x
• Technische Anlagen für Tankstellen, Fahrzeugwaschanlagen			x
• Lagertechnische Anlagen, zum Beispiel Regalbediengeräte (mit zugehörigen Regalanlagen), automatische Warentransportanlagen			x
• Taumittelsprühanlagen oder Enteisungsanlagen		x	
7.2 Verfahrenstechnische Anlagen			
• Einfache Technische Anlagen der Wasseraufbereitung (zum Beispiel Belüftung, Enteisenung, Entmanganung, chemische Entsäuerung, physikalische Entsäuerung)		x	
• Technische Anlagen der Wasseraufbereitung (zum Beispiel Membranfiltration, Flockungsfiltration, Ozonierung, Entarsenierung, Entaluminierung, Denitrifikation)			x
• Einfache Technische Anlagen der Abwasserreinigung (zum Beispiel gemeinsame aerobe Stabilisierung)		x	
• Technische Anlagen der Abwasserreinigung (zum Beispiel für mehrstufige Abwasserbehandlungsanlagen)			x
• Einfache Schlammbehandlungsanlagen (zum Beispiel Schlammabsetzanlagen mit mechanischen Einrichtungen)		x	
• Anlagen für mehrstufige oder kombinierte Verfahren der Schlammbehandlung			x

Objektliste – Technische Ausrüstung	Honorarzone		
	I	II	III
• Einfache Technische Anlagen der Abwasserableitung		x	
• Technische Anlagen der Abwasserableitung			x
• Einfache Technische Anlagen der Wassergewinnung, -förderung, -speicherung		x	
• Technische Anlagen der Wassergewinnung, -förderung, -speicherung			x
• Einfache Regenwasserbehandlungsanlagen		x	
• Einfache Anlagen für Grundwasserdekontaminierungsanlagen		x	
• Komplexe Technische Anlagen für Grundwasserdekontaminierungsanlagen			x
• Einfache Technische Anlagen für die Ver- und Entsorgung mit Gasen (zum Beispiel Odorieranlage)		x	
• Einfache Technische Anlagen für die Ver- und Entsorgung mit Feststoffen		x	
• Technische Anlagen für die Ver- und Entsorgung mit Feststoffen			x
• Einfache Technische Anlagen der Abfallentsorgung (zum Beispiel für Kompostwerke, Anlagen zur Konditionierung von Sonderabfällen, Hausmülldeponien oder Monodeponien für Sonderabfälle, Anlagen für Untertagedeponien, Anlagen zur Behandlung kontaminierter Böden)		x	
• Technische Anlagen der Abfallentsorgung (zum Beispiel für Verbrennungsanlagen, Pyrolyseanlagen, mehrfunktionale Aufbereitungsanlagen für Wertstoffe)			x
Anlagengruppe 8 Gebäudeautomation			
• Herstellerneutrale Gebäudeautomationssysteme oder Automationssysteme mit anlagengruppenübergreifender Systemintegration			x

§ 56 Abs. 5 greift inhaltlich § 53 Abs. 3 der HOAI 2009 auf und konkretisiert für die Technische Ausrüstung die Höhe der prozentualen Wertspanne gemäß § 6 Abs. 2 Satz 3 HOAI für Umbauten und Modernisierungen. Aufgrund der wiedereingeführten Berücksichtigung der mitzuverarbeitenden Bausubstanz und der in § 2 Abs. 5 geregelten Beschränkung der Umbauten auf Umgestaltungen mit wesentlichen Eingriffen in Konstruktion oder Bestand wurde auch die Prozentmarge auf § 76 Abs. 1 HOAI 2002 zurückgeführt. Gemäß § 52 Abs. 5 kann für Umbauten und Modernisierungen der Technischen Ausrüstung bei einem durchschnittlichen Schwierigkeitsgrad (Honorarzone II) gemäß § 6 Abs. 2 Satz 3 und § 7 Abs. 1 ein Zuschlag von bis zu 50 Prozent bei Auftragserteilung schriftlich vereinbart werden. Maßgeblich ist der Schwierigkeitsgrad der konkreten Umbau- oder Modernisierungsmaßnahme im jeweiligen Einzelfall.

Für die Technische Ausrüstung von Ingenieurbauwerken mit großer Längenausdehnung enthält **§ 56 Abs. 6** ebenso wie § 44 Abs. 7 und § 52 Abs. 5 zur Klarstellung eine Rechtsgrundverweisung auf die zulässige Unterschreitung der Mindestsätze gemäß § 7 Abs. 3 HOAI. Die Planung der Technischen Ausrüstung für solche Ingenieurbauwerke, die unter gleichen baulichen Bedingungen errichtet werden, stellt einen Ausnahmefall im Sinne des § 7 Abs. 3 HOAI dar. Steht der Aufwand in einem Missverhältnis zu dem auf der Grundlage der anrechenbaren Kosten ermittelten Honorar des Auftragnehmers, kann der Basissatz durch textliche Vereinbarung unterschritten werden.

3.6 Teil 5 – Übergangs- und Schlussvorschriften

3.6.1 § 57 – Übergangsvorschrift

> (1) Diese Verordnung ist nicht auf Grundleistungen anzuwenden, die vor dem 17. Juli 2013 vertraglich vereinbart wurden; insofern bleiben die bisherigen Vorschriften anwendbar.
>
> (2) Die durch die Erste Verordnung zur Änderung der Honorarordnung für Architekten und Ingenieure vom 2.12.2020 (BGBl. I S. 2636) geänderten Vorschriften sind erst auf diejenigen Vertragsverhältnisse anzuwenden, die nach dem Ablauf des 31. Dezember 2020 begründet worden sind.

In **§ 57 Abs. 1** HOAI wird klargestellt, dass bei vertraglichen Vereinbarungen vor dem 17.7.2013, also dem Inkrafttreten der seinerzeitigen HOAI 2013 die damals jeweils gültige Fassung anzuwenden ist. Das betrifft dann die Regelungen der HOAI 2009 und der HOAI 1996/2002.

Sodann wird in **§ 57 Abs. 2** HOAI geregelt, dass auf Verträge nach dem 31.12.2020 die neue HOAI 2021 anzuwenden ist. Es fällt auf, dass § 57 Abs. 1 nur von Grundleistungen spricht. Unklar und als Redaktionsfehler auszuloten ist der Bezug in § 58 HOAI und dem dortigen Außerkrafttreten der HOAI 2009. Offensichtlich wollte man, dass die HOAI 2021 auf alle Vertragsverhältnisse anzuwenden ist, die ab dem 1.1.2021 geschlossen werden.

Somit ergibt sich, dass auf Verträge, die zwischen dem 17.7.2013 und dem 31.12.2020 geschlossen wurden die HOAI 2013 anzuwenden ist. Dies hat auch Auswirkungen auf die stufenweise und abschnittsweise Beauftragung. Ist vertraglich geregelt, dass der Auftraggeber lediglich ein Abrufrecht in zeitlicher Hinsicht auszuüben hat, und die Leistungen also bereits beauftragt wurden, bleibt es bei der bisherigen Fassung der HOAI (meist HOAI 2013). Hier kommt es auf den Zeitpunkt der Beauftragung an. Nach üblicher Ansicht ist es so, dass auf den Beginn des Vertrags abzustellen ist und nicht auf die jeweilige stufenweise Abfolge. Außerdem gelten diejenigen Bedingungen und die Honorare, die im Ursprungsvertrag vereinbart wurden.

Ist aber keine vollständige Beauftragung im Ursprungsvertrag vorgesehen und hat sich der Auftraggeber die jeweilige weitere Beauftragung auf der Grundlage des ursprünglichen Vertrags vorbehalten, hat der Auftraggeber ein **Optionsrecht (echter Stufenvertrag)**. Es handelt sich hier um einen **aufschiebend bedingten Vertrag**. Hierbei werden die Grundlagen zwar im Grundvertrag festgelegt, der Auftraggeber behält sich jedoch bedingt vor, auf diese Grundlagen in der neuen Vereinbarung einzugehen. Der Abruf stellt die neue Vereinbarung dar. Im Abruf selbst können Änderungen vorliegen. Hat sich der Auftragnehmer ursprünglich mit Änderungen einverstanden erklärt, die mit dem neuen Abruf einhergehen, kommt der Vertrag mit diesen Bedingungen, also den neuen Bedingungen, zustande.

Eine Neuerung ergibt sich allerdings aus dem Wortlaut des **§ 57 Abs. 1**. Dort wird Bezug genommen auf die vertragliche Vereinbarung. War es bisher so, dass im Zeitpunkt des vom Auftraggeber vorgenommenen Abruf und des sodann folgenden Zustandekommens des geänderten Vertrags die gültige Fassung der jeweiligen HOAI anzuwenden war, ist dies jetzt anders: § 57 stellt eben nicht auf die vertragliche Vereinbarung der Grundleistungen ab, sondern darauf, wann das Vertragsverhältnis begründet wurde. Der Verordnungsgeber meint hier den sogenannten Grundvertrag und den Zeitpunkt, wann dieser zustande gekommen ist. Das bedeutet dann zusätzlich, dass, wenn ein Vertrag vor dem 31.12.2020 geschlossen wurde und ein erster Abruf der dort definierten Leistung und des Honorars stattfand, die dann folgende Stufenleistung, die abgerufen wird, nicht nach der HOAI 2021, sondern nach der vorhergehenden Fassung – also in diesem Falle der HOAI 2013 – zu berechnen ist. Dieses Ergebnis allerdings steht in Widerspruch zu den bisherigen Fassungen der Übergangsvorschriften der HOAI – sie haben andere Wortlaute. Da der Verordnungsgeber zur Begründung des neuen Wortlauts nichts angegeben hat, ist zu vermuten, dass er bei richtiger Sichtweise dennoch vom alten Rechtszustand und der dortigen Einordnung ausgehen wollte und letztlich lediglich die Beauftragung mit Leistungen der weiteren Stufen bzw. die abschnittsweise Beauftragung gemeint war. Das bedeutet, dass für die Stufen, die nach dem Inkrafttreten der Neufassung der HOAI 2021 ab dem 1.1.2021 vertraglich begründet werden, die neue HOAI 2021 gelten würde.

Wurde zwischen den Parteien allerdings einen **Rahmenvertrag** geschlossen, so ist darauf abzustellen, dass der Inhalt der zu erbringenden Leistungen und das Honorar erst mit Abschluss des konkreten weiteren Vertrags zustande kommen.

3.6.2 § 58 – Inkrafttreten, Außerkrafttreten

> Diese Verordnung tritt am Tag nach der Verkündung (Anm. des Autors: 16.7.2013, so ist es der amtlichen Regelung des zustimmenden Bundesrats zu entnehmen) in Kraft. Gleichzeitig tritt die Honorarordnung für Architekteningenieure vom 11. August 2009 (BGBl. I S. 2732) außer Kraft.

Es handelt sich tatsächlich nicht um ein Redaktionsversehen, da der Bundesrat mit der Änderung durch Art. 1 Erste VO zur Änderung der Honorarordnung für Architekten und Ingenieure vom 6.11.2020 die HOAI 2013 lediglich angepasst, aber keine neue Verordnung geschaffen hat. Das ändert aber nichts daran, dass der Verordnungsgeber damit eigentlich sagen wollte, dass die HOAI 2009 ab dem 16.7.2013 nicht mehr gilt, damit es keine Regelungslücken nach dem Urteil des EuGH vom 4.7.2019 gibt. Der Bundesrat sieht hier in der HOAI 2021 also lediglich eine inhaltliche Anpassung, nicht aber eine völlig neue Verordnung.

4 Neu in der HOAI 2021 – Übersicht über die Honorarabrechnungen für Beratungsleistungen

In den ehemals verbindlichen und nun unverbindlichen Teil »wieder« aufgenommen sind die Honorare in Anlage 1 zu § 3 Abs. 1 Satz 3 HOAI 2021.

§ 3 Abs. 1 Satz 3 HOAI 2021 nimmt die verbindlichen Regelungsteile aus der HOAI 1996 wieder auf. Die in Anlage 1 aufgezählten Leistungsbilder werden zurück in den verbindlichen Teil genommen. Das heißt nicht, dass die Honorare wieder verbindlich geregelt werden, sondern sie sind Orientierungswerte und beinhalten die Basiswerte als ehemalige Mindestsätze in den Honorartabellen. Die Regelung als Basissatz ergibt sich aus der Anordnung in § 7 Abs. 2 Satz 2 HOAI 2021.

§ 3 Abs. 1 Satz 2 regelt auch sogenannte Beratungsleistungen und verweist auf Anlage 1. Dieser Teil war der sogenannte **unverbindliche Teil**. Eine solche Regelung war bislang in der HOAI 2009 und 2013 so nicht enthalten. Satz 1 bestimmt die Grundleistungen im Zusammenhang mit der Flächenplanung, der Objektplanung und der Fachplanung. Es gelten also die gleichen Voraussetzungen wie in den Teilen 2 bis 4. Die Berechnung des jeweiligen Honorars ist an strikt einzuhaltende Voraussetzungen geknüpft: die Beachtung der anrechenbaren Kosten, den Umfang des beauftragten Leistungsbildes, die Honorarzone und die jeweils der Leistung zugehörige Honorartafel.

Dabei handelt es sich um die in Anlage 1 aufgeführten Leistungen Umweltverträglichkeitsstudie, Bauphysik, Geotechnik und Ingenieurvermessung, die in der HOAI 1996 noch – zumindest überwiegend – als Leistungen mit verbindlichen Honorarvorschriften (Teile X bis XIII HOAI 1996) geregelt waren. Die Beratungsleistungen sind nun quasi verbindlich geregelt. Die Vertragsparteien können somit ein Honorar frei vereinbaren. Dass in der Anlage 1 die jeweiligen Leistungen durch Grundleistungen mit Prozentsätzen, Besonderen Leistungen sowie Honorarzonen und Honorartafeln festgelegt werden, ändert daran nichts.

Zu den Beratungsleistungen, die in der Anlage 1 aufgeführt werden, gehören:

- Umweltverträglichkeitsstudie
- thermische Bauphysik
- Schallschutz und Raumakustik
- Bodenmechanik
- Erd- und Grundbau
- vermessungstechnische Leistungen

4.1 Umweltverträglichkeitsstudie

Anlage 1 – Beratungsleistungen

1.1 Umweltverträglichkeitsstudie

1.1.1 Leistungsbild Umweltverträglichkeitsstudie

(1) Die Grundleistungen bei Umweltverträglichkeitsstudien können in vier Leistungsphasen unterteilt und wie folgt in Prozentsätzen der Honorare in Nummer 1.1.2 bewertet werden. Die Bewertung der Leistungsphasen der Honorare erfolgt

1. für die Leistungsphase 1 (Klären der Aufgabenstellung und Ermitteln des Leistungsumfangs) mit 3 Prozent,
2. für die Leistungsphase 2 (Grundlagenermittlung) mit 37 Prozent,
3. für die Leistungsphase 3 (Vorläufige Fassung) mit 50 Prozent,
4. für die Leistungsphase 4 (Abgestimmte Fassung) mit 10 Prozent.

(2) Das Leistungsbild kann sich wie folgt zusammensetzen:

Leistungsphase 1: Klären der Aufgabenstellung und Ermitteln des Leistungsumfangs

- Zusammenstellen und Prüfen der vom Auftraggeber zur Verfügung gestellten untersuchungsrelevanten Unterlagen,
- Ortsbesichtigungen,
- Abgrenzen der Untersuchungsräume,
- Ermitteln der Untersuchungsinhalte,
- Konkretisieren weiteren Bedarfs an Daten und Unterlagen,
- Beraten zum Leistungsumfang für ergänzende Untersuchungen und Fachleistungen,
- Aufstellen eines verbindlichen Arbeitsplans unter Berücksichtigung der sonstigen Fachbeiträge.

Leistungsphase 2: Grundlagenermittlung

- Ermitteln und Beschreiben der untersuchungsrelevanten Sachverhalte auf Grund vorhandener Unterlagen,
- Beschreiben der Umwelt einschließlich des rechtlichen Schutzstatus, der fachplanerischen Vorgaben und Ziele sowie der für die Bewertung relevanten Funktionselemente für jedes Schutzgut einschließlich der Wechselwirkungen,
- Beschreiben der vorhandenen Beeinträchtigungen der Umwelt,

- Bewerten der Funktionselemente und der Leistungsfähigkeit der einzelnen Schutzgüter hinsichtlich ihrer Bedeutung und Empfindlichkeit,
- Raumwiderstandsanalyse, soweit nach Art des Vorhabens erforderlich, einschließlich des Ermittelns konfliktarmer Bereiche,
- Darstellen von Entwicklungstendenzen des Untersuchungsraums für den Prognose-Null-Fall,
- Überprüfen der Abgrenzung des Untersuchungsraums und der Untersuchungsinhalte,
- Zusammenfassendes Darstellen der Erfassung und Bewertung als Grundlage für die Erörterung mit dem Auftraggeber.

Leistungsphase 3: Vorläufige Fassung

- Ermitteln und Beschreiben der Umweltauswirkungen und Erstellen der vorläufigen Fassung,
- Mitwirken bei der Entwicklung und der Auswahl vertieft zu untersuchender planerischer Lösungen,
- Mitwirken bei der Optimierung von bis zu drei planerischen Lösungen (Hauptvarianten) zur Vermeidung von Beeinträchtigungen,
- Ermitteln, Beschreiben und Bewerten der unmittelbaren und mittelbaren Auswirkungen von bis zu drei planerischen Lösungen (Hauptvarianten) auf die Schutzgüter im Sinne des Gesetzes über die Umweltverträglichkeitsprüfung vom 24.2.2010 (BGBl. I S. 94) einschließlich der Wechselwirkungen,
- Einarbeiten der Ergebnisse vorhandener Untersuchungen zum Gebiets- und Artenschutz sowie zum Boden- und Wasserschutz,
- Vergleichendes Darstellen und Bewerten der Auswirkungen von bis zu drei planerischen Lösungen,
- Zusammenfassendes vergleichendes Bewerten des Projekts mit dem Prognose-Null-Fall,
- Erstellen von Hinweisen auf Maßnahmen zur Vermeidung und Verminderung von Beeinträchtigungen sowie zur Ausgleichbarkeit der unvermeidbaren Beeinträchtigungen,
- Erstellen von Hinweisen auf Schwierigkeiten bei der Zusammenstellung der Angaben,
- Zusammenführen und Darstellen der Ergebnisse als vorläufige Fassung in Text und Karten einschließlich des Herausarbeitens der grundsätzlichen Lösung der wesentlichen Teile der Aufgabe,
- Abstimmen der Vorläufigen Fassung mit dem Auftraggeber.

Leistungsphase 4: Abgestimmte Fassung

Darstellen der mit dem Auftraggeber abgestimmten Fassung der Umweltverträglichkeitsstudie in Text und Karte einschließlich einer Zusammenfassung.

(3) Im Leistungsbild Umweltverträglichkeitsstudie können insbesondere die Besonderen Leistungen der Anlage 9 Anwendung finden.

1.1.2 Honorare für Grundleistungen bei Umweltverträglichkeitsstudien

(1) Die Mindest- und Höchstsätze der Honorare für die in Nummer 1.1.1 aufgeführten Grundleistungen bei Umweltverträglichkeitsstudien können anhand der folgenden Honorartafel bestimmt werden:

Anrechenbare Kosten in Euro	Honorarzone I geringe Anforderungen		Honorarzone II durchschnittliche Anforderungen		Honorarzone III hohe Anforderungen	
	von	bis	von	bis	von	bis
	Euro		Euro		Euro	
50	10 176	12 862	12 862	15 406	15 406	18 091
100	14 972	18 923	18 923	22 666	22 666	26 617
150	18 942	23 940	23 940	28 676	28 676	33 674
200	22 454	28 380	28 380	33 994	33 994	39 919
300	28 644	36 203	36 203	43 364	43 364	50 923
400	34 117	43 120	43 120	51 649	51 649	60 653
500	39 110	49 431	49 431	59 209	59 209	69 530
750	50 211	63 461	63 461	76 014	76 014	89 264
1 000	60 004	75 838	75 838	90 839	90 839	106 674
1 500	77 182	97 550	97 550	116 846	116 846	137 213
2 000	92 278	116 629	116 629	139 698	139 698	164 049
2 500	105 963	133 925	133 925	160 416	160 416	188 378
3 000	118 598	149 895	149 895	179 544	179 544	210 841
4 000	141 533	178 883	178 883	214 266	214 266	251 615
5 000	162 148	204 937	204 937	245 474	245 474	288 263

Anrechenbare Kosten in Euro	Honorarzone I geringe Anforderungen		Honorarzone II durchschnittliche Anforderungen		Honorarzone III hohe Anforderungen	
	von	bis	von	bis	von	bis
	Euro		Euro		Euro	
6 000	182 186	230 263	230 263	275 810	275 810	323 887
7 000	201 072	254 133	254 133	304 401	304 401	357 461
8 000	218 466	276 117	276 117	330 734	330 734	388 384
9 000	234 394	296 247	296 247	354 846	354 846	416 700
10 000	249 492	315 330	315 330	377 704	377 704	443 542

(2) Das Honorar für die Erstellung von Umweltverträglichkeitsstudien kann nach der Gesamtfläche des Untersuchungsraums in Hektar und nach der Honorarzone berechnet werden.

(3) Umweltverträglichkeitsstudien können folgenden Honorarzonen zugeordnet werden:

1. Honorarzone I (geringe Anforderungen),
2. Honorarzone II (durchschnittliche Anforderungen),
3. Honorarzone III (hohe Anforderungen).

(4) Die Zuordnung zu den Honorarzonen kann anhand folgender Bewertungsmerkmale für zu erwartende nachteilige Auswirkungen auf die Umwelt ermittelt werden:

1. Bedeutung des Untersuchungsraums für die Schutzgüter im Sinne des Gesetzes über die Umweltverträglichkeitsprüfung (UVPG),
2. Ausstattung des Untersuchungsraums mit Schutzgebieten,
3. Landschaftsbild und -struktur,
4. Nutzungsansprüche,
5. Empfindlichkeit des Untersuchungsraums gegenüber Umweltbelastungen und -beeinträchtigungen,
6. Intensität und Komplexität potenzieller nachteiliger Wirkfaktoren auf die Umwelt.

(5) Sind für eine Umweltverträglichkeitsstudie Bewertungsmerkmale aus mehreren Honorarzonen anwendbar und bestehen deswegen Zweifel, welcher Honorarzone die Umweltverträglichkeitsstudie zugeordnet werden kann, kann die Anzahl der Bewertungspunkte nach Absatz 4 ermittelt werden; die Umweltverträglichkeitsstudie kann nach der Summe der Bewertungspunkte folgenden Honorarzonen zugeordnet werden:
1. Honorarzone I: Umweltverträglichkeitsstudien mit bis zu 16 Punkten,
2. Honorarzone II: Umweltverträglichkeitsstudien mit 17 bis 30 Punkten,
3. Honorarzone III: Umweltverträglichkeitsstudien mit 31 bis 42 Punkten.

(6) Bei der Zuordnung einer Umweltverträglichkeitsstudie zu den Honorarzonen können nach dem Schwierigkeitsgrad der Anforderungen die Bewertungsmerkmale wie folgt gewichtet werden:
1. die Bewertungsmerkmale gemäß Absatz 4 Nummer 1 bis 4 mit je bis zu 6 Punkten und
2. die Bewertungsmerkmale gemäß Absatz 4 Nummer 5 und 6 mit je bis zu 9 Punkten.

(7) Wird die Größe des Untersuchungsraums während der Leistungserbringung geändert, so kann das Honorar für die Leistungsphasen, die bis zur Änderung noch nicht erbracht sind, nach der geänderten Größe des Untersuchungsraums berechnet werden.

Anmerkungen zum Leistungsbild Umweltverträglichkeitsstudie

Die in **Nr. 1.1.1** festgelegte Empfehlung zum Inhalt des Leistungsbildes und der Leistungsphasen wurde mit der HOAI 2013 strukturiert und umfassend überarbeitet. Die HOAI 2021 hat keine Änderungen erbracht. Nr. 1.1.1 Abs. 1 wurde an die neue Systematik der Leistungsphasen und ihrer Gewichtung angepasst. Abs. 1 empfiehlt nunmehr die für die Landschaftsplanung eingeführte Gliederung des Leistungsbildes in vier Leistungsphasen und die einheitliche Bezeichnung der Leistungsphasen. Mit der Neuordnung wird das Ziel verfolgt, die Leistungsbilder der HOAI an die aktuelle Praxis anzupassen. Zudem soll eine einheitliche Beschreibung der Leistungsinhalte gewährleistet werden. Auch die Gewichtung der jeweiligen Leistungsphasen in Prozenten der Honorare der Nr. 1.1.2 wird an diese Umgestaltung angeglichen. Die Leistungsphase 3 bildet mit nunmehr 50 Prozent – wie die bisherige Leistungsphase 4 – den Schwerpunkt der Umweltverträglichkeitsstudie. Mit der Streichung der bisherigen Zielsetzung »zur Standortfindung als Beitrag zur Umweltverträglichkeitsprüfung« wird der Anwendungsbereich der Umweltverträglichkeitsstudie erweitert, insbesondere auf die Beauftragung von wasserwirtschaftlichen Bauvorhaben zur Variantenklärung. Allerdings sind nach wie vor im Regelfall Leistungen bei Umweltverträglichkeitsstudien in der Vorbereitungsphase mit alternativen Prüfungen zur Standort- und Linienfindung üblich. In Nr. 1.1.1 Abs. 2 wurde die Beschreibung des Leistungsbildes in den einzelnen Leistungsphasen an die geänderten Erfordernissen und die neue Systematik der Leistungsphasen angepasst.

Leistungsphase 1 – Klären der Aufgabenstellung und Ermitteln des Leistungsumfangs
In der Leistungsphase 1 sind die relevanten Unterlagen (erster Spiegelstrich) vom Auftraggeber zur Verfügung zu stellen. Die Inhalte der letzten drei Spiegelstriche der Aufzählung (Konkretisieren weiteren Bedarfs an Daten und Unterlagen, Beraten zum Leistungsumfang für ergänzende Untersuchungen und Fachleistungen, Aufstellen eines verbindlichen Arbeitsplans unter Berücksichtigung der sonstigen Fachbeiträge) sollen die gemeinsam von Auftraggeber und Auftragnehmer zu entwickelnden Grundlagen und Rahmenbedingungen für die Erstellung der Umweltverträglichkeitsstudie erläutern. Im Hinblick auf die ansteigenden Anforderungen an die Terminplanung im Interesse der ordnungsgemäßen Durchführung der Umweltverträglichkeitsstudien tritt das »Aufstellen eines verbindlichen Arbeitsplanes unter Berücksichtigung der sonstigen Fachbeiträge« (siebter Spiegelstrich) als Grundleistung neu hinzu.

Leistungsphase 2 – Grundlagenermittlung
In Leistungsphase 2 werden im Wesentlichen Grundleistungen aus den vorherigen Leistungsphasen 2 (Ermitteln und Bewerten der Planungsgrundlagen) und 3 (Konfliktanalyse und Alternativen) unter der Bezeichnung »Grundlagenermittlung« systematisch zusammengezogen und sprachlich komprimiert.

Leistungsphase 3 – Schutzgüter
Leistungsphase 3 entspricht inhaltlich zu weiten Teilen der bisherigen Leistungsphase 4 (Vorläufige Fassung der Studie). Unter dem vierten Spiegelstrich sind im Gegensatz zur bisherigen Auflistung der Schutzgüter in Leistungsphase Nr. 4a der HOAI 2009 die Auswirkungen auf die – darüber hinausgehenden – Schutzgüter des UVPG maßgebend. Erfasst sind daher nach § 2 Abs. 1 Satz 2 UVPG Auswirkungen auf:

- Menschen, einschließlich der menschlichen Gesundheit (Nr. 1)
- Tiere, Pflanzen und die biologische Vielfalt (Nr. 2)
- Boden, Wasser, Luft, Klima und Landschaft (Nr. 3)
- Kulturgüter und sonstige Sachgüter (Nr. 4)
- die Wechselwirkungen zwischen den vorgenannten Schutzgütern (Nr. 5)

Die bei der Erstellung der Umweltverträglichkeitsstudien im Anwendungsbereich der HOAI maßgebenden Schutzgüter orientieren sich an der anschließenden behördlichen Umweltverträglichkeitsprüfung und den Anforderungen des UVPG.

In der aktualisierten Beschreibung der Grundleistungen wird zudem dem Umstand Rechnung getragen, dass auf nationaler und europäischer Ebene weitere umweltrechtlich relevante Regelungen erlassen wurden. Daher wurde als ausdrückliche Grundleistung die Einarbeitung der Ergebnisse vorhandener Untersuchungen zum Gebiets- und Artenschutz sowie zum Boden- und Wasserschutz eingefügt (fünfter Spiegelstrich). Maßgebliche Rechtsvorschriften hierfür sind beispielsweise die Richtlinie 92/43/EWG des Rates von 1992 zur Erhaltung der natürlichen Lebensräume sowie der wild lebenden Tiere und Pflanzen (»Flora-Fauna-Habitat-Richtlinie«), das Wasserhaushaltsgesetz und die Richtlinie 2000/60/EG des Europäischen Parlaments und des Rates vom 23.10.2000 zur Schaffung eines Ordnungsrahmens für Maßnahmen der Gemeinschaft im Bereich der Wasserpolitik (»Wasserrahmenrichtlinie«) sowie das Bundes-Bodenschutzgesetz vom 17.3.1998 (BGBl. I S. 502).

Neu aufgenommen wurde bereits in der HOAI 2013 eine ausdrückliche Empfehlung zur Erstellung von »bis zu drei planerischen Lösungen« in einigen Leistungsbildbeschreibungen (dritter und sechster Spiegelstrich). Damit wird klargestellt, wann bei einer Vielzahl durch den Auftraggeber geforderter Lösungsvorschläge noch der Honorarrahmen für Grundleistungen eingehalten bzw. wann hierin eine zusätzliche Besondere Leistung zu sehen ist.

Neu als Grundleistung trat schließlich die »Erstellung von Hinweisen auf Schwierigkeiten bei der Zusammenstellung der Angaben« hinzu (neunter Spiegelstrich).

Leistungsphase 4 – abgestimmte Fassung
Leistungsphase 4 wird als »Abgestimmte Fassung« bezeichnet, um zu verdeutlichen, dass es hier darum geht, die mit dem Auftraggeber abgestimmte Fassung zu erstellen. Die bisher als Grundleistung erfasste Erarbeitung einer »nicht technischen« Zusammenfassung wurde herausgenommen und in die Besonderen Leistungen überführt. Ausreichend ist nunmehr eine bloße Zusammenfassung. Der Hinweis auf den Maßstab 1 : 5000 entfällt, wenngleich weiterhin im Regelfall davon auszugehen ist, dass die Studie in diesem Maßstab auszuarbeiten ist, um eine für die Umweltverträglichkeitsprüfung ausreichende Aussagegenauigkeit zu gewährleisten.

Nr. 1.1.1 Abs. 3 verweist hinsichtlich der Besonderen Leistungen auf Anlage 9.

Die in **Nr. 1.1.2** geregelte Honorarberechnung für die Grundleistungen bei Umweltverträglichkeitsstudien wurde mit der HOAI 2013 bereits umgestaltet, die Honorarsätze wurden aktualisiert. Neu in Nr. 1.1.2 Abs. 7 ist eine Empfehlung für den Fall, dass sich die Größe des Untersuchungsraums ändert. In Nr. 1.1.2 Abs. 1 wurde die bisher in Nr. 1.1.2 Abs. 4 HOAI 2009 enthaltene Honorartafel aufgenommen. Nr. 1.1.2 Abs. 2 regelt nun neu, dass das Honorar für die Erstellung von Umweltverträglichkeitsstudien nach der Fläche des Untersuchungsraums in Hektar und nach der Honorarzone zu berechnen ist. In Nr. 1.1.2 Abs. 3 aufgenommen wurde die Klarstellung, dass die Umweltverträglichkeitsstudien drei Honorarzonen zugeordnet werden können. In Nr. 1.1.2 Abs. 4 wurden die bisher in Nr. 1.1.2 Abs. 1 der HOAI 2009 geregelten Bewertungsmerkmale inhaltlich an die neuen Leistungsbilder und Anforderungen angepasst. Abs. 4 folgt dabei der Systematik der Honorarvorschriften in der Landschaftsplanung.

Der Kriterienkatalog enthält sechs Bewertungsmerkmale. Die spezifischen Bewertungsmerkmale »ökologisch bedeutsame Struktur« und »Erholungsnutzung« entfallen. Sie gehen in dem in Nr. 1.1.1 Abs. 4 Nr. 1 neu aufgenommenen und weitergehenden Kriterium der »Bedeutung des Untersuchungsraumes für die Schutzgüter im Sinne des UVPG« auf. Das Abstellen auf die Schutzgüter des UVPG geht in systematischer und sprachlicher Hinsicht mit den aktualisierten Leistungsbildern einher. Insgesamt werden die Bestimmungen inhaltlich und terminologisch enger am UVPG ausgerichtet. In Nr. 1.1.2 Abs. 4 Nr. 2 tritt die »Ausstattung des Untersuchungsraumes mit Schutzgebieten« als weiteres Bewertungsmerkmal hinzu. In Nr. 1.1.2 Abs. 4 Nr. 6 wird neben der Intensität nunmehr auch die »Komplexität« potenzieller Wirkfaktoren berücksichtigt. Hiermit soll dem Umstand Rechnung getragen werden, dass Umweltauswirkungen regelmäßig nicht linearen Kausalzusammenhängen unterliegen und die Erfassung dieser komplexen Wirkungszusammenhänge einen zentralen Schwerpunkt darstellt. Nr. 1.1.2 Abs. 5 entspricht Nr. 1.1.2 Abs. 2 der HOAI 2009. Nr. 1.1.2 Abs. 6 entspricht inhaltlich überwiegend Nr. 1.1.2 Abs. 3 HOAI 2009. Die Zuweisung der Anzahl der Bemessungspunkte für die in Abs. 3 aufgeführten Bewertungsmerkmale wird an den teilweise überarbeiteten und erweiterten Kriterienkatalog von Abs. 3 angepasst. Die einzelnen Gewichtungen und beiden Punkteklassen (sechs und neun) werden nicht geändert. Die neu aufgenommenen bzw. aktualisierten Bewertungsmerkmale in Nr. 1.1.1 Abs. 4 Satz 2 Nr. 1 und 2 werden mit sechs Punkten gewichtet. In Nr. 1.1.2 Abs. 7 aufgenommen ist eine Empfehlung zur Anpassung des Honorars für den Fall, dass sich die Größe des Untersuchungsraums während der Leistungserbringung ändert. Die Ausgestaltung erfolgt entsprechend den Vorschriften zur Flächenplanung (siehe §§ 21 und 29 bis 32 der HOAI).

4.2 Bauphysik

Anlage 1 – Beratungsleistungen

1.2 Bauphysik

1.2.1 Anwendungsbereich

(1) Zu den Grundleistungen für Bauphysik können gehören:
- Wärmeschutz und Energiebilanzierung,
- Bauakustik (Schallschutz),
- Raumakustik.

(2) Wärmeschutz und Energiebilanzierung kann den Wärmeschutz von Gebäuden und Ingenieurbauwerken und die fachübergreifende Energiebilanzierung umfassen.

(3) Die Bauakustik kann den Schallschutz von Objekten zur Erreichung eines regelgerechten Luft- und Trittschallschutzes und zur Begrenzung der von außen einwirkenden Geräusche sowie der Geräusche von Anlagen der Technischen Ausrüstung umfassen. Dazu kann auch der Schutz der Umgebung vor schädlichen Umwelteinwirkungen durch Lärm (Schallimmissionsschutz) gehören.

(4) Die Raumakustik kann die Beratung zu Räumen mit besonderen raumakustischen Anforderungen umfassen.

(5) Die Besonderen Grundlagen der Honorare werden gesondert in den Teilgebieten Wärmeschutz und Energiebilanzierung, Bauakustik, Raumakustik aufgeführt.

1.2.2 Leistungsbild Bauphysik

(1) Die Grundleistungen für Bauphysik können in sieben Leistungsphasen unterteilt und wie folgt in Prozentsätzen der Honorare in Nummer 1.2.3 bewertet werden:

1. für die Leistungsphase 1 (Grundlagenermittlung) mit 3 Prozent,
2. für die Leistungsphase 2 (Mitwirken bei der Vorplanung) mit 20 Prozent,
3. für die Leistungsphase 3 (Mitwirken bei der Entwurfsplanung) mit 40 Prozent,
4. für die Leistungsphase 4 (Mitwirken bei der Genehmigungsplanung) mit 6 Prozent,
5. für die Leistungsphase 5 (Mitwirken bei der Ausführungsplanung) mit 27 Prozent,
6. für die Leistungsphase 6 (Mitwirken bei der Vorbereitung der Vergabe) mit 2 Prozent,
7. für die Leistungsphase 7 (Mitwirken bei der Vergabe) mit 2 Prozent.

(2) Das Leistungsbild kann sich wie folgt zusammensetzen:

Grundleistungen	Besondere Leistungen
LPH 1 Grundlagenermittlung	
a) Klären der Aufgabenstellung b) Festlegen der Grundlagen, Vorgaben und Ziele	• Mitwirken bei der Ausarbeitung von Auslobungen und bei Vorprüfungen für Wettbewerbe • Bestandsaufnahme bestehender Gebäude, Ermitteln und Bewerten von Kennwerten • Schadensanalyse bestehender Gebäude • Mitwirken bei Vorgaben für Zertifizierungen

Grundleistungen	Besondere Leistungen
LPH 2 Mitwirkung bei der Vorplanung	
a) Analyse der Grundlagen b) Klären der wesentlichen Zusammenhänge von Gebäuden und technischen Anlagen einschließlich Betrachtung von Alternativen c) Vordimensionieren der relevanten Bauteile des Gebäudes d) Mitwirken beim Abstimmen der fachspezifischen Planungskonzepte der Objektplanung und der Fachplanungen e) Erstellen eines Gesamtkonzeptes in Abstimmung mit der Objektplanung und den Fachplanungen f) Erstellen von Rechenmodellen, Auflisten der wesentlichen Kennwerte als Arbeitsgrundlage für Objektplanung und Fachplanungen	• Mitwirken beim Klären von Vorgaben für Fördermaßnahmen und bei deren Umsetzung • Mitwirken an Projekt-, Käufer- oder Mieterbaubeschreibungen • Erstellen eines fachübergreifenden Bauteilkatalogs
LPH 3 Mitwirkung bei der Entwurfsplanung	
a) Fortschreiben der Rechenmodelle und der wesentlichen Kennwerte für das Gebäude b) Mitwirken beim Fortschreiben der Planungskonzepte der Objektplanung und Fachplanung bis zum vollständigen Entwurf c) Bemessen der Bauteile des Gebäudes d) Erarbeiten von Übersichtsplänen und des Erläuterungsberichtes mit Vorgaben, Grundlagen und Auslegungsdaten	• Simulationen zur Prognose des Verhaltens von Bauteilen, Räumen, Gebäuden und Freiräumen
LPH 4 Mitwirkung bei der Genehmigungsplanung	
a) Mitwirken beim Aufstellen der Genehmigungsplanung und bei Vorgesprächen mit Behörden b) Aufstellen der förmlichen Nachweise c) Vervollständigen und Anpassen der Unterlagen	• Mitwirken bei Vorkontrollen in Zertifizierungsprozessen • Mitwirken beim Einholen von Zustimmungen im Einzelfall
LPH 5 Mitwirkung bei der Ausführungsplanung	
a) Durcharbeiten der Ergebnisse der Leistungsphasen 3 und 4 unter Beachtung der durch die Objektplanung integrierten Fachplanungen b) Mitwirken bei der Ausführungsplanung durch ergänzende Angaben für die Objektplanung und Fachplanungen	• Mitwirken beim Prüfen und Anerkennen der Montage- und Werkstattplanung der ausführenden Unternehmen auf Übereinstimmung mit der Ausführungsplanung

Grundleistungen	Besondere Leistungen
LPH 6 Mitwirkung bei der Vorbereitung der Vergabe	
Beiträge zu Ausschreibungsunterlagen	
LPH 7 Mitwirkung bei der Vergabe	
Mitwirken beim Prüfen und Bewerten der Angebote auf Erfüllung der Anforderungen	• Prüfen von Nebenangeboten
LPH 8 Objektüberwachung und Dokumentation	
	• Mitwirken bei der Baustellenkontrolle • Messtechnisches Überprüfen der Qualität der Bauausführung und von Bauteil- oder Raumeigenschaften
LPH 9 Objektbetreuung	
	• Mitwirken bei Audits in Zertifizierungsprozessen

1.2.3 Honorare für Grundleistungen für Wärmeschutz und Energiebilanzierung

(1) Das Honorar für die Grundleistungen nach Nummer 1.2.2 Absatz 2 kann sich nach den anrechenbaren Kosten des Gebäudes gemäß § 33 nach der Honorarzone nach § 35, der das Gebäude zuzuordnen ist, und nach der Honorartafel in Absatz 2 richten.

(2) Die Mindest- und Höchstsätze der Honorare für die in Nummer 1.2.2 Absatz 2 aufgeführten Grundleistungen für Wärmeschutz und Energiebilanzierung können anhand der folgenden Honorartafel bestimmt werden:

Anrechenbare Kosten in Euro	Honorarzone I sehr geringe Anforderungen		Honorarzone II geringe Anforderungen		Honorarzone III durchschnittliche Anforderungen		Honorarzone IV hohe Anforderungen		Honorarzone V sehr hohe Anforderungen	
	von	bis	von	bis	von	bis	von	bis	von	bis
	Euro		Euro		Euro		Euro		Euro	
250 000	1 757	2 023	2 023	2 395	2 395	2 928	2 928	3 300	3 300	3 566
275 000	1 789	2 061	2 061	2 440	2 440	2 982	2 982	3 362	3 362	3 633
300 000	1 821	2 097	2 097	2 484	2 484	3 036	3 036	3 422	3 422	3 698
350 000	1 883	2 168	2 168	2 567	2 567	3 138	3 138	3 537	3 537	3 822

Anrechenbare Kosten in Euro	Honorarzone I sehr geringe Anforderungen		Honorarzone II geringe Anforderungen		Honorarzone III durchschnittliche Anforderungen		Honorarzone IV hohe Anforderungen		Honorarzone V sehr hohe Anforderungen	
	von	bis	von	bis	von	bis	von	bis	von	bis
	Euro		Euro		Euro		Euro		Euro	
400 000	1 941	2 235	2 235	2 647	2 647	3 235	3 235	3 646	3 646	3 941
500 000	2 049	2 359	2 359	2 793	2 793	3 414	3 414	3 849	3 849	4 159
600 000	2 146	2 471	2 471	2 926	2 926	3 576	3 576	4 031	4 031	4 356
750 000	2 273	2 617	2 617	3 099	3 099	3 788	3 788	4 270	4 270	4 614
1 000 000	2 440	2 809	2 809	3 327	3 327	4 066	4 066	4 583	4 583	4 953
1 250 000	2 748	3 164	3 164	3 747	3 747	4 579	4 579	5 162	5 162	5 579
1 500 000	3 050	3 512	3 512	4 159	4 159	5 083	5 083	5 730	5 730	6 192
2 000 000	3 639	4 190	4 190	4 962	4 962	6 065	6 065	6 837	6 837	7 388
2 500 000	4 213	4 851	4 851	5 745	5 745	7 022	7 022	7 916	7 916	8 554
3 500 000	5 329	6 136	6 136	7 266	7 266	8 881	8 881	10 012	10 012	10 819
5 000 000	6 944	7 996	7 996	9 469	9 469	11 573	11 573	13 046	13 046	14 098
7 500 000	9 532	10 977	10 977	12 999	12 999	15 887	15 887	17 909	17 909	19 354
10 000 000	12 033	13 856	13 856	16 408	16 408	20 055	20 055	22 607	22 607	24 430
15 000 000	16 856	19 410	19 410	22 986	22 986	28 094	28 094	31 670	31 670	34 224
20 000 000	21 516	24 776	24 776	29 339	29 339	35 859	35 859	40 423	40 423	43 683
25 000 000	26 056	30 004	30 004	35 531	35 531	43 427	43 427	48 954	48 954	52 902

(3) Für Umbauten und Modernisierungen kann bei einem durchschnittlichen Schwierigkeitsgrad ein Zuschlag bis 33 Prozent auf das Honorar schriftlich vereinbart werden.

1.2.4 Honorare für Grundleistungen der Bauakustik

(1) Die Kosten für Baukonstruktionen und Anlagen der Technischen Ausrüstung können zu den anrechenbaren Kosten gehören. Der Umfang der mitzuverarbeitenden Bausubstanz kann angemessen berücksichtigt werden.

(2) Die Vertragsparteien können vereinbaren, dass die Kosten für besondere Bauausführungen ganz oder teilweise zu den anrechenbaren Kosten gehören, wenn hierdurch dem Auftragnehmer ein erhöhter Arbeitsaufwand entsteht.

(3) Die Mindest- und Höchstsätze der Honorare für die in Nummer 1.2.2 Absatz 2 aufgeführten Grundleistungen der Bauakustik können anhand der folgenden Honorartafel bestimmt werden:

Anrechenbare Kosten in Euro	Honorarzone I geringe Anforderungen		Honorarzone II durchschnittliche Anforderungen		Honorarzone III hohe Anforderungen	
	von	bis	von	bis	von	bis
	Euro		Euro		Euro	
250 000	1 729	1 985	1 985	2 284	2 284	2 625
275 000	1 840	2 113	2 113	2 431	2 431	2 794
300 000	1 948	2 237	2 237	2 574	2 574	2 959
350 000	2 156	2 475	2 475	2 847	2 847	3 273
400 000	2 353	2 701	2 701	3 108	3 108	3 573
500 000	2 724	3 127	3 127	3 598	3 598	4 136
600 000	3 069	3 524	3 524	4 055	4 055	4 661
750 000	3 553	4 080	4 080	4 694	4 694	5 396
1 000 000	4 291	4 927	4 927	5 669	5 669	6 516
1 250 000	4 968	5 704	5 704	6 563	6 563	7 544
1 500 000	5 599	6 429	6 429	7 397	7 397	8 503
2 000 000	6 763	7 765	7 765	8 934	8 934	10 270
2 500 000	7 830	8 990	8 990	10 343	10 343	11 890
3 500 000	9 766	11 213	11 213	12 901	12 901	14 830
5 000 000	12 345	14 174	14 174	16 307	16 307	18 746
7 500 000	16 114	18 502	18 502	21 287	21 287	24 470
10 000 000	19 470	22 354	22 354	25 719	25 719	29 565
15 000 000	25 422	29 188	29 188	33 582	33 582	38 604
20 000 000	30 722	35 273	35 273	40 583	40 583	46 652
25 000 000	35 585	40 857	40 857	47 008	47 008	54 037

(4) Für Umbauten und Modernisierungen kann bei einem durchschnittlichen Schwierigkeitsgrad ein Zuschlag bis 33 Prozent auf das Honorar schriftlich vereinbart werden.

(5) Die Leistungen der Bauakustik können den Honorarzonen anhand folgender Bewertungsmerkmale zugeordnet werden:
1. Art der Nutzung,
2. Anforderungen des Immissionsschutzes,
3. Anforderungen des Emissionsschutzes,
4. Art der Hüllkonstruktion, Anzahl der Konstruktionstypen,
5. Art und Intensität der Außenlärmbelastung,
6. Art und Umfang der Technischen Ausrüstung.

(6) § 52 Absatz 3 kann sinngemäß angewendet werden.

(7) Objektliste für die Bauakustik

Die nachstehend aufgeführten Innenräume können in der Regel den Honorarzonen wie folgt zugeordnet werden:

Objektliste – Bauakustik	**Honorarzone**		
	I	**II**	**III**
Wohnhäuser, Heime, Schulen, Verwaltungsgebäude oder Banken mit jeweils durchschnittlicher Technischer Ausrüstung oder entsprechendem Ausbau	x		
Heime, Schulen, Verwaltungsgebäude mit jeweils überdurchschnittlicher Technischer Ausrüstung oder entsprechendem Ausbau		x	
Wohnhäuser mit versetzten Grundrissen		x	
Wohnhäuser mit Außenlärmbelastungen		x	
Hotels, soweit nicht in Honorarzone III erwähnt		x	
Universitäten oder Hochschulen		x	
Krankenhäuser, soweit nicht in Honorarzone III erwähnt		x	
Gebäude für Erholung, Kur oder Genesung		x	
Versammlungsstätten, soweit nicht in Honorarzone III erwähnt		x	
Werkstätten mit schutzbedürftigen Räumen		x	
Hotels mit umfangreichen gastronomischen Einrichtungen			x
Gebäude mit gewerblicher Nutzung oder Wohnnutzung			x
Krankenhäuser in bauakustisch besonders ungünstigen Lagen oder mit ungünstiger Anordnung der Versorgungseinrichtungen			x
Theater-, Konzert- oder Kongressgebäude			x
Tonstudios oder akustische Messräume			x

1.2.5 Honorare für Grundleistungen der Raumakustik

(1) Das Honorar für jeden Innenraum, für den Grundleistungen zur Raumakustik erbracht werden, kann sich nach den anrechenbaren Kosten nach Absatz 2, nach der Honorarzone, der der Innenraum zuzuordnen ist, sowie nach der Honorartafel in Absatz 3 richten.

(2) Die Kosten für Baukonstruktionen und Technische Ausrüstung sowie die Kosten für die Ausstattung (DIN 276-1: 2008-12, Kostengruppe 610) des Innenraums können zu den anrechenbaren Kosten gehören. Die Kosten für die Baukonstruktionen und Technische Ausrüstung werden für die Anrechnung durch den Bruttorauminhalt des Gebäudes geteilt und mit dem Rauminhalt des Innenraums multipliziert. Der Umfang der mitzuverarbeitenden Bausubstanz kann angemessen berücksichtigt werden.

(3) Die Mindest- und Höchstsätze der Honorare für die in Nummer 1.2.2 Absatz 2 aufgeführten Grundleistungen der Raumakustik können anhand der folgenden Honorartafel bestimmt werden:

Anrechenbare Kosten in Euro	Honorarzone I sehr geringe Anforderungen		Honorarzone II geringe Anforderungen		Honorarzone III durchschnittliche Anforderungen		Honorarzone IV hohe Anforderungen		Honorarzone V sehr hohe Anforderungen	
	von	bis	von	bis	von	bis	von	bis	von	bis
	Euro		Euro		Euro		Euro		Euro	
50 000	1 714	2 226	2 226	2 737	2 737	3 279	3 279	3 790	3 790	4 301
75 000	1 805	2 343	2 343	2 882	2 882	3 452	3 452	3 990	3 990	4 528
100 000	1 892	2 457	2 457	3 021	3 021	3 619	3 619	4 183	4 183	4 748
150 000	2 061	2 676	2 676	3 291	3 291	3 942	3 942	4 557	4 557	5 171
200 000	2 225	2 888	2 888	3 551	3 551	4 254	4 254	4 917	4 917	5 581
250 000	2 384	3 095	3 095	3 806	3 806	4 558	4 558	5 269	5 269	5 980
300 000	2 540	3 297	3 297	4 055	4 055	4 857	4 857	5 614	5 614	6 371
400 000	2 844	3 693	3 693	4 541	4 541	5 439	5 439	6 287	6 287	7 136
500 000	3 141	4 078	4 078	5 015	5 015	6 007	6 007	6 944	6 944	7 881
750 000	3 860	5 011	5 011	6 163	6 163	7 382	7 382	8 533	8 533	9 684

Anrechenbare Kosten in Euro	Honorarzone I sehr geringe Anforderungen		Honorarzone II geringe Anforderungen		Honorarzone III durchschnittliche Anforderungen		Honorarzone IV hohe Anforderungen		Honorarzone V sehr hohe Anforderungen	
	von	bis	von	bis	von	bis	von	bis	von	bis
	Euro		Euro		Euro		Euro		Euro	
1 000 000	4 555	5 913	5 913	7 272	7 272	8 710	8 710	10 069	10 069	11 427
1 500 000	5 896	7 655	7 655	9 413	9 413	11 275	11 275	13 034	13 034	14 792
2 000 000	7 193	9 338	9 338	11 483	11 483	13 755	13 755	15 900	15 900	18 045
2 500 000	8 457	10 979	10 979	13 501	13 501	16 172	16 172	18 694	18 694	21 217
3 000 000	9 696	12 588	12 588	15 479	15 479	18 541	18 541	21 433	21 433	24 325
4 000 000	12 115	15 729	15 729	19 342	19 342	23 168	23 168	26 781	26 781	30 395
5 000 000	14 474	18 791	18 791	23 108	23 108	27 679	27 679	31 996	31 996	36 313
6 000 000	16 786	21 793	21 793	26 799	26 799	32 100	32 100	37 107	37 107	42 113
7 000 000	19 060	24 744	24 744	30 429	30 429	36 448	36 448	42 133	42 133	47 817
7 500 000	20 184	26 204	26 204	32 224	32 224	38 598	38 598	44 618	44 618	50 638

(4) Für Umbauten und Modernisierungen kann bei einem durchschnittlichen Schwierigkeitsgrad ein Zuschlag bis 33 Prozent auf das Honorar vereinbart werden.

(5) Innenräume können nach den in Absatz 6 genannten Bewertungsmerkmalen folgenden Honorarzonen zugeordnet werden:
1. Honorarzone I: Innenräume mit sehr geringen Anforderungen,
2. Honorarzone II: Innenräume mit geringen Anforderungen,
3. Honorarzone III: Innenräume mit durchschnittlichen Anforderungen,
4. Honorarzone IV: Innenräume mit hohen Anforderungen,
5. Honorarzone V: Innenräume mit sehr hohen Anforderungen.

(6) Für die Zuordnung zu den Honorarzonen können folgende Bewertungsmerkmale herangezogen werden:
1. Anforderungen an die Einhaltung der Nachhallzeit,
2. Einhalten eines bestimmten Frequenzganges der Nachhallzeit,
3. Anforderungen an die räumliche und zeitliche Schallverteilung,
4. akustische Nutzungsart des Innenraums,
5. Veränderbarkeit der akustischen Eigenschaften des Innenraums.

(7) Objektliste für die Raumakustik

Die nachstehend aufgeführten Innenräume können in der Regel den Honorarzonen wie folgt zugeordnet werden:

Objektliste – Bauakustik	**Honorarzone**				
	I	II	III	IV	V
Pausenhallen, Spielhallen, Liege- und Wandelhallen	x				
Großraumbüros		x			
Unterrichts-, Vortrags- und Sitzungsräume					
• bis 500 m^3		x			
• 500 bis 1 500 m^3			x		
• über 1 500 m^3				x	
Filmtheater					
• bis 1 000 m^3		x			
• 1 000 bis 3 000 m^3			x		
• über 3 000 m^3				x	
Kirchen					
• bis 1 000 m^3		x			
• 1 000 bis 3 000 m^3			x		
• über 3 000 m^3				x	
Sporthallen, Turnhallen					
• nicht teilbar, bis 1 000 m^3		x			
• teilbar, bis 3 000 m^3			x		
Mehrzweckhallen					
• bis 3 000 m^3				x	
• über 3 000 m^3					x
Konzertsäle, Theater, Opernhäuser					x
Tonaufnahmeräume, akustische Messräume					x
Innenräume mit veränderlichen akustischen Eigenschaften					x

(8) § 52 Absatz 3 kann sinngemäß angewendet werden.

Anmerkungen zu Nr. 1.2 (Bauphysik)
Im Leistungsbild Bauphysik wurden bereits mit der HOAI 2013 die bisherigen Leistungsbilder »Thermische Bauphysik« (Nr. 1.2 der HOAI 2009) sowie »Schallschutz und Raumakustik« (Nr. 1.3 und 1.4 der HOAI 2009) zusammengeführt. Es wurde eine einheitliche Systematik der Leistungsphasen mit differenzierten Grundleistungen eingeführt, wodurch frühere Teilleistungen entfallen und andere hinzugetreten sind. Die Gliederung in Leistungsphasen entsprechend den Leistungsbildern in § 33 (Gebäude und Innenräume) und § 53 (Technische Ausrüstung) soll die Bezüge und Schnittstellen zu diesen Leistungsbildern verdeutlichen. Der gemeinsamen Leistungsbeschreibung nachgeordnet sind in Nr. 1.2.3 bis 1.2.5 jeweils spezifische Empfehlungen für Honorare und Tafelwerte, die ebenfalls an den geänderten Planungsaufwand angepasst wurden. Neu eingeführt für alle drei Leistungsbilder der Bauphysik wurde ein Zuschlag für Umbauten und Modernisierungen bei Bestandsobjekten. Zudem ist nun für alle drei Leistungsbilder eine Empfehlung zur angemessenen Berücksichtigung der mitzuverarbeitenden Bausubstanz bei den anrechenbaren Kosten enthalten. Die Umstrukturierung und Neukonzipierung folgt dem Ziel, die Leistungsbilder an erheblich veränderte gesellschaftliche und rechtliche Umfeldbedingungen sowie den Stand der Technik anzupassen.

Für das durch die Aufnahme der Energiebilanzierung grundlegend erweiterte Leistungsbild Wärmeschutz und Energiebilanzierung gilt dies insbesondere mit Blick auf die EnEV. Diese Verordnung löste die bisherige Wärmeschutzverordnung und die Heizungsanlagenverordnung ab, an denen das bisherige Leistungsbild der »Thermischen Bauphysik« ausgerichtet war. Die Einführung der EnEV führte zu einer grundlegenden Neuausrichtung der Wärmeschutzmaßnahmen und einer umfassenden Erweiterung des Leistungsaufwands gegenüber der Wärmeschutzverordnung vom 16.8.1994. Danach sollte zunächst der Heizenergiebedarf von Gebäuden um 30 Prozent gegenüber dem Anforderungsniveau der Wärmeschutzverordnung 1995 gesenkt werden.

Mit der EnEV 2007 wurde sodann ein neues Berechnungsverfahren eingeführt, das Wohngebäude und Nichtwohngebäude getrennt betrachtet. Die EnEV 2009 führte noch andere weitreichende Vorgaben zur Reduzierung des Primärenergiebedarfs und zu den Leistungserfordernissen ein, insbesondere zur Energiebilanzierung (zum Beispiel Einbeziehung der Anlagentechnik in die Energiebilanz und der entstehenden Energieverluste, die möglichst detaillierte Berücksichtigung von Wärmebrücken, der sommerliche Wärmeschutz sowie die solare Energiegewinnung, der Übergang zu einer Energiebilanzierung anstatt der bisherigen Wärmebedarfsorientierung). Daraus ergeben sich eine deutlich höhere Detaillierung bei der Beratung und den Berechnungsmodellen sowie ein erheblich höherer Abstimmungsaufwand, was sich auf alle Leistungsphasen des Leistungsbildes auswirkt.

Die Neukonzipierung der Grundleistungen und Honorarempfehlungen im Leistungsbild der Bauakustik war erforderlich, um der Bedeutung des Schallschutzes bzw. der Bauakustik für die »Lebensqualität« in allen Lebensbereichen (Wohnen, Arbeiten, Freizeit) Rechnung zu tragen. Beispielhaft genannt seien hier die Entscheidungen des BGH vom 14.6.2007 – VII ZR 45/06 und vom 4.6.2009 – VII ZR 54/07. Im Bereich der Bauakustik ist darüber hinaus eine zunehmende Regulierung zu beobachten, die sowohl das Europarecht (z. B. Richtlinie 2002/49/EG des Europäischen Parlaments und des Rates vom 25.6.2002 über die Bewertung und Bekämpfung von Umgebungslärm) als auch bundesrechtliche Gesetze und Verordnungen (zum Beispiel Bundes-Immissionsschutzgesetz, Gaststättengesetz, TA Lärm, Geräte- und Maschinenlärmschutzverordnung, Sportanlagenlärmschutzverordnung), Landesrecht (zum Beispiel Lärmimmissionsschutzgesetze der Länder) und auch gemeindliche Satzungen (zum Beispiel Bebauungspläne) betrifft.

Die fortschreitende bautechnische Entwicklung und Ausdifferenzierung bautechnischer Verfahren macht es erforderlich, frühzeitig Berechnungen zur Bauakustik aufzustellen, weil hiervon grundsätzliche Entscheidungen zur Bauweise abhängen können. Schließlich tragen unterschiedliche Randbedingungen des Objekts und seiner Nutzung zu einer erhöhten Komplexität bei. So sind bei der zunehmenden Zahl von Bestandsbauvorhaben andere Wechselwirkungen zwischen unterschiedlichen Zielen und Anforderungen (z. B. Denkmalschutz, ökonomische Ziele der Investoren, Erwartungen der Erwerber an den Wohnkomfort etc.) zu berücksichtigen als bei einem Neubauvorhaben. Diese neuen Anforderungen wirken sich in allen Leistungsphasen aus, allerdings – entsprechend dem Grad der Untersuchungstiefe – in unterschiedlichem Umfang.

Für die Raumakustik haben sich seit 1996 die Anforderungen erhöht, sie können je nach Nutzung des jeweiligen Raums, zum Beispiel als Versammlungsraum, Schulraum, Raum in Verwaltungsgebäuden oder als andere öffentliche Gebäude wie Gerichte, Gewerberäume, Konzertsäle, Theatersäle, Kirchen oder Rundfunkstudios, vollkommen unterschiedlich sein. Gleichzeitig haben sich die technischen Möglichkeiten unter anderem durch neue Berechnungsmethoden und innovative Oberflächengestaltung erheblich erweitert, sodass es heute in einem sehr viel größeren Umfang als früher möglich ist, für nahezu jede vorgegebene Grundform und Nutzungsanforderung eines Raums eine raumakustisch höchsten Anforderungen genügende Lösung zu finden.

Nr. 1.2.1 Abs. 1 benennt die Grundleistungen für Bauphysik, nämlich den Wärmeschutz und die Energiebilanzierung, die Bauakustik (Schallschutz) und die Raumakustik. In Abs. 2 bis 4 werden die jeweiligen Fachgebiete näher beschrieben, wobei sich die Beschreibung auf wesentliche Inhalte beschränkt. **Nr. 1.2.1 Abs. 2** definiert die

Leistungen für »Wärmeschutz und Energiebilanzierung«. Neu aufgenommen werden Leistungen für die fachübergreifende Energiebilanzierung, um das bislang als »Thermische Bauphysik« (Nr. 1.2 der HOAI 2009) bezeichnete Leistungsbild an die weitgehenden rechtlichen und technischen Änderungen anzupassen (siehe im Einzelnen die Ausführungen zu Nr. 1.2). Das Leistungsbild Wärmeschutz und Energiebilanzierung wurde dadurch erheblich erweitert.

Nr. 1.2.1 Abs. 3 definiert die Leistungen für die Bauakustik. Die Begriffsbestimmung nimmt weitgehend unverändert die Definition des »baulichen Schallschutzes« nach Nr. 1.3.1 Abs. 1 Nr. 1 der HOAI 2009 und des »Schallimmissionsschutzes« nach Nr. 1.3.1 Abs. 1 Nr. 2 der HOAI 2009 in sich auf. Die Honorarempfehlung in Nr. 1.2.4 nimmt auf dieses Leistungsbild vollumfänglich Bezug. Infolgedessen werden nunmehr auch Leistungen des Schallimmissionsschutzes von den Honorarempfehlungen der Anlage 1.2 erfasst. Bisher konnte die Anwendung der Anlage 1.3 der HOAI 2009 zur Honorarermittlung nur für die Leistungen des baulichen Schallschutzes vereinbart werden (Nr. 1.3.1 der HOAI 2009).

Nr. 1.2.1 Abs. 4 bestimmt die Leistungen für die Raumakustik näher. Gegenüber der bisherigen Empfehlung in Nr. 1.3.4 der HOAI 2009 entfallen die Überwachungsleistungen. **Abs. 5** stellt zum systematischen Verständnis klar, dass die Besonderen Grundlagen der Honorare in den jeweiligen Nummern der Teilgebiete Wärmeschutz und Energiebilanzierung, Bauakustik sowie Raumakustik aufgeführt sind.

In **Nr. 1.2.2 Abs. 1** wurden die Leistungsphasen der Bauphysik zusammengefasst und prozentual bewertet. Neu hinzugetreten sind die Leistungsphasen 1 und 2. Die neuen einheitlich geltenden Leistungsphasen ersetzen damit die bisher für die drei Leistungsbilder unterschiedlich ausgestalteten und bewerteten Teilleistungen. **Nr. 1.2.2 Abs. 2** fasst das Leistungsbild Bauphysik zusammen, ordnet die Grundleistungen den Leistungsphasen 1 bis 9 zu und benennt beispielhaft Besondere Leistungen. Das Leistungsbild Bauphysik wird durch die Energiebilanzierung ergänzt.

Bei **Nr. 1.2.3** (Honorare für Grundleistungen für Wärmeschutz und Energiebilanzierung) wird gegenüber der bisherigen Honorarempfehlung in Nr. 1.2.2 Abs. 2 und 3 insbesondere dem geänderten Beratungsaufwand durch das um die Energiebilanzierung erweiterte Leistungsbild Rechnung getragen. Neu aufgenommen wurde die Berücksichtigung eines Umbauzuschlags. **Nr. 1.2.3 Abs. 1** entspricht der Grundlagennorm zur Honorierung in Nr. 1.2.2 Abs. 2 der HOAI 2009. Neu ist durch die Verweisung auf § 33 der HOAI, dass auch bei Leistungen des Wärmeschutzes und der Energiebilanzierung für Bestandsobjekte die mitzuverarbeitende Bausubstanz angemessen bei den anrechenbaren Kosten berücksichtigt werden kann. **Nr. 1.2.3 Abs. 2** beinhaltet die bislang in Nr. 1.2.2 Abs. 3 der HOAI 2009 niedergelegte Honorartabelle. Die Tabellenwerte, Grenzwerte und Staffelungen wurden umfassend aktualisiert.

Neu aufgenommen in **Nr. 1.2.3 Abs. 3** wurde bereits mit der HOAI 2013 eine Empfehlung zur Vereinbarung eines Umbauzuschlags bei Umbauten (vgl. §2 Nr. 5) und Modernisierungen (vgl. §2 Nr. 6). Maßgeblich ist der Schwierigkeitsgrad der konkreten Umbau- und Modernisierungsmaßnahme im jeweiligen Einzelfall. Damit wird der zunehmenden Bedeutung der energetischen Sanierung von Bestandsobjekten und des damit einhergehenden erhöhten Leistungsumfangs Rechnung getragen. Die Empfehlung ist an den Regelungsgehalt des §6 Abs. 2 angelehnt.

Nr. 1.2.4 (Honorare für Grundleistungen der Bauakustik) fasst die bislang in Nr. 1.3.2 und 1.3.3 der HOAI 2009 enthaltenen Honorarempfehlungen für das überarbeitete Leistungsbild zusammen und passt sie an den geänderten Planungsaufwand an. Neu in den Empfehlungen genannt sind ein Umbauzuschlag und die Berücksichtigung der mitzuverarbeitenden Bausubstanz. Mit Nr. 1.3.2 Abs. 4 der HOAI 2009 entfallen zudem die Verweise auf die Bestimmungen der §§4, 6, 35 und 36 der HOAI 2009. Durch die bisherige Verweisung auf §35 der HOAI 2009 auf den bei Leistungen im Bestand gegebenen Honorarzuschlag wurde ein Ausgleich dafür geschaffen, dass die Berücksichtigung der technisch und gestalterisch mitzuverarbeitenden Bausubstanz bei den anrechenbaren Kosten in der HOAI 2009 entfallen war. In Nr. 1.2.4 Abs. 1 Satz 2 wird die Möglichkeit geschaffen, die mitzuverarbeitende Bausubstanz als anrechenbare Kosten zu berücksichtigen. Damit entfällt das Erfordernis einer Verweisung auf §35.

Nr. 1.2.4 Abs. 1 Satz 1 benennt anrechenbare Kosten, die der Honorarermittlung zugrunde gelegt werden können. Die Definition der anrechenbaren Kosten in Nr. 1.2.4 Abs. 1 entspricht im Wesentlichen der in Nr. 1.3.2 Abs. 3 der HOAI 2009. Die bisherigen Begriffsmerkmale »Installationen«, »zentrale Betriebstechnik« und »betriebliche Einbauten« werden unter der Bezeichnung »Anlagen der technischen Ausrüstung« zusammengezogen. Damit wird die Vorschrift an die DIN 276 12/2008, »Kostengruppe 300 und 400«, angepasst, nach der sich die anrechenbaren Kosten der Bauphysik richten.

Nr. 1.2.4 Abs. 1 Satz 2 stellt klar, dass bei der Beratung zu Maßnahmen der Bauakustik für Bestandsgebäude nunmehr auch die mitzuverarbeitende Bausubstanz bei den anrechenbaren Kosten angemessen berücksichtigt werden kann. Nr. 1.2.4 Abs. 2 entspricht vollumfänglich Nr. 1.3.2 Abs. 5 der HOAI 2009. **Nr. 1.2.4 Abs. 3** enthält wie die bisherige Nr. 1.3.3 Abs. 3 der HOAI 2009 die Empfehlung im Zusammenhang mit der aktualisierten Honorartafel für Leistungen der Bauakustik.

Auch für Leistungen der Bauakustik wird nach **Nr. 1.2.4 Abs. 4** nunmehr bei Umbau und Modernisierung mit durchschnittlichem Schwierigkeitsgrad (Honorarzone III) die Vereinbarung eines Zuschlags vorgeschlagen (hinsichtlich der Ausgestaltung der Empfehlung siehe die Begründung zu Nr. 1.2.3 Abs. 3). Mit dieser Vorschrift wird auch hier der zunehmenden Bedeutung der energetischen Sanierung von Bestandsobjekten und den damit im Zusammenhang stehenden Aufwendungen bei der Planung des Schallschutzes Rechnung getragen.

Nr. 1.2.4 Abs. 5 ändert die bislang in Nr. 1.3.3 Abs. 1 der HOAI 2009 anhand spezifischer Objekttypen und Objekteigenschaften ausgerichtete Beschreibung der Honorarzonen. Es wurden sechs Bewertungsmerkmale eingeführt, die der Ermittlung der Honorarzone zugrunde gelegt werden können. Neben einer Straffung der Empfehlungen dient dies dem Ziel, die Zuordnung angesichts der vielgestaltigen Anforderungen in der Praxis handhabbarer zu gestalten. Die Empfehlung für Zweifelsfälle der Honorarzonen in **Nr. 1.2.4 Abs. 6** verweist auf die Regelung zur Tragwerksplanung und entspricht inhaltlich Nr. 1.3.3 Abs. 2 der HOAI 2009. Die in **Nr. 1.2.5 Abs. 7** beispielhaft aufgeführte Objektliste entspricht § 82 Abs. 1 der HOAI 1996. Die Objektliste ist nun übersichtlicher gestaltet.

In **Nr. 1.2.5** (Honorare für Grundleistungen der Raumakustik) werden die bisher in Nr. 1.3.5 und 1.3.6 der HOAI 2009 niedergelegten Honorarempfehlungen für Leistungen der Raumakustik zusammengefasst und überarbeitet. Ebenfalls enthalten sind die Vereinbarkeit eines Umbauzuschlags und die Berücksichtigung der mitzuverarbeitenden Bausubstanz. Die bisherigen Verweise auf die §§ 4, 6, 35 und 36 entfallen mit Abs. 4 in Nr. 1.3.5 der HOAI 2009 auch hier (siehe im Einzelnen die Ausführungen zu Nr. 1.2.4). **Nr. 1.2.5 Abs. 1** entspricht weitgehend der Empfehlung zu den Honorargrundlagen in Nr. 1.3.5 Abs. 2. Die Verweise wurden aktualisiert. **Nr. 1.2.4 Abs. 2 Satz 1** entspricht inhaltlich weitestgehend Nr. 1.3.5 Abs. 3 der HOAI 2009. Die Empfehlung wurde sprachlich an die DIN 276 vom Dezember 2008 angepasst. Auf die Technische Ausrüstung wird nun Bezug genommen. Anstelle der Kosten »für betriebliche Einbauten, bewegliches Mobiliar und Textilien«, die zu den anteilig ermittelten Kosten der »Baukonstruktion und Technischen Ausrüstung« hinzugezahlt werden, tritt die Verweisung auf die Kosten der Ausstattung im Sinne der DIN 276, KG 610. Nach Satz 2 wird für die Grundleistungen der Raumakustik zu Räumen in Bestandsgebäuden die mitzuverarbeitende Bausubstanz angemessen berücksichtigt.

Die bislang in Nr. 1.3.5 Abs. 4 enthaltene Honorartabelle ist nun in **Nr. 1.2.5 Abs. 3** zu finden. Wie schon bei den Leistungen für Wärmeschutz und Energiebilanzierung sowie der Bauakustik (Schallschutz) wird in **Abs. 4** die Vereinbarung eines Umbauzuschlags vorgeschlagen. Die Erläuterungen zu Nr. 1.2.3 Abs. 3 gelten entsprechend. Ein solcher

Umbauzuschlag soll berücksichtigen, dass erhöhte Aufwendungen im Zuge der Beratung zu Maßnahmen zur Steigerung der Energieeffizienz auch den Umfang der Grundleistung Raumakustik erhöhen können.

Die in **Nr. 1.2.5 Abs. 5** vorgesehene Anzahl von fünf Honorarzonen entsprechend der Schwierigkeit der Beratungsanforderungen geht mit der bisherigen Fassung der Nr. 1.3.5 Abs. 1 der HOAI 2009 einher. Allein die Honorarzone IV erfasst nicht mehr »durchschnittliche«, sondern »hohe« Anforderungen. **Nr. 1.2.5 Abs. 6** übernimmt inhaltlich die bislang in Nr. 1.3.6 Abs. 2 der HOAI 2009 aufgeführten Bewertungsmerkmale. Die in **Nr. 1.2.5 Abs. 7** beispielhaft aufgeführte Objektliste entspricht inhaltlich im Wesentlichen der bisherigen Fassung in Nr. 1.3.7 der HOAI 2009. Die Objektliste ist übersichtlicher. Die Empfehlung für Zweifelsfälle der Honorarzonenzuordnung in **Nr. 1.2.5 Abs. 8** entspricht inhaltlich Nr. 1.3.6 Abs. 3 der HOAI 2009.

4.3 Geotechnik

Anlage 1 – Beratungsleistungen

1.3 Geotechnik

1.3.1 Anwendungsbereich

(1) Die Leistungen für Geotechnik können die Beschreibung und Beurteilung der Baugrund- und Grundwasserverhältnisse für Gebäude und Ingenieurbauwerke im Hinblick auf das Objekt und die Erarbeitung einer Gründungsempfehlung umfassen. Dazu gehört auch die Beschreibung der Wechselwirkung zwischen Baugrund und Bauwerk sowie die Wechselwirkung mit der Umgebung.

(2) Die Leistungen können insbesondere das Festlegen von Baugrundkennwerten und von Kennwerten für rechnerische Nachweise zur Standsicherheit und Gebrauchstauglichkeit des Objektes, die Abschätzung zum Schwankungsbereich des Grundwassers sowie die Einordnung des Baugrunds nach bautechnischen Klassifikationsmerkmalen umfassen.

1.3.2 Besondere Grundlagen des Honorars

(1) Das Honorar der Grundleistungen kann sich nach den anrechenbaren Kosten der Tragwerksplanung nach § 50 Absatz 1 bis 3 für das gesamte Objekt aus Bauwerk und Baugrube richten.

(2) Das Honorar für Ingenieurbauwerke mit großer Längenausdehnung (Linienbauwerke) kann ergänzend frei vereinbart werden.

1.3.3 Leistungsbild Geotechnik

(1) Grundleistungen können die Beschreibung und Beurteilung der Baugrund- und Grundwasserverhältnisse sowie die daraus abzuleitenden Empfehlungen für die Gründung einschließlich der Angabe der Bemessungsgrößen für eine Flächen- oder Pfahlgründung, Hinweise zur Herstellung und Trockenhaltung der Baugrube und des Bauwerks, Angaben zur Auswirkung des Bauwerks auf die Umgebung und auf Nachbarbauwerke sowie Hinweise zur Bauausführung umfassen. Die Darstellung der Inhalte kann im Geotechnischen Bericht erfolgen.

(2) Die Grundleistungen können in folgenden Teilleistungen zusammengefasst und wie folgt in Prozentsätzen der Honorare der Nummer 1.3.4 bewertet werden:

1. für die Teilleistung a (Grundlagenermittlung und Erkundungskonzept) mit 15 Prozent,
2. für die Teilleistung b (Beschreiben der Baugrund- und Grundwasserverhältnisse) mit 35 Prozent,
3. für die Teilleistung c (Beurteilung der Baugrund- und Grundwasserverhältnisse, Empfehlungen, Hinweise, Angaben zur Bemessung der Gründung) mit 50 Prozent.

(3) Das Leistungsbild kann sich wie folgt zusammensetzen:

Grundleistungen	Besondere Leistungen
Geotechnischer Bericht	
a) Grundlagenermittlung und Erkundungskonzept – Klären der Aufgabenstellung, Ermitteln der Baugrund- und Grundwasserverhältnisse auf Basis vorhandener Unterlagen – Festlegen und Darstellen der erforderlichen Baugrunderkundungen b) Beschreiben der Baugrund- und Grundwasserverhältnisse – Auswerten und Darstellen der Baugrunderkundungen sowie der Labor- und Felduntersuchungen – Abschätzen des Schwankungsbereichs von Wasserständen und/oder Druckhöhen im Boden – Klassifizieren des Baugrunds und Festlegen der Baugrundkennwerte c) Beurteilung der Baugrund- und Grundwasserverhältnisse, Empfehlungen, Hinweise, Angaben zur Bemessung der Gründung – Beurteilung des Baugrunds d) Empfehlung für die Gründung mit Angabe der geotechnischen Bemessungsparameter (zum Beispiel Angaben zur Bemessung einer Flächen- oder Pfahlgründung)	• Beschaffen von Bestandsunterlagen • Vorbereiten und Mitwirken bei der Vergabe von Aufschlussarbeiten und deren Überwachung • Veranlassen von Labor- und Felduntersuchungen • Aufstellen von geotechnischen Berechnungen zur Standsicherheit oder Gebrauchstauglichkeit, wie zum Beispiel Setzungs-, Grundbruch- und Geländebruchberechnungen • Aufstellen von hydrogeologischen, geohydraulischen und besonderen numerischen Berechnungen • Beratung zu Dränanlagen, Anlagen zur Grundwasserabsenkung oder sonstigen ständigen oder bauzeitlichen Eingriffen in das Grundwasser • Beratung zu Probebelastungen sowie fachtechnisches Betreuen und Auswerten • geotechnische Beratung zu Gründungselementen, Baugruben- oder Hangsicherungen und Erdbauwerken, Mitwirkung bei der Beratung zur Sicherung von Nachbarbauwerken • Untersuchungen zur Berücksichtigung dynamischer Beanspruchungen bei der Bemessung • Angabe der zu erwartenden Setzungen für die vom Tragwerksplaner im Rahmen der Entwurfsplanung nach § 49 zu erbringenden Grundleistungen • Hinweise zur Herstellung und Trockenhaltung der Baugrube und des Bauwerks sowie Angaben zur Auswirkung der Baumaßnahme auf Nachbarbauwerke • Allgemeine Angaben zum Erdbau • Angaben zur geotechnischen Eignung von Aushubmaterial zur Wiederverwendung bei der betreffenden Baumaßnahme sowie Hinweise zur Bauausführung des Objekts oder seiner Gründung sowie Beratungsleistungen zur Vermeidung oder Beherrschung von dynamischen Einflüssen

Grundleistungen	Besondere Leistungen
	• Mitwirken bei der Bewertung von Nebenangeboten aus geotechnischer Sicht • Mitwirken während der Planung oder Ausführung des Objekts sowie Besprechungs- und Ortstermine • geotechnische Freigaben

1.3.4 Honorare Geotechnik

(1) Honorare für die in Nummer 1.3.3 Absatz 3 aufgeführten Grundleistungen können nach der folgenden Honorartafel bestimmt werden:

Anrechenbare Kosten in Euro	Honorarzone I sehr geringe Anforderungen		Honorarzone II geringe Anforderungen		Honorarzone III durchschnittliche Anforderungen		Honorarzone IV hohe Anforderungen		Honorarzone V sehr hohe Anforderungen	
	von	bis	von	bis	von	bis	von	bis	von	bis
	Euro		Euro		Euro		Euro		Euro	
50 000	789	1 222	1 222	1 654	1 654	2 105	2 105	2 537	2 537	2 970
75 000	951	1 472	1 472	1 993	1 993	2 537	2 537	3 058	3 058	3 579
100 000	1 086	1 681	1 681	2 276	2 276	2 896	2 896	3 491	3 491	4 086
125 000	1 204	1 863	1 863	2 522	2 522	3 210	3 210	3 869	3 869	4 528
150 000	1 309	2 026	2 026	2 742	2 742	3 490	3 490	4 207	4 207	4 924
200 000	1 494	2 312	2 312	3 130	3 130	3 984	3 984	4 802	4 802	5 621
300 000	1 800	2 786	2 786	3 772	3 772	4 800	4 800	5 786	5 786	6 772
400 000	2 054	3 179	3 179	4 304	4 304	5 478	5 478	6 603	6 603	7 728
500 000	2 276	3 522	3 522	4 768	4 768	6 069	6 069	7 315	7 315	8 561
750 000	2 740	4 241	4 241	5 741	5 741	7 307	7 307	8 808	8 808	10 308
1 000 000	3 125	4 836	4 836	6 548	6 548	8 334	8 334	10 045	10 045	11 756
1 500 000	3 765	5 827	5 827	7 889	7 889	10 041	10 041	12 103	12 103	14 165
2 000 000	4 297	6 650	6 650	9 003	9 003	11 459	11 459	13 812	13 812	16 165
3 000 000	5 175	8 009	8 009	10 842	10 842	13 799	13 799	16 633	16 633	19 467
5 000 000	6 535	10114	10114	13 693	13 693	17 428	17 428	21 007	21 007	24 586
7 500 000	7 878	12 192	12 192	16 506	16 506	21 007	21 007	25 321	25 321	29 635

Anrechenbare Kosten in Euro	Honorarzone I sehr geringe Anforderungen		Honorarzone II geringe Anforderungen		Honorarzone III durchschnittliche Anforderungen		Honorarzone IV hohe Anforderungen		Honorarzone V sehr hohe Anforderungen	
	von	bis	von	bis	von	bis	von	bis	von	bis
	Euro		Euro		Euro		Euro		Euro	
10 000 000	8 994	13 919	13 919	18 844	18 844	23 983	23 983	28 909	28 909	33 834
15 000 000	10 839	16 775	16 775	22 711	22 711	28 905	28 905	34 840	34 840	40 776
20 000 000	12 373	19 148	19 148	25 923	25 923	32 993	32 993	39 769	39 769	46 544
25 000 000	13 708	21 215	21 215	28 722	28 722	36 556	36 556	44 063	44 063	51 570

(2) Die Honorarzone kann bei den geotechnischen Grundleistungen auf Grund folgender Bewertungsmerkmale ermittelt werden:

1. Honorarzone I: Gründungen mit sehr geringem Schwierigkeitsgrad, insbesondere gering setzungsempfindliche Objekte mit einheitlicher Gründungsart bei annähernd regelmäßigem Schichtenaufbau des Untergrunds mit einheitlicher Tragfähigkeit und Setzungsfähigkeit innerhalb der Baufläche;
2. Honorarzone II: Gründungen mit geringem Schwierigkeitsgrad, insbesondere
   - setzungsempfindliche Objekte sowie gering setzungsempfindliche Objekte mit bereichsweise unterschiedlicher Gründungsart oder bereichsweise stark unterschiedlichen Lasten bei annähernd regelmäßigem Schichtenaufbau des Untergrunds mit einheitlicher Tragfähigkeit und Setzungsfähigkeit innerhalb der Baufläche,
   - gering setzungsempfindliche Objekte mit einheitlicher Gründungsart bei unregelmäßigem Schichtenaufbau des Untergrunds mit unterschiedlicher Tragfähigkeit und Setzungsfähigkeit innerhalb der Baufläche;
3. Honorarzone III: Gründungen mit durchschnittlichem Schwierigkeitsgrad, insbesondere
   - stark setzungsempfindliche Objekte bei annähernd regelmäßigem Schichtenaufbau des Untergrunds mit einheitlicher Tragfähigkeit und Setzungsfähigkeit innerhalb der Baufläche,
   - setzungsempfindliche Objekte sowie gering setzungsempfindliche Bauwerke mit bereichsweise unterschiedlicher Gründungsart oder bereichsweise stark unterschiedlichen Lasten bei unregelmäßigem Schichtenaufbau des Untergrunds mit unterschiedlicher Tragfähigkeit und Setzungsfähigkeit innerhalb der Baufläche,
   - gering setzungsempfindliche Objekte mit einheitlicher Gründungsart bei unregelmäßigem Schichtenaufbau des Untergrunds mit stark unterschiedlicher Tragfähigkeit und Setzungsfähigkeit innerhalb der Baufläche;

4. Honorarzone IV: Gründungen mit hohem Schwierigkeitsgrad, insbesondere
   - stark setzungsempfindliche Objekte bei unregelmäßigem Schichtenaufbau des Untergrunds mit unterschiedlicher Tragfähigkeit und Setzungsfähigkeit innerhalb der Baufläche,
   - setzungsempfindliche Objekte sowie gering setzungsempfindliche Objekte mit bereichsweise unterschiedlicher Gründungsart oder bereichsweise stark unterschiedlichen Lasten bei unregelmäßigem Schichtenaufbau des Untergrunds mit stark unterschiedlicher Tragfähigkeit und Setzungsfähigkeit innerhalb der Baufläche;
5. Honorarzone V: Gründungen mit sehr hohem Schwierigkeitsgrad, insbesondere stark setzungsempfindliche Objekte bei unregelmäßigem Schichtenaufbau des Untergrunds mit stark unterschiedlicher Tragfähigkeit und Setzungsfähigkeit innerhalb der Baufläche.

(3) § 52 Absatz 3 kann sinngemäß angewendet werden.

(4) Die Aspekte des Grundwassereinflusses auf das Objekt und die Nachbarbebauung können bei der Festlegung der Honorarzone zusätzlich berücksichtigt werden.

Anmerkungen zu Nr. 1.3 (Grundleistungen für Geotechnik)
Im neuen Leistungsbild Geotechnik wurden bereits mit der HOAI 2013 die bisherigen Leistungen für Bodenmechanik, Erd- und Grundbau zusammengefasst. Die Darstellung des Leistungsbildes und der Honorarempfehlungen wurde an die Struktur der anderen Leistungsbilder angepasst. Insbesondere wird das Leistungsbild in Grundleistungen und Besondere Leistungen gegliedert. Zudem wurden bei der Anpassung der Leistungsbeschreibung teilweise veränderte Prozesse bei der Leistungserbringung berücksichtigt. Eine Empfehlung zum Umbauzuschlag und zur mitzuverarbeitenden Bausubstanz ist – anders als beim neuen Leistungsbild der Bauphysik und der früheren Regelung der Geotechnik in der HOAI 1996 – nicht vorgesehen. Grundleistungen der Geotechnik beziehen sich immer auf eine vorhandene Situation im Boden. Insofern ist ein Unterschied zwischen Neubau, Umbau und Modernisierung bei der Honorarbemessungsgrundlage nicht ersichtlich.

Nr. 1.3.1 Abs. 1 definiert den Leistungsbereich der Geotechnik. Lediglich klarstellenden Charakter hat die ausdrückliche Bezugnahme auf die Grundwasserverhältnisse. Bereits Nr. 1.4.1 Abs. 2 Nr. 1 der HOAI 2009 schließt mit der Baugrundbeurteilung und Gründungsberatung die Klärung der Grundwasserverhältnisse mit ein. Erdbauwerke, Frei- und Verkehrsanlagen sind ausgenommen, weil der Leistungsumfang dafür von den hier definierten Grundleistungen abweicht. Sie sind der Objektplanung zugeordnet. Die Aufzählung der in der Praxis vorkommenden Leistungen der Geotechnik konzentriert sich in Nr. 1.3.2 Abs. 2 inhaltlich auf die bislang in Nr. 1.4.1 Abs. 2 Nr. 1 der

HOAI 2009 aufgeführte Leistung der Baugrundbeurteilung und Gründungsberatung. Die bisher in Nr. 1.4.1 Abs. 2 Nr. 2 bis 9 der HOAI 2009 aufgezählten Leistungen, die nicht von der Honorarempfehlung in Anlage 1 erfasst waren, können zur weiteren Vereinfachung entfallen.

In **Nr. 1.3.2** werden unter der Bezeichnung »Besondere Grundlagen des Honorars« die bisher in Nr. 1.4.2 Abs. 3 und 5 der HOAI 2009 enthaltenen Honorarempfehlungen zusammengezogen. **Nr. 1.3.2 Abs. 1** entspricht inhaltlich Nr. 1.4.2 Abs. 3 der HOAI 2009. Das Honorar kann sich nach den anrechenbaren Kosten der Tragwerksplanung gemäß § 52 Abs. 1 bis 3 richten. Weiterhin wird gegenüber der bisherigen Empfehlung klargestellt, dass »das gesamte Objekt aus Bauwerk und Baugrube« die Bezugsgröße für die anrechenbaren Kosten darstellt. Nr. 1.3.2 beinhaltet eine spezifische Empfehlung für die Honorierung geotechnischer Leistungen im Zusammenhang mit Ingenieurbauwerken mit großer Längenausdehnung wie Ufermauern, Kaimauern oder Tunnel. Damit soll dem vergleichsweise deutlich höheren Aufwand für die Darstellung und Auswertung der Baugrunderkundungen sowie für deren geotechnische Bewertung Rechnung getragen werden. Klargestellt wird, dass das Honorar für diese Leistungen ergänzend zu den Honorarempfehlungen der Nr. 1.3.4 frei vereinbar sein kann.

Nr. 1.3.3 Abs. 1 beschreibt in Satz 1 den wesentlichen Inhalt der Grundleistungen. In Satz 2 wird klargestellt, dass die Darstellung dieser Inhalte im geotechnischen Bericht erfolgen kann. **Nr. 1.3.3 Abs. 2** übernimmt inhaltlich unverändert die bisher in Nr. 1.4.2 Abs. 1 der HOAI 2009 zugrunde gelegte Aufteilung in drei Teilleistungen. Die prozentuale Gewichtung der Teilleistungen bleibt auch unter Berücksichtigung der Änderungen in Teilleistung c), Abs. 3 unverändert. Neu aufgenommen ist entsprechend dem Vorgehen in den anderen Leistungsbildern jeweils eine eigene Bezeichnung der drei Teilleistungen. Die bislang in Nr. 1.4.2 Abs. 1 der HOAI 2009 enthaltene ausführliche Beschreibung der Grundleistungen bleibt im Bereich der Teilleistungen 1 und 2 im Wesentlichen unverändert. Inhaltliche Änderungen ergeben sich wegen der durch geänderte Beratungsprozesse erforderlichen Ergänzungen in Teilleistung c).

Im Einzelnen wurde bereits mit der HOAI 2013 Nr. 1.3.3 Abs. 3 wie folgt gegenüber Nr. 1.4.2 Abs. 1 der HOAI 2009 überarbeitet.

Teilleistung a): Die sprachliche Ergänzung durch das Wort »Grundwasserverhältnisse« hat lediglich klarstellende Wirkung. Auch die Nr. 1.4.2 Abs. 1 der HOAI 2009 schließt mit der Baugrundbeurteilung und Gründungsberatung die Klärung der Grundwasserverhältnisse ein.

Teilleistung b): Der Begriff »Bodenkennwerte« wird durch den weitergehenden Begriff »Baugrundwerte« ersetzt. Durch die allgemeine Bezugnahme auf den Baugrund wird klargestellt, dass hierbei auch zum Beispiel der Fels mit umfasst ist.

Teilleistung c): Die Teilleistungen »Allgemeine Angaben zum Erdbau« und »Angaben zur geotechnischen Eignung von Aushubmaterial zur Wiederverwendung bei der betreffenden Baumaßnahme sowie Hinweise zur Bauausführung« sind neu. Insoweit gibt es keine vergleichbare Empfehlung in Nr. 1.4.2 Abs. 1 der HOAI 2009. Mit der letztgenannten Leistung wird unter anderem den aktuellen (auch umweltschutzbedingten) Anforderungen nach einer möglichen Wiederverwendung von Bodenaushub entsprochen. Soweit zum Beispiel das Aushubmaterial verwendbar ist, weil es die geotechnischen Eigenschaften erfüllt, die eine Verfüllung auf dem Baugelände erfordern (zum Beispiel Sickerfähigkeit als kapillarbrechende Schicht, Verdichtungseignung, Tragfähigkeit je nach Einzelfall), kann es wiederverwendet werden. Das gilt auch für Aushubmaterial in verschiedenen Lagevorkommen mit geotechnisch ggf. unterschiedlichen Eigenschaften. »Hinweise auf die Bauausführung« können sich unter anderem auf die Art der Wiederverwendung oder die Arbeitsfolge des Einbaus beziehen.

Weiterhin wurde die beispielhafte Aufzählung der Besonderen Leistungen präzisiert und unter Berücksichtigung der Anforderungen der heutigen Planungspraxis um einige Leistungen erweitert; insbesondere wurde das »Mitwirken bei der Auswertung« neu aufgenommen.

Nr. 1.3.4 Abs. 1 aktualisiert die in Nr. 1.4.3 Abs. 3 der HOAI 2009 enthaltene Honorarempfehlung. **Nr. 1.3.4 Abs. 4** ergänzt die Empfehlung für die Zuordnung zu den Honorarzonen um die Aspekte des »Grundwassereinflusses« und die »Nachbarbebauung«, die bei der Ermittlung der Honorarzone berücksichtigt werden können.

4.4 Ingenieurvermessung

Anlage 1 – Beratungsleistungen

1.4 Ingenieurvermessung

1.4.1 Anwendungsbereich

(1) Leistungen der Ingenieurvermessung können das Erfassen raumbezogener Daten über Bauwerke und Anlagen, Grundstücke und Topographie, das Erstellen von Plänen, das Übertragen von Planungen in die Örtlichkeit sowie das vermessungstechnische Überwachen der Bauausführung einbeziehen, soweit die Leistungen mit besonderen instrumentellen und vermessungstechnischen Verfahrensanforderungen erbracht werden müssen. Ausgenommen von Satz 1 sind Leistungen, die nach landesrechtlichen Vorschriften für Zwecke der Landesvermessung und des Liegenschaftskatasters durchgeführt werden.

(2) Zur Ingenieurvermessung können gehören:

1. Planungsbegleitende Vermessungen für die Planung und den Entwurf von Gebäuden, Ingenieurbauwerken, Verkehrsanlagen sowie für Flächenplanungen,
2. Bauvermessung vor und während der Bauausführung und die abschließende Bestandsdokumentation von Gebäuden, Ingenieurbauwerken und Verkehrsanlagen,
3. sonstige vermessungstechnische Leistungen:
   - Vermessung an Objekten außerhalb der Planungs- und Bauphase,
   - Vermessung bei Wasserstraßen,
   - Fernerkundungen, die das Aufnehmen, Auswerten und Interpretieren von Luftbildern und anderer raumbezogener Daten umfassen, die durch Aufzeichnung über eine große Distanz erfasst sind, als Grundlage insbesondere für Zwecke der Raumordnung und des Umweltschutzes,
   - vermessungstechnische Leistungen zum Aufbau von geographisch-geometrischen Datenbasen für raumbezogene Informationssysteme sowie
   - vermessungstechnische Leistungen, soweit sie nicht in Absatz 1 und Absatz 2 erfasst sind.

1.4.2 Grundlagen des Honorars bei der Planungsbegleitenden Vermessung

(1) Das Honorar für Grundleistungen der Planungsbegleitenden Vermessung kann sich nach der Summe der Verrechnungseinheiten, der Honorarzone in Nummer 1.4.3 und der Honorartafel in Nummer 1.4.8 richten.

(2) Die Verrechnungseinheiten können sich aus der Größe der aufzunehmenden Flächen und deren Punktdichte berechnen. Die Punktdichte beschreibt die durchschnittliche Anzahl der für die Erfassung der planungsrelevanten Daten je Hektar zu messenden Punkte.

(3) Abhängig von der Punktdichte können die Flächen den nachstehenden Verrechnungseinheiten (VE) je Hektar (ha) zugeordnet werden:

sehr geringe Punktdichte	(ca. 70 Punkte/ha)	50 VE
geringe Punktdichte	(ca. 150 Punkte/ha)	0 VE
durchschnittliche Punktdichte	(ca. 250 Punkte/ha)	100 VE
hohe Punktdichte	(ca. 350 Punkte/ha)	130 VE
sehr hohe Punktdichte	(ca. 500 Punkte/ha)	150 VE

(4) Umfasst ein Auftrag Vermessungen für mehrere Objekte, so können die Honorare für die Vermessung jedes Objekts getrennt berechnet werden.

1.4.3 Honorarzonen für Grundleistungen bei der Planungsbegleitenden Vermessung

(1) Die Honorarzone kann bei der Planungsbegleitenden Vermessung auf Grund folgender Bewertungsmerkmale ermittelt werden:

a) Qualität der vorhandenen Daten und Kartenunterlagen

sehr hoch:	1 Punkt
hoch:	2 Punkte
befriedigend:	3 Punkte
kaum ausreichend:	4 Punkte
mangelhaft:	5 Punkte

b) Qualität des vorhandenen geodätischen Raumbezugs

sehr hoch:	1 Punkt
hoch:	2 Punkte
befriedigend:	3 Punkte
kaum ausreichend:	4 Punkte
mangelhaft:	5 Punkte

c) Anforderungen an die Genauigkeit

sehr gering:	1 Punkt
gering:	2 Punkte
durchschnittlich:	3 Punkte
hoch:	4 Punkte
sehr hoch:	5 Punkte

d) Beeinträchtigungen durch die Geländebeschaffenheit und bei der Begehbarkeit

sehr gering:	1 bis 2 Punkte
gering:	3 bis 4 Punkte
durchschnittlich:	5 bis 6 Punkte
hoch:	7 bis 8 Punkte
sehr hoch:	9 bis 10 Punkte

e) Behinderung durch Bebauung und Bewuchs

sehr gering:	1 bis 3 Punkte
gering:	4 bis 6 Punkte
durchschnittlich:	7 bis 9 Punkte
hoch:	10 bis 12 Punkte
sehr hoch:	13 bis 15 Punkte

f) Behinderung durch Verkehr

sehr gering:	1 bis 3 Punkte
gering:	4 bis 6 Punkte
durchschnittlich:	7 bis 9 Punkte
hoch:	10 bis 12 Punkte
sehr hoch:	13 bis 15 Punkte

(2) Die Honorarzone kann sich aus der Summe der Bewertungspunkte wie folgt ergeben:

Honorarzone I:	bis 13 Punkte
Honorarzone II:	14 bis 23 Punkte
Honorarzone III:	24 bis 34 Punkte
Honorarzone IV:	35 bis 44 Punkte
Honorarzone V:	45 bis 55 Punkte

1.4.4 Leistungsbild Planungsbegleitende Vermessung

(1) Das Leistungsbild Planungsbegleitende Vermessung kann die Aufnahme planungsrelevanter Daten und die Darstellung in analoger und digitaler Form für die Planung und den Entwurf von Gebäuden, Ingenieurbauwerken, Verkehrsanlagen sowie für Flächenplanungen umfassen.

(2) Die Grundleistungen können in vier Leistungsphasen zusammengefasst und wie folgt in Prozentsätzen der Honorare der Nummer 1.4.8 Absatz 1 bewertet werden:

1. für die Leistungsphase 1 (Grundlagenermittlung) mit 5 Prozent,
2. für die Leistungsphase 2 (Geodätischer Raumbezug) mit 20 Prozent,
3. für die Leistungsphase 3 (Vermessungstechnische Grundlagen) mit 65 Prozent,
4. für die Leistungsphase 4 (Digitales Geländemodell) mit 10 Prozent.

(3) Das Leistungsbild kann sich wie folgt zusammensetzen:

Grundleistungen	Besondere Leistungen
1. Grundlagenermittlung	
a) Einholen von Informationen und Beschaffen von Unterlagen über die Örtlichkeit und das geplante Objekt b) Beschaffen vermessungstechnischer Unterlagen und Daten c) Ortsbesichtigung d) Ermitteln des Leistungsumfangs in Abhängigkeit von den Genauigkeitsanforderungen und dem Schwierigkeitsgrad	• Schriftliches Einholen von Genehmigungen zum Betreten von Grundstücken, von Bauwerken, zum Befahren von Gewässern und für anordnungsbedürftige Verkehrssicherungsmaßnahmen
2. Geodätischer Raumbezug	
a) Erkunden und Vermarken von Lage- und Höhenfestpunkten b) Fertigen von Punktbeschreibungen und Einmessungsskizzen c) Messungen zum Bestimmen der Fest- und Passpunkte d) Auswerten der Messungen und Erstellen des Koordinaten- und Höhenverzeichnisses	• Entwurf, Messung und Auswertung von Sondernetzen hoher Genauigkeit • Vermarken auf Grund besonderer Anforderungen • Aufstellung von Rahmenmessprogrammen

Grundleistungen	Besondere Leistungen
3. Vermessungstechnische Grundlagen	
a) Topographische/morphologische Geländeaufnahme einschließlich Erfassen von Zwangspunkten und planungsrelevanter Objekte b) Aufbereiten und Auswerten der erfassten Daten c) Erstellen eines digitalen Lagemodells mit ausgewählten planungsrelevanten Höhenpunkten d) Übernehmen von Kanälen, Leitungen, Kabeln und unterirdischen Bauwerken aus vorhandenen Unterlagen e) Übernehmen des Liegenschaftskatasters f) Übernehmen der bestehenden öffentlich-rechtlichen Festsetzungen g) Erstellen von Plänen mit Darstellen der Situation im Planungsbereich mit ausgewählten planungsrelevanten Höhenpunkten h) Liefern der Pläne und Daten in analoger und digitaler Form	• Maßnahmen für anordnungsbedürftige Verkehrssicherung • Orten und Aufmessen des unterirdischen Bestandes • Vermessungsarbeiten unter Tage, unter Wasser oder bei Nacht • Detailliertes Aufnehmen bestehender Objekte und Anlagen neben der normalen topographischen Aufnahme wie zum Beispiel Fassaden und Innenräume von Gebäuden • Ermitteln von Gebäudeschnitten • Aufnahmen über den festgelegten Planungsbereich hinaus • Erfassen zusätzlicher Merkmale wie zum Beispiel Baumkronen • Eintragen von Eigentümerangaben • Darstellen in verschiedenen Maßstäben • Ausarbeiten der Lagepläne entsprechend der rechtlichen Bedingungen für behördliche Genehmigungsverfahren • Übernahme der Objektplanung in ein digitales Lagemodell
4. Digitales Geländemodell	
a) Selektion der die Geländeoberfläche beschreibenden Höhenpunkte und Bruchkanten aus der Geländeaufnahme b) Berechnung eines digitalen Geländemodells c) Ableitung von Geländeschnitten d) Darstellen der Höhen in Punkt-, Raster- oder Schichtlinienform e) Liefern der Pläne und Daten in analoger und digitaler Form	

1.4.5 Grundlagen des Honorars bei der Bauvermessung

(1) Das Honorar für Grundleistungen bei der Bauvermessung kann sich nach den anrechenbaren Kosten des Objekts, der Honorarzone in Nummer 1.4.6 und der Honorartafel in Nummer 1.4.8 Absatz 2 richten.

(2) Anrechenbare Kosten können die Herstellungskosten des Objekts darstellen. Diese können entsprechend § 4 Absatz 1 und

1. bei Gebäuden entsprechend § 33,
2. bei Ingenieurbauwerken entsprechend § 42,
3. bei Verkehrsanlagen entsprechend § 46 ermittelt werden.

Anrechenbar können bei Ingenieurbauwerken 100 Prozent, bei Gebäuden und Verkehrsanlagen 80 Prozent der ermittelten Kosten sein.

(3) Die Absätze 1 und 2 sowie die Nummer 1.4.6 und Nummer 1.4.7 finden keine Anwendung für vermessungstechnische Grundleistungen bei ober- und unterirdischen Leitungen, Tunnel-, Stollen- und Kavernenbauwerken, innerörtlichen Verkehrsanlagen mit überwiegend innerörtlichem Verkehr, bei Geh- und Radwegen sowie Gleis- und Bahnsteiganlagen. Das Honorar für die in Satz 1 genannten Objekte kann ergänzend frei vereinbart werden.

1.4.6 Honorarzonen für Grundleistungen bei der Bauvermessung

(1) Die Honorarzone kann bei der Bauvermessung auf Grund folgender Bewertungsmerkmale ermittelt werden:

a) Beeinträchtigungen durch die Geländebeschaffenheit und bei der Begehbarkeit

sehr gering:	1 Punkt
gering:	2 Punkte
durchschnittlich:	3 Punkte
hoch:	4 Punkte
sehr hoch:	5 Punkte

b) Behinderungen durch Bebauung und Bewuchs

sehr gering:	1 bis 2 Punkte
gering:	3 bis 4 Punkte
durchschnittlich:	5 bis 6 Punkte
hoch:	7 bis 8 Punkte
sehr hoch:	9 bis 10 Punkte

c) Behinderung durch den Verkehr

sehr gering:	1 bis 2 Punkte
gering:	3 bis 4 Punkte
durchschnittlich:	5 bis 6 Punkte
hoch:	7 bis 8 Punkte
sehr hoch:	9 bis 10 Punkte

d) Anforderungen an die Genauigkeit

sehr gering:	1 bis 2 Punkte
gering:	3 bis 4 Punkte
durchschnittlich:	5 bis 6 Punkte
hoch:	7 bis 8 Punkte
sehr hoch:	9 bis 10 Punkte

e) Anforderungen durch die Geometrie des Objekts

sehr gering:	1 bis 2 Punkte
gering:	3 bis 4 Punkte
durchschnittlich:	5 bis 6 Punkte
hoch:	7 bis 8 Punkte
sehr hoch:	9 bis 10 Punkte

f) Behinderung durch den Baubetrieb

sehr gering:	1 bis 3 Punkte
gering:	4 bis 6 Punkte
durchschnittlich:	7 bis 9 Punkte
hoch:	10 bis 12 Punkte
sehr hoch:	13 bis 15 Punkte

(2) Die Honorarzone kann sich aus der Summe der Bewertungspunkte wie folgt ergeben:

Honorarzone I:	bis 14 Punkte
Honorarzone II:	15 bis 25 Punkte
Honorarzone III:	26 bis 37 Punkte
Honorarzone IV:	38 bis 48 Punkte
Honorarzone V:	49 bis 60 Punkte

1.4.7 Leistungsbild Bauvermessung

(1) Das Leistungsbild Bauvermessung kann die Vermessungsleistungen für den Bau und die abschließende Bestandsdokumentation von Gebäuden, Ingenieurbauwerken und Verkehrsanlagen umfassen.

(2) Die Grundleistungen können in fünf Leistungsphasen zusammengefasst und wie folgt in Prozentsätzen der Honorare der Nummer 1.4.8 Absatz 2 bewertet werden:

1. für die Leistungsphase 1 (Baugeometrische Beratung) mit 2 Prozent,
2. für die Leistungsphase 2 (Absteckungsunterlagen) mit 5 Prozent,
3. für die Leistungsphase 3 (Bauvorbereitende Vermessung) mit 16 Prozent,
4. für die Leistungsphase 4 (Bauausführungsvermessung) mit 62 Prozent,
5. für die Leistungsphase 5 (Vermessungstechnische Überwachung der Bauausführung) mit 15 Prozent.

(3) Das Leistungsbild kann sich wie folgt zusammensetzen:

Grundleistungen	Besondere Leistungen
1. Baugeometrische Beratung	
a) Ermitteln des Leistungsumfanges in Abhängigkeit vom Projekt b) Beraten, insbesondere im Hinblick auf die erforderlichen Genauigkeiten und zur Konzeption eines Messprogramms c) Festlegen eines für alle Beteiligten verbindlichen Maß-, Bezugs- und Benennungssystems	• Erstellen von vermessungstechnischen Leistungsbeschreibungen • Erarbeiten von Organisationsvorschlägen über Zuständigkeiten, Verantwortlichkeit und Schnittstellen der Objektvermessung • Erstellen von Messprogrammen für Bewegungs- und Deformationsmessungen einschließlich Vorgaben für die Baustelleneinrichtung

Grundleistungen	Besondere Leistungen
2. Absteckungsunterlagen	
a) Berechnen der Detailgeometrie anhand der Ausführungsplanung, Erstellen eines Absteckungsplanes und Berechnen von Absteckungsdaten einschließlich Aufzeigen von Widersprüchen (Absteckungsunterlagen)	• Durchführen von zusätzlichen Aufnahmen und ergänzenden Berechnungen, falls keine qualifizierten Unterlagen aus der Leistungsphase vermessungstechnische Grundlagen vorliegen • Durchführen von Optimierungsberechnungen im Rahmen der Baugeometrie (zum Beispiel Flächennutzung, Abstandsflächen) • Erarbeitung von Vorschlägen zur Beseitigung von Widersprüchen bei der Verwendung von Zwangspunkten (zum Beispiel bauordnungsrechtliche Vorgaben)
3. Bauvorbereitende Vermessung	
a) Prüfen und Ergänzen des bestehenden Festpunktfeldes b) Zusammenstellung und Aufbereitung der Absteckungsdaten c) Absteckung: Übertragen der Projektgeometrie (Hauptpunkte) und des Baufeldes in die Örtlichkeit d) Übergabe der Lage- und Höhenfestpunkte, der Hauptpunkte und der Absteckungsunterlagen an das bauausführende Unternehmen	• Absteckung auf besondere Anforderungen (zum Beispiel Archäologie, Ausholzung, Grobabsteckung, Kampfmittelräumung)
4. Bauausführungsvermessung	
a) Messungen zur Verdichtung des Lage- und Höhenfestpunktfeldes b) Messungen zur Überprüfung und Sicherung von Fest- und Achspunkten c) Baubegleitende Absteckungen der geometriebestimmenden Bauwerkspunkte nach Lage und Höhe d) Messungen zur Erfassung von Bewegungen und Deformationen des zu erstellenden Objekts an konstruktiv bedeutsamen Punkten e) Baubegleitende Eigenüberwachungsmessungen und deren Dokumentation f) Fortlaufende Bestandserfassung während der Bauausführung als Grundlage für den Bestandplan	• Erstellen und Konkretisieren des Messprogramms • Absteckungen unter Berücksichtigung von belastungs- und fertigungstechnischen Verformungen • Prüfen der Maßgenauigkeit von Fertigteilen • Aufmaß von Bauleistungen, soweit besondere vermessungstechnische Leistungen gegeben sind • Ausgabe von Baustellenbestandsplänen während der Bauausführung • Fortführen der vermessungstechnischen Bestandspläne nach Abschluss der Grundleistungen • Herstellen von Bestandsplänen

Grundleistungen	Besondere Leistungen
5. Vermessungstechnische Überwachung der Bauausführung	
a) Kontrollieren der Bauausführung durch stichprobenartige Messungen an Schalungen und entstehenden Bauteilen (Kontrollmessungen) b) Fertigen von Messprotokollen c) Stichprobenartige Bewegungs- und Deformationsmessungen an konstruktiv bedeutsamen Punkten des zu erstellenden Objekts	• Prüfen der Mengenermittlungen • Beratung zu langfristigen vermessungstechnischen Objektüberwachungen im Rahmen der Ausführungskontrolle baulicher Maßnahmen und deren Durchführung • Vermessungen für die Abnahme von Bauleistungen, soweit besondere vermessungstechnische Anforderungen gegeben sind

(4) Die Leistungsphase 4 ist abweichend von Absatz 2 bei Gebäuden mit 45 bis 62 Prozent zu bewerten.

1.4.8 Honorare für Grundleistungen bei der Ingenieurvermessung

(1) Die Honorare für die in Nummer 1.4.4 Absatz 3 aufgeführten Grundleistungen der Planungsbegleitenden Vermessung können sich nach der folgenden Honorartafel richten:

Verrechnungseinheiten	Honorarzone I sehr geringe Anforderungen		Honorarzone II geringe Anforderungen		Honorarzone III durchschnittliche Anforderungen		Honorarzone IV hohe Anforderungen		Honorarzone V sehr hohe Anforderungen	
	von	bis	von	bis	von	bis	von	bis	von	bis
	Euro		Euro		Euro		Euro		Euro	
6	658	777	777	914	914	1 051	1 051	1 170	1 170	1 289
20	953	1 123	1 123	1 306	1 306	1 489	1 489	1 659	1 659	1 828
50	1 480	1 740	1 740	2 000	2 000	2 260	2 260	2 520	2 520	2 780
103	2 225	2 616	2 616	3 007	3 007	3 399	3 399	3 790	3 790	4 182
188	3 325	3 826	3 826	4 327	4 327	4 829	4 829	5 330	5 330	5 831
278	4 320	4 931	4 931	5 542	5 542	6 153	6 153	6 765	6 765	7 376
359	5 156	5 826	5 826	6 547	6 547	7 217	7 217	7 939	7 939	8 609
435	5 881	6 656	6 656	7 437	7 437	8 212	8 212	8 994	8 994	9 768
506	6 547	7 383	7 383	8 219	8 219	9 055	9 055	9 892	9 892	10 728

Verrechnungseinheiten	Honorarzone I sehr geringe Anforderungen		Honorarzone II geringe Anforderungen		Honorarzone III durchschnittliche Anforderungen		Honorarzone IV hohe Anforderungen		Honorarzone V sehr hohe Anforderungen	
	von	bis	von	bis	von	bis	von	bis	von	bis
	Euro		Euro		Euro		Euro		Euro	
659	7 867	8 859	8 859	9 815	9 815	10 809	10 809	11 765	11 765	12 757
822	9 187	10 299	10 299	11 413	11 413	12 513	12 513	13 625	13 625	14 737
1 105	11 332	12 667	12 667	14 002	14 002	15 336	15 336	16 672	16 672	18 006
1 400	13 525	14 977	14 977	16 532	16 532	18 086	18 086	19 642	19 642	21 196
2 033	17 714	19 597	19 597	21 592	21 592	23 586	23 586	25 582	25 582	27 576
2 713	21 894	24 217	24 217	26 652	26 652	29 086	29 086	31 522	31 522	33 956
3 430	26 074	28 837	28 837	31 712	31 712	34 586	34 586	37 462	37 462	40 336
4 949	34 434	38 077	38 077	41 832	41 832	45 586	45 586	49 342	49 342	53 096
7 385	46 974	51 937	51 937	57 012	57 012	62 086	62 086	67 162	67 162	72 236
11 726	67 874	75 037	75 037	82 312	82 312	89 586	89 586	96 862	96 862	104 136

(2) Die Honorare für die in Nummer 1.4.7 Absatz 3 Grundleistungen der Bauvermessung können sich nach der folgenden Honorartafel richten:

Anrechenbare Kosten	Honorarzone I sehr geringe Anforderungen		Honorarzone II geringe Anforderungen		Honorarzone III durchschnittliche Anforderungen		Honorarzone IV hohe Anforderungen		Honorarzone V sehr hohe Anforderungen	
	von	bis	von	bis	von	bis	von	bis	von	bis
	Euro		Euro		Euro		Euro		Euro	
50 000	4 282	4 782	4 782	5 283	5 283	5 839	5 839	6 339	6 339	6 840
75 000	4 648	5 191	5 191	5 734	5 734	6 338	6 338	6 881	6 881	7 424
100 000	5 002	5 586	5 586	6 171	6 171	6 820	6 820	7 405	7 405	7 989
150 000	5 684	6 349	6 349	7 013	7 013	7 751	7 751	8 416	8 416	9 080
200 000	6 344	7 086	7 086	7 827	7 827	8 651	8 651	9 393	9 393	10 134
250 000	6 987	7 804	7 804	8 621	8 621	9 528	9 528	10 345	10 345	11 162
300 000	7 618	8 508	8 508	9 399	9 399	10 388	10 388	11 278	11 278	12 169
400 000	8 848	9 883	9 883	10 917	10 917	12 066	12 066	13 100	13 100	14 134

Anrechenbare Kosten	Honorarzone I sehr geringe Anforderungen		Honorarzone II geringe Anforderungen		Honorarzone III durchschnittliche Anforderungen		Honorarzone IV hohe Anforderungen		Honorarzone V sehr hohe Anforderungen	
	von	bis	von	bis	von	bis	von	bis	von	bis
	Euro		Euro		Euro		Euro		Euro	
500 000	10 048	11 222	11 222	12 397	12 397	13 702	13 702	14 876	14 876	16 051
600 000	11 223	12 535	12 535	13 847	13 847	15 304	15 304	16 616	16 616	17 928
750 000	12 950	14 464	14 464	15 978	15 978	17 659	17 659	19 173	19 173	20 687
1 000 000	15 754	17 596	17 596	19 437	19 437	21 483	21 483	23 325	23 325	25 166
1 500 000	21 165	23 639	23 639	26 113	26 113	28 862	28 862	31 336	31 336	33 810
2 000 000	26 393	29 478	29 478	32 563	32 563	35 990	35 990	39 075	39 075	42 160
2 500 000	31 488	35 168	35 168	38 849	38 849	42 938	42 938	46 619	46 619	50 299
3 000 000	36 480	40 744	40 744	45 008	45 008	49 745	49 745	54 009	54 009	58 273
4 000 000	46 224	51 626	51 626	57 029	57 029	63 032	63 032	68 435	68 435	73 838
5 000 000	55 720	62 232	62 232	68 745	68 745	75 981	75 981	82 494	82 494	89 007
7 500 000	78 690	87 888	87 888	97 085	97 085	107 305	107 305	116 502	116 502	125 700
10 000 000	100 876	112 667	112 667	124 458	124 458	137 559	137 559	149 350	149 350	161 140

1.4.9 Sonstige vermessungstechnische Leistungen

Für sonstige vermessungstechnische Leistungen nach Nummer 1.4.1 kann ein Honorar ergänzend frei vereinbart werden.

Anmerkungen zu Nr. 1.4 (Ingenieurvermessung)

Unter dem neuen Oberbegriff »Ingenieurvermessung« wurden die Leistungsbild- und Honorarempfehlungen der bisherigen »vermessungstechnischen Leistungen« umfassend überarbeitet. Die Leistungsbilder wurden aktualisiert und modernisiert und insbesondere an die dem Stand der Technik entsprechenden Mess- und Auswertungsmethoden angepasst. Das Leistungsbild wird fortan »methodenneutral« beschrieben und die anzuwendende Methode (zum Beispiel »tachymetrisch« oder »fotogrammetrisch«) nicht mehr vorgegeben. Mit der Anpassung an den Stand der Technik verbunden ist der Übergang von »Plänen« zu »Daten« sowie von »Festpunkten« zu einem »geodätischen Raumbezug«, um beispielsweise auch satellitengestützte Messmethoden zu berücksichtigen.

Aus den aktuellen Arbeitsmethoden und Abläufen der Vermessung resultieren zudem Änderungen in der zeitlichen Abfolge der Leistungserbringung. Die Gliederung der Leistungsbilder und Leistungsphasen wird daran angepasst. Aufgrund des gleichartigen Arbeitsaufwands werden nunmehr auch die Vermessungen für Flächenplanungen in das neu bezeichnete Leistungsbild der »Planungsbegleitenden Vermessung« aufgenommen. Die Honorierung der »Planungsbegleitenden Vermessung« wird von den Baukosten entkoppelt und es wird ein Flächenansatz eingeführt, der durch sogenannte Verrechnungseinheiten realisiert wird. Die Überarbeitung berücksichtigt darüber hinaus die unterschiedlichen Gegebenheiten aus Hoch- und Tiefbau. Des Weiteren werden die Leistungsbilder an neue Anforderungen angepasst, die sich aus der Neuordnung des Bauordnungsrechts ergeben. Auf der Grundlage dieser Aktualisierung des Leistungsbildes werden gesonderte Honorartafeln für die Planungsbegleitende Vermessung und die Bauvermessung eingeführt.

Nr. 1.4.1 Abs. 1 definiert die Leistung der »Ingenieurvermessung«. Die Begriffsbestimmung entspricht der bisherigen Definition der »vermessungstechnischen Leistungen« in Nr. 1.5.1 der HOAI 2009. Allein der Begriff »ortsbezogene Daten« wird durch die Bezeichnung »raumbezogene Daten« ersetzt. **Nr. 1.4.1 Abs. 2 Nr. 1 bis 3** konkretisiert und erweitert die Aufzählung der Gruppen vermessungstechnischer Leistungen der Nr. 1.5.1 Abs. 2 der HOAI 2009. Die ehemalige Gruppe 1 (»Entwurfsvermessung«) in Nr. 1.5.1 Abs. 2 Nr. 1 der HOAI 2009 wird unter der Bezeichnung »Planungsbegleitende Vermessung« fortgeführt.

Neu mit der HOAI 2013 aufgenommen wurde in diese Leistungskategorie die Ingenieurvermessung bei Flächenplanungen. Dahinter steht die Zielsetzung, für inhaltlich vergleichbare Leistungen eine gleichlautende Systematik und Honorarempfehlung zu gewährleisten. Denn in der Planungspraxis haben sich die aktuellen Aufnahme- und Auswertungsverfahren für die Planung und den Entwurf von Gebäuden, Ingenieurbauwerken und Verkehrsanlagen einerseits und für die Flächenplanungen andererseits angeglichen. Mit dieser Erweiterung wird das Ziel verfolgt, dass die Planungsbegleitende Vermessung für eine Straßenplanung genauso bewertet werden kann wie die gleiche Planungsbegleitende Vermessung für eine Flächenplanung, die unter Umständen sogar das gleiche Planungsgebiet abdeckt. Am Beispiel des Straßenbaus können demnach für die Vermessung bei einer Straßenplanung im Rahmen eines Planfeststellungsverfahrens die gleichen Honorarempfehlungen greifen wie für die Vermessung bei einer Flächenplanung sowie bei der gleichen Straßenplanung im Rahmen eines Bauleitverfahrens.

Die Leistungsgruppe 2 (»Bauvermessungen«) in **Abs. 2 Nr. 2** bleibt im Wesentlichen inhaltlich unverändert. Um den Leistungsumfang konkreter zu beschreiben, wird nun klargestellt, dass die Bauvermessungen »vor und während« der Bauausführung erfasst sind.

Die Leistungsgruppe 3 (»Vermessungstechnische Leistungen«) in **Abs. 2 Nr. 3**, auf die Anlage 1.4 keine Anwendung finden soll, entspricht weitgehend der bisherigen Beschreibung in Nr. 1.5.1 Abs. 2 Nr. 3 der HOAI 2009. Die einzelnen Leistungen wurden inhaltlich konkretisiert und neu strukturiert, um eine Abgrenzung zu den von der Anlage erfassten Leistungen in Nr. 1 und 2 zu gewährleisten. Ausdrücklich wird unter dem zweiten Spiegelstrich klargestellt, dass Wasserstraßen dieser Leistungskategorie zuzuordnen sind. Bei Wasserstraßen sind sowohl Land- als auch Wasserflächen betroffen. Es liegen Besonderheiten vor, die es nicht erlauben, die sonst üblichen Maßstäbe für die Bemessung des Honorars anzuwenden. Ingenieurbauwerke im Zusammenhang mit Wasserstraßen sind hiervon nicht betroffen.

Nr. 1.4.2 wurde gegenüber Nr. 1.5.2 der HOAI 2009 grundlegend verändert. Neu eingeführt wird ein Modell, bei dem durch einen Flächenansatz für die Honorierung der Planungsbegleitenden Vermessung eine Entkoppelung von den anrechenbaren Kosten möglich wird. Die zu beplanende Fläche ist der maßgebende Parameter für die Honorarfindung bei der »Planungsbegleitenden Vermessung«. Mit dem Flächenansatz soll zudem ein in der Planungspraxis auftretendes Problem vermieden werden: Mitunter werden planungsbegleitende vermessungstechnische Leistungen zu einem Zeitpunkt angefordert, zu dem die Planung noch nicht so weit verfestigt ist, dass die Baukosten auch nur ansatzweise ermittelt werden könnten. Eine Kostenvereinbarung ist daher mit Schwierigkeiten verbunden. Wird dagegen der Ansatz über die Fläche gewählt, kann der tatsächliche Aufwand für »Planungsbegleitende Vermessungen« deutlich zutreffender abgebildet werden. Gleichzeitig steht hiermit ein transparenter, leicht nachvollziehbarer und leicht anwendbarer Berechnungsansatz zur Verfügung. Der Flächenansatz wird über sogenannte Verrechnungseinheiten (VE) realisiert. Als Folge der Entkoppelung von den Baukosten entfallen die bisherigen Empfehlungen zu den anrechenbaren Kosten in Nr. 1.5.2 Abs. 2 bis 5 der HOAI 2009.

Nr. 1.4.2 Abs. 1 nimmt die Vorschriften zur Honorarberechnung der Nr. 1.5.2 der HOAI 2009 auf und passt sie an das veränderte Berechnungssystem an. Anstelle der anrechenbaren Kosten ist daher als neue Komponente der Honorarabrechnung nunmehr die »Summe der Verrechnungseinheiten« maßgebend.

Nr. 1.4.2 Abs. 2 bestimmt, dass sich die Verrechnungseinheiten aus der Größe der aufzunehmenden Fläche und deren Punktdichte berechnen. Bei objektgebundenen Vermessungen ist damit klargestellt, dass nicht nur die Fläche zum Beispiel eines Bauantragsgrundstücks, sondern auch die Fläche anzusetzen ist, die zur Beurteilung des Vorhabens mit aufgemessen wird. Üblicherweise sind dies bei Bauantragsplänen die Grundstücksstreifen auf den Nachbargrundstücken zumindest bis zur Hauswand von Nachbargebäuden, wenn sie sich in Grenznähe befinden (Abstandsflächenrelevanz). Ebenso sind notwendige private Erschließungsflächen und Teile der nächsten öffentlichen Erschließungsanlage (Straßentopografie und Kanalsituation) mit aufzumessen.

Bei Verkehrsanlagen wird die aufzumessende Fläche üblicherweise durch einen Aufnahmekorridor (zum Beispiel: 100 Meter links und rechts der Trasse) definiert. Die Punktdichte ergibt sich aus der Anzahl der aufzumessenden bzw. aufgemessenen Punkte in Relation zur aufzumessenden Fläche. Aufgemessene Punkte sind anhand der örtlichen Aufnahme definiert. Jeder Punkt, der unabhängig örtlich ermittelt werden muss, zählt. So ergeben beispielsweise Sockel- und Traufpunkt einer Gebäudekante zwei Punkte. **Nr. 1.4.2 Abs. 3** führt aus, wie die Flächen in Abhängigkeit von der Punktdichte der entsprechenden Verrechnungseinheiten je Hektar zugeordnet werden können.

Nr. 1.4.2 Abs. 4 entspricht Nr. 1.5.2 Abs. 6 der HOAI 2009 und regelt die Honorarempfehlung bei objektbezogenen Planungsbegleitenden Vermessungen, bei denen für mehrere Objekte gleichzeitig ein Auftrag erteilt wird. Es wird klargestellt, dass für jedes einzelne Objekt die aufzumessende Fläche, die Punktdichte und die Honorarzone separat ermittelt und das Honorar darauf basierend getrennt berechnet werden kann.

Nr. 1.4.3 wurde inhaltlich weitgehend unverändert aus Nr. 1.5.3 der HOAI 2009 übernommen. Die Änderungen sollen der besseren Systematik und Übersichtlichkeit dienen. Das Punktebewertungssystem zur Einordnung in die Honorarzonen in **Nr. 1.4.3 Abs. 1** wird gegenüber Nr. 1.5.3 Abs. 1 und 2 der HOAI 2009 übersichtlicher gestaltet, neu strukturiert und zusammengefasst. Die angewandten Kriterien werden im Wesentlichen übernommen. Die Gewichtung der Bewertungsmerkmale bleibt unverändert. Das Merkmal »Topografiedichte« entfällt, da dieser Aufwandsfaktor über die Punktdichte Berücksichtigung findet. Das bisherige Kriterium des Lage- und Höhenfestpunktfeldes geht in der neuen Bezeichnung der »Qualität des geodätischen Raumbezuges« auf. Diese sprachliche Anpassung soll den veränderten technologischen Möglichkeiten Rechnung tragen. **Nr. 1.4.3 Abs. 2** aktualisiert die bislang in Nr. 1.5.3 Abs. 2 Satz 2 enthaltene Punkteskala für die Empfehlung zur Zuordnung der Honorarzone.

Das in **Nr. 1.4.4 Abs. 1** niedergelegte Leistungsbild »Planungsbegleitende Vermessung« erfasst im Zuge des erweiterten Anwendungsbereichs nunmehr auch die Flächenplanung. Der Hinweis auf die »terrestrischen und photogrammetrischen« Aufnahmearten wird gestrichen. Dies folgt der Zielstellung, die Leistungsbilder methodenneutral zu beschreiben. Die Anzahl der Leistungsphasen wurde entsprechend den aktuellen Abläufen bei der Vermessung von sechs auf vier reduziert. Die Praxis hat gezeigt, dass die bisherigen Leistungsphasen »Absteckungsunterlagen« und »Absteckung für Entwurf« im Leistungsbild Planungsbegleitende Vermessung entbehrlich geworden sind. Die Leistungsphase »Absteckung im Entwurf« kommt nur bei Verkehrsanlagen und auch in diesem Fall nur sehr selten vor, sodass nicht mehr von einer Grundleistung gesprochen werden kann. Wenn die Leistungsphase »Absteckung« betrachtet wird, ist diese logisch der Bauvermessung zuzuordnen und dann sind regelmäßig auch »Absteckungsunterlagen« zu fertigen. Demzufolge sind diese beiden Leistungsphasen im Leistungsbild »Planungsbegleitende Vermessung« entfallen und die Leistungsphase »Absteckungsunterlagen« wurde in die Bauvermessung verschoben. Die entfallenen Prozentanteile werden auf die Bewertung der jetzigen Leistungsphasen 1 bis 3 verteilt. **Nr. 1.4.4 Abs. 2** enthält die Anzahl der Leistungsphasen der Planungsbegleitenden Vermessung und die Prozentsätze ihrer Bewertung. In Nr. 1.4.4 Abs. 2 werden die Grundleistungen der bisherigen Leistungsphasen 3 bis 6 der Nr. 1.5.4 Abs. 2 der HOAI 2009 modernisiert und teilweise neu zusammengestellt. Gleiches gilt hinsichtlich der Besonderen Leistungen. Im Einzelnen wurde Nr. 1.4.4 Abs. 2 wie folgt gegenüber Nr. 1.5.4 der HOAI 2009 überarbeitet:

Leistungsphasen 1 und 2
Die Beschreibung der Leistungsphasen 1 und 2 wird lediglich sprachlich angepasst und bleibt inhaltlich weitestgehend unverändert.

Leistungsphase 3
Im Rahmen der Leistungsphase 3 wird die Reihenfolge der Grundleistungen und Besonderen Leistungen an die geänderten zeitlichen Arbeitsabläufe angepasst. Die Aufteilung der bisherigen Leistungsphase »vermessungstechnische Lage- und Höhenpläne« zielt darauf ab, Unsicherheiten für die Anwendungspraxis zu beseitigen.

Die Berechnung des digitalen Geländemodells (3-D-Modell) wurde daher aus der Leistungsphase 3 in die jetzige Leistungsphase 4 überführt. Der in der Grundleistung b) vorgenommenen Ergänzung »Aufbereiten« kommt nur klarstellender Charakter zu. Es wird damit nur ein notwendiger Zwischenschritt des bisher schon enthaltenen Begriffs der »Auswertung« genannt. Neu mit Grundleistung c) aufgenommen ist das Erstellen eines digitalen Lagemodells. Dieses stellt die grundrissbezogene Beschreibung (x-, y-Koordinaten) des Geländes mit Angaben zu Geometrie, Bedeutung und gegenseitigen Beziehungen von topografischen Objekten dar (vgl. DIN 18709-1). Die Leistung f) wurde sprachlich neu gefasst, aber inhaltlich nicht verändert. In Grundleistung h) wird klargestellt, dass nicht nur Daten, sondern auch Pläne zu liefern sind, und zwar nicht nur in digitaler, sondern auch in analoger Form.

Leistungsphase 4
Die neue Leistungsphase 4 nimmt nun unter der Bezeichnung »Digitales Geländemodell« die bisherige Leistungsphase 6 der HOAI 2009 auf. Dies entspricht dem heutigen Stand der Technik, nach der sich Profile beliebig aus einem digitalen Geländemodell ableiten lassen. Das digitale Geländemodell ist nicht zu verwechseln mit dem digitalen Lagemodell der Leistungsphase 3. Das Lagemodell ist zweidimensional in der Planebene und enthält einzelne Höhenangaben, während das Geländemodell einen komplett dreidimensionalen Planungsraum virtuell beschreibt.

Nr. 1.4.5 – Grundlagen des Honorars bei der Bauvermessung – stimmt inhaltlich weitestgehend mit Nr. 1.5.5 der HOAI 2009 überein, Anpassungen wurden hinsichtlich der Verweisungen vorgenommen. **Nr. 1.4.5 Abs. 1** aktualisiert die Verweise auf die maßgebenden Vorschriften für die Honorarabrechnung und entspricht im Übrigen der bislang in Nr. 1.5.5 der HOAI 2009 getroffenen Empfehlung zu den Grundlagen der Honorarberechnung bei der Bauvermessung. In **Abs. 2** wird nun empfohlen, die anrechenbaren Kosten entsprechend § 4 Abs. 1 und § 33 Abs. 1 bis 3 (bei Gebäuden), § 42 Abs. 1 bis 3 (bei Ingenieurbauwerken) bzw. § 45 Abs. 1 bis 5 (Verkehrsanlagen) zu ermitteln. Dies entspricht inhaltlich der bisherigen Verweisung auf Nr. 1.5.2 Abs. 3 der HOAI 2009 (Nr. 1.4.2 HOAI 2013), die jedoch aufgrund der Umstellung auf einen Flächenansatz nicht übernommen wurde. Die mitzuverarbeitende Bausubstanz ist nicht zu berücksichtigen. In **Nr. 1.4.5 Abs. 3** wird im Rahmen der Empfehlung zum Anwendungsbereich der Anlage 1.5 nun ausdrücklich klargestellt, dass Wasserstraßen von den Empfehlungen der Anlage 1.5 nicht erfasst sind.

Nr. 1.4.6 (Honorarzonen für Grundleistungen bei der Bauvermessung) wurde entsprechend dem Vorgehen in Nr. 1.4.3 umstrukturiert. Gegenüber der bisherigen Ausgestaltung in Nr. 1.5.6 Abs. 2 der HOAI 2009 entfällt auch hier die Empfehlung über die Zuordnung in Zweifelsfällen bei Bewertungsmerkmalen aus mehreren Honorarzonen. Das Punktebewertungssystem zur Einordnung in die Honorarzone wurde neu gestaltet.

Nr. 1.4.7 (Leistungsbild Bauvermessung) wurde gegenüber der bisherigen Fassung in Nr. 1.5.7 der HOAI 2009 geändert. Die Inhaltsbestimmung des Leistungsbildes entspricht im Wesentlichen der Beschreibung in Nr. 1.5.7 der HOAI 2009. Im Zuge der nunmehr zugrunde gelegten methodenneutralen Beschreibung entfällt auch hier der Hinweis auf die terrestrischen und fotogrammetrischen Aufnahmearten. Die in **Nr. 1.4.7 Abs. 2** vorgenommene ausführliche Beschreibung des Leistungsbildes in den einzelnen Leistungsphasen wurde gegenüber der bisherigen Empfehlung in Nr. 1.5.7 Abs. 2 der HOAI 2009 aktualisiert und an die neue Systematik der Leistungsphasen angepasst. Im Einzelnen wurde das Leistungsbild der Nr. 1.4.7 Abs. 2 wie folgt gegenüber Nr. 1.5.7 Abs. 2 der HOAI 2009 überarbeitet:

Leistungsphase 1

Die bisherigen Grundleistungen a) und b) werden in der neuen Grundleistung b) zusammengefasst. Die neue Grundleistung a) stellt dabei lediglich eine Vorleistung zur Grundleistung b) dar. Die bisherige Grundleistung d) wird nicht mehr als Grundleistung geführt, sondern den Besonderen Leistungen zugeordnet, da der Leistungsinhalt (Messprogramme für Bewegungs- und Deformationsmessungen) einer festen Bepreisung nur sehr bedingt zugänglich ist.

Leistungsphase 2

Die gesamte Leistungsphase 2 wurde neu eingeführt (siehe die Ausführungen zu Nr. 1.4.4). Die Berechnung der Detailgeometrie hat sich als fachtechnisches Erfordernis erwiesen. »Aufzeigen von Widersprüchen« umfasst das Prüfen aller von Dritten beigebrachten und vorgegebenen Grundlagendaten in Hinblick auf die Umsetzbarkeit des Projekts.

Leistungsphase 3

Neu aufgenommen wurde die Leistungsphase »Bauvorbereitende Vermessung«, wodurch sich die Anzahl der Leistungsphasen bei der Bauvermessung von vier auf fünf erhöht. Die prozentuale Gewichtung wurde entsprechend angepasst. Die Grundleistungen a) und b) der Leistungsphase 3 sind neu. Das »Prüfen« eines Festpunktfeldes gemäß Grundleistung a) erfordert die Bereitstellung vorhandener vermessungstechnischer Unterlagen und Daten. Die »Ergänzung« eines bauvorbereitenden Festpunktfeldes basiert auf definierten Genauigkeitsanforderungen und dem projektbezogenen Schwierigkeitsgrad. Gleiches gilt für die Anzahl von Festpunkten, die projektspezifisch sehr unterschiedlich sein können. Dabei ist zu klären, ob die Angaben für die nachfolgende Arbeit bereits hinreichend oder ob Anpassungen, Verdichtungen und/oder Ergänzungen erforderlich sind.

Die Grundleistung b) behandelt alle projektbezogenen Arbeiten zur Vorbereitung der örtlichen Absteckungsaufgabe. Hierzu gehört das Vorbereiten der Absteckdokumentation und der dazu notwendigen Protokolle. Diese ist Voraussetzung für die anschließende Übergabe (Grundleistung d) an Dritte als weitere Arbeitsgrundlage, zum Beispiel bei der Arbeitsvorbereitung eines ausführenden Unternehmens.

Grundleistung c) entspricht inhaltlich im Wesentlichen unverändert der bisherigen Grundleistung a). Unter c) erfolgt die eigentliche Absteckung, bei der die wesentliche Projektgeometrie in Relation zu den zu beachtenden Grenzen und Zwangspunkten in die Örtlichkeit zu übertragen und sichtbar zu markieren ist.

Grundleistung d) bleibt inhaltlich unverändert gegenüber der bisherigen Grundleistung b). Mit der Leistungsphase erfolgt die Übergabe der Festpunkte, der abgesteckten Projektgeometrie und der Absteckungsunterlagen in Form einer nachvollziehbaren Dokumentation an die bauausführenden Beteiligten.

In der Praxis kommt es selten vor, dass hoheitliche Katastervermessungen in direktem zeitlichem und örtlichem Zusammenhang mit Absteckungen ausgeführt werden und die hoheitlichen Vermessungen auf der Grundlage der Gebührenordnungen der Länder erfolgt, Absteckungen jedoch nach der HOAI honoriert werden. Dieser Umstand kann durch eine angemessene Bewertung der Grundleistungen in Prozenten berücksichtigt werden.

Leistungsphase 4

Die Leistungsphase 4 entspricht – bis auf die Grundleistung e) – inhaltlich vollumfänglich der bisherigen Leistungsphase 3 in Nr. 1.5.7 der HOAI 2009. Die Klarstellung zur

Grundleistung c), dass Vermessungsleistungen für Wasserstraßen nicht erfasst sind, entfällt aufgrund der bereits im Anwendungsbereich vorgenommenen Beschränkung (im Einzelnen siehe die Erläuterung zur Nr. 1.4.1).

Leistungsphase 5
Sie entspricht – hinsichtlich der Grundleistungen b) und c) wörtlich und hinsichtlich der Grundleistung a) inhaltlich – der Leistungsphase 4 in Nr. 1.5.7 der HOAI 2009.

Nr. 1.4.7 Abs. 4 passt die bisher in Nr. 1.5.7 Abs. 3 der HOAI empfohlene Abminderungsmöglichkeit bei Gebäuden an die neue prozentuale Gewichtung für die Leistungsphase 3 an.

Die in **Nr. 1.4.8 in Abs. 1 und 2** enthaltenen Honorartafeln sehen für die Planungsbegleitende Vermessung und die Bauvermessung gesonderte Honorartafeln vor. Die Honorierung der Planungsbegleitenden Vermessung erfolgt nach Verrechnungseinheiten.

Nr. 1.4.9 (Sonstige vermessungstechnische Leistungen) stellt klar, dass für die in Nr. 1.4.1 Abs. 2 Nr. 3 aufgeführten sonstigen vermessungstechnischen Leistungen das Honorar in Anlage 1.4 nicht geregelt ist. Es kann daher ergänzend frei vereinbart werden.

5 Der Architekten- und Ingenieurvertrag und seine Abwicklung

5.1 Gesetzliche Grundlagen für den Vertrag im Bürgerlichen Gesetzbuch (BGB) nach dem 1.1.2018

5.1.1 § 650p BGB

(1) Durch einen Architekten- oder Ingenieurvertrag wird der Unternehmer verpflichtet, die Leistungen zu erbringen, die nach dem jeweiligen Stand der Planung und Ausführung des Bauwerks oder der Außenanlage erforderlich sind, um die zwischen den Parteien vereinbarten Planungs- und Überwachungsziele zu erreichen.

(2) Soweit wesentliche Planungs- und Überwachungsziele noch nicht vereinbart sind, hat der Unternehmer zunächst eine Planungsgrundlage zur Ermittlung dieser Ziele zu erstellen. Er legt dem Besteller die Planungsgrundlage zusammen mit einer Kosteneinschätzung für das Vorhaben zur Zustimmung vor.

Grundlagen
Die Rechtsnatur des Architekten- und Ingenieurvertrags als Dienstleistungs- oder Werkvertrag war in der Vergangenheit stark umstritten. Verwirrung bringt die Dienstleistungsrichtlinie 2014/24/EU, wonach planerische Tätigkeiten der Dienstleistung verschoben wurden (hierzu Ingenstau/Korbion, VOB, Teile A und B, VOB/A, § 1, Rn. 37). Das ist allerdings national nicht erfolgt und entspricht nicht dem Rechtssystem. § 650p ändert an der grundsätzlichen Einordnung nichts (Begründung zum Regierungsentwurf BT-Drucks. 18/8486 S. 66). Die Vorschriften zum Werkvertragsrecht sind über die Verweisung in § 650q anzuwenden.

Grundsätzlich ist zwischen der Auftrags-/Leistungserteilung und dem Abschluss einer Honorarvereinbarung zu unterscheiden. Nach § 7 Abs. 1 Satz 1 HOAI ist die Honorarvereinbarung in Textform zu fassen. Das bedeutet, dass die Formen des § 126b BGB zu beachten sind. Damit sind nun auch E-Mails erlaubt bzw. fallen darunter. Zudem ist nun in § 7 Abs. 1 HOAI 2021 die Möglichkeit eingeräumt, bei Auftraggebern, die nicht Verbraucher im Sinne des § 13 BGB sind, den textlichen Vertragsschluss auch während der Laufzeit des Leistungsvertrags erst zustande zu bringen. Verbraucher sind nach § 7 Abs. 2 HOAI allerdings vor verbindlicher Vertragserklärung zum Honorarvertrag in Textform darauf hinzuweisen, dass es möglich ist, das Honorar oberhalb oder unterhalb der jeweiligen Wertetabelle abzuschließen. Erfolgt die Vereinbarung nicht oder nicht rechtzeitig, gilt für Grundleistungen nach Anordnung der HOAI 2021 nur der Basissatz (früher Mindestsatz) als vereinbart.

Damit ist immer strikt zwischen dem Leistungsteil des Vertrags und dem Honorarteil zu unterscheiden. Im Leistungsteil ist genau zu definieren, was der Auftragnehmer zu leisten hat. Dabei müssen die Grundleistungen und die Besonderen Leistungen der jeweiligen Leistungsbilder als Anhaltspunkte der Leistungspflicht in Vertrag im Einzelnen aufgenommen und bei Besonderen Leistungen exakt beschrieben werden. Das gilt auch für zusätzliche Grundleistungen oder Leistungen, die sich in der HOAI nicht finden. Zur jeweiligen Leistungsbeschreibung im Vertrag muss sich dann jeweils die Honorarzuordnung vertraglich auffinden lassen. Das geschieht, indem die jeweiligen prozentualen Ansätze der Leistungsphasen und Teilleistungsphasen (z. B. § 34 HOAI in Verbindung mit Anlage 10.1) ggf. unter Verwendung der Siemon- oder Simmendinger-Listen die Leistung dem Honorar zuordnen. Die Verwendung der Listen sollte aufgrund der Änderung in der HOAI 2021 nun schriftlich im Vertrag vereinbart werden.

Auch weiterhin wird die Akquisitionsleistung durchaus vorkommen. Dabei hat der Auftragnehmer Leistungen erbracht – in der Hoffnung auf einen Vertragsschluss zu Leistung und Honorar. Obwohl § 7 Abs. 1 HOAI 2021 scheinbar auch die Leistung regelt, ist auf jeden Fall im Fall der Tätigkeit für einen Nichtverbraucher (z. B. § 14 BGB) weiterhin die Gefahr der Nichtvereinbarung des Honorars in Textform gegeben. Die positiven Auswirkungen der fiktiven Anwendung des § 7 Abs. 2 Satz 2 HOAI, wonach die Vereinbarung des Basissatzes gilt, betrifft nur den Verbrauchervertrag, § 13 BGB. Aber dennoch sind auch hier in beiden Fällen immer die Leistungsvereinbarung und die Honorarvereinbarung zu unterscheiden. Bei der Akquisition bedeutet das, dass der Auftragnehmer das Zustandekommen des Leistungsvertrags zumindest zu beweisen hat. Daher gilt die bisherige Rechtsprechung dazu weiter (vgl. OLG Koblenz, Hinweisbeschluss vom 26.7.2017 – 5 U 400/17; OLG München, Hinweisbeschluss vom 18.8.2014 – 9 U 1314/14: Akquisephase bei Leistungen zur Erlangung der Baugenehmigung verlassen; OLG Düsseldorf, Beschluss vom 14.10.2014 – I-22 U 104/14; OLG Frankfurt, Urteil vom 7.12.2012 – 10 U 183/11; OLG München, Beschluss vom 11.9.2014 – 9 U 1314/14; OLG Celle, Urteil vom 26.10.2011 – 14 U 54/11: Ausnahmefall: Akquise bei Erbringung von Leistungen der LP 4; OLG Brandenburg, Urteil vom 23.6.2011 – 12 U 22/11; OLG Dresden Urteil vom 16.2.2011 – 1 U 261/10; OLG Düsseldorf, Urteil vom 21.6.2011 – 21 U 129/10; OLG Celle, Urteil vom 7.3.2011 – 14 U 7/11; Urteil vom 17.2.2010 – 14 U 138/09; OLG Karlsruhe, Urteil vom 17.2.2010 – 8 U 143/09; OLG Hamm, Urteil vom 9.9.2008 – 19 U 23/08; OLG München, Urteil vom 15.4.2008 – 9 U 4609/07; OLG Düsseldorf, Urteil vom 22.1.2008 – 23 U 88/07; OLG Frankfurt, Urteil v. 20.9.2005 – 22 U 210/02). Leistungen zu Akquisitionszwecken liegen z. B. vor, wenn der Architekt die Leistungen durchführt, um im Wettbewerb mit anderen Bewerbern einen Auftrag zu erhalten. Das kann auch sein, wenn die Realisierung des Vorhabens aus baurechtlichen oder finanziellen Gründen noch ungewiss ist (BGH, Urteil vom 26.4.1999 – VII ZR 198/98; OLG Düsseldorf, Urteil vom 22.1.2008 – 23

U 88/07). In Betracht kommt auch ein von der Realisierung abhängiger und damit bedingter Vertrag und Vergütungsanspruch (BGH, Urteil vom 28.3.1985 - VII ZR 180/84; Urteil vom 19.2.1998 - VII ZR 236/96; OLG Frankfurt, Urteil vom 27.8.2008 - 3 U 125/07).

Ist aber der Leistungsvertrag zustande gekommen, so besteht die Vermutung der Entgeltlichkeit über § 632 Abs. 2 BGB (BGH, Urteil vom 9.4.1987 - VII ZR 266/86).

Eine konkludente Beauftragung kann nur unter Berücksichtigung aller Umstände des Einzelfalls angenommen werden (BGH, Urteil vom 11.10.2007 - VII ZR 143/06 zur Entgegennahme von Leistungen der LP 6-8 (!) als Grundlage für eine konkludente Beauftragung; BGH, Urteil vom 24.6.1999 - VII ZR 196/98: Entgegennahme reicht ohne weitere Umstände, die einen rechtsgeschäftlichen Willen erkennen lassen, nicht aus; OLG Hamm, Urteil vom 23.4.2010 - 19 U 12/08 für das Verlangen und Verwerten von Unterlagen; OLG Düsseldorf, Hinweisbeschluss vom 14.10.2014 - I - 22 U 104/14; OLG Hamburg, Urteil vom 21.12.2007 - 10 U 1/07; OLG Brandenburg, Urteil vom 23.6.2011 - 12 U 22/11 zur Entgegennahme von Leistungen aus den LP 1-6). Ein Indiz kann die Aufforderung zur Erbringung von Leistungen und Änderung derselben sein (OLG Düsseldorf, Urteil vom 21.6.2011 - 21 U 129/10). Der Ausgleich von Abschlagszahlungsrechnungen kann als ein Umstand, der für eine Beauftragung sprechen kann, herangezogen werden (BGH, Urteil vom 6.5.1985 - VII ZR 320/84; OLG Hamm, Urteil vom 23.4.2010 - 19 U 12/08). Gleiches gilt für die Verwendung von Unterlagen durch den Besteller gegenüber Behörden (OLG München, Beschluss vom 11.9.2014 - 9 U 1314/14 Bau) sowie die Erteilung einer Vollmacht zur Klärung der Genehmigungsfähigkeit oder die Unterschrift des Auftraggebers unter Pläne, Bauvoranfragen, Baugesuche (vgl. z. B. KG, Urteil vom 28.12.2010 - 21 U 97/09, BGH, Beschluss vom 29.4.2013 - VII ZR 32/11, Nichtzulassungsbeschwerde zurückgewiesen; OLG Stuttgart, Urteil vom 10.2.2005 - 13 U 147/04). Ein Indiz für eine Beauftragung ist auch die weitere Verwendung von Planunterlagen/Ausschreibungsunterlagen.

Hierzu zählen auch die bedingten Beauftragungen. Die Parteien können zum Beispiel vereinbaren, dass erst bei Eintritt einer Bedingung sowohl der Leistungs- als auch der Honorarvertragsteil gelten soll. Dabei allerdings ist zu berücksichtigen, dass zumeist die bisher erbrachte Leistung entweder wieder dem Akquisitionsteil oder dem fest vereinbarten Leistungsteil zuzuordnen ist (hierzu BGH, Urteil vom 18.12.2008 - VII ZR 189/06), vom Erwerb eines Grundstücks abhängig gemacht wird (OLG Hamm, Urteil vom 16.10.1986 - 24 U 24/86) oder auch von der Aufnahme in ein Investitionsprogramm (OLG Dresden, Urteil vom 22.5.2008 - 9 U 2062/05).

Neu ist die Abgrenzung zur sogenannten **Zielfindungsphase**. Stehen die Planungs- und Überwachungsziele noch nicht fest, ordnet § 650p Abs. 2 BGB an, dass der Architekt/Ingenieur zunächst die Planungsgrundlage und eine Kosteneinschätzung zur Ermittlung dieser Ziele zu erstellen und dem Besteller zu übergeben hat. Allerdings setzt diese Regelung einen bereits abgeschlossenen Vertrag voraus.

Die Bestimmbarkeit der Leistung des Architekten im Vertrag ist deutlich zu regeln. Denn die Hauptpflichten eines Vertrags müssen im Vertrag bestimmt oder zumindest nach objektiven Maßstäben bestimmbar sein. In den Architektenverträgen wird die zu erbringende Planungsleistung häufig wenig konkretisiert. Eine grobe Festlegung reicht aber nach dem BGH aus (vgl. BGH, Urteil vom 8.2.1996 – VII ZR 219/94; Urteil vom 23.4.2015 – VII ZR 131/13). Eine ausreichende weitergehende Bestimmbarkeit des Vertragsinhalts liegt vor, wenn die Auslegung des Vertrags ergibt, dass dem Besteller konkludent ein Leistungsbestimmungsrecht eingeräumt worden ist (BGH, Urteil vom 23.4.2015 – VII ZR 131/13).

Grundsätzlich ist zwar dem § 650p BGB nicht zu entnehmen, dass eine schriftliche Vereinbarung zu erfolgen hat. Allerdings ist das bei Nachträgen bereits anders geregelt (§ 650b und c BGB). § 7 Abs. 1 und 2 HOAI gehen aber von einer schriftlichen Vereinbarung des Honorarteils aus. Daher gilt die Textform für beide Teile, § 126b BGB. Allerdings gilt auch, dass Architektenverträge vom Formerfordernis des § 311b BGB erfasst werden können, wenn sie im Zusammenhang mit einem formbedürftigen Grundstücksgeschäft abgeschlossen werden und kein Verstoß gegen das Koppelungsverbot gegeben ist (BGH, Urteil vom 24.9.1987 – VII ZR 306/86). Allerdings sind bei Verträgen mit der öffentlichen Hand und kirchlichen Einrichtungen Besonderheiten zu beachten, da die Vorschriften der Gemeindeordnungen, Landkreisordnungen, kirchenrechtliche Vorschriften usw. Formerfordernisse beinhalten.

Allerdings sind Verstöße gegen das Koppelungsverbot zu beachten. § 2 ArchlG (früher Art. 10 § 3 MRVG) regelt:

> Eine Vereinbarung, durch die der Erwerber eines Grundstücks sich im Zusammenhang mit dem Erwerb verpflichtet, bei der Planung oder Ausführung eines Bauwerks auf dem Grundstück die Leistungen eines bestimmten Ingenieurs oder Architekten in Anspruch zu nehmen, ist unwirksam. Die Wirksamkeit eines des auf den Erwerb des Grundstücks gerichteten Vertrages bleibt unberührt.

Verstöße gegen § 1 Abs. 2 Nr. 2 SchwarzArbG (»ohne Rechnung«) führen auch zur Unwirksamkeit des Planungs- bzw. Überwachungsvertrags.

Der zeitlicher Anwendungsbereich des § 650p BGB ist in Art. 229 § 39 EGBGB geregelt und auf Schuldverhältnisse, die vor dem 1.1.2018 entstanden sind, nicht anzuwenden.

§ 650p Abs. 1 BGB definiert, dass die Planungs- und Überwachungsleistung sich auf ein Bauwerk und/oder eine Außenanlage erstrecken muss. Das sind nicht nur **Neubauten**, sondern auch **grundlegende Erneuerungsarbeiten**, die insgesamt einer ganzen oder teilweisen Neuerrichtung gleichzusetzen sind (BGH, Urteil vom 19.3.2002 – X ZR 49/00). Man hat davon auszugehen, dass ebenfalls Voraussetzung ist, dass die Gegenstände, für die die Planungs- /Überwachungsleistungen erbracht werden, fest mit dem Grundstück verbunden werden, und ferner auch, dass die Leistungen für Konstruktion, Bestand, Erhaltung und Benutzbarkeit des Gebäudes von wesentlicher Bedeutung sind. Bei kleineren Umbaumaßnahmen, Renovierungen und Instandhaltungen lägen also keine Leistungen bei einem Bauwerk vor. Dies hat zur Folge, dass die Regelungen der §§ 650p ff. BGB nicht anwendbar sind. Das findet sich sogar in der amtlichen Begründung wieder: »umfangreiche und komplexe Tätigkeiten geschuldet (seien), auf die die Regelungen dieses Untertitels zugeschnitten sind« (BT-Drucks. 18/8486 S. 67).

Werden Innenräume geplant bzw. umgebaut, so sind diese Leistungen im Zusammenhang mit einem Neubau Bauwerke. Bei Leistungen im Bestand hängt es von der Intensität des Eingriffs ab. Werden lediglich Renovierungsmaßnahmen im Innern ohne wesentliche Eingriffe in Substanz und Konstruktion, wie beispielsweise bei Malerarbeiten, geplant/ausgeführt und/oder überwacht, sind die Voraussetzungen des Bauwerksbegriffs nicht erfüllt. Das gilt auch für die Planung der Möblierung.

Hierzu zählen auch die besonderen Leistungsbilder der Anlage 1 der HOAI 2021.

Außenanlagen, also die Freianlagenplanung gem. § 38 ff. HOAI, gehören zum Begriff des § 650p Abs. 1 BGB. Bei den Leistungen nach Teil 2 der HOAI handelt es sich nicht um Tätigkeiten, die von § 650p BGB gedeckt sind, aber unter § 631 BGB fallen.

Weitere Voraussetzung ist die berufsrechtliche Zulässigkeit, als Architekt oder Ingenieur tätig werden zu dürfen. Der BGH hatte entschieden, die Anwendbarkeit der HOAI leistungsbezogen und nicht personenbezogen zu sehen (BGH, Urteil vom 22.5.1997 – VII ZR 290/95). Da es nach dem Wortlaut in Abs. 1 um Leistungen geht, die erforderlich sind, um vereinbarte Planungs- und Überwachungsziele zu erreichen, ist das leistungsbezogene Verständnis auch auf die gesetzliche Regelung zu übertragen. Zum anderen ergibt sich aus § 1 Satz 1 HOAI ebenfalls deutlich die Übernahme dieser Sichtweise.

Allerdings werden nicht alle Leistungen umfasst, die beruflich oder tätigkeitsbezogen mit Planungen von den o. a. Bauwerken und Außenanlagen zu tun haben. So fallen nicht darunter:

- Projektentwicklungsleistungen
- SiGeKo-Leistungen
- Vermessungsleistungen
- Beratungsleistungen in Anlage 1 (Geotechnik, Bauphysik)
- Projektsteuerungsleistungen

In Abs. 2 des § 650p BGB ist der Begriff der Planungs- und Überwachungsziele im Vertrag genannt. Damit sind das versprochene Werk im Sinne des § 631 Abs. 1 BGB und der nach § 631 Abs. 2 herbeizuführende Erfolg gemeint. Es handelt sich um eine Planung, mit der das Bauwerk oder die Außenanlage so hergestellt werden kann, dass die vereinbarten Beschaffenheiten des Bauwerks und der Außenanlagen entstehen – dies umfasst auch konkludent die vereinbarte Verwendungseignung und Funktionstauglichkeit. Die Bauüberwachung muss so beschaffen sein, dass das Bauwerk oder die Außenanlage entsprechend der Planung und entsprechend den allgemein anerkannten Regeln der Technik entsteht.

Wichtig ist, dass zu den Planungs- und Überwachungszielen im Vertrag auch die durchzuführende Maßnahme als Neubau, Umbau oder Instandsetzung definiert wird. Es geht also darum, dass die Rahmenbedingungen und die Planungsvorstellungen des Auftraggebers klar erkannt werden können. Selten wird nämlich die Grundlage für die Beurteilung der vereinbarten Beschaffenheit beschrieben, weil der Auftraggeber meist bautechnischer Laie ist oder – wie beim öffentlichen Auftraggeber im Rahmen der Vergabe bereits auf konkrete Definitionen der Leistungspflicht des Auftragnehmers verzichtet wird (Schallschutz bei der Bodensanierung eines Altbaus: OLG Düsseldorf, Urteil vom 15.7.2010 – 5 U 25/09).

§ 650 Abs. 2 BGB räumt aber nun dem Besteller ein, über den weiteren Planungsinhalt zu bestimmen, er hat ein Leistungsbestimmungsrecht (vgl. schon BGH, Urteil vom 23.4.2015 – VII ZR 131/13). Aber neben diesem Recht hat der Besteller die Pflicht, im Wege der Mitwirkung die erforderlichen Entscheidungen zu treffen. Dies gilt im Hinblick auf die Erteilung der Zustimmung nach Vorlage von Planungsgrundlage und Kosteneinschätzung im Falle des § 650p Abs. 2. Erteilt er seine Zustimmung zu den ordnungsgemäß übergebenen Unterlagen innerhalb einer angemessenen Frist nicht, kann der Architekt/Ingenieur den Vertrag kündigen, § 650r Abs. 2 BGB.

Im weiteren Planungsverlauf muss er die erforderlichen Entscheidungen ebenfalls zeitnah treffen. Wenn er das nicht tut, kann ihn der Auftragnehmer nach § 643 BGB in Verzug setzen und dann kündigen. Außerdem steht ihm nach der Behinderungsanzeige ein Ersatzanspruch nach § 642 BGB zu. Allerdings kann es sein, dass der Auftraggeber nach der Kosteneinschätzung erst die Finanzierbarkeit prüfen muss und daher eine längere Entscheidungsphase benötigt. Dann kann er sich – ohne die Zustimmung erteilt zu haben – vom Vertrag lösen, § 650p Abs. 2 BGB. Aber wenn er die Zustimmung zu den Planungsgrundlagen erteilt hat, kann ein seinen Vorstellungen nicht entsprechender Entwurf nicht zu einem Recht führen, sich vom Vertrag zu lösen. Allerdings ist dem Besteller dann das Recht einzuräumen, ein außerordentliches Kündigungsrecht wahrzunehmen, wenn ein Festhalten am Vertrag nicht zumutbar ist, weil die vorgelegten Entwürfe seinen Vorstellungen nach der Überdenkungsphase dann doch nicht entsprechen (unklar dazu BGH, Urteil vom 23.4.2015 – VII ZR 131/13).

Der Architekt darf von einer einmal getroffenen Vereinbarung zur Beschaffenheit nicht abweichen. Wenn aber die Abänderung der Beschaffenheitsvereinbarung vom **Bestel-**

ler angestrebt wird, dann betrifft das das »Anordnungsrecht des Bestellers«. Nach Auffassung des BGH (Urteil vom 8.1.1998 – VII ZR 141/97) sind Vorgaben des Bauherrn, z. B. zur Optimierung der Nutzbarkeit, auch dann verbindlich, wenn sie erst im Laufe des Planungsprozesses erfolgen (Urteil vom 21.3.2013 – VII ZR 230/11). Der Gesetzgeber hat das nun über § 650q Abs. 1, 2 i. V. m. § 650b, c BGB positiv geklärt. Es geht dort um die Anordnung während der Planungs- und Bauausführung und den dann erforderlichen Nachtrag.

Andererseits steht dem Architekten ebenfalls ein Abänderungsrecht zu, wenn bestimmte Umstände eintreten.

Beispiel: Abänderungsrecht des Architekten

!

Wenn ein Bauantrag nicht genehmigt wird oder sich sonst die bisherige vom Auftraggeber gewünschte Planung als nicht durchführbar herausstellt, kann der Architekt durchaus vertraglich berechtigt sein, seinerseits die Planung einseitig so abzuändern, dass eine genehmigungsfähige Planung erreicht wird. Aber das hängt von der getroffenen Vereinbarung über die Beschaffenheit des Bauwerks ab. Das bedeutet, dass danach zu fragen ist, ob die Vorgaben des Auftraggebers so bindend sind, dass der Auftraggeber im Rahmen der objektiven Auslegung zum Vertragsziel dem doch zuzustimmen hat, weil er sonst das Vertragsziel gefährdet. Ist das aber bindend festgelegt, ist der Architekt grundsätzlich nicht berechtigt, davon abweichend zu planen und diese Planung umzusetzen (BGH, Urteil vom 26.9.2002 –VII ZR 290/01, weniger Quadratmeter Nutzfläche; Urteil vom 21.12.2000 –VII ZR 17/99, französische Balkone und Dachgauben).

Die Folge der nicht vertraglichen Umsetzung bzw. des Mangels der Planungsleistung ist über § 633 BGB die Mängelhaftung nach §§ 634 Nr. 4, 311a BGB. Der Auftragnehmer haftet auf Schadensersatz statt der Leistung, es sei denn, er hat die Unmöglichkeit der Planungsleistung bei Vertragsschluss nicht gekannt und seine Unkenntnis auch nicht zu vertreten. Grundsätzlich kommt es z. B. bei fehlender Genehmigungsfähigkeit darauf an, welche Sorgfaltspflichten den Planer vor und bei Vertragsschluss treffen, um die Genehmigungsfähigkeit abzuschätzen. Fahrlässig dürfte er handeln, wenn er Zweifel haben sollte, dass das Bauvorhaben genehmigungsfähig ist. Er muss dann vor Vertragsschluss bereits Erkundigungen anstellen (jetzt in § 650p Abs. 1 BGB und Leistungsphase 1) oder mit dem Besteller einen Risikoausschluss vereinbaren, wenn er das befürchtet. Den Planer trifft die Beweislast, dass ihm kein Verstoß gegen die Sorgfaltspflicht anzulasten ist.

Im Architektenvertrag kann vereinbart werden, dass und in welchem Umfang der Besteller rechtsgeschäftlich das Risiko übernimmt, wenn die vom Architekten zu erstellende Planung nicht genehmigungsfähig ist (BGH, Urteil vom 20.12.2012 – VII ZR 209/11; Urteil vom 10.2.2011 – VII ZR 8/10; Urteil vom 26.9.2002 – VII ZR 290/01). Eine vertragliche Risikoübernahme kann durch den Besteller auch nach Vertragsschluss im Rahmen der Abstimmung über das geplante Bauvorhaben erfolgen (BGH, Urteil vom 20.12.2012 – VII ZR 209/11).

Der Architekt muss dann Bedenken gegen die vertraglich vorgesehene Planung erheben, wenn er die Fehlerhaftigkeit der Planungsvorgaben erkennt (BGH, Urteil vom 8.11.2007 – VII ZR 183/05; OLG München, Urteil vom 14.5.2013 – 9 U 338/12 zu Hinweispflichten des Tragwerksplaners bei erkennbaren Fehlern der Objektplanung).

Zur Auslegung des Vertragsinhalts, also der Vorgabe im Sinne des §650p BGB, werden Verträge mit Bezugnahme auf Leistungsbilder, Leistungsphasen oder Grundleistungen der HOAI herangezogen. Das ist im Grunde falsch, weil die HOAI nur eine Auslegungshilfe sein kann (BGH, Urteil vom 26.7.2007 – VII ZR 42/05). Die Leistungsphasen stellen die Zusammenfassung von Grundleistungen dar. Diese hat der Architekt zu erbringen – nicht etwa notwendige Besondere Leistungen. Die Vereinbarung zwischen Auftraggeber und Auftragnehmer, deren Inhalt durch Auslegung zu ermitteln ist, kommt Vorrang vor §650p Abs. 1 BGB zu, wonach nur die Planungs- und Überwachungsziele geschuldet sind, die zur Erreichung der vereinbarten erforderlichen Leistungen notwendig sind.

Eine Besonderheit betrifft Pauschalleistungsverträge, die die Leistung überhaupt nicht beschreiben, sondern nur pauschal einen Leistungsbegriff beinhalten (z. B. ein Haus, einen Park, eine Halle). Dann hat sich die Auslegung an den konkreten Gegebenheiten und an dem zu orientieren, was üblicherweise für die ordnungsgemäße Erfüllung der Gesamtaufgabe notwendig ist. Hier schuldet der Auftragnehmer alle Leistungen, die nach den örtlichen und sachlichen Gegebenheiten erforderlich sind und auch ohne ausdrückliche Vereinbarung werden die Grundleistungen, die üblicherweise für eine Aufgabe zu erbringen sind, geschuldet. Hier ist §157 BGB zu berücksichtigen (Vertrag nach Verkehrssitte auslegen). §650p Abs. 1 BGB spielt ebenfalls eine Rolle, wonach der Auftragnehmer verpflichtet ist, die erforderlichen Leistungen zu erbringen, soweit nichts anderes vereinbart ist. In aller Regel wird man auch weiterhin bei der Auslegung insoweit auf die Leistungsbilder der HOAI zurückgreifen können.

Bei den vertraglichen Vereinbarungen, die die Parteien treffen, ist zunächst zu erfassen, dass §650p Abs. 1 BGB eine gesetzliche Empfehlung ist, aber der Vertrag damit auch dem AGB-Recht unterliegt. Das bedeutet, dass er inhaltlich von den Leitgedanken des §307 Abs. 1, 3 BGB nicht abweichen soll. Das gilt für den Architekten wie für den Besteller, der den Vertrag stellt. Stellt der Architekt den Vertrag und handelt es sich um eine Aufzählung der zu erbringenden Leistungen (Leistungsbeschreibung), ist eine Inhaltskontrolle nicht möglich. Die vertragliche Vereinbarung über das Weglassen von erforderlichen Grundleistungen ist nach hier vertretener Meinung regelmäßig intransparent und überraschend. Der Besteller kann in diesem Fall die Leistungserbringung nach §650q Abs. 1 i. V. m. §650b Abs. 1 Satz 1 Nr. 2 BGB anordnen. Die Vereinbarung eines Pauschalhonorars bleibt aber unberührt. Stellt der Besteller den Vertrag, so ist eine Aufzählung der zu erbringenden Leistung (Leistungsbeschreibung) einer Inhaltskontrolle entzogen. Allerdings wird die Auflistung von Leistungen, die regelmäßig nicht erforderlich oder zu erwarten sind, ebenfalls intransparent und überraschend sein, denn sie sind vom Architekten üblicherweise nur bei besonderer Vereinbarung zu erbringen.

Ist im Vertrag die Bausumme als Garantie ausgewiesen, so haftet der Architekt auf die Einhaltung. Da es sich um einen Erfüllungsanspruch und nicht um einen Schadensersatzanspruch handelt, kann der Auftraggeber im Garantiefall verschuldensunabhängig und ohne Vorteilsausgleichung die vollständige Übernahme der Baumehrkosten verlangen (OLG Hamm, Urteil vom 15.3.2013 – 12 U 152/12). Auf den Entfall der Haftpflichtversicherungsdeckung sei hier hingewiesen, weil es ein Verstoß gegen die Versicherungsbedingungen (AVV) darstellt, einen solchen Vertrag abzuschließen.

Etwas anderes ist ein Fehler bei der Grundlagenermittlung nach §650p Abs. 2 BGB. Der Auftragnehmer ist im Rahmen der Grundlagenermittlung verpflichtet, die finanziellen Möglichkeiten des Bestellers zu ermitteln (BGH, Urteil vom 21.3.2013 – VII ZR 230/11; OLG Düsseldorf, Urteil vom 25.3.2014 – 23 U 166/12). Wurde im Fall des §650p Abs. 2 BGB eine Kosteneinschätzung erstellt, übergeben und wurde vom Besteller die Zustimmung hierzu erteilt, ist diese maßgeblich. Die weitere Planung muss hieran ausgerichtet werden. Der Besteller muss über Kostensteigerungen aufgeklärt werden, die eintreten, nachdem ihm vom Auftragnehmer die Kostenermittlungen vorgelegt wurde, und die den Kostenvorstellungen des Bestellers entsprachen und sodann genehmigt wurden (so schon OLG Celle, Urteil vom 24.9.2014 – 14 U 114/13). Das gilt auch bei der Begleitung von Fördermittelanträgen und der Verpflichtung zur Einhaltung der Vorgaben der Fördermittelrichtlinien und -bescheide. Allerdings muss das vertraglich fest vereinbart worden sein, denn es handelt sich nicht um eine Grundleistung, sondern um eine Besondere Leistung.

Auch die Baukostenobergrenze ist als Vereinbarung statthaft. Der Auftraggeber hat die Beweislast, wenn es um den Nachweis der Vereinbarung geht. Annahmen, dass eine bestimmte Bausumme eingehalten werden soll, reichen so nicht aus. Der Auftraggeber muss darlegen, wann und wie diese Baukostenobergrenze vertraglich festgelegt wurde (BGH, Urteil vom 6.10.2016 – VII ZR 185/13).

§650p Abs. 2 BGB

§650p Abs. 2 BGB gilt für die Fälle, in denen ein Vertrag abgeschlossen wurde, ohne dass die wesentlichen Planungs- und Überwachungsziele vereinbart wurden. Hier soll sich der Besteller von Verträgen mit einem umfangreichen Leistungsspektrum (Leistungsphasen 1 bis 9) lösen können, wenn der Vertrag zu einem Zeitpunkt abgeschlossen wird, in dem die wesentlichen Ziele der Planung, der Eigenschaften des Bauwerks bzw. der Außenanlage noch gar nicht geklärt sind. Aber auch, wenn der Vertrag noch nicht abgeschlossen wurde, wäre das nach dem Wortlaut möglich, ist aber so auszulegen, dass über die »Leistungsfindungsphase« zunächst ein separater Vertrag abzuschließen ist. Das aber kann auch ohne textliche Vereinbarung (§ 126b BGB), also mündlich erfolgen. Die Beweislast trägt der Architekt. Verständlich ist das nur, wenn man sich § 650r BGB ansieht, der in solchen Fällen ein Sonderkündigungsrecht des Auftraggebers vorsieht. Im Übrigen gilt, dass die Vorschrift nicht nur bei Verbrauchern Anwendung findet, sondern insgesamt gilt.

§ 650p Abs. 2 BGB sieht die »**Kosteneinschätzung**« vor. Diese ist nicht in der HOAI 2021 oder der DIN 276-1:12-2008 bzw. DIN 276:1-2018 geregelt oder vorgesehen. Sie ist eine »Erfindung« des Gesetzgebers (Begründung zum Regierungsentwurf BT-Drucks. 18/8486 S. 67) und soll »dem Besteller eine grobe Einschätzung der zu erwartenden Kosten für seine Finanzierungsplanung geben«. Die Kosteneinschätzung ist der Kostenschätzung ähnlich, die in Leistungsphase 2 der Anlage 10 zur HOAI 2021 angesiedelt ist. Sie unterscheidet sich allerdings von der Kostenschätzung dadurch, dass die formellen Anforderungen, die die DIN 276 in Ziffer 3.4.2 vorsieht (Kostengliederung bis zur ersten Ebene), nicht eingehalten werden müssen. Darüber hinaus gelten auch die Vorgaben zur Ermittlung der Kosten gemäß DIN 276 in Ziffer 3.4.2 für die Kosteneinschätzung nicht. Die Kosten können, müssen aber nicht nach den Bezugseinheiten der DIN 276 (Grundflächen-/Rauminhalte) ermittelt werden. Bei der Kosteneinschätzung handelt es sich vielmehr um eine »abgespeckte« Form der Kostenschätzung. Wird eine Kostenschätzung erstellt, erfüllt diese die Anforderungen an § 650p Abs. 2 BGB.

Die Vergütung hierfür ist nicht in § 650p Abs. 2 BGB geregelt, sondern rudimentär in § 650r Abs. 3 BGB. Danach kann im Kündigungsfall nur das beansprucht werden, was bisher auf die Leistung entfiel. Hier ist wesentlich, was die Parteien zur Leistung nach § 650p Abs. 2 BGB vereinbart haben. Es muss also nur dafür zunächst ein separater Vertrag geschlossen werden. Da die HOAI das nicht vorsieht, kann das Honorar frei vereinbart werden. Meist werden sich Stundensätze oder Pauschalen empfehlen.

5.1.2 § 650q BGB

> (1) Für Architekten- und Ingenieurverträge gelten die Vorschriften des Kapitels 1 des Untertitels 1 sowie die §§ 650b, 650e bis 650h entsprechend, soweit sich aus diesem Untertitel nichts anderes ergibt.
>
> (2) Für die Vergütungsanpassung im Fall von Anordnungen nach § 650b Absatz 2 gelten die Entgeltberechnungsregeln der Honorarordnung für Architekten und Ingenieure in der jeweils geltenden Fassung, soweit infolge der Anordnung zu erbringende oder entfallende Leistungen vom Anwendungsbereich der Honorarordnung erfasst werden. Im Übrigen gilt § 650c entsprechend.

§ 650q Abs. 1 BGB

§ 650q Abs. 1 BGB verweist auf die Regelungen des Werkvertragsrechts nach §§ 631 ff. BGB und auf die Anwendung der §§ 650b, 650e bis 650h BGB. Die allgemeinen Regeln gelten daher auch im Architekten- und Ingenieurvertrag. Besonders ist auf folgende Bestimmungen hinzuweisen:

- **§ 650b BGB – Änderung des Vertrages, Anordnungsrecht des Bestellers**
  Dem Besteller steht ein Recht zur Erteilung von Anordnungen zur Änderung des Vertrags zu. Dies war bislang mangels einer gesetzlichen Regelung im Einzelnen stark umstritten. Man konnte die Ansicht vertreten, dass ein Anordnungsrecht je nach Planungsstadium bestand. Das ist jetzt gesetzlich überholt. Die Einzelheiten ergeben sich aus § 650b BGB.
- **§ 650e BGB – Sicherungshypothek des Bauunternehmers**
  Nunmehr ist durch die Verweisung klar, dass auch dem Architekten/Ingenieur eine Sicherheit zusteht. Die Einzelheiten ergeben sich aus § 650e BGB (bis 1.1.2018 war das § 648 BGB).
- **§ 650f BGB – Bauhandwerkersicherung**
  Hier gilt nichts anderes. Das war vorher in § 648a BGB geregelt; es wird auf den neuen Wortlaut verwiesen.
- **§ 650 g Abs. 1 bis 3 – Zustandsfeststellung**
  Bei der Verweigerung der Abnahme kann der Architekt die Zustandsfeststellung fordern. Der Vorgang und die Rechtsfolgen sind dort beschrieben.
- **§ 650 g Abs. 4 BGB – Entrichtung der Vergütung und Schlussrechnung**
  Die Regelung sieht die Übergabe einer prüfbaren Schlussrechnung vor. § 15 Satz 1 HOAI 2021 verweist nun darauf. Abschlagszahlungen können nach § 632a BGB und nicht nach § 15 HOAI verlangt werden. Die Fälligkeit des Honoraranspruchs setzt aber neben der Abnahme die Übergabe einer prüffähigen Honorarschlussrechnung voraus. Gesetzlich geregelt wird mit der Vorschrift auch die bisher durch die Rechtsprechung für den Architekten- und Ingenieurvertrag entwickelte Prüffrist. Nach § 650 g Abs. 4 Satz 3 gilt die Schlussrechnung als prüffähig, wenn der Besteller nicht innerhalb von 30 Tagen nach Zugang der Schlussrechnung begründete Einwendungen gegen ihre Prüffähigkeit erhoben hat.
- **Sonderproblem: Teilschlussrechnung**
  § 15 Satz 2 HOAI verweist auf § 632a BGB und gestattet damit die Teilrechnung oder auch Abschlagsrechnungsstellung. Es gilt, dass eine vertragliche bzw. textliche Schriftlichkeit oder Vereinbarung nach dem Wortlaut nicht erfolgen muss. Jedoch ist § 7 Abs. 1 HOAI zu beachten, denn danach ist die Honorierung vertraglich zu vereinbaren. Das bedeutet, dass auch die Honorierung über Abschlagszahlungen und damit auch die Teilschlussrechnung, die üblicherweise nach Erbringung der Leistungsphase 8 vereinbart wird, möglich ist.
  Es gilt damit nichts anderes als der bisherige Rechtszustand zur Vereinbarung des Stellens einer Teilschlussrechnung (BGH, Urteil vom 12.10.1995 – VII ZR 195/94).

Individualvereinbarungen können auch unter Berücksichtigung von § 650 g Abs. 4 BGB getroffen werden.
Zu beachten ist für die Fälligkeit des Vergütungsanspruchs, dass nach § 650 g Abs. 4 BGB auch die (Teil-)Abnahme hinzukommen muss. Der grundsätzliche Anspruch ergibt sich aus § 650s BGB und ist eine Klarstellung zu § 632a BGB und § 650 g Abs. 4 BGB. In dem Vertrag sollte in diesem Fall auch die Durchführung einer Teilabnahme vertraglich vereinbart werden. Liegen die Voraussetzungen für eine Teilabnahme nach § 650s BGB vor, führt dies zur Berechtigung des Stellens einer Teilschlussrechnung. Die Vereinbarung einer Teilschlussrechnung muss enthalten, welche Teilleistungen (z. B. nach Leistungsphasen) durch eine Teilschlussrechnung abgerechnet werden sollen. Das ist insoweit wichtig, als die Parteien festzulegen haben, welche Leistungen durch die in § 650 g Abs. 4 BGB und § 650s BGB vorgesehene Möglichkeit der Teilabnahme überhaupt betroffen sein sollen – sie beziehen sich auf die Prüfbarkeit der Teilschlussrechnung, da dort die gleichen Anforderungen wie an die Honorarschlussrechnung zu stellen sind (vgl. OLG Stuttgart, Urteil vom 3.5.2007 – 19 U 13/05; OLG Köln, Urteil vom 12.12.2013 – 7 U 60/13, BGH, Beschluss vom 15.6.2016 – VII ZR 2/14 – Nichtzulassungsbeschwerde zurückgewiesen).

- **§ 650h – Schriftform der Kündigung**
  Die Kündigung des Architekten-/Ingenieurvertrages ist **ausschließlich schriftlich** möglich. Das betrifft Teilkündigungen, außerordentliche Kündigungen aus wichtigem Grund und freie Kündigungen. Die Folge ist, dass, wenn die Schriftlichkeit fehlt (nicht textlich, wie man bei der HOAI nach § 126b BGB meinen könnte), das Vertragsverhältnis eben nicht beendet ist.
  Möglich sind aber eine stillschweigende Vereinbarung zur Aufhebung des Vertragsverhältnisses oder erst das Angebot dazu, sich gütlich zu einigen. Nach der Rechtsprechung ist der Vergütungsanspruch des Architekten bei einer einvernehmlichen Aufhebung des Vertrags danach zu ermitteln, was er zum Zeitpunkt der Vertragsaufhebung geltend machen konnte (BGH, Urteil vom 16.12.2004 – VII ZR 16/03; BGH, Urteil vom 04.06.1973 – VII ZR 113/71). Das ist jetzt in § 650 g Abs. 4 BGB und § 650s BGB als Grundlage zu sehen.

§ 650q Abs. 2 BGB – die Anordnung des Auftraggebers

Der Auftraggeber darf durchaus Anordnungen während der Planungs- und Bauphase treffen. Das Anordnungsrecht des Bestellers besteht nach § 650b BGB nur im dort vorgesehenen Rahmen und setzt voraus, dass es sich entweder um eine begehrte Änderung des vereinbarten Werkerfolgs oder um eine Änderung handelt, die zur Erreichung des vereinbarten Werkerfolgs notwendig ist, wie aus dem Wortlaut in § 650q Abs. 1 BGB i. V. m. § 650b BGB (»entsprechend«) zu erschließen ist. Das Anordnungsrecht geht sehr weit, ist aber immer nur auf das vereinbarte Leistungsziel beschränkt. Anordnungen, die beispielsweise der Konkretisierung von Eigenschaften des Bauwerks oder

der Außenanlage dienen, sind zulässig, soweit der Besteller von dem ihm durch den Architektenvertrag regelmäßig eingeräumten Leistungsbestimmungsrecht Gebrauch macht. Dabei ist zu sehen, dass der Architekt nach § 650p Abs. 1 BGB dazu verpflichtet ist, die für die Erreichung der Planungs- und Überwachungsziele erforderlichen Leistungen zu erbringen. Dann ist aber auch eine Anordnung des Bestellers nach § 650b BGB bei erforderlichen Leistungen nicht notwendig. Wenn aber das Leistungsziel oder das Objekt nach § 2 Abs. 1 HOAI geändert wird, stellt sich die Frage, ob es sich um eine Anordnung oder einen Antrag zur Änderung oder Ergänzung eines Vertrags oder gleich um einen neuen Vertrag handelt. Nach bisheriger Überzeugung handelt es sich um ein anderes Objekt, wenn es um ein anderes Grundstück geht (OLG Düsseldorf, Urteil vom 13.8.1996 – 22 U 212/95).

Ändert sich aber der Bedarf des Bestellers und ist der Gegenstand der Leistungserbringung anzupassen, kann eine Änderung des Werkerfolgs vorliegen – z. B. bei zusätzlichen Räumen, anderem Zuschnitt oder auch anderen, zusätzlichen Funktionsbereichen innerhalb des ansonsten gleichbleibenden Objekttyps (Wohngebäude, Bürogebäude, Gewerbe). Das ist ein Fall nach § 650b Abs. 1 BGB. Wenn der Objekttyp geändert wird, ist nicht mehr von einer Änderung des Werkerfolgs auszugehen. Das unterfällt gar nicht § 650b BGB.

Meint der Auftraggeber allerdings, dass die bisherige Leistung mangelbehaftet ist und möchte er Planungsänderungen haben, so ist zunächst der ursprüngliche Vertrag auszulegen und der dortige Umfang. Da es bei den Änderungsanordnungen nach § 650b BGB um Anordnungen geht, die mittels der vertraglich geschuldeten Leistungen zu erbringen sind, kommt eine Anordnung nur in Betracht, solange sich der Planungsfehler noch nicht im Bauwerk verkörpert hat. Hat sich der Planungsfehler bereits im Bauwerk verkörpert, kommt eine Anordnung nach § 650b BGB nicht mehr in Betracht. Allerdings kann es sein, dass es sich um eine konkludent abgeschlossene Vereinbarung handelt. Das kann dann der Fall sein, wenn der Unternehmer ein Angebot vorlegt und der Besteller daraufhin die Leistungserbringung anordnet, denn § 650b Abs. 2 BGB erfasst nur die einseitige Anordnung. Liegt eine konkludent abgeschlossene Änderungsvereinbarung vor, ohne dass sich die Parteien über die Vergütung geeinigt haben, ist nach § 632 Abs. 2 BGB die übliche Vergütung geschuldet. Das kann auf der Grundlage der Vorgaben der HOAI oder zu Stundensätzen erfolgen. Jedoch sollten allgemein die Fälle der Anordnung vertraglich bei Beginn des Vertragsverhältnisses klar geregelt werden. Das gilt auch im Fall der Teilkündigung von Teilleistungen. Hierzu kann auf die §§ 648, 648a BGB verwiesen werden.

Wird durch eine Anordnung nach § 650b Abs. 1 Nr. 1 BGB die Änderung des vereinbarten Werkerfolgs vereinbart, so ist zunächst die Zumutbarkeit der Änderung für den Planer nachzuvollziehen, denn im Fall einer Änderung nach § 650b Abs. 1 Nr. 1 BGB kann der Architekt/Ingenieur die Unzumutbarkeit der Durchführung einer Änderung einwenden. Die Unzumutbarkeit für den Architekten/Ingenieur kann sich ergeben

- aufgrund der Qualifikation, der technischen Möglichkeiten, der Ausstattung usw. (Begründung des Regierungsentwurfs BT-Drucks. 18/8486 S. 53).
- dadurch, dass die Änderung mit einem erheblichen zeitlichen Mehraufwand verbunden ist und der Architekt/Ingenieur aufgrund bereits abgeschlossener anderer Verträge keine Kapazitäten mehr frei hat, um diesen zusätzlichen Zeitaufwand zu bewältigen.
- dadurch, dass die bisherige Planungsleistung des Architekten/Ingenieurs, die nunmehr geändert werden soll, urheberrechtlich geschützt ist. Ist dies der Fall, stünden dem Architekten aufgrund seiner Urheber-Persönlichkeitsrechte die Rechte nach § 14 UrhG zur Verfügung.

Daneben kommen aber auch die Anordnungen nach § 650b Abs. 1 Nr. 2 BGB in Betracht, wenn es sich um die Änderungen handelt, die zur Erreichung des vereinbarten Werkerfolgs notwendig sind. Dies kann beispielsweise der Fall sein, wenn sich die allgemein anerkannten Regeln der Technik während des Planungs- oder Ausführungszeitraumes ändern oder zusätzliche behördliche Auflagen ergehen.

Anordnungen zur zeitlichen Erbringung der Architekten- und Ingenieurleistungen fallen nicht unter § 650b Abs. 2 BGB.

Umstritten ist, ob das Anordnungsrecht den Leistungsumfang als solchen umfasst, ob der Besteller also die Erbringung vertraglich nicht vereinbarter Grundleistungen bzw. Besonderer Leistungen oder sonstiger Leistungen anordnen kann. Das ist eine Vertragsinhaltsfrage. Die Berufung auf die Unzumutbarkeit ist dem Planer aber in solchen Fällen zunächst anzuraten. Er sollte aber sicherheitshalber dann noch ein Angebot nach § 650b und c BGB machen und abwarten.

Schwierig wird es bei einer vereinbarten Kostenobergrenze. Mit einer Kostenobergrenze wird mittelbar die Vereinbarung von Beschaffenheiten des Bauwerks getroffen. Bei der Baukostenobergrenze handelt es sich um eine Beschaffenheit des Werks (BGH, Urteil vom 13.2.2003 – VII ZR 395/01; Urteil vom 23.1.1997 – VII ZR 171/95). Die Änderung von Beschaffenheiten ist aber von einer Anordnung nach § 650b Abs. 1 Nr.1 BGB erfasst. Die Vorlage der Planung bei Planungsverantwortung des Bestellers, § 650b Abs. 1 Satz 4 BGB, führt dazu, dass der Architekt, der nur mit den Leistungen der späteren Leistungsphasen beauftragt wurde und dem hierzu die Planung eines anderen Architekten vom Besteller zur Verfügung gestellt wurde, die Erstellung eines Angebots für die Mehr- oder Mindervergütung für seine Änderungsplanung von der Vorlage der geänderten Planung, die Grundlage für seine eigene Planung war, abhängig machen kann.

Die Angebotserstellung ergibt sich aus § 650b Abs. 1 Satz 4 BGB. Da die HOAI 2021 nun keine zwingenden konkreten Vorgaben mehr macht, ist das Angebot aushandelbar, was auch § 650b Abs. 1 Satz 5 BGB verlangt. Jedoch ist die vertragliche Grundlage zu berücksichtigen. Die entsprechende Honorierung wird sich an den Erfordernissen und den bisherigen Honoraren in den Teilleistungen der Leistungsphase zu orientieren haben. Auch hier werden wieder die Siemon- oder Simmendinger-Listen eine Grundlage sein (ggf. Stundensatzvereinbarungen).

Einigen sich die Parteien nicht innerhalb von 30 Tagen nach Zugang des Änderungsbegehrens und kommt der Einwand der Unzumutbarkeit nicht zum Tragen oder wird er nicht erhoben, kann der Besteller die Änderung in Textform einseitig anordnen. Der Architekt/Ingenieur ist dann verpflichtet, der Anordnung des Bestellers nachzukommen.

Gem. § 650c BGB ist die Honorierung frei zu vereinbaren, und zwar nach dem vermehrten oder verminderten Aufwand sowie nach den tatsächlich erforderlichen Kosten mit angemessenen Zuschlägen für die allgemeinen Geschäftskosten, Wagnis und Gewinn. Auch wird auf die Urkalkulation verwiesen. Auf eine interne Kalkulation kann der Architekt/Ingenieur im Fall des Abs. 1 nicht zurückgreifen. Aber nach dem Wortlaut des § 650b Abs. 2 BGB und der amtlichen Begründung hierzu (BT-Drucks. 18/8486 S. 56) ist die Übergabe der Urkalkulation als Hinterlegung vereinbarungsgemäß möglich. Das Problem ist nur, wie der Planer die Kalkulation für die jeweilige Beauftragung vornimmt. Hier ist er völlig frei, wird sich aber an den üblichen betriebswirtschaftlichen Kalkulationen oder den veröffentlichten AHO-Erhebungen zu orientieren haben. Das Problem ist nur, dass § 650c Abs. 1 BGB dem Wortlaut entsprechend von einer nachvollziehbaren Kalkulation ausgeht. § 650c Abs. 3 BGB ist nur bedingt bei Planern anzuwenden, denn ihnen stehen die Ansprüche über die Abschlagszahlungen nach § 632a BGB und § 15 Satz 2 HOAI zur Verfügung.

Die einstweilige Verfügung nach § 650d BGB wird kaum in Betracht kommen. Zwar ist die Anwendung infolge des Fehlens des Verweises in § 650q Abs. 1 BGB nicht doch möglich, weil es sich um ein Redaktionsversehen handelte und auch in der Änderung zum 17.12.2020 nicht berücksichtigt wurde. Bei freier Vereinbarung des Honorars nach HOAI 2021 dürfte aber die Anwendbarkeit gegeben sein und damit der Sicherungsanspruch in Höhe von 80 Prozent des Honorars.

5.1.3 § 650r BGB – Sonderkündigungsrecht

> (1) Nach Vorlage von Unterlagen gemäß § 650p Absatz 2 kann der Besteller den Vertrag kündigen. Das Kündigungsrecht erlischt zwei Wochen nach Vorlage der Unterlagen, bei einem Verbraucher jedoch nur dann, wenn der Unternehmer ihn bei der Vorlage der Unterlagen in Textform über das Kündigungsrecht, die Frist, in der es ausgeübt werden kann, und die Rechtsfolgen der Kündigung unterrichtet hat.

(2) Der Unternehmer kann dem Besteller eine angemessene Frist für die Zustimmung nach § 650p Absatz 2 Satz 2 setzen. Er kann den Vertrag kündigen, wenn der Besteller die Zustimmung verweigert oder innerhalb der Frist nach Satz 1 keine Erklärung zu den Unterlagen abgibt.

(3) Wird der Vertrag nach Absatz 1 oder 2 gekündigt, ist der Unternehmer nur berechtigt, die Vergütung zu verlangen, die auf die bis zur Kündigung erbrachten Leistungen entfällt.

§ 650r Abs. 1 BGB
Voraussetzungen für die Ausübung des Sonderkündigungsrechts ist die Vorlage der Planungsgrundlage und der Kosteneinschätzung nach § 650p Abs. 2 BGB. Werden mangelhafte Unterlagen oder keine Unterlagen nach § 650p Abs. 2 vorgelegt, also entweder weder Planungsgrundlage noch Kosteneinschätzung oder nur das eine oder das andere, entsteht das Kündigungsrecht nach § 650r Abs. 1 nach dem Wortlaut der Regelung nicht. Allerdings kann der Besteller den Architekten auffordern nachzubessern und in Verzug setzen. Erfolgt keine brauchbare Planung, kann die verzugsbedingte Kündigung des Vertrags oder des Teilvertrags in Betracht kommen. Der Schadenersatz wäre die Beauftragung eines weiteren Planers.

Die Kündigung muss innerhalb von zwei Wochen nach Vorlage der Unterlagen erklärt werden. Solange die Unterlagen nicht vorgelegt werden, entsteht das Sonderkündigungsrecht nach Abs. 1 nicht.

Ist die Kündigung nicht binnen der zwei Wochen erklärt worden, geht das Kündigungsrecht des Bestellers (Verbraucher) unter und eine danach erklärte Kündigung geht ins Leere. Dies ist nur dann nicht der Fall, wenn die erforderliche Belehrung über die Kündigungsmöglichkeit bei einem Verbraucher als Besteller nicht erfolgt ist. Nach dem Wortlaut des § 650r Abs. 1 BGB ist nur beim Abschluss eines Vertrags durch einen Verbraucher eine Belehrung erforderlich. Mit dieser Belehrung muss der Unternehmer den Verbraucher als Besteller über das Kündigungsrecht als solches und über die Frist, in der das Kündigungsrecht ausgeübt werden kann, aufklären – und damit über die Rechtsfolgen der Kündigung. Unterlässt der Architekt/Ingenieur bei einem Verbraucher die Belehrung, gibt es keine Möglichkeit, diese zu einem späteren Zeitpunkt nachzuholen. Nach der Begründung zum Regierungsentwurf (BT-Drucks. 18/8486, S. 69) soll in diesem Fall das Kündigungsrecht des Verbrauchers weiterbestehen, ohne dass die Möglichkeit besteht, die Belehrung nachzuholen.

In der Vorlage von Unterlagen, die nicht den Anforderungen des § 650p Abs. 2 BGB entsprechen, liegt eine Pflichtverletzung. Auch in diesem Fall kommen Ansprüche auf ordnungsgemäße Erfüllung, auf Schadenersatz und Kündigungs- sowie Rücktrittsrechte in Betracht.

Wird der Vertrag nicht gekündigt oder liegt eine unwirksame Kündigung vor, wird der abgeschlossene Vertrag nicht beendet. Er bleibt mit dem Inhalt wirksam, mit dem er zuvor abgeschlossen wurde.

§ 650r Abs. 2 BGB
Macht der Besteller vom Sonderkündigungsrecht keinen Gebrauch oder ist die Kündigung unwirksam, besteht das Vertragsverhältnis fort. Die wesentlichen Planungs- und Überwachungsziele sind aber dann immer noch nicht geklärt. Die Situation ist für den Planer unbefriedigend. Daher hat er nun das Recht, eine angemessen Frist (wohl zwei Wochen) zu setzen und kann dann seinerseits kündigen, wenn der Besteller die Zustimmung verweigert oder keine Erklärungen zu den Unterlagen abgibt. Gerade zu letzterem ist es so anzusehen, als wenn der Besteller seinerseits den Vertrag verletzt.

§ 650r Abs. 3 BGB
In Abs. 3 ist die Rechtsfolge einer Kündigung durch den Besteller nach Abs. 1 und die Rechtsfolge einer Kündigung durch den Architekten/Ingenieur nach Abs. 2 geregelt. In diesen beiden Fällen beschränkt sich der Vergütungsanspruch des Architekten/Ingenieurs auf die Vergütung für die erbrachten Leistungen. Die Fälligkeit setzt die Abnahme dieser Leistungen voraus.

Sonderproblem: vertragliche Regelungen zu § 650r BGB
Individualvertraglich kann das Sonderkündigungsrecht ausgeschlossen werden, nicht aber mittels vorformulierter Verträge. Dies gilt für § 650r Abs. 1 BGB. Das Kündigungsrecht des Unternehmers kann andererseits mittels AGB des Bestellers auch nicht wirksam in § 650r Abs. 2 BGB vereinbart werden.

5.1.4 § 650s BGB – Teilabnahme

> Der Unternehmer kann ab der Abnahme der letzten Leistung des bauausführenden Unternehmers oder der bauausführenden Unternehmer eine Teilabnahme der von ihm bis dahin erbrachten Leistungen verlangen.

Der Gesetzgeber wollte mit dieser Regelung einen Gleichlauf der Verjährungsfristen für Mängelansprüche des Bestellers gegen Architekten und Ingenieure einerseits und die ausführenden Unternehmer andererseits herbeiführen (Begründung zum Regierungsentwurf BT-Drucks. 18/8486 S. 70). Das ist aber in dieser Form verfehlt.

Zunächst gelten aber die Bestimmungen der §§ 640, 641 BGB und die Sonderregelungen zur Schlussrechnung in § 640 g Abs. 4 BGB und § 15 Satz 1 und 2 HOAI 2021. Die Abnahme muss also ausdrücklich oder konkludent erfolgen. Eine konkludente Abnahme des Architekten- und Ingenieurwerks kann dann angenommen werden, wenn der Bauherr die fertiggestellte Leistung als vertragsgemäß entgegennimmt (BGH, Urteil vom 18.9.1967 – VII ZR 88/65). Das kann jedoch im Regelfall dann nicht angenommen werden, wenn wesentliche vertraglich geschuldete Leistungen des Architekten oder Ingenieurs noch ausstehen (BGH, Urteil vom 8.9.2016 – VII ZR 168/15; Urteil vom 10.10.2013 – VII ZR 19/12; BGH, Urteil vom 30.12.1963 – VII ZR 88/62; Urteil vom 6.2.1964 – VII ZR 99/62; Urteil vom 29.10.1970 – VII ZR 14/69; Urteil vom 29.10.1970 – VII ZR 14/69; Urteil vom 2.3.1972 – VII ZR 146/70; Urteil vom 2.12.1982 – VII ZR 330/81; Urteil vom 10.2.1994 – VII ZR 20/93; Urteil vom 20.10.2005 – VII ZR 155/04; Urteil vom 11.5.2006 – VII ZR 300/04; Beschluss vom 27.1.2011 – VII ZR 175/09; OLG Oldenburg, Urteil vom 27.8.2019 – 2 U 102/19; OLG Brandenburg, Urteil vom 3.12.2014 – 4 U 40/14). Insgesamt ergeben sich aber zahlreiche Einzelfälle, in denen von einer Abnahmewirkung ausgegangen werden kann:

- die Bezahlung der Schlussrechnung (BGH, Urteil vom 27.9.2001 – VII ZR 320/00; Urteil vom 26.10.1978 – VII ZR 249/77; OLG Saarbrücken, Urteil vom 14.1.2010 – 8 U 570/08 für den Baugrundgutachter; OLG Brandenburg, Urteil vom 1.2.2017 – 4 U 30/15; KG, Beschluss vom 28.4.2016 – 21 U 172/14; BGH, Beschluss vom 29.3.2017 – VII ZR 136/16 – Nichtzulassungsbeschwerde zurückgewiesen; OLG Brandenburg, Urteil vom 3.6.2016 – 11 U 183/14; OLG Köln, Beschluss vom 21.2.2019 – 16 U 140/18; OLG Stuttgart, Beschluss vom 6.2.2018 – 10 U 118/17; BGH, Beschluss vom 21.11.2018 – VII ZR 267/17);
- Ablauf einer angemessenen Prüffrist nach Bezug des Objekts, wenn keine Mängel gerügt werden (BGH, Urteil vom 26.9.2013 – VII ZR 220/12; Urteil vom 20.9.1984 – VII ZR 377/83; Urteil vom 28.4.1992 – X ZR 27/91; OLG Schleswig, Hinweisbeschluss vom 21.2.2018 – 7 U 90/17);
- Unterzeichnung und Einreichung der genehmigungsfähigen Bauunterlagen bei der Baubehörde (OLG Brandenburg, Urteil vom 16.3.2016 – 4 U 19/15; OLG Köln, Beschluss vom 21.2.2019 – 16 U 140/18);
- Wenn der Besteller die Pläne eines Statikers oder Architekten entgegennimmt und ihm gegenüber zu erkennen gibt, er wolle die Leistung als in der Hauptsache dem Vertrag entsprechend entgegennehmen (BGH, Urteil vom 6.2.1964 – VII ZR 99/62, Urteil vom 18.9.1967 – VII ZR 88/65, Urteil vom 15.11.1973 – VII ZR 110/71);
- Wenn der Besteller bei der abschließenden Besprechung der Schlussabrechnung der Handwerker zum Ausdruck gebracht hat, dass er die Architektenleistungen als im Wesentlichen vertragsgerecht anerkennt. Allein die Abnahme der Werkleistung des ausführenden Unternehmers führt **nicht** zu einer (konkludenten) Abnahme der Architektenleistung (OLG Celle, Urteil vom 23.12.2014 – 14 U 78/14).

Die **Abnahme** beim gekündigten Architekten- und Ingenieurvertrag ist **zwingend** erforderlich, weil die Abnahmewirkungen nach einer Kündigung des Vertrags grundsätzlich nur durch die Abnahme der bis dahin erbrachten Werkleistung eintreten (BGH, Beschluss vom 10.3.2009 – VII ZR 164/06). Sofern die Abnahme nicht ausdrücklich erklärt wird, ist auch in dieser Situation eine konkludente Abnahme durch den Auftraggeber möglich. Nach dem Wortlaut kann jeder Architekt eine **Teilabnahme** erst dann verlangen, wenn die letzte Leistung des ausführenden Unternehmers abgenommen wurde. Eine Zuordnung verschiedener Ausführungsleistungen zu Leistungsbereichen verschiedener Architekten/Ingenieure wurde nicht vorgenommen. Es ist aber davon auszugehen, dass insbesondere bei Fachplanern (Tragwerk, TGA, Freianlagen usw.) die jeweiligen fachgebundenen Unternehmer in § 650s BGB gemeint sind.

Im Unterschied zu § 640 BGB setzt § 650s BGB ein Verlangen des Architekten voraus. Der Besteller ist nicht von sich aus zur Teilabnahme verpflichtet und kann sich nachträglich aber auch nicht auf ein fehlendes Verlangen berufen, wenn er die Teilabnahme erklärt. Hier kann eine konkludente Abnahme vorliegen.

Regelungen in den AGB des Bestellers, die das Recht zum Verlangen der Teilabnahme ausschließen oder beschränken, sind unwirksam.

5.1.5 § 650t BGB – Gesamtschuldnerische Haftung

> Nimmt der Besteller den Unternehmer wegen eines Überwachungsfehlers in Anspruch, der zu einem Mangel an dem Bauwerk oder an der Außenanlage geführt hat, kann der Unternehmer die Leistung verweigern, wenn auch der ausführende Bauunternehmer für den Mangel haftet und der Besteller dem bauausführenden Unternehmer noch nicht erfolglos eine angemessene Frist zur Nacherfüllung bestimmt hat.

Die Regelung sieht ein Leistungsverweigerungsrecht des bauüberwachenden Architekten vor, wenn er wegen Baumängeln vom Besteller in Anspruch genommen wird. Dieses Leistungsverweigerungsrecht führt so lange zu einer subsidiären Haftung des bauüberwachenden Architekten, bis der Besteller den bauausführenden Unternehmer zur Mangelbeseitigung aufgefordert, hierfür eine Frist gesetzt hat und diese fruchtlos abgelaufen ist. Ist Letzteres geschehen, haften bauüberwachender Architekt und bauausführendes Unternehmen als Gesamtschuldner. Der Besteller ist dann in seiner Wahl frei, wen er in Anspruch nimmt.

Voraussetzung ist aber jeweils der Nachweis der Verursachung sowohl beim Unternehmer als auch beim Architekten. Hier kann auf die üblichen Mangeleinwendungen verwiesen werden. Allerdings ist seit einiger Zeit der BGH (Urteil vom 16.10.2014 – VII ZR 152/12) bei einem Zusammentreffen von Planungsfehler und Ausführungsfehler bei Nichterteilung eines gebotenen Bedenkenhinweises zu einer Quote von zwei Dritteln zulasten des ausführenden Unternehmens übergegangen. Demgegenüber wird von Oberlandesgerichten bei einem Zusammentreffen von Planungs- mit Ausführungsfehlern eine Quote von einem Drittel zulasten des ausführenden Unternehmers und zwei Dritteln zulasten des Planers angesetzt: OLG München, Urteil vom 20.12.2016 –

9 U 1430/16; OLG Karlsruhe, Urteil vom 17.3.2011 - 13 U 86/10; OLG Naumburg, Urteil vom 7.8.2007 - 9 U 59/07; BGH, Beschluss vom 24.3.2009 - VII ZR 166/07; OLG Saarbrücken, Urteil vom 10.5.2011 - 4 U 319/10; OLG Celle, Urteil vom 3.7.2002 - 7 U 123/02; OLG Düsseldorf, Urteil vom 29.11.2012 - 5 U 129/07; BGH Beschluss vom 6.6.2013 - VII ZR 361/12). Teilweise werden auch andere Quoten angesetzt (OLG Celle, Urteil vom 18.5.2017 - 7 U 168/16: 70 Prozent Anteil zulasten des Planers; OLG Bamberg, Urteil vom 16.5.2017 - 5 U 69/16: ebenfalls 70 Prozent zulasten des Planers).

Deutlich ist aber hervorzuheben, dass die Quoten auf den jeweiligen Einzelfall bezogen sind. Häufiger als das vollständige Entfallen des Planungsmitverschuldens aufgrund des bewussten Ausführens eines als fehlerhaft erkannten Architektenplanes sind die Fälle, dass ein Planungsfehler vom ausführenden Unternehmen nur fahrlässig nicht erkannt wird und das ausführende Unternehmen seine Prüfungs- und Bedenkenhinweispflicht fahrlässig verletzt. Zunächst herrschte hier die Auffassung vor, dass dem planenden Architekten und damit auch dem Auftraggeber die alleinige Verantwortung für Ausführungsfehler, die auf diese Planungsfehler zurückzuführen sind, zufällt. Der BGH meint nun, dass auch der Unternehmer Schäden infolge der fehlerhaften Planung des Architekten mit verursacht haben muss, auch wenn er diese bei der gebotenen Prüfung hätte erkennen und durch eine Mitteilung seiner Bedenken an den Besteller hätte verhindern können (BGH, Urteil vom 24.2.2005 - VII ZR 328/03; Urteil vom 27.11.2008 - VII ZR 206/06, Glasfassade). Die Quote wird nicht deshalb allein mit dem Argument zulasten des Architekten und damit zulasten des Auftraggebers verschoben werden können, wenn der planende Architekt den später aufgetretenen Baumangel durch seinen Planungsfehler verursacht hat.

Es besteht aber nach § 650t BGB nach Vorliegen der dortigen Voraussetzungen die freie Wahl des Bestellers bei Inanspruchnahme der Gesamtschuldner.

Der Anwendungsbereich von § 650t BGB ist nur eröffnet, wenn ein Ausführungsfehler kombiniert mit einem Überwachungsfehler des Architekten zusammentrifft. Bei Planungsfehlern, die zu Ausführungsfehlern führen, ist die Vorschrift nicht anwendbar. Gleiches gilt auch bei Koordinationsfehlern des Architekten. Da es um einen Überwachungsfehler gehen muss, der zu einem Mangel am Bauwerk oder an den Außenanlage geführt hat, kann es nur um Überwachungsfehler im engeren Sinn, d. h. z. B. um die Grundleistungen a) bis c) in Leistungsphase 8 der Anlage 10 zur HOAI 2021 und nicht um Fehler bei sonstigen Grundleistungen der Leistungsphase 8 gehen.

Der Besteller muss dem ausführenden Unternehmer gegenüber eine Frist zur Beseitigung des Mangels setzen. Eine einfache Mangelbeseitigungsaufforderung ohne Setzen einer Frist reicht nicht aus.

5.2 Listen der Bewertung von Teilleistungen

Übersicht 1: Grundleistungen der Objektplanung zu Gebäuden und Innenräumen

Grundleistungen	Gebäude	Innenräume
LPH 1 Grundlagenermittlung	**2,0**	**2,0**
a) Klären der Aufgabenstellung auf Grundlage der Vorgaben oder der Bedarfsplanung des Auftraggebers	0,5	0,5
b) Ortsbesichtigung	0,5	0,5
c) Beraten zum gesamten Leistungs- und Untersuchungsbedarf	0,5	0,5
d) Formulieren der Entscheidungshilfen für die Auswahl anderer an der Planung fachlich Beteiligter	0,25	0,25
e) Zusammenfassen, Erläutern und Dokumentieren der Ergebnisse	0,25	0,25
LPH 2 Vorplanung (Projekt- und Planungsvorbereitung)	**7,0**	**7,0**
a) Analysieren der Grundlagen, Abstimmen der Leistungen mit den fachlich an der Planung Beteiligten	0,5	0,5
b) Abstimmen der Zielvorstellungen, Hinweise auf Zielkonflikte	0,5	0,5
c) Erarbeiten der Vorplanung, Untersuchen, Darstellen und Bewerten von Varianten nach gleichen Anforderungen, Zeichnungen im Maßstab nach Art und Größe des Objekts	3,5	3,5
d) Klären und Erläutern der wesentlichen Zusammenhänge, Vorgaben und Bedingungen (zum Beispiel städtebauliche, gestalterische, funktionale, technische, wirtschaftliche, ökologische, bauphysikalische, energiewirtschaftliche, soziale, öffentlich-rechtliche)	0,5	0,5
e) Bereitstellen der Arbeitsergebnisse als Grundlage für die anderen an der Planung fachlich Beteiligten sowie Koordination und Integration von deren Leistungen	0,5	0,5
f) Vorverhandlungen über die Genehmigungsfähigkeit	0,5	0,5
g) Kostenschätzung nach DIN 276, Vergleich mit den finanziellen Rahmenbedingungen	0,5	0,5
h) Erstellen eines Terminplans mit den wesentlichen Vorgängen des Planungs- und Bauablaufs	0,25	0,25
i) Zusammenfassen, Erläutern und Dokumentieren der Ergebnisse	0,25	0,25

Grundleistungen	Gebäude	Innenräume
LPH 3 Entwurfsplanung (System- und Integrationsplanung)	**16**	**16**
a) Erarbeiten der Entwurfsplanung auf Grundlage der Vorplanung unter Vertiefung zum Beispiel der gestalterischen, funktionalen, wirtschaftlichen, standörtlichen, ökologischen, natur- und artenschutzrechtlichen Anforderungen. Abstimmen oder Koordinieren unter Integration der Beiträge anderer an der Planung fachlich Beteiligter	5,0	5,0
b) Abstimmen der Planung mit zu beteiligenden Stellen und Behörden	0,5	0,5
c) Darstellen des Entwurfs zum Beispiel im Maßstab 1 : 500 bis 1 : 100, mit erforderlichen Angaben insbesondere – zur Bepflanzung, – zu Materialien und Ausstattungen, – zu Maßnahmen aufgrund rechtlicher Vorgaben, – zum terminlichen Ablauf	7,0	7,0
d) Objektbeschreibung mit Erläuterung von Ausgleichs- und Ersatzmaßnahmen nach Maßgabe der naturschutzrechtlichen Eingriffsregelung	1,0	1,0
e) Kostenberechnung, zum Beispiel nach DIN 276, einschließlich zugehöriger Mengenermittlung	1,0	1,0
f) Vergleich der Kostenberechnung mit der Kostenschätzung	1,0	1,0
g) Zusammenfassen, Erläutern und Dokumentieren der Entwurfsplanungsergebnisse	0,5	0,5
LPH 4 Genehmigungsplanung	**3,0**	**2,0**
a) Erarbeiten und Zusammenstellen der Vorlagen und Nachweise für öffentlich-rechtliche Genehmigungen oder Zustimmungen einschließlich der Anträge auf Ausnahmen und Befreiungen sowie notwendiger Verhandlungen mit Behörden unter Verwendung der Beiträge anderer an der Planung fachlich Beteiligter	2,0	1,5
b) Einreichen der Vorlagen	0,25	0,25
c) Ergänzen und Anpassen der Planungsunterlagen, Beschreibungen und Berechnungen	0,75	0,25
LPH 5 Ausführungsplanung	**25,0**	**30,0**
a) Erarbeiten der Ausführungsplanung mit allen für die Ausführung notwendigen Einzelangaben (zeichnerisch und textlich) auf der Grundlage der Entwurfs- und Genehmigungsplanung bis zur ausführungsreifen Lösung als Grundlage für die weiteren Leistungsphasen	6,0	7,0

Grundleistungen	Gebäude	Innenräume
b) Ausführungs-, Detail- und Konstruktionszeichnungen nach Art und Größe des Objekts im erforderlichen Umfang und Detaillierungsgrad unter Berücksichtigung aller fachspezifischen Anforderungen, zum Beispiel bei Gebäuden im Maßstab 1 : 50 bis 1 : 1, zum Beispiel bei Innenräumen im Maßstab 1 : 20 bis 1 : 1	14,0	18,0
c) Bereitstellen der Arbeitsergebnisse als Grundlage für die anderen an der Planung fachlich Beteiligten sowie Koordination und Integration von deren Leistungen	1,5	1,5
d) Fortschreiben des Terminplans	0,25	0,25
e) Fortschreiben der Ausführungsplanung aufgrund der gewerkeorientierten Bearbeitung während der Objektausführung	0,75	0,75
f) Überprüfen erforderlicher Montagepläne der vom Objektplaner geplanten Baukonstruktionen und baukonstruktiven Einbauten auf Übereinstimmung mit der Ausführungsplanung	2,5	2,5
LPH 6 Vorbereitung der Vergabe	**10,0**	**7,0**
a) Aufstellen eines Vergabeterminplans	0,5	0,25
b) Aufstellen von Leistungsbeschreibungen mit Leistungsverzeichnissen nach Leistungsbereichen, Ermitteln und Zusammenstellen von Mengen auf Grundlage der Ausführungsplanung unter Verwendung der Beiträge anderer an der Planung fachlich Beteiligter	6,0	4,5
c) Abstimmen und Koordinieren der Schnittstellen zu den Leistungsbeschreibungen der an der Planung fachlich Beteiligten	1,0	0,5
d) Ermitteln der Kosten auf Grundlage vom Planer bepreister Leistungsverzeichnisse	1,0	1,0
e) Kostenkontrolle durch Vergleich der vom Planer bepreisten Leistungsverzeichnisse mit der Kostenberechnung	0,5	0,25
f) Zusammenstellen der Vergabeunterlagen für alle Leistungsbereiche	1,0	0,5
LPH 7 Mitwirkung bei der Vergabe	**4,0**	**3,0**
a) Koordinieren der Vergaben der Fachplaner	0,5	0,25
b) Einholen von Angeboten	0,25	0,25
c) Prüfen und Werten der Angebote einschließlich Aufstellen eines Preisspiegels nach Einzelpositionen oder Teilleistungen, Prüfen und Werten der Angebote zusätzlicher und geänderter Leistungen der ausführenden Unternehmen und der Angemessenheit der Preise	1,5	1,0
d) Führen von Bietergesprächen	0,25	0,25

Grundleistungen	Gebäude	Innenräume
e) Erstellen der Vergabevorschläge, Dokumentation des Vergabeverfahrens	0,25	0,25
f) Zusammenstellen der Vertragsunterlagen für alle Leistungsbereiche	0,25	0,25
g) Vergleichen der Ausschreibungsergebnisse mit den vom Planer bepreisten Leistungsverzeichnissen oder der Kostenberechnung	0,75	0,5
h) Mitwirken bei der Auftragserteilung	0,25	0,25
LPH 8 Objektüberwachung (Bauüberwachung) und Dokumentation	**32,0**	**32,0**
a) Überwachen der Ausführung des Objekts auf Übereinstimmung mit der öffentlich-rechtlichen Genehmigung oder Zustimmung, den Verträgen mit ausführenden Unternehmen, den Ausführungsunterlagen, den einschlägigen Vorschriften sowie den allgemein anerkannten Regeln der Technik	18,0	18,0
b) Überwachen der Ausführung von Tragwerken mit sehr geringen und geringen Planungsanforderungen auf Übereinstimmung mit dem Standsicherheitsnachweis	–	–
c) Koordinieren der an der Objektüberwachung fachlich Beteiligten	2,5	2,5
d) Aufstellen, Fortschreiben und Überwachen eines Terminplans (Balkendiagramm)	2,5	2,5
e) Dokumentation des Bauablaufs (zum Beispiel Bautagebuch)	0,5	0,5
f) Gemeinsames Aufmaß mit den ausführenden Unternehmen	1,5	1,5
g) Rechnungsprüfung einschließlich Prüfen der Aufmaße der bauausführenden Unternehmen	1,5	1,5
h) Vergleich der Ergebnisse der Rechnungsprüfungen mit den Auftragssummen einschließlich Nachträgen	0,5	0,5
i) Kostenkontrolle durch Überprüfen der Leistungsabrechnung der bauausführenden Unternehmen im Vergleich zu den Vertragspreisen	1,0	1,0
j) Kostenfeststellung, zum Beispiel nach DIN 276	1,0	1,0
k) Organisation der Abnahme der Bauleistungen unter Mitwirkung anderer an der Planung und Objektüberwachung fachlich Beteiligter, Feststellung von Mängeln, Abnahmeempfehlung für den Auftraggeber	2,0	2,0

Grundleistungen	Gebäude	Innenräume
l) Antrag auf öffentlich-rechtliche Abnahmen und Teilnahme daran	0,25	0,25
m) Systematische Zusammenstellung der Dokumentation, zeichnerischen Darstellungen und rechnerischen Ergebnisse des Objekts	0,5	0,5
n) Übergabe des Objekts	0,25	0,25
LPH 9 Objektbetreuung	**2,0**	**2,0**
a) Klären der Aufgabenstellung aufgrund der Vorgaben oder der Bedarfsplanung des Auftraggebers festgestellten Mängel, längstens jedoch bis zum Ablauf von fünf Jahren seit Abnahme der Leistung, einschließlich notwendiger Begehungen	1,0	1,0
b) Objektbegehung zur Mängelfeststellung vor Ablauf der Verjährungsfristen für Mängelansprüche gegenüber den ausführenden Unternehmen	0,5	0,5
c) Mitwirken bei der Freigabe von Sicherheitsleistungen	0,5	0,25

Übersicht 2: Grundleistungen der Objektplanung zu Freianlagen

Grundleistungen	
LPH 1 Grundlagenermittlung	**3,0**
a) Klären der Aufgabenstellung aufgrund der Vorgaben oder der Bedarfsplanung des Auftraggebers oder vorliegender Planungs- und Genehmigungsunterlagen	1,5
b) Ortsbesichtigung	0,5
c) Beraten zum gesamten Leistungs- und Untersuchungsbedarf	0,5
d) Formulieren von Entscheidungshilfen für die Auswahl anderer an der Planung fachlich Beteiligter	0,25
e) Zusammenfassen, Erläutern und Dokumentieren der Ergebnisse	0,25
LPH 2 Vorplanung (Projekt- und Planungsvorbereitung)	**10,0**
a) Analysieren der Grundlagen, Abstimmen der Leistungen mit den fachlich an der Planung Beteiligten	0,5
b) Abstimmen der Zielvorstellungen	0,5
c) Erfassen, Bewerten und Erläutern der Wechselwirkungen im Ökosystem	2,0

Grundleistungen	
d) Erarbeiten eines Planungskonzepts einschließlich Untersuchen und Bewerten von Varianten nach gleichen Anforderungen unter Berücksichtigung zum Beispiel – der Topographie und der weiteren standörtlichen und ökologischen Rahmenbedingungen, der Umweltbelange einschließlich der natur- und artenschutzrechtlichen Anforderungen und der vegetationstechnischen Bedingungen, – der gestalterischen und funktionalen Anforderungen, – Klären der wesentlichen Zusammenhänge, Vorgänge und Bedingungen, – Abstimmen oder Koordinieren unter Integration der Beiträge anderer an der Planung fachlich Beteiligter	4,0
e) Darstellen des Vorentwurfs mit Erläuterungen und Angaben zum terminlichen Ablauf	2,0
f) Kostenschätzung, zum Beispiel nach DIN 276, Vergleich mit den finanziellen Rahmenbedingungen	0,75
g) Zusammenfassen, Erläutern und Dokumentieren der Vorplanungsergebnisse	0,25
LPH 3 Entwurfsplanung (System- und Integrationsplanung)	**16,0**
a) Erarbeiten der Entwurfsplanung auf Grundlage der Vorplanung unter Vertiefung zum Beispiel der gestalterischen, funktionalen, wirtschaftlichen, standörtlichen, ökologischen, natur- und artenschutzrechtlichen Anforderungen. Abstimmen oder Koordinieren unter Integration der Beiträge anderer an der Planung fachlich Beteiligter	5,0
b) Abstimmen der Planung mit zu beteiligenden Stellen und Behörden	0,5
c) Darstellen des Entwurfs zum Beispiel im Maßstab 1 : 500 bis 1 : 100, mit erforderlichen Angaben insbesondere – zur Bepflanzung, – zu Materialien und Ausstattungen, – zu Maßnahmen aufgrund rechtlicher Vorgaben, – zum terminlichen Ablauf	7,0
d) Objektbeschreibung mit Erläuterung von Ausgleichs- und Ersatzmaßnahmen nach Maßgabe der naturschutzrechtlichen Eingriffsregelung	1,0
e) Kostenberechnung, zum Beispiel nach DIN 276, einschließlich zugehöriger Mengenermittlung	1,0
f) Vergleich der Kostenberechnung mit der Kostenschätzung	1,0
g) Zusammenfassen, Erläutern und Dokumentieren der Entwurfsplanungsergebnisse	0,5

Grundleistungen	
LPH 4 Genehmigungsplanung	**4,0**
a) Erarbeiten und Zusammenstellen der Vorlagen und Nachweise für öffentlich-rechtliche Genehmigungen oder Zustimmungen einschließlich der Anträge auf Ausnahmen und Befreiungen sowie notwendiger Verhandlungen mit Behörden unter Verwendung der Beiträge anderer an der Planung fachlich Beteiligter	3,0
b) Einreichen der Vorlagen	0,25
c) Ergänzen und Anpassen der Planungsunterlagen, Beschreibungen und Berechnungen	0,75
LPH 5 Ausführungsplanung	**25,0**
a) Erarbeiten der Ausführungsplanung auf Grundlage der Entwurfs- und Genehmigungsplanung bis zur ausführungsreifen Lösung als Grundlage für die weiteren Leistungsphasen	7,0
b) Erstellen von Plänen oder Beschreibungen, je nach Art des Bauvorhabens zum Beispiel im Maßstab 1 : 200 bis 1 : 50	7,0
c) Abstimmen oder Koordinieren unter Integration der Beiträge anderer an der Planung fachlich Beteiligter	1,5
d) Darstellen der Freianlagen mit den für die Ausführung notwendigen Angaben, Detail- oder Konstruktionszeichnungen, insbesondere – zu Oberflächenmaterial, -befestigungen und -relief, – zu ober- und unterirdischen Einbauten und Ausstattungen, – zur Vegetation mit Angaben zu Arten, Sorten und Qualitäten, – zu landschaftspflegerischen, naturschutzfachlichen oder artenschutzrechtlichen Maßnahmen	8,0
e) Fortschreiben der Angaben zum terminlichen Ablauf	0,5
f) Fortschreiben der Ausführungsplanung während der Objektausführung	1,0
LPH 6 Vorbereitung der Vergabe	**7,0**
a) Aufstellen von Leistungsbeschreibungen mit Leistungsverzeichnissen	2,0
b) Ermitteln und Zusammenstellen von Mengen auf Grundlage der Ausführungsplanung	2,5
c) Abstimmen oder Koordinieren der Leistungsbeschreibungen mit den an der Planung fachlich Beteiligten	0,25
d) Aufstellen eines Terminplans unter Berücksichtigung jahreszeitlicher, bauablaufbedingter und witterungsbedingter Erfordernisse	0,5

Grundleistungen	
e) Ermitteln der Kosten auf Grundlage der vom Planer bepreisten Leistungsverzeichnisse	1,0
f) Kostenkontrolle durch Vergleich der vom Planer bepreisten Leistungsverzeichnisse mit der Kostenberechnung	0,5
g) Zusammenstellen der Vergabeunterlagen	0,25
LPH 7 Mitwirkung bei der Vergabe	**3,0**
a) Einholen von Angeboten	0,25
b) Prüfen und Werten der Angebote einschließlich Aufstellen eines Preisspiegels nach Einzelpositionen oder Teilleistungen, Prüfen und Werten der Angebote zusätzlicher und geänderter Leistungen der ausführenden Unternehmen und der Angemessenheit der Preise	1,25
c) Führen von Bietergesprächen	0,25
d) Erstellen der Vergabevorschläge, Dokumentation des Vergabeverfahrens	0,25
e) Zusammenstellen der Vertragsunterlagen	0,25
f) Kostenkontrolle durch Vergleichen der Ausschreibungsergebnisse mit den vom Planer bepreisten Leistungsverzeichnissen und der Kostenberechnung	0,5
g) Mitwirken bei der Auftragserteilung	0,25
LPH 8 Objektüberwachung (Bauüberwachung) und Dokumentation	**30,0**
a) Überwachen der Ausführung des Objekts auf Übereinstimmung mit der Genehmigung oder Zustimmung, den Verträgen mit ausführenden Unternehmen, den Ausführungsunterlagen, den einschlägigen Vorschriften sowie den allgemein anerkannten Regeln der Technik	16,0
b) Überprüfen von Pflanzen- und Materiallieferungen	1,0
c) Abstimmen mit den oder Koordinieren der an der Objektüberwachung fachlich Beteiligten	1,0
d) Fortschreiben und Überwachen des Terminplans unter Berücksichtigung jahreszeitlicher, bauablaufbedingter und witterungsbedingter Erfordernisse	1,0
e) Dokumentation des Bauablaufs (zum Beispiel Bautagebuch), Feststellen des Anwuchsergebnisses	1,0
f) Mitwirken beim Aufmaß mit den bauausführenden Unternehmen	1,0
g) Rechnungsprüfung einschließlich Prüfen der Aufmaße der ausführenden Unternehmen	2,0
h) Vergleich der Ergebnisse der Rechnungsprüfungen mit den Auftragssummen einschließlich Nachträgen	0,5

Grundleistungen	
i) Organisation der Abnahme der Bauleistungen unter Mitwirkung anderer an der Planung und Objektüberwachung fachlich Beteiligter, Feststellung von Mängeln, Abnahmeempfehlung für den Auftraggeber	1,5
j) Antrag auf öffentlich-rechtliche Abnahmen und Teilnahme daran	0,25
k) Übergabe des Objekts	0,25
l) Überwachen der Beseitigung der bei der Abnahme festgestellten Mängel	1,0
m) Auflisten der Verjährungsfristen für Mängelansprüche	0,25
n) Überwachen der Fertigstellungspflege bei vegetationstechnischen Maßnahmen	1,0
o) Kostenkontrolle durch Überprüfen der Leistungsabrechnung der bauausführenden Unternehmen im Vergleich zu den Vertragspreisen	1,0
p) Kostenfeststellung, zum Beispiel nach DIN 276	1,0
q) Systematische Zusammenstellung der Dokumentation, zeichnerischen Darstellungen und rechnerischen Ergebnisse des Objekts	0,25
LPH 9 Objektbetreuung	**2,0**
a) Fachliche Bewertung der innerhalb der Verjährungsfristen für Gewährleistungsansprüche festgestellten Mängel, längstens jedoch bis zum Ablauf von fünf Jahren seit Abnahme der Leistung, einschließlich notwendiger Begehungen	1,0
b) Objektbegehung zur Mängelfeststellung vor Ablauf der Verjährungsfristen für Mängelansprüche gegenüber den ausführenden Unternehmen	0,5
c) Mitwirken bei der Freigabe von Sicherheitsleistungen	0,5

Übersicht 3: Grundleistungen der Objektplanung Ingenieurbauwerke mit Bewertung der Teilleistungen

Grundleistungen	
LPH 1 Grundlagenermittlung	**2,0**
a) Klären der Aufgabenstellung aufgrund der Vorgaben oder der Bedarfsplanung des Auftraggebers	0,5
b) Ermitteln der Planungsrandbedingungen sowie Beraten zum gesamten Leistungsbedarf	0,5
c) Formulieren von Entscheidungshilfen für die Auswahl anderer an der Planung fachlich Beteiligter	0,25

Grundleistungen	
d) Bei Objekten nach § 41 Nummer 6 und 7, die eine Tragwerksplanung erfordern: Klären der Aufgabenstellung auch auf dem Gebiet der Tragwerksplanung	–
e) Ortsbesichtigun	0,5
f) Zusammenfassen, Erläutern und Dokumentieren der Ergebnisse	0,25
LPH 2 Vorplanung (Projekt- und Planungsvorbereitung)	**20,0**
a) Analysieren der Grundlagen	1,0
b) Abstimmen der Zielvorstellungen auf die öffentlich-rechtlichen Randbedingungen sowie Planungen Dritter	1,0
c) Untersuchen von Lösungsmöglichkeiten mit ihren Einflüssen auf bauliche und konstruktive Gestaltung, Zweckmäßigkeit, Wirtschaftlichkeit unter Beachtung der Umweltverträglichkeit	4,0
d) Beschaffen und Auswerten amtlicher Karten	0,5
e) Erarbeiten eines Planungskonzepts einschließlich Untersuchung der alternativen Lösungsmöglichkeiten nach gleichen Anforderungen mit zeichnerischer Darstellung und Bewertung unter Einarbeitung der Beiträge anderer an der Planung fachlich Beteiligter	10,0
f) Klären und Erläutern der wesentlichen fachspezifischen Zusammenhänge, Vorgänge und Bedingungen	0,25
g) Vorabstimmen mit Behörden und anderen an der Planung fachlich Beteiligten über die Genehmigungsfähigkeit, ggf. Mitwirken bei Verhandlungen über die Bezuschussung und Kostenbeteiligung	0,5
h) Mitwirken beim Erläutern des Planungskonzepts gegenüber Dritten an bis zu zwei Terminen	0,5
i) Überarbeiten des Planungskonzepts nach Bedenken und Anregungen	0,5
j) Kostenschätzung, Vergleich mit den finanziellen Rahmenbedingungen	1,5
k) Zusammenfassen, Erläutern und Dokumentieren der Ergebnisse	0,25
LPH 3 Entwurfsplanung	**25,0**
a) Erarbeiten des Entwurfs auf Grundlage der Vorplanung durch zeichnerische Darstellung im erforderlichen Umfang und Detaillierungsgrad unter Berücksichtigung aller fachspezifischen Anforderungen, Bereitstellen der Arbeitsergebnisse als Grundlage für die anderen an der Planung fachlich Beteiligten sowie Integration und Koordination der Fachplanungen	15,0
b) Erläuterungsbericht unter Verwendung der Beiträge anderer an der Planung fachlich Beteiligter	1,0
c) Fachspezifische Berechnungen ausgenommen Berechnungen aus anderen Leistungsbildern	4,0

Grundleistungen	
d) Ermitteln und Begründen der zuwendungsfähigen Kosten, Mitwirken beim Aufstellen des Finanzierungsplans sowie Vorbereiten der Anträge auf Finanzierung	1,0
e) Mitwirken beim Erläutern des vorläufigen Entwurfs gegenüber Dritten an bis zu drei Terminen, Überarbeiten des vorläufigen Entwurfs aufgrund von Bedenken und Anregungen	0,5
f) Vorabstimmen der Genehmigungsfähigkeit mit Behörden und anderen an der Planung fachlich Beteiligten	0,5
g) Kostenberechnung einschließlich zugehöriger Mengenermittlung, Vergleich der Kostenberechnung mit der Kostenschätzung	1,5
h) Ermitteln der wesentlichen Bauphasen unter Berücksichtigung der Verkehrslenkung und der Aufrechterhaltung des Betriebs während der Bauzeit	0,5
i) Bauzeiten- und Kostenplan	0,5
j) Zusammenfassen, Erläutern und Dokumentieren der Ergebnisse	0,5
LPH 4 Genehmigungsplanung	**5,0**
a) Erarbeiten und Zusammenstellen der Unterlagen für die erforderlichen öffentlich-rechtlichen Verfahren oder Genehmigungsverfahren einschließlich der Anträge auf Ausnahmen und Befreiungen, Aufstellen des Bauwerksverzeichnisses unter Verwendung der Beiträge anderer an der Planung fachlich Beteiligter	2,5
b) Erstellen des Grunderwerbsplans und des Grunderwerbsverzeichnisses unter Verwendung der Beiträge anderer an der Planung fachlich Beteiligter	0,25
c) Vervollständigen und Anpassen der Planungsunterlagen, Beschreibungen und Berechnungen unter Verwendung der Beiträge anderer an der Planung fachlich Beteiligter	0,5
d) Abstimmen mit Behörden	0,25
e) Mitwirken in Genehmigungsverfahren einschließlich der Teilnahme an bis zu vier Erläuterungs-, Erörterungsterminen	1,0
f) Mitwirken beim Abfassen von Stellungnahmen zu Bedenken und Anregungen in bis zu zehn Kategorien	0,5
LPH 5 Ausführungsplanung	**15,0**
a) Erarbeiten der Ausführungsplanung auf Grundlage der Ergebnisse der Leistungsphasen 3 und 4 unter Berücksichtigung aller fachspezifischen Anforderungen und Verwendung der Beiträge anderer an der Planung fachlich Beteiligter bis zur ausführungsreifen Lösung	6,0
b) Zeichnerische Darstellung, Erläuterungen und zur Objektplanung gehörige Berechnungen mit allen für die Ausführung notwendigen Einzelangaben einschließlich Detailzeichnungen in den erforderlichen Maßstäben	6,0

Grundleistungen	
c) Bereitstellen der Arbeitsergebnisse als Grundlage für die anderen an der Planung fachlich Beteiligten und Integrieren ihrer Beiträge bis zur ausführungsreifen Lösung	1,5
d) Vervollständigen der Ausführungsplanung während der Objektausführung	1,5
LPH 6 Vorbereitung der Vergabe	**13,0**
a) Ermitteln von Mengen nach Einzelpositionen unter Verwendung der Beiträge anderer an der Planung fachlich Beteiligter	5,0
b) Aufstellen der Vergabeunterlagen, insbesondere Anfertigen der Leistungsbeschreibungen mit Leistungsverzeichnissen sowie der Besonderen Vertragsbedingungen	4,0
c) Abstimmen und Koordinieren der Schnittstellen zu den Leistungsbeschreibungen der anderen an der Planung fachlich Beteiligten	0,5
d) Festlegen der wesentlichen Ausführungsphasen	1,0
e) Ermitteln der Kosten auf Grundlage der vom Planer (Entwurfsverfasser) bepreisten Leistungsverzeichnisse	1,0
f) Kostenkontrolle durch Vergleich der vom Planer (Entwurfsverfasser) bepreisten Leistungsverzeichnisse mit der Kostenberechnung	1,0
g) Zusammenstellen der Vergabeunterlagen	0,5
LPH 7 Mitwirkung bei der Vergabe	**4,0**
a) Einholen von Angeboten	0,25
b) Prüfen und Werten der Angebote, Aufstellen des Preisspiegels	2,0
c) Abstimmen und Zusammenstellen der Leistungen der fachlich Beteiligten, die an der Vergabe mitwirken	0,25
d) Führen von Bietergesprächen	0,25
e) Erstellen der Vergabevorschläge, Dokumentation des Vergabeverfahrens	0,25
f) Zusammenstellen der Vertragsunterlagen	0,25
g) Vergleichen der Ausschreibungsergebnisse mit den vom Planer bepreisten Leistungsverzeichnissen und der Kostenberechnung	0,5
h) Mitwirken bei der Auftragserteilung	0,25
LPH 8 Bauoberleitung	**15,0**
a) Aufsicht über die örtliche Bauüberwachung, Koordinierung der an der Objektüberwachung fachlich Beteiligten, einmaliges Prüfen von Plänen auf Übereinstimmung mit dem auszuführenden Objekt und Mitwirken bei deren Freigabe	4,0
b) Aufstellen, Fortschreiben und Überwachen eines Terminplans (Balkendiagramm)	2,5

Grundleistungen	
c) Veranlassen und Mitwirken beim Inverzugsetzen der ausführenden Unternehmen	1,0
d) Kostenfeststellung, Vergleich der Kostenfeststellung mit der Auftragssumme	2,0
e) Abnahme von Bauleistungen, Leistungen und Lieferungen unter Mitwirkung der örtlichen Bauüberwachung und anderer an der Planung und Objektüberwachung fachlich Beteiligter, Feststellen von Mängeln, Fertigung einer Niederschrift über das Ergebnis der Abnahme	2,0
f) Überwachen der Prüfungen der Funktionsfähigkeit der Anlagenteile und der Gesamtanlage	0,5
g) Antrag auf behördliche Abnahmen und Teilnahme daran	1,0
h) Übergabe des Objekts	1,0
i) Auflisten der Verjährungsfristen der Mängelansprüche	0,5
j) Zusammenstellen und Übergeben der Dokumentation des Bauablaufs, der Bestandsunterlagen und der Wartungsvorschriften	0,5
LPH 9 Objektbetreuung	**1,0**
a) Fachliche Bewertung der innerhalb der Verjährungsfristen für Gewährleistungsansprüche festgestellten Mängel, längstens jedoch bis zum Ablauf von fünf Jahren seit Abnahme der Leistung, einschließlich notwendiger Begehungen	0,4
b) Objektbegehung zur Mängelfeststellung vor Ablauf der Verjährungsfristen für Mängelansprache gegenüber den ausführenden Unternehmen	0,4
c) Mitwirken bei der Freigabe von Sicherheitsleistungen	0,2

Übersicht 4: Grundleistungen der Objektplanung zu Verkehrsanlagen mit Bewertung der Teilleistungen

Grundleistungen	
LPH 1 Grundlagenermittlung	**2,0**
a) Klären der Aufgabenstellung aufgrund der Vorgaben oder der Bedarfsplanung des Auftraggebers	0,5
b) Ermitteln der Planungsrandbedingungen sowie Beraten zum gesamten Leistungsbedarf	0,5
c) Formulieren von Entscheidungshilfen für die Auswahl anderer an der Planung fachlich Beteiligter	0,25
d) Ortsbesichtigung	0,5
e) Zusammenfassen, Erläutern und Dokumentieren der Ergebnisse	0,25

Grundleistungen	
LPH 2 Vorplanung	**20,0**
a) Beschaffen und Auswerten amtlicher Karten	0,5
b) Analysieren der Grundlagen	1,0
c) Abstimmen der Zielvorstellungen auf die öffentlich-rechtlichen Randbedingungen sowie Planungen Dritter	1,0
d) Untersuchen von Lösungsmöglichkeiten mit ihren Einflüssen auf bauliche und konstruktive Gestaltung, Zweckmäßigkeit, Wirtschaftlichkeit unter Beachtung der Umweltverträglichkeit	4,0
e) Erarbeiten eines Planungskonzepts einschließlich Untersuchung von bis zu drei Varianten nach gleichen Anforderungen mit zeichnerischer Darstellung und Bewertung unter Einarbeitung der Beiträge anderer an der Planung fachlich Beteiligter – Überschlägige verkehrstechnische Bemessung der Verkehrsanlage, Ermitteln der Schallimmissionen von der Verkehrsanlage an kritischen Stellen nach Tabellenwerten – Untersuchen der möglichen Schallschutzmaßnahmen, ausgenommen detaillierte schalltechnische Untersuchungen	10,0
f) Klären und Erläutern der wesentlichen fachspezifischen Zusammenhänge, Vorgänge und Bedingungen	0,25
g) Vorabstimmen mit Behörden und anderen an der Planung fachlich Beteiligten über die Genehmigungsfähigkeit, ggf. Mitwirken bei Verhandlungen über die Bezuschussung und Kostenbeteiligung	0,25
h) Mitwirken bei Erläutern des Planungskonzepts gegenüber Dritten an bis zu zwei Terminen	0,5
i) Überarbeiten des Planungskonzepts nach Bedenken und Anregungen	0,5
j) Bereitstellen von Unterlagen als Auszüge aus der Voruntersuchung zur Verwendung für ein Raumordnungsverfahren	0,25
k) Kostenschätzung, Vergleich mit den finanziellen Rahmenbedingungen	1,5
l) Zusammenfassen, Erläutern und Dokumentieren	0,25
LPH 3 Entwurfsplanung	**25,0**
a) Erarbeiten des Entwurfs auf Grundlage der Vorplanung durch zeichnerische Darstellung im erforderlichen Umfang und Detaillierungsgrad unter Berücksichtigung aller fachspezifischen Anforderungen	12,0
b) Bereitstellen der Arbeitsergebnisse als Grundlage für die anderen an der Planung fachlich Beteiligten, sowie Integration und Koordination der Fachplanungen	1,0

Grundleistungen	
c) Erläuterungsbericht unter Verwendung der Beiträge anderer an der Planung fachlich Beteiligter	4,0
d) Fachspezifische Berechnungen, ausgenommen Berechnungen aus anderen Leistungsbildern	1,0
e) Ermitteln der zuwendungsfähigen Kosten, Mitwirken beim Aufstellen des Finanzierungsplans sowie Vorbereiten der Anträge auf Finanzierung	0,5
f) Mitwirken beim Erläutern des vorläufigen Entwurfs gegenüber Dritten an bis zu drei Terminen, Überarbeiten des vorläufigen Entwurfs aufgrund von Bedenken und Anregungen	0,5
g) Vorabstimmen der Genehmigungsfähigkeit mit Behörden und anderen an der Planung fachlich Beteiligten	1,5
h) Kostenberechnung einschließlich zugehöriger Mengenermittlung, Vergleich der Kostenberechnung mit der Kostenschätzung	1,0
i) Überschlägige Festlegung der Abmessungen von Ingenieurbauwerken	0,5
j) Ermitteln der Schallimmissionen von der Verkehrsanlage nach Tabellenwerten; Festlegen der erforderlichen Schallschutzmaßnahmen an der Verkehrsanlage, ggf. unter Einarbeitung der Ergebnisse detaillierter schalltechnischer Untersuchungen und Feststellen der Notwendigkeit von Schallschutzmaßnahmen an betroffenen Gebäuden	0,5
k) Darlegen der Auswirkungen auf Zwangspunkte	0,5
l) Nachweis der Lichtraumprofile	0,5
m) Ermitteln der wesentlichen Bauphasen unter Berücksichtigung der Verkehrslenkung und der Aufrechterhaltung des Betriebs während der Bauzeit	0,5
n) Bauzeiten- und Kostenplan	0,5
o) Zusammenfassen, Erläutern und Dokumentieren der Ergebnisse	0,5
LPH 4 Genehmigungsplanung	**8,0**
a) Erarbeiten und Zusammenstellen der Unterlagen für die erforderlichen öffentlich-rechtlichen Verfahren oder Genehmigungsverfahren einschließlich der Anträge auf Ausnahmen und Befreiungen, Aufstellen des Bauwerksverzeichnisses unter Verwendung der Beiträge anderer an der Planung fachlich Beteiligter	2,5
b) Erstellen des Grunderwerbsplans und des Grunderwerbsverzeichnisses unter Verwendung der Beiträge anderer an der Planung fachlich Beteiligter	0,5
c) Vervollständigen und Anpassen der Planungsunterlagen, Beschreibungen und Berechnungen unter Verwendung der Beiträge anderer an der Planung fachlich Beteiligter	0,5

Grundleistungen	
d) Abstimmen mit Behörden	1,5
e) Mitwirken in Genehmigungsverfahren einschließlich der Teilnahme an bis zu vier Erläuterungs-, Erörterungsterminen	1,5
f) Mitwirken beim Abfassen von Stellungnahmen zu Bedenken und Anregungen in bis zu zehn Kategorien	1,5
LPH 5 Ausführungsplanung	**15,0**
a) Erarbeiten der Ausführungsplanung auf Grundlage der Ergebnisse der Leistungsphasen 3 und 4 unter Berücksichtigung aller fachspezifischen Anforderungen und Verwendung der Beiträge anderer an der Planung fachlich Beteiligter bis zur ausführungsreifen Lösung	6,0
b) Zeichnerische Darstellung, Erläuterungen und zur Objektplanung gehörige Berechnungen mit allen für die Ausführung notwendigen Einzelangaben einschließlich Detailzeichnungen in den erforderlichen Maßstäben	6,0
c) Bereitstellen der Arbeitsergebnisse als Grundlage für die anderen an der Planung fachlich Beteiligten und Integrieren ihrer Beiträge bis zur ausführungsreifen Lösung	1,5
d) Vervollständigen der Ausführungsplanung während der Objektausführung	1,5
LPH 6 Vorbereitung der Vergabe	**10,0**
a) Ermitteln von Mengen nach Einzelpositionen unter Verwendung der Beiträge anderer an der Planung fachlich Beteiligter	4,0
b) Aufstellen der Vergabeunterlagen, insbesondere Anfertigen der Leistungsbeschreibungen mit Leistungsverzeichnissen sowie der besonderen Vertragsbedingungen	3,0
c) Abstimmen und Koordinieren der Schnittstellen zu den Leistungsbeschreibungen der anderen an der Planung fachlich Beteiligten	0,5
d) Festlegen der wesentlichen Ausführungsphasen	0,5
e) Ermitteln der Kosten auf Grundlage der vom Planer (Entwurfsverfasser) bepreisten Leistungsverzeichnisse	1,0
f) Kostenkontrolle durch Vergleich der vom Planer (Entwurfsverfasser) bepreisten Leistungsverzeichnisse mit der Kostenberechnung	0,5
g) Zusammenstellen der Vergabeunterlagen	0,5
LPH 7 Mitwirkung bei der Vergabe	**4,0**
a) Einholen von Angeboten	0,25
b) Prüfen und Werten der Angebote, Aufstellen der Preisspiegel	2,0
c) Abstimmen und Zusammenstellen der Leistungen der fachlich Beteiligten, die an der Vergabe mitwirken	0,25

Grundleistungen	
d) Führen von Bietergesprächen	0,25
e) Erstellen der Vergabevorschläge, Dokumentation des Vergabeverfahrens	0,25
f) Zusammenstellen der Vertragsunterlagen	0,25
g) Vergleichen der Ausschreibungsergebnisse mit den vom Planer bepreisten Leistungsverzeichnissen und der Kostenberechnung	0,5
h) Mitwirken bei der Auftragserteilung	0,25
LPH 8 Bauoberleitung	**15,0**
a) Aufsicht über die örtliche Bauüberwachung, Koordinierung der an der Objektüberwachung fachlich Beteiligten, einmaliges Prüfen von Plänen auf Übereinstimmung mit dem auszuführenden Objekt und Mitwirken bei deren Freigabe	4,0
b) Aufstellen, Fortschreiben und Überwachen eines Terminplans (Balkendiagramm)	2,5
c) Veranlassen und Mitwirken daran, die ausführenden Unternehmen in Verzug zu setzen	1,0
d) Kostenfeststellung, Vergleich der Kostenfeststellung mit der Auftragssumme	2,0
e) Abnahme von Bauleistungen, Leistungen und Lieferungen unter Mitwirkung der örtlichen Bauüberwachung und anderer an der Planung und Objektüberwachung fachlich Beteiligter, Feststellen von Mängeln, Fertigen einer Niederschrift über das Ergebnis der Abnahme	2,0
f) Antrag auf behördliche Abnahmen und Teilnahme daran	1,0
g) Überwachen der Prüfungen der Funktionsfähigkeit der Anlagenteile und der Gesamtanlage	0,5
h) Übergabe des Objekts	1,0
i) Auflisten der Verjährungsfristen der Mängelansprüche	0,5
j) Zusammenstellen und Übergeben der Dokumentation des Bauablaufs, der Bestandsunterlagen und der Wartungsvorschriften	0,5
LPH 9 Objektbetreuung	**1,0**
a) Fachliche Bewertung der innerhalb der Verjährungsfristen für Gewährleistungsansprüche festgestellten Mängel, längstens jedoch bis zum Ablauf von fünf Jahren seit Abnahme der Leistung, einschließlich notwendiger Begehungen	0,45
b) Objektbegehung zur Mängelfeststellung vor Ablauf der Verjährungsfristen für Mängelansprüche gegenüber den ausführenden Unternehmen	0,45
c) Mitwirken bei der Freigabe von Sicherheitsleistungen	0,1

Übersicht 5: Grundleistungen der Fachplanung Tragwerksplanung mit Bewertung der Teilleistungen

Grundleistungen	
LPH 1 Grundlagenermittlung	**3,0**
a) Klären der Aufgabenstellung aufgrund der Vorgaben oder der Bedarfsplanung des Auftraggebers im Benehmen mit dem Objektplaner	2,0
b) Zusammenstellen der die Aufgabe beeinflussenden Planungsabsichten	0,5
c) Zusammenfassen, Erläutern und Dokumentieren der Ergebnisse	0,5
LPH 2 Vorplanung (Projekt- und Planungsvorbereitung)	**10,0**
a) Analysieren der Grundlagen	0,25
b) Beraten in statisch-konstruktiver Hinsicht unter Berücksichtigung der Belange der Standsicherheit, der Gebrauchsfähigkeit und der Wirtschaftlichkeit	2,5
c) Mitwirken bei dem Erarbeiten eines Planungskonzepts einschließlich Untersuchung der Lösungsmöglichkeiten des Tragwerks unter gleichen Objektbedingungen mit skizzenhafter Darstellung, Klärung und Angabe der für das Tragwerk wesentlichen konstruktiven Festlegungen für zum Beispiel Baustoffe, Bauarten und Herstellungsverfahren, Konstruktionsraster und Gründungsart	6,0
d) Mitwirken bei Vorverhandlungen mit Behörden und anderen an der Planung fachlich Beteiligten über die Genehmigungsfähigkeit	0,5
e) Mitwirken bei der Kostenschätzung und bei der Terminplanung	0,5
f) Zusammenfassen, Erläutern und Dokumentieren der Ergebnisse	0,25
LPH 3 Entwurfsplanung (System- und Integrationsplanung)	**15,0**
a) Erarbeiten der Tragwerkslösung unter Beachtung der durch die Objektplanung integrierten Fachplanungen bis zum konstruktiven Entwurf mit zeichnerischer Darstellung	3,5
b) Überschlägige statische Berechnung und Bemessung	4,0
c) Grundlegende Festlegungen der konstruktiven Details und Hauptabmessungen des Tragwerks für zum Beispiel Gestaltung der tragenden Querschnitte, Aussparungen und Fugen; Ausbildung der Auflager- und Knotenpunkte sowie der Verbindungsmittel	3,0
d) Überschlägiges Ermitteln der Betonstahlmengen im Stahlbetonbau, der Stahlmengen im Stahlbau und der Holzmengen im Ingenieurholzbau	2,0
e) Mitwirken bei der Objektbeschreibung bzw. beim Erläuterungsbericht	0,5
f) Mitwirken bei Verhandlungen mit Behörden und anderen an der Planung fachlich Beteiligten über die Genehmigungsfähigkeit	0,5
g) Mitwirken bei der Kostenberechnung und bei der Terminplanung	0,75

Grundleistungen	
h) Mitwirken beim Vergleich der Kostenberechnung mit der Kostenschätzung	0,5
i) Zusammenfassen, Erläutern und Dokumentieren der Ergebnisse	0,25
LPH 4 Genehmigungsplanung	**30,0**
a) Aufstellen der prüffähigen statischen Berechnungen für das Tragwerk unter Berücksichtigung der vorgegebenen bauphysikalischen Anforderungen	22,0
b) Bei Ingenieurbauwerken: Erfassen von normalen Bauzuständen	–
c) Anfertigen der Positionspläne für das Tragwerk oder Eintragen der statischen Positionen, der Tragwerksabmessungen, der Verkehrslasten, der Art und Güte der Baustoffe und der Besonderheiten der Konstruktionen in die Entwurfszeichnungen des Objektsplaners	4,0
d) Zusammenstellen der Unterlagen der Tragwerksplanung zur Genehmigung	1,0
e) Abstimmen mit Prüfämtern und Prüfingenieuren oder Eigenkontrolle	1,0
f) Vervollständigen und Berichtigen der Berechnungen und Pläne	2,0
LPH 5 Ausführungsplanung	**40,0**
a) Durcharbeiten der Ergebnisse der Leistungsphasen 3 und 4 unter Beachtung der durch die Objektplanung Integrierten Fachplanungen	10,0
b) Anfertigen der Schalpläne in Ergänzung der fertiggestellten Ausführungspläne des Objektplaners	10,0
c) Zeichnerische Darstellung der Konstruktionen mit Einbau- und Verlegeanweisungen, zum Beispiel Bewehrungspläne, Stahlbau- oder Holzkonstruktionspläne mit Leitdetails (keine Werkstattzeichnungen)	15,0
d) Aufstellen von Stahl- oder Stücklisten als Ergänzung zur zeichnerischen Darstellung der Konstruktionen und Stahlmengenermittlung	3,0
e) Fortführen der Abstimmung mit Prüfämtern und Prüfingenieuren oder Eigenkontrolle	2,0
LPH 6 Vorbereitung der Vergabe	**2,0**
a) Ermitteln der Betonstahlmengen im Stahlbetonbau, der Stahlmengen in Stahlbau und der Holzmengen im Ingenieurholzbau als Ergebnis der Ausführungsplanung und als Beitrag zur Mengenermittlung des Objektplaners	1,0
b) Überschlägiges Ermitteln der Mengen der konstruktiven Stahlteile und statisch erforderlichen Verbindungs- und Befestigungsmittel im Ingenieurholzbau	0,5
c) Mitwirken beim Erstellen der Leistungsbeschreibung als Ergänzung zu den Mengenermittlungen als Grundlage für das Leistungsverzeichnis des Tragwerks	0,5

Grundleistungen	
LPH 7 Mitwirkung bei der Vergabe	**0**
LPH 8 Bauoberleitung	**0**
LPH 9 Objektbetreuung	**0**

Übersicht 6: Grundleistungen der Fachplanung Technische Ausrüstung mit Bewertung der Teilleistungen

Grundleistungen	
LPH 1 Grundlagenermittlung	**2,0**
a) Klären der Aufgabenstellung aufgrund der Vorgaben oder der Bedarfsplanung des Auftraggebers im Benehmen mit dem Objektplaner	1,0
b) Ermitteln der Planungsrandbedingungen und Beraten zum Leistungsbedarf und ggf. zur technischen Erschließung	0,5
c) Zusammenfassen, Erläutern und Dokumentieren der Ergebnisse	0,5
LPH 2 Vorplanung (Projekt- und Planungsvorbereitung)	**9,0**
a) Analysieren der Grundlagen Mitwirken beim Abstimmen der Leistungen mit den Planungsbeteiligten	0,25
b) Erarbeiten eines Planungskonzepts, dazu gehören zum Beispiel: Vordimensionieren der Systeme und maßbestimmenden Anlagenteile, Untersuchen von alternativen Lösungsmöglichkeiten bei gleichen Nutzungsanforderungen einschließlich Wirtschaftlichkeitsvorbetrachtung, zeichnerische Darstellung zur Integration in die Objektplanung unter Berücksichtigung exemplarischer Details, Angaben zum Raumbedarf	4,25
c) Aufstellen eines Funktionsschemas bzw. Prinzipschaltbildes für jede Anlage	2,0
d) Klären und Erläutern der wesentlichen fachübergreifenden Prozesse, Randbedingungen und Schnittstellen, Mitwirken bei der Integration der technischen Anlagen	1,0
e) Vorverhandlungen mit Behörden über die Genehmigungsfähigkeit und mit den zu beteiligenden Stellen zur Infrastruktur	0,25
f) Kostenschätzung nach DIN 276 (zweite Ebene) und Terminplanung	1,0
g) Zusammenfassen, Erläutern und Dokumentieren der Ergebnisse	0,25
LPH 3 Entwurfsplanung (System- und Integrationsplanung)	**17,0**
a) Durcharbeiten des Planungskonzepts (stufenweise Erarbeitung einer Lösung) unter Berücksichtigung aller fachspezifischen Anforderungen sowie unter Beachtung der durch die Objektplanung integrierten Fachplanungen bis zum vollständigen Entwurf	6,0
b) Festlegen aller Systeme und Anlagenteile	1,0

Grundleistungen	
c) Berechnen und Bemessen der technischen Anlagen und Anlagenteile, Abschätzen von jährlichen Bedarfswerten (zum Beispiel Nutz-, End- und Primärenergiebedarf) und Betriebskosten; Abstimmen des Platzbedarfs für technische Anlagen und Anlagenteile; zeichnerische Darstellung des Entwurfs in einem mit dem Objektplaner abgestimmten Ausgabemaßstab mit Angabe maßbestimmender Dimensionen Fortschreiben und Detaillieren der Funktions- und Strangschemata der Anlagen Auflisten aller Anlagen mit technischen Daten und Angaben zum Beispiel für Energiebilanzierungen Anlagenbeschreibungen mit Angabe der Nutzungsbedingungen	5,0
d) Übergeben der Berechnungsergebnisse an andere Planungsbeteiligte zum Aufstellen vorgeschriebener Nachweise; Angabe und Abstimmung der für die Tragwerksplanung notwendigen Angaben über Durchführungen und Lastangaben (ohne Anfertigen von Schlitz- und Durchführungsplänen)	1,0
e) Verhandlungen mit Behörden und mit anderen zu beteiligenden Stellen über die Genehmigungsfähigkeit	0,5
f) Kostenberechnung nach DIN 276 (dritte Ebene) und Terminplanung	2,0
g) Kostenkontrolle durch Vergleich der Kostenberechnung mit der Kostenschätzung	1,0
h) Zusammenfassen, Erläutern und Dokumentieren der Ergebnisse	0,5
LPH 4 Genehmigungsplanung	**2,0**
a) Erarbeiten und Zusammenstellen der Vorlagen und Nachweise für öffentlich-rechtliche Genehmigungen oder Zustimmungen, einschließlich der Anträge auf Ausnahmen oder Befreiungen sowie Mitwirken bei Verhandlungen mit Behörden	1,0
b) Vervollständigen und Anpassen der Planungsunterlagen, Beschreibungen und Berechnungen	1,0
LPH 5 Ausführungsplanung	**22,0**
a) Erarbeiten der Ausführungsplanung auf Grundlage der Ergebnisse der Leistungsphasen 3 und 4 (stufenweise Erarbeitung und Darstellung der Lösung) unter Beachtung der durch die Objektplanung integrierten Fachplanungen bis zur ausführungsreifen Lösung	4,0
b) Fortschreiben der Berechnungen und Bemessungen zur Auslegung der technischen Anlagen und Anlagenteile Zeichnerische Darstellung der Anlagen in einem mit dem Objektplaner abgestimmten Ausgabemaßstab und Detaillierungsgrad einschließlich Dimensionen (keine Montage- oder Werkstattpläne) Anpassen und Detaillieren der Funktions- und Strangschemata der Anlagen bzw. der GA-Funktionslisten Abstimmen der Ausführungszeichnungen mit dem Objektplaner und den übrigen Fachplanern	7,0

Grundleistungen	
c) Anfertigen von Schlitz- und Durchbruchsplänen	4,0
d) Fortschreibung des Terminplans	1,0
e) Fortschreiben der Ausführungsplanung auf den Stand der Ausschreibungsergebnisse und der dann vorliegenden Ausführungsplanung des Objektplaners, Übergeben der fortgeschriebenen Ausführungsplanung an die ausführenden Unternehmen	2,0
f) Prüfen und Anerkennen der Montage- und Werkstattpläne der ausführenden Unternehmen auf Übereinstimmung mit der Ausführungsplanung	4,0
LPH 6 Vorbereitung der Vergabe	**7,0**
a) Ermitteln von Mengen als Grundlage für das Aufstellen von Leistungsverzeichnissen in Abstimmung mit Beiträgen anderer an der Planung fachlich Beteiligter	1,5
b) Aufstellen der Vergabeunterlagen, insbesondere mit Leistungsverzeichnissen nach Leistungsbereichen, einschließlich der Wartungsleistungen auf Grundlage bestehender Regelwerke	3,0
c) Mitwirken beim Abstimmen der Schnittstellen zu den Leistungsbeschreibungen der anderen an der Planung fachlich Beteiligten	0,5
d) Ermitteln der Kosten auf Grundlage der vom Planer bepreisten Leistungsverzeichnisse	1,0
e) Kostenkontrolle durch Vergleich der vom Planer bepreisten Leistungsverzeichnisse mit der Kostenberechnung	0,5
f) Zusammenstellen der Vergabeunterlagen	0,5
LPH 7 Mitwirkung bei der Vergabe	**5,0**
a) Einholen von Angeboten	0,25
b) Prüfen und Werten der Angebote, Aufstellen der Preisspiegel nach Einzelpositionen, Prüfen und Werten der Angebote für zusätzliche oder geänderte Leistungen der ausführenden Unternehmen und der Angemessenheit der Preise	2,5
c) Führen von Bietergesprächen	0,5
d) Vergleichen der Ausschreibungsergebnisse mit den vom Planer bepreisten Leistungsverzeichnissen und der Kostenberechnung	1,0
e) Erstellen der Vergabevorschläge, Mitwirken bei der Dokumentation der Vergabeverfahren	0,5
f) Zusammenstellen der Vertragsunterlagen und bei der Auftragserteilung	0,25

Grundleistungen	
LPH 8 Objektüberwachung (Bauüberwachung) und Dokumentation	**35,0**
a) Überwachen der Ausführung des Objekts auf Übereinstimmung mit der öffentlich-rechtlichen Genehmigung oder Zustimmung, den Verträgen mit den ausführenden Unternehmen, den Ausführungsunterlagen, den Montage- und Werkstattplänen, den einschlägigen Vorschriften und den allgemein anerkannten Regeln der Technik	15,0
b) Mitwirken bei der Koordination der am Projekt Beteiligten	0,25
c) Aufstellen, Fortschreiben und Überwachen des Terminplans (Balkendiagramm)	1,0
d) Dokumentation des Bauablaufs (Bautagebuch)	1,25
e) Prüfen und Bewerten der Notwendigkeit geänderter oder zusätzlicher Leistungen der Unternehmer und der Angemessenheit der Preise	1,5
f) Gemeinsames Aufmaß mit den ausführenden Unternehmen	1,5
g) Rechnungsprüfung in rechnerischer und fachlicher Hinsicht mit Prüfen und Bescheinigen des Leistungsstands anhand nachvollziehbarer Leistungsnachweise	5,0
h) Kostenkontrolle durch Überprüfen der Leistungsabrechnungen der ausführenden Unternehmen Im Vergleich zu den Vertragspreisen und dem Kostenanschlag	1,5
i) Kostenfeststellung	1,0
j) Mitwirken bei Leistungs- und Funktionsprüfungen	1,0
k) Fachtechnische Abnahme der Leistungen auf Grundlage der vorgelegten Dokumentation, Erstellung eines Abnahmeprotokolls, Feststellen von Mängeln und Erteilen einer Abnahmeempfehlung	1,5
l) Antrag auf behördliche Abnahmen und Teilnahme daran	0,5
m) Prüfung der übergebenen Revisionsunterlagen auf Vollzähligkeit, Vollständigkeit und stichprobenartige Prüfung auf Übereinstimmung mit dem Stand der Ausführung	1,5
n) Auflisten der Verjährungsfristen der Ansprüche auf Mängelbeseitigung	0,5
o) Überwachen der Beseitigung der bei der Abnahme festgestellten Mängel	1,0
p) Systematische Zusammenstellung der Dokumentation, der zeichnerischen Darstellungen und rechnerischen Ergebnisse des Objekts	1,0

Grundleistungen	
LPH 9 Objektbetreuung	**1,0**
a) Fachliche Bewertung der innerhalb der Verjährungsfristen für Gewährleistungsansprüche festgestellten Mängel, längstens jedoch bis zum Ablauf von fünf Jahren seit Abnahme der Leistung, einschließlich notwendiger Begehungen	0,5
b) Objektbegehung zur Mängelfeststellung vor Ablauf der Verjährungsfristen für Mängelansprüche gegenüber den ausführenden Unternehmen	0,25
c) Mitwirken bei der Freigabe von Sicherheitsleistungen	0,25

6 Vertragsmuster

Nachfolgend wird ein Vorschlag zu einem Vertragsmuster eines Architektenvertrags dargestellt, wie er derzeit nach dem Stand des BGB nach dem 1.1.2021und unter Berücksichtigung der Grundlagen der oben dargestellten Vertragsgrundlagen und Honorarermittlungen bereits in der Praxis verwendet wird.

DIGITALE EXTRAS

Umfassender Vertrag über Architektenleistungen einschließlich der Zielfindungsphase gem. § 650p Abs. 2 Satz 1 BGB

Architektenvertrag
zwischen

...

– nachfolgend Auftraggeber (oder kurz »AG«) genannt – und

...

– nachfolgend Auftragnehmer (oder kurz »AN«) genannt – wird folgender Architektenvertrag geschlossen:

Präambel
Der Auftraggeber beabsichtigt, ein Einfamilienhaus auf seinem Grundstück in der A-Straße in B. zu errichten. Auf dem Grundstück steht derzeit eine eingefallene Scheune.

Alt. 1:

Nach den derzeitigen Vorstellungen des Auftraggebers soll diese abgerissen und durch einen Neubau ersetzt werden. Dabei soll das Gebäude möglichst zwei Stockwerke, ein Schwimmbad und eine große Garage haben. Zudem soll ein großes Wohnzimmer mit Küchenerweiterung im EG und eine große Terrasse geplant werden.

Alt. 2:

Konkrete Vorstellungen, was hier realisiert werden soll, hat der Auftraggeber noch nicht.

Das Budget des Auftraggebers liegt derzeit bei etwa 750.000 Euro.

Vor diesem Hintergrund – die Präambel ist verbindlicher Vertragsbestandteil – schließen die Parteien nachfolgenden Vertrag:

§ 1 Vertragsgegenstand

Gegenstand des Vertrags sind Architektenleistungen an dem nachstehend bezeichneten Bauvorhaben:

Bezeichnung: … (z. B. Einfamilienhaus o. Ä.)

Stadt: …

Straße: …

Grundbuch, Blatt, Flurstück: …

Art und Umfang: … (z. B. Neubau, Anbau, mit einer Fläche von … m^2 o. Ä.)

Leistungsumfang: Objektplanung (Leistungsphasen 1–4, Leistungsphasen 5–8, Leistungsphasen 5–9 o. Ä.)

Das Grundstück ist derzeit mit einem … bebaut (siehe Anlage 1).

Die beabsichtigte Baumaßnahme soll folgende Kriterien erfüllen:

Neubau eines Wohnhauses (…); Wohnhaus und/oder Gewerbegebäude …

Grundfläche: … m^2

hiervon Gewerbefläche: … m^2

Wohnfläche: … m^2

Gewerbefläche: … Zimmer, mit jeweils … m^2 sowie einer Gewerbehalle mit … m^2

Wohnfläche: … Zimmer, davon … Zimmer mit … m^2, … Zimmer mit … m^2, … Bäder, … Küchen, … WC

Das gesamte Objekt wird unterkellert.

§ 2 Vertragsbestandteile

Vertragsbestandteile sind neben den vorrangig geltenden Regelungen dieses Vertrags in nachstehender Geltungsreihenfolge:

(1) Die Bestimmungen dieses Vertrages einschl. seiner Anlagen

(2) Das Verhandlungsprotokoll vom …

(3) Das Raumnutzungsprogramm vom …, Anlage …

(4) Die wesentlichen Planungs- und Leistungsziele des Auftraggebers, Anlage … (falls bereits vorhanden, siehe nachfolgend Alternative 1 in § 3)

(5) Der Übersichtsplan, Anlage …

(6) Die Kosteneinschätzung und das Baubudget, Anlage … (falls bereits vorhanden, siehe nachfolgend Alternative 1 in § 3

(7)Der Projektterminplan vom …, Anlage …

(8) Die Honorarordnung für Architekten und Ingenieure (HOAI) in der bei Vertragsschluss geltenden Fassung

(9) Die gesetzlichen Bestimmungen über den Werkvertrag (§§ 631 ff. BGB)

Bei Widersprüchen richtet sich die Rangfolge nach der Reihenfolge der obigen Aufzählung.

Ein Widerspruch liegt jedoch nicht vor, soweit die höherrangige Bestimmung lediglich allgemeine Vorgaben für die zu erbringende Leistung enthält, die durch eine nachrangige Regelung konkretisiert werden.

Im Zweifelsfall hat der Auftragnehmer dem Auftraggeber den aus seiner Sicht bestehenden Widerspruch zur Entscheidung vorzulegen, wobei der Auftraggeber eine Entscheidung nach billigem Ermessen trifft. Auf §§ 650b und c BGB wird hingewiesen.

§ 3 Leistungsumfang
***Alt. 1:** Die wesentlichen Planungsziele nach § 650p Abs. 2 S. 1 BGB liegen noch nicht vor:*

Der Auftragnehmer erstellt zunächst bis zum …/innerhalb von … Wochen nach Vertragsschluss eine Planungsgrundlage zur Vereinbarung der wesentlichen Planungs- und Überwachungsziele nebst entsprechender Kosteneinschätzung. Zu dieser Planungsgrundlage zählt eine Bedarfsermittlung nebst erster Skizze des zu planenden Objekts.

Nach Vorlage dieser Unterlagen kann der Auftraggeber den Vertrag innerhalb von zwei Wochen kündigen. Die Kündigung muss schriftlich erfolgen. Kündigt der Auftraggeber, so ist der Unternehmer nur berechtigt, die Vergütung zu verlangen, die auf die bis zur Kündigung erbrachten Leistungen entfällt. Diese bestimmt sich nach den Einzelheiten des unten stehenden § 8.

Kündigt der Auftraggeber den Vertrag nicht, so hat er innerhalb von ... Wochen nach Vorlage der Unterlagen seine Zustimmung zu erklären. Verweigert der Auftraggeber die Zustimmung innerhalb dieser Frist oder gibt er keine Erklärung ab, so ist der Auftragnehmer zur Kündigung berechtigt.

Wird der Vertrag nicht gekündigt, so gelten die vorgelegten Unterlagen und die dort definierten wesentlichen Planungs- und Überwachungsziele als vereinbart.

Alt. 2: *Es liegen bereits die »wesentlichen Planungsziele« nach § 650p Abs. 1 und 2 BGB vor.*

Die wesentlichen Planungsziele nebst Kosteneinschätzung liegen bereits vor (vgl. Anlagen ... zu diesem Vertrag).

Der Auftragnehmer übernimmt vor diesem Hintergrund auf der Basis der Anlagen ... alle weiteren Grundleistungen der folgenden Leistungsphasen des Leistungsbildes Gebäude und Innenräume entsprechend der in Anlage 10.1 zu § 34 Abs. 3 HOAI beschrieben, nämlich:

- Leistungsphase 1: Grundlagenermittlung
- Leistungsphase 2: Vorplanung (Projekt- und Planungsvorbereitung)
- Leistungsphase 3: Entwurfsplanung (System- und Integrationsplanung)
- Leistungsphase 4: Genehmigungsplanung
- Leistungsphase 5: Ausführungsplanung
- Leistungsphase 6: Vorbereitung der Vergabe
- Leistungsphase 7: Mitwirkung bei der Vergabe
- Leistungsphase 8: Objektüberwachung (Bauüberwachung)
- Leistungsphase 9: Objektbetreuung und Dokumentation

Darüber hinaus erbringt der Auftragnehmer folgende Besondere Leistungen aus der Beschreibung in Anlage 10.1 zu § 34 Abs. 3 HOAI:

...

Weiterhin übernimmt der Auftraggeber folgende weiteren Besonderen Leistungen, die nicht in der Anlage 10.1 zu § 34 Abs. 3 HOAI beschreiben sind:

...

Der Auftragnehmer schuldet grundsätzlich und verpflichtend als Leistungsinhalt und -pflicht sämtliche umfassenden Planungs- und Beratungs- sowie Bauüberwachungsleistungen, die zur ordnungsgemäßen Erfüllung seines Auftrags erforderlich sind, auch wenn sie vorstehend nicht im Einzelnen aufgeführt sind.

Grundsätzlich schuldet der Auftragnehmer einen Projektterminplan, der dann verbindliche Grundlage für den Auftraggeber und die weiteren bauausführenden Unternehmer und Berater wird sowie in die dortigen Verträge einfließen kann.

§ 4 Weitere Leistungspflichten des Auftragnehmers
Die Leistungen des Auftragnehmers müssen in jeder Planungsphase mindestens den allgemein anerkannten Regeln der Technik für Planer, Bauüberwacher und Berater entsprechen und dabei den neuesten Stand der Technik berücksichtigen. Weiterhin haben die Leistungen und Arbeitsergebnisse auch den allgemein anerkannten Regeln der Technik in deren neustem Stand für die ausführenden Unternehmer und weiteren am Bau Beteiligten zu entsprechen, sodass gesichert ist, dass die Ausführung der Werkleistung dem neusten Stand entspricht. Sofern der neueste Stand der Technik von den anerkannten Regeln der Technik abweicht, hat der Auftragnehmer den Auftraggeber unverzüglich zu informieren und ihm die Unterschiede, Vorzüge und Risiken des neuesten Standes der Technik mitzuteilen. Er hat dem Auftraggeber Lösungsvorschläge zu unterbreiten und die Entscheidung des Auftraggebers anschließend umzusetzen.

Die Planung des Auftragnehmers muss die Grundsätze der Wirtschaftlichkeit beachten.

Sie muss allen einschlägigen öffentlich-rechtlichen Bestimmungen sowie allen weiteren technischen Bestimmungen und Richtlinien entsprechen.

Der Auftragnehmer hat bei der Erbringung seiner Leistungen neben den Festlegungen dieses Vertrags alle gesetzlichen und behördlichen Vorgaben zu beachten. Er hat den Auftraggeber unverzüglich darüber zu informieren, soweit die gesetzlichen und behördlichen Vorgaben von anderen Bestimmungen abweichen, die in diesem Vertrag enthalten sind oder wenn Sonderfachleute hinzugezogen werden müssen. Er hat dem Auftraggeber Lösungsvorschläge zu unterbreiten und die Entscheidung des Auftraggebers anschließend umzusetzen.

Hat der Auftragnehmer Bedenken gegen die Entscheidung des Auftraggebers, so hat er diese unverzüglich schriftlich mitzuteilen. Die Hinweise des Auftragnehmers müssen so rechtzeitig erfolgen, dass die zeitlichen Bedürfnisse des Auftraggebers und der anderen am Bau Beteiligten zum Projektterminplan nicht beeinträchtigt werden. Sofern Sonderfachleute bzw. Berater hinzugezogen werden müssen, hat er den Auftraggeber so rechtzeitig über deren Hinzuziehung zu informieren, dass dieser die Sonderfachleute bzw. Berater beauftragen kann, ohne dass der Projektterminplan gefährdet wird.

Der Auftragnehmer hat den Auftraggeber ebenfalls jederzeit unverzüglich schriftlich zu informieren, falls die Vertragsziele des Auftraggebers, insbesondere das vorgegebene bzw. vereinbarte Baubudget oder der Projektterminplan gefährdet erscheinen. In diesen Fällen hat er dem Auftraggeber Lösungsvorschläge oder Kompensationsmöglichkeiten zu unterbreiten.

Der Auftragnehmer ist ferner verpflichtet, ergänzende Planungswünsche von Miet- oder Kaufinteressenten in seine Planung einzubeziehen, sofern der Auftraggeber dies wünscht. Diese Leistung ist im Übrigen unabhängig davon, ob der Auftragnehmer daneben noch einen verbindlichen Planer- oder Bauüberwachungsvertrag mit den Mietern oder Kaufinteressenten hat.

Grundsätzlich gilt, dass der Auftragnehmer den Auftraggeber über die von ihm zu treffenden Entscheidungen so rechtzeitig zu informieren hat, dass der Auftraggeber diese Entscheidungen treffen kann, ohne dass sich der Planungsablauf verzögert und vom Projektterminplan abweicht.

Der Auftragnehmer hat grundsätzlich an allen Baubesprechungen teilzunehmen und über diese ein Protokoll zu erstellen. Das Protokoll ist unverzüglich, spätestens nach drei Werktagen dem Auftraggeber vorzulegen.

Der Auftragnehmer ist berechtigt und verpflichtet, die Interessen des Auftraggebers in Bezug auf andere am Projekt Beteiligte (Bauunternehmen, weitere Planer und Berater, Behörden, Nachbarn usw.) zu vertreten. Er kann diesbezüglich – technische – Weisungen erteilen. Zur rechtsgeschäftlichen Vertretung des Auftraggebers ist der Auftragnehmer aber nicht bevollmächtigt. Der Auftraggeber erteilt auf Anforderung des Auftragnehmers diesem eine separate Vollmacht. Ohne vorherige Zustimmung des Auftraggebers darf er aber keine Anordnungen erteilen, die finanzielle Verpflichtungen des Auftraggebers begründen können. Dies obliegt einzig dem Auftraggeber.

Der Auftragnehmer hat seine Leistungen persönlich und im eigenen Büro auszuführen. Er ist nur dann berechtigt, Teilleistungen an Nachunternehmer zu vergeben, wenn der Auftraggeber dieser Vergabe zuvor schriftlich zugestimmt hat.

§ 5 Leistungspflichten des Auftraggebers
Der Auftraggeber ist verpflichtet, alle erforderlichen Entscheidungen innerhalb angemessener Zeit zu treffen.

Der Auftraggeber ist verpflichtet, dem Auftragnehmer auf Verlangen alle erforderlichen Unterlagen zu übergeben, die sich in seinem Besitz befinden und die der Auftragnehmer für die vertragsgerechte Ausführung seiner Leistungen benötigt.

Der Auftraggeber ist verpflichtet, dem Auftragnehmer auf dessen Verlangen seine konkrete Zielvorstellung zu nennen, in sinnvollen Zeitabschnitten fortzuschreiben und den jeweiligen Planungsstand anzupassen.

Der Auftraggeber ist verpflichtet, auf Verlangen mit dem Auftragnehmer am Ende einer jeden Planungsstufe abzustimmen, in welchem Umfang die Planung des Auftragnehmers die Zielvorstellungen des Auftraggebers erfüllt. Der Auftragnehmer hat einen Anspruch auf Zustimmung des Auftraggebers dazu nach jeder Leistungsstufe, sofern seine Leistung dem Vertrag und den Zielvorstellungen des Auftraggebers entspricht.

Auf Anraten des Auftragnehmers schließt der Auftraggeber folgende weitere Verträge mit Fachplanern oder Gutachtern ab:

...

§ 6 Baukosten

Die Vertragsparteien gehen davon aus, dass das in der Anlage ... genannte Baubudget als Kosteneinschätzung die Baukosten i. H. v. ... Euro gem. DIN 276 in der Fassung vom Dezember 2008 inkl. der Kostengruppe 120 umfasst. Der Auftragnehmer hat dem Auftraggeber daneben – kostenfrei – bei der jeweiligen Kostenermittlung in den Leistungsphasen 2, 3, 7 und 8 auch eine Kostenaufstellung nach DIN 276:1-2018 zu erstellen und mit dem vorgegebenen Baubudget zu vergleichen.

Sobald und soweit für den Auftragnehmer in den einzelnen Planungsphasen Budgetabweichungen erkennbar sind, hat er den Auftraggeber hierauf unter Nennung der Gründe hinzuweisen und Vorschläge zur Abhilfe, insbesondere zu Kosteneinsparungen oder entsprechenden Kompensationsmaßnahmen zu unterbreiten. Er hat den Auftraggeber ebenfalls auf eventuelle Einsparungsmöglichkeiten hinzuweisen.

Alt. 1:

Der Auftragnehmer ist verpflichtet, die durch das Baubudget festgelegten Kosten des Projekts zu beachten. Die Einhaltung des Baubudgets insgesamt sowie der vereinbarten entsprechenden Einzelbudgets sind damit vereinbarte Beschaffenheit der vom Auftragnehmer zu erbringenden Leistungen.

Alt. 2:

Der Auftragnehmer übernimmt keine Garantie in Bezug auf die Richtigkeit dieser Kostenermittlung. Eine Obergrenze für die Baukosten ist mit dem vom Auftraggeber genannten Budgetbetrag nicht verbunden. Ebenfalls sind die Kosten keine – vereinbarte – Beschaffenheit des vom Auftragnehmer zu erbringenden Werks.

§ 7 Fristen
Der Auftragnehmer wird seine Leistungen nach Maßgabe eines gemeinsamen Terminplans erbringen. Dieser Terminplan muss dem Projektterminplan in Anlage … entsprechen und wird damit Vertragsbestandteil.

Die Parteien vereinbaren die folgenden Termine und Fristen als verbindliche Vertragstermine:

Leistungsbeginn: …

Fertigstellung Entwurfsplanung: …

Einreichung des vollständigen und genehmigungsfähigen Bauantrags: …

Fertigstellung der Ausführungsplanung: … Tage/Monate nach Erhalt der Baugenehmigung

§ 8 Honorar
Die Vergütung des Auftragnehmers richtet sich nach den Bestimmungen der Honorarordnung für Architekten und Ingenieure (HOAI) in der bei Vertragsschluss jeweils geltenden Fassung unter Berücksichtigung der nachfolgenden Regelungen des Vertrags:

A. Honorar im Rahmen der Zielfindungsphase
Die Parteien vereinbaren für die Ausführungen der Leistungen in der »Zielfindungsphase« nach § 650p Abs. 2 BGB

☐ ein Pauschalhonorar von … Euro.

☐ ein Stundenhonorar von … Euro. Die Tätigkeiten/Zeiten werden minutengenau erfasst.

☐ die Abrechnung auf der Basis der nachfolgenden Honorarbestimmungen anstelle der Leistungsphasen ☐ 1 und ☐ 2. Es gilt die Siemonliste als Wägungs- und

Einschätzungsliste bei erbrachten Teilleistungen der vorstehenden Leistungsphasen als vereinbart.

B. Honorar bei üblicher Beauftragung
Die Parteien vereinbaren die Honorarzone ..., weil das Gebäude ❑ geringe/❑ durchschnittliche/❑ überdurchschnittliche Planungsanforderungen stellt, insbesondere ...

Die Parteien vereinbaren folgenden Honorarsatz:

❑ Mindestsatz

❑ Mittelsatz

❑ Dreiviertelsatz

❑ Höchstsatz

❑ ...

Die anrechenbaren Kosten wurden nach §§ 4, 6, 33, 34 HOAI ermittelt und betragen derzeit nach der

❑ Kosteneinschätzung ... Euro

❑ Kostenschätzung ... Euro

❑ Kostenberechnung ... Euro

Die vom Auftragnehmer erbrachten Besonderen Leistungen werden wie folgt vergütet:

❑ Stundenhonorar von ... Euro. Die Tätigkeiten/Zeiten werden minutengenau erfasst.

❑ Pauschalhonorar von ... Euro

❑ ...

Nebenkosten
Die nach § 14 HOAI erstattungsfähigen Nebenkosten werden pauschal mit ... % des Nettohonorars vergütet.

***Alt.:** Die nach § 14 HOAI erstattungsfähigen Nebenkosten werden auf Nachweis vergütet.*

☐ Im Falle des Umbaus oder der Modernisierung nach § 6 Abs. 2 HOAI i. V. m. § 36 HOAI wird der Zuschlag für Leistungen bei Umbauten und Modernisierung nach § 36 HOAI wird mit ... % *(bis max. 33 % bei Gebäuden und bis max. 50 % bei Innenräumen)* vereinbart.

(Hinweis: Wird nichts weiter vereinbart, gilt eine Erhöhung von 20 %.)

☐ Im Falle von Leistungen bei Instandhaltungen und Instandsetzungen von Objekten nach § 12 HOAI wird der Prozentsatz für die Bauüberwachung um ... % *(max.: 50 %)* erhöht.

Leistungen des Auftragnehmers werden nur dann nach Zeitaufwand vergütet, wenn sie vorher schriftlich durch den Auftraggeber beauftragt worden sind und nicht von den Grundleistungen oder Besonderen Leistungen dieses Vertrags erfasst sind. In diesem Fall ist der Auftragnehmer verpflichtet, den Zeitaufwand durch Stundenbelege nachzuweisen. Werden Leistungen des Auftragnehmers oder seines Mitarbeiters nach Zeitaufwand berechnet, werden folgende Stundensätze vergütet:

- für den projektverantwortlichen Ingenieur: ... Euro/Std.
- für Mitarbeiter, die technisch-wirtschaftliche oder EDV-technische Aufgaben erfüllen: ... Euro/Std.
- für sonstige Mitarbeiter: ... Euro/Std.

***Alt.:** Gem. § 2 Abs. 7 i. V. m. § 4 Abs. 3 HOAI vereinbaren die Parteien dieses Vertrags, dass die mitzuverarbeitende Bausubstanz wie folgt beim Honorar zu berücksichtigen ist:*

☐ *Pauschalerhöhung um ... Prozent des Nettohonorars*

☐ *Ansatz von ...* Euro *bei den anrechenbaren Kosten der KG 300*

☐ *Erhöhung von ... Prozent der gesamten anrechenbaren Kosten*

☐ ...

§ 9 Zahlungen

Das gesamte Honorar für die vollständig erbrachten Leistungen wird fällig, wenn der Auftragnehmer die letzte beauftragte Leistung vertragsmäßig erbracht und die prüffähige Honorarschlussrechnung vorgelegt hat, § 15 Satz 1 HOAI, § 632 BGB.

Das Honorar für die Leistungsphasen 1 bis 8 wird fällig, wenn der Auftragnehmer die Leistungen vertragsgemäß erbracht hat und eine prüfbare Honorarrechnung überreicht hat.

Das Honorar für die Leistungsphase 9 wird fällig, sobald der Auftragnehmer auch diese Leistung vertragsgemäß erbracht und eine prüfbare Honorarschlussrechnung vorgelegt hat.

Der Auftragnehmer ist jedoch berechtigt, Abschlagszahlungen entsprechend den nachgewiesenen Grundleistungen wie folgt zu verlangen (§ 15 Satz 2 HOAI i. V. m. § 632a BGB):

- Grundlagenermittlung: 2 %
- Vorplanung: 7 %
- Entwurfsplanung: 15 %
- Genehmigungsplanung: 3 %
- Ausführungsplanung: 25 %
- Vorbereitung der Vergabe: 10 %
- Mitwirkung bei der Vergabe: 4 %
- Objektüberwachung: 32 %
- Objektbetreuung und Dokumentation: 2 %

Abschlagszahlungen werden nach Eingang der prüffähigen Abschlagsrechnung beim Auftraggeber innerhalb von 18 Werktagen fällig. Der Auftragnehmer hat den Nachweis der erbrachten Leistungen nachvollziehbar zu belegen.

Sofern der Auftragnehmer mit Besonderen Leistungen beauftragt wurde, gilt, dass die Besonderen Leistungen nach jeder Leistungsphase (1 bis 9) entsprechend der Anlage 10.1 nach Eingang einer prüffähigen Abschlagsrechnung beim Auftraggeber binnen 18 Werktagen fällig werden. Der Auftragnehmer hat den Nachweis der erbrachten Leistungen nachvollziehbar zu belegen.

Sofern der Auftragnehmer mit ergänzenden Leistungen beauftragt wurde, die nicht Grundleistungen oder Besondere Leistungen sind, gilt, dass diese Leistungen nach jeder Leistungsphase (1 bis 9) entsprechend der Anlage 10.1 oder nach Wahl des Auftragnehmers nach einem Arbeits- oder Zeitaufwand von einem Monat nach Beginn der jeweiligen Leistung und nach Eingang einer prüffähigen Abschlagsrechnung beim Auftraggeber binnen 18 Werktagen fällig werden. Der Auftragnehmer hat den Nachweis der erbrachten Leistungen nachvollziehbar zu belegen.

§ 10 Honoraranpassung bei Baukostenüber- oder -unterschreitung
Soweit der Auftragnehmer eine Überschreitung der schriftlich vereinbarten anrechenbaren Kosten für die KG 300 und 400 i. H. v. … Euro (Baubudget-Obergrenze)

um mehr als ... % zu vertreten hat, wird das dem Auftragnehmer zustehende Honorar um ... % der Netto-Auftragssumme des Auftragnehmers für jedes volle Prozent der Überschreitung des verbindlichen Baubudgets gekürzt, sofern der Auftragnehmer die Überschreitung zu vertreten hat.

Budgetüberschreitungen, die entweder auf durch den Auftraggeber angeordnete, geänderte, zusätzliche oder entfallene Leistungen oder auf Preisanpassungsabreden mit den ausführenden Unternehmen (Indexierungen) beruhen, finden bei dieser Berechnung keine Berücksichtigung.

Die Honorarkürzung wird auf eine etwaige Vertragsstrafe des Auftragnehmers angerechnet. Honorarkürzungen und Vertragsstrafen dürfen insgesamt 5% der Netto-Abrechnungssumme des Auftragnehmers nicht überschreiten. Die Honorarkürzung wird auch auf Schadensersatzansprüche des Auftraggebers angerechnet.

Für Kostenunterschreitungen, die unter Ausschöpfung technisch-wirtschaftlicher oder umweltverträglicher Lösungsmöglichkeiten über die allgemeine Pflicht des Auftragnehmers zur wirtschaftlichen Leistungserbringung hinaus zu einer wesentlichen Kostensenkung ohne Verminderung des vertraglich vereinbarten Standards führen, wird ein Erfolgshonorar i. H. v. ... % der Netto-Auftragssumme vereinbart. Das Erfolgshonorar wird mit der Schlusszahlung fällig, nicht jedoch vor Vorlage der vom Auftragnehmer zu erstellenden Kostenfeststellung.

§ 11 Honoraranpassung bei Verlängerung des Leistungszeitraumes
Verzögert sich die in diesem Vertrag festgelegte Ausführungszeit durch Umstände, die der Auftragnehmer nicht zu vertreten hat, wesentlich, so ist für die Mehraufwendungen eine Entschädigung i. H. v. ... Euro/Monat netto zu vereinbaren. Eine Überschreitung von bis zu 20% der festgelegten Ausführungszeit, maximal jedoch ... Monate, ist durch das Honorar abgegolten.

§ 12 Änderungen der Planungsziele und des Leistungsumfanges; Honorar
Der Auftraggeber ist jederzeit befugt, Änderungen oder Wiederholungen von Leistungen des Auftragnehmers anzuordnen. Der Auftragnehmer ist zur Erbringung dieser vom Auftraggeber angeordneten Leistungsänderung verpflichtet, soweit er dem Auftraggeber nicht nachweist, dass die Erbringung dieser Leistungen unmöglich oder für ihn unzumutbar ist. Das Anordnungsrecht bezieht sich nur auf die Anordnungen des Auftraggebers, die

- eine Änderung des vereinbarten Werkerfolgs nach § 631 Abs. 1 ist oder
- eine Änderung ist, die zur Erreichung des vereinbarten Werkerfolgs notwendig ist.

Es gilt § 650q Abs. 1 und 2 BGB. Die Honorierung der Änderungsleistung bestimmt sich nach den Vorgaben der HOAI in der jeweils geltenden Fassung.

Der Auftragnehmer ist ebenfalls verpflichtet, auf Anordnung des Auftraggebers weitere Besondere Leistungen auszuführen, soweit diese ihm nicht unmöglich oder nicht unzumutbar sind.

Es besteht Einigkeit zwischen den Parteien, dass unterschiedliche Vorschläge oder Ausarbeitungen des Auftragnehmers in gestalterischer, konstruktiver, funktionaler oder wirtschaftlicher Hinsicht während der Erstellung der Planung und vor Abschluss der einzelnen Planungsphasen zum normalen, durch das vereinbarte Honorar abgegoltenen Leistungsumfang des Auftragnehmers gehören und deshalb von vornherein nicht als Leistungsmodifikationen anzusehen sind; derartige Alternativen sind z. B. unterschiedliche Grundrissvarianten oder Ansichten.

Der Auftragnehmer erhält in all diesen Fällen eine zusätzliche Vergütung nach Maßgabe der folgenden Bestimmungen:

- Der Auftragnehmer ist verpflichtet, vor Beginn der Ausführungen dem Auftraggeber schriftlich den entsprechenden Mehrvergütungsanspruch dem Grunde nach anzukündigen und eine prüfbare Aufstellung über die geänderte oder zusätzliche Vergütung zu übermitteln.
- Soll der Auftragnehmer Grundleistungen wiederholen, so orientiert sich die dem Auftragnehmer zustehende Vergütung am Abrechnungssystem der HOAI.
- Soll der Auftragnehmer Teile von Grundleistungen wiederholen, so erhält er eine zusätzliche Vergütung, wenn die geänderte oder zusätzliche Leistung einen Zeitaufwand von mehr als ... % einer vollständig erbrachten, unveränderten Grundleistung übersteigt. In diesem Fall erhält der Auftragnehmer pro Prozent der Überschreitung je 1 % des auf diese Grundleistung anfallenden Honorars, maximal jedoch 30 %.
- Soll der Auftragnehmer Besondere Leistungen wiederholen, so erhält er hierfür die in diesem Vertrag enthaltene Vergütung (alternativ: ... so erhält er hierfür ein Zeithonorar nach Maßgabe der Regelung in Ziff. ...).
- Soll der Auftragnehmer weitere Besondere Leistungen ausführen, für die die Parteien in diesem Vertrag keine Vergütung vereinbart haben, so erhält er ein Zeithonorar nach § 8 B.

Gesetzliche Ansprüche des Auftragnehmers werden durch diese Regelung weder eingeschränkt noch ausgeschlossen.

§ 10 HOAI bleibt unberührt.

§ 13 Abnahme
Die Leistungen des Auftragnehmers bedürfen einer gemeinsamen förmlichen Abnahme nach vollständiger und im Wesentlichen mängelfreier Fertigstellung aller ihm beauftragten Leistungen. Eine stillschweigende Abnahme ist ausgeschlossen. § 640 Abs. 2 BGB bleibt unberührt.

Die Leistungen werden nach der letzten dem Auftragnehmer beauftragten oder abgerufenen Leistungsphase, spätestens nach Leistungsphase 8, abgenommen.

Dem Auftragnehmer steht es frei, nach Abnahme der letzten Leistung des bauausführenden Unternehmers oder der bauausführenden Unternehmer eine Teilabnahme der von ihm bis dahin erbrachten Leistungen zu verlangen, § 650s BGB.

Die Leistungen der Leistungsphase 9 werden gesondert abgenommen.

Teilabnahmen sind im Übrigen nur mit ausdrücklicher schriftlicher Zustimmung des Auftraggebers, die dieser auch ohne Grund verweigern darf, auf Antrag des Auftragnehmers zulässig.

§ 14 Mängelansprüche und Verzugsansprüche
Die Mängelansprüche des Auftraggebers bestimmen sich nach den gesetzlichen Vorschriften. Die Verjährungsfrist bzgl. Mängel der Leistungsphasen 1 bis 8 beginnt mit der Abnahme dieser Leistungsphasen. Die Verjährungsfrist für Mängel bzgl. der Leistungsphase 9 beginnt mit deren Abnahme.

Gerät der Auftragnehmer mit seiner Leistung in Verzug, so stehen dem Auftraggeber die gesetzlichen Regelungen zu.

Gerät er mit seiner Leistung in Verzug und erbringt er die ausstehenden Leistungen trotz Nachfristsetzung dann nicht innerhalb von maximal … Werktagen, ist der Auftraggeber, unbeschadet aller sonstigen Rechte, berechtigt, den Vertrag für die Leistungsphasen ganz oder teilweise aus wichtigem Grund zu kündigen, § 648a BGB.

§ 15 Vertragsstrafe
Werden die Vertragstermine des Projektterminplans oder die unter § 7 schriftlich festgelegten Anfangs-, Zwischen- oder Endtermine aus einem vom Auftragnehmer zu vertretenden Grund überschritten, hat der Auftraggeber für jeden Werkvertrag der Fristüberschreitung Anspruch auf eine Vertragsstrafe i. H. v. 0,1 % der Netto-Auftragssumme, insgesamt jedoch maximal 3 % der Netto-Auftragssumme.

Sobald der Auftragnehmer bzgl. eines Vertragstermins bereits in Verzug geraten ist, wird diese Vertragsstrafe bei der Überschreitung weiterer Vertragstermine nur verwirkt, wenn insoweit zusätzlicher bzw. neuer Verzug des Auftragnehmers eingetreten ist.

Schadensersatzansprüche und sonstige Ansprüche des Auftraggebers bleiben unberührt. Die Vertragsstrafe wird jedoch auf Schadensersatzansprüche angerechnet.

Der Vertragsstrafenanspruch muss nicht bei der Abnahme vorbehalten werden, sondern kann bis zur Schlusszahlung auf die Schlussrechnung geltend gemacht werden.

§ 16 Haftpflichtversicherung

Zur Sicherung etwaiger Ersatzansprüche aus dem Vertrag hat der Auftragnehmer unverzüglich eine Berufshaftpflichtversicherung durch Vorlage einer entsprechenden Bestätigung seiner Versicherungsgesellschaft nachzuweisen, die der Überprüfung durch das Bundesaufsichtsamt für das Versicherungswesen unterliegt. Der Versicherungsschutz muss alle Schäden, auch mittelbare und Drittschäden sowie Vor- und Spätschäden je Einzelschadensfall bis zur Höhe der wie folgt vereinbarten Deckungssumme umfassen:

- für Personenschäden … Euro (empfohlen mindestens 5 Mio. Euro)
- für sonstige Schäden … Euro (empfohlen mindestens 500.000 Euro)

Der Auftragnehmer ist verpflichtet, die Haftpflichtversicherung für die Dauer des Vertrags bis zum Ablauf seiner Gewährleistungsfrist zu unterhalten.

Vor dem Nachweis einer vertragsgemäßen Deckung des Haftpflichtrisikos hat der Auftragnehmer keinen Anspruch auf Zahlung des Honorars.

Weist der Auftragnehmer die Deckung nicht innerhalb von … Wochen nach schriftlicher Aufforderung durch den Auftraggeber nach, so hat der Auftraggeber das Recht, den Vertrag aus wichtigem Grund zu kündigen.

§ 17 Urheberrecht und Herausgabe von Unterlagen

Der Auftraggeber ist berechtigt, die vom Auftragnehmer ausgearbeiteten Unterlagen auch dann für die Durchführung des Bauvorhabens zu verwenden, wenn dem Auftragnehmer nur einzelne der in diesem Vertrag ausgeführten Leistungen übertragen werden oder das Vertragsverhältnis vorzeitig gelöst wird.

Der Auftragnehmer stellt den Auftraggeber von möglichen Ansprüchen Dritter wegen der Verletzung von Urheber- oder Leistungsschutzrechten frei.

Der Auftragnehmer überträgt dem Auftraggeber die Verwertungs-, Nutzungs- und Änderungsrechte an allen von ihm für das Bauvorhaben erstellten Unterlagen sowie an den für das Bauvorhaben erbrachten Leistungen. Der Auftraggeber ist berechtigt, diese Rechte auf Dritte zu übertragen.

Der Auftraggeber hat einen Anspruch auf Überlassung sämtlicher Vorentwurfs-, Entwurfs- und Ausführungspläne sowie auf Überlassung sämtlicher pausfähiger Transparentpausen der letztgültigen Bauausführungszeichnungen und Detailzeichnungen sowie der Bestandspläne und der von Sonderfachleuten ausgearbeiteten Unterlagen. Der Auftragnehmer wird digital, insbesondere per CAD erstellte Planungsunterlagen im jeweils gültigen Schnittstellenformat – derzeit DXF-Format – dem Bauherrn in unverschlüsselter Form auf Datenträgern zur Verfügung stellen.

Der Auftragnehmer hat dem Auftraggeber alle das Bauvorhaben betreffenden Unterlagen, insbesondere behördliche Urkunden, Originalangebote, Verträge, Vereinbarungen, Rechnungen und Ähnliches unverzüglich zu übergeben.

Diese Unterlagen werden Eigentum des Auftraggebers, soweit dieser nicht bereits Eigentümer ist. Dies gilt auch bei vorzeitiger Auflösung des Vertrags.

Der Auftraggeber hat das Recht zur Veröffentlichung des nach den Plänen des Auftragnehmers errichteten Bauwerks. Der Auftragnehmer hat das Recht, dass sämtliche Unterlagen oder Modelle mit seinem Namen versehen werden. Der Auftragnehmer hat ebenfalls das Recht, angehört zu werden, bevor das Bauwerk geändert und dabei in das Urheberpersönlichkeitsrecht des Auftragnehmers eingegriffen wird.

§ 18 Kündigung

Der Auftraggeber kann den Vertrag jederzeit ganz oder teilweise ohne Grund oder auch bei Vorliegen eines wichtigen Grundes kündigen (§§ 648, 648a BGB).

Ein wichtiger Kündigungsgrund liegt insbesondere in den in diesem Vertrag genannten Fällen vor. Ein wichtiger Grund zur Kündigung liegt auch dann vor, wenn der Auftragnehmer nachhaltig und erheblich seine Vertragspflichten verletzt und diese Verletzung auch nach Abmahnung durch den Auftraggeber nicht beseitigt. Ein wichtiger Grund zur Kündigung liegt auch dann vor, wenn es der Auftragnehmer unterlässt, einer bindenden Anweisung des Auftraggebers nachzukommen und diese nicht innerhalb einer Nachfrist nachholt. Der Auftraggeber hat sowohl bei der Setzung einer Nachfrist als auch bei der Abmahnung die Kündigung anzudrohen.

Der Auftragnehmer kann den Vertrag nur aus wichtigem Grund kündigen. Der Auftragnehmer hat kein Recht zu Teilkündigungen.

Die Kündigung bedarf jeweils der Schriftform, § 650q Abs. 1 i. V. m. § 650h BGB.

Wird der Vertrag vom Auftraggeber ohne Grund gekündigt, so erhält der Auftragnehmer für die bis zur Kündigung ausgeführten und verwertbaren Leistungen die anteilige vereinbarte Vergütung. Für die kündigungsbedingt nicht mehr erbrachten Leistungen steht dem Auftragnehmer die vereinbarte Vergütung unter Abzug der vom Auftragnehmer ersparten Aufwendungen zu, wobei der Auftragnehmer dem Auftraggeber die Höhe der ersparten Aufwendungen nachzuweisen hat. Soweit dieser Nachweis vom Auftragnehmer nicht erbracht wird, werden die kündigungsbedingt ersparten Aufwendungen auf … % der restlichen Vergütung pauschaliert. Im Übrigen hat der Auftragnehmer auf die Vergütung für nicht erbrachte Leistungen anzurechnen, was er in Folge der Kündigung anderweitig erwirbt bzw. zu erwerben böswillig unterlässt.

Die gleichen Folgen treten ein, wenn der Auftragnehmer aus einem wichtigen Grund kündigt, den der Auftraggeber zu vertreten hat.

Kündigt der Auftraggeber den Vertrag ganz oder teilweise aus einem wichtigen Grund oder kündigt der Auftragnehmer den Vertrag aus einem wichtigen Grund, den der Auftraggeber nicht zu vertreten hat, so steht dem Auftragnehmer für die erbrachten und verwertbaren Leistungen das – anteilige – vertraglich vereinbarte Honorar zu. Für die kündigungsbedingt nicht mehr erbrachten Leistungen steht dem Auftragnehmer kein Honorar zu. Weitergehende Ansprüche des Auftragnehmers scheiden aus. Ihm sind lediglich die für die erbrachten Leistungen nachweisbar entstandenen und notwendigen Nebenkosten zu erstatten. Soweit der Auftragnehmer den wichtigen Kündigungsgrund zu vertreten hat, ist er dem Auftraggeber darüber hinaus zur Erstattung der kündigungsbedingt eingetretenen Mehrkosten verpflichtet. Schadensersatzansprüche des Auftraggebers bleiben unberührt. § 9 HOAI findet in diesen Fällen keine Anwendung.

Im Falle einer jeden Kündigung hat der Auftragnehmer die Ergebnisse seiner Leistungen dem Auftraggeber so zu übergeben, dass ein Dritter die Leistungen fortführen kann. Die Parteien sind verpflichtet, die vom Auftragnehmer ausgeführten Leistungen innerhalb von … Werktagen nach Kündigung gemeinsam festzustellen und zu dokumentieren.

Alt.: im Falle der Beauftragung – Zielfindungsphase

Die Bestimmungen in § 3 zum Kündigungsrecht nach Vorlage der Grundlagen zur Ermittlung der Planungs- und Überwachungsziele bleiben unberührt.

§ 19 Schlussbestimmungen
Ergänzungen oder Änderungen bedürfen der Schriftform. Nebenabreden sind nicht getroffen.

Es gilt deutsches Recht.

Erfüllungs- und Leistungsort für die Leistungen des Auftragnehmers ist die Baustelle in …; dies gilt auch für den Fall, soweit die Leistungen dort nicht zu erbringen sind.

Gerichtsstand für Streitigkeiten ist im kaufmännischen Geschäftsverkehr …

Sollten einzelne Regelungen dieser Vereinbarung nichtig, unwirksam oder lückenhaft sein oder werden, so wird hierdurch die Wirksamkeit der übrigen Bestimmungen nicht berührt. In diesem Fall gelten Regelungen, welche die Parteien vernünftigerweise getroffen hätten, wenn sie die Nichtigkeit, Unwirksamkeit oder Lücke erkannt hätten.

…………., den ………….   …………., den …………
………………………………   ………………………………
Auftraggeber   Auftragnehmer

Schreiben nach Erstellung der Planungsgrundlage nebst Kosteneinschätzung gem. § 650 Abs. 2 Satz 2 BGB

Wir übersenden Ihnen hiermit die gemäß § 650p Abs. 2 BGB erarbeitete Planungsgrundlage nebst Kosteneinschätzung mit der Bitte um Erteilung Ihrer Zustimmung. Die Erteilung Ihrer Zustimmung erbitte ich in einer Frist von drei Wochen ab Zugang der Planungsgrundlage. Ich bitte Sie, die Zustimmung schriftlich oder in Textform zu übermitteln. Ich weise Sie darauf hin, dass Sie das Recht haben, den zwischen uns bestehenden Architektenvertrag *(alt.: Ingenieur- oder Beratervertrag)* binnen zwei Wochen nach Zugang dieser Nachricht zu kündigen. Im Falle der Kündigung sind wir nur berechtigt, die Vergütung zu verlangen, die auf die bis zur Kündigung erbrachten Leistungen entfällt.

Anm.: Die Vergütung richtet sich nach der Vereinbarung im Vertrag über die Zielfindungsphase.

Stichwortverzeichnis

A
Akquisitionsleistung 318
Anhaltswerte 130
Anordnungsrecht des Bestellers 328
- Änderung des Bedarfs 329
- Änderung des Werkerfolgs 329
- Angebotserstellung 330
- bei mangelhafter Leistung 329
- Honorar 331
- Kostenobergrenze 330
- Leistungsumfang 330
anrechenbare Kosten 45, 120
- Bauphysik 288
- Ingenieurbauwerke 185
- Objektplanung 111, 113
- Verkehrsanlagen 211
ArchLG 23
- Besondere Leistungen 31
- Ermächtigungsgrundlage 27
- Form der Honorarvereinbarung 30
- Grundleistungen 29, 30
- Honorarhöhe 30
- Honorartafeln 29, 30
- Regelungsaufgabe 28
Aufstockungsklage 147
Auftragserteilung 317
Ausführungsplanung
- Maßstab 136
Außenanlagen 161

B
Basishonorarsatz 39, 42, 43
- Unterschreitung 53
Bauakustik 279, 287, 289
- Objektliste 281
Bauleitplanung 64, 65
- Anwendungsbereich 66
Bauphysik
- anrechenbare Kosten 288
- Anwendungsbereiche 275
- EnEV 285
- Honorar 287
- Honorar für Bauakustik 279
- Honorar für Raumakustik 282
- Honorar für Wärmeschutz und Energiebilanzierung 278
- Leistungsbild 276, 285
- mitzuverarbeitende Bausubstanz 288
- Raumakustik 285
- Schallschutz 285
- thermische Bauphysik 285
- Umbauzuschlag 288
- Wärmeschutz und Energiebilanzierung 286
Bautagebuch
- Schriftform 139
Bauvermessung 310
- Abminderungsmöglichkeit 316
- bauvorbereitende Vermessung 315
- Grundlagen des Honorars 302
- Grundleistungen 315
- Leistungsbild 305, 314
- Leistungsphasen 314
Bebauungsplanung
- Grundleistungen 74
- Honorar für Grundleistungen 79
- Honorarzonen 80
- Leistungsbild 74
Beratungsleistungen 267
- Bauphysik 275
- Geotechnik 290
- Ingenieurvermessung 297
- Umweltverträglichkeitsstudie 268
Besondere Leistungen 31, 43
- Sitzungsteilnahme 67
BGB
- Änderungen 32
Biotopverbundplanung 84

D

Dienstleistungsvertrag 317

E

Einzelleistungen
- Textform 57

EnEV 285

Entwurfsplanung
- Maßstab 135

Erholungsplanung 84

F

Fachplanung
- Dokumentation 226
- Objektlisten 227
- Technische Ausrüstung 243
- Terminplanung 227
- Tragwerksplanung 225, 228

Flächennutzungsplanung
- Entwurf 70
- Grundleistungen 68
- Honorare für Grundleistungen 76
- Infrastruktur 78
- Leistungsphasen 68
- Plan zur Beschlussfassung 70
- Sitzungsteilnahme 67
- Vorentwurf 70

Flächenplanung 62
- Besondere Leistungen 70

Freianlagen
- anrechenbare Kosten 161
- Auftrag 159
- Ausführungsplanung 172
- Außenanlagen 161
- Besondere Leistungen 165
- Bewertungsmerkmale 179
- Entwurfsplanung 172
- Genehmigungsplanung 172
- Grundlagen des Honorars 160
- Grundlagenermittlung 171
- Grundleistungen 165
- Honorar für Grundleistungen 174
- Leistungsbild 164
- Leistungsphasen 165
- Objekte 160, 163
- Objektliste 165, 176
- Vorplanung 171

G

Gebäude
- Ausbau 156
- Bewertungsmerkmale 148, 156
- Definition 228
- Einbindung in die Umgebung 155
- Funktionsbereiche 155
- gestalterische Anforderungen 155
- Grundleistungen 155
- konstruktive Anforderungen 155
- Objektliste 148
- technische Ausrüstung 155

Gebäudebestandsdokumentation 142

Gebäude und Innenräume 120
- Auftrag 159
- Besondere Leistungen 123
- Grundleistungen 123
- Honorar 142
- Honorartafel 146
- Leistungsphasen 129
- Modernisierung 158
- Objektlisten 123
- Teilleistungen 130
- Umbauten 158

Genehmigungsplanung
- Vorlagen 136

Geotechnik
- Besondere Leistungen 297
- Grundlagen des Honorars 291
- Grundleistungen 295
- Honorar 293, 296
- Leistungsbild 291
- Teilleistung 296

Grundleistungen 43
- Fachplanung 30
- Flächenplanung 30

- Gebäude 157
- Objektplanung 30
- Sitzungsteilnahme 67

Grünordnungsplanung 64
- Grundleistungen 86
- Honorare für Grundleistungen 98
- Leistungsbilder 85

H

Hinweispflicht
- Honorarvereinbarung 54
- Inhalt 54

HOAI
- Außerkrafttreten 265
- Begriffsbestimmungen 41
- Berufsbezeichnungen 38
- gleichstellungspolitische Ziele 37
- Inkrafttreten 265
- Leistungen 39
- preisrechtliche Vorgaben 39
- räumlicher Anwendungsbereich 37

HOAI 2013 14

Honorar
- Berechnung 57
- Einzelleistungen 57
- Fälligkeit 61
- Grundlagen 48
- in besonderen Fällen 57

Honorartafeln 42, 59
- Grundleistungen 29

Honorarvereinbarung 49
- Abschlusszeitpunkt 52
- Änderung des Leistungsumfangs 58
- BGB-Vorgaben 53
- Form 51
- Hinweispflicht 54
- Kündigung 56
- Nebenkosten 61
- Sittenwidrigkeit 53
- Stundensatz 53
- Textform 317
- Unwirksamkeit 52
- Verbraucher 55
- Widerruf 56

Honorarvereinbarungsregelung 39

Honorarzonen 47

I

Ingenieurbauwerke 179
- Abgrenzung zur Freianlagenplanung 181
- Abgrenzung zur Objektplanung Gebäude 180
- Anlagen der Maschinentechnik 183
- anrechenbare Kosten 185
- Anwendungsbereich 182
- Ausführungsplanung 194
- Baukonstruktion 184
- Bauoberleitung 195
- Besondere Leistungen 188
- Entwurfsplanung 194
- Genehmigungsplanung 194
- Grundlagen des Honorars 182
- Grundleistungen 182, 188
- Honorare für Grundleistungen 197
- Honorarempfehlung Bauüberwachung 195
- Leistungsbild 187
- Objektliste 188, 199
- Technische Anlagen 183, 185
- Vergabevorbereitung 195
- Zuschlagsregelung nach RBBau 196

Ingenieurvermessung 297
- Absteckung 312
- Bauvermessung 310
- Definition 310
- digitales Geländemodell 313
- Fläche 311
- Flächenplanung 310
- Honorar Bauvermessung 313
- Honorar für Grundleistungen 307
- Honorartafeln 316
- Honorarzonen 312
- Leistungsbild 309
- Leistungsphasen 313
- mehrere Objekte 312
- planungsbegleitende Vermessung 312
- Punktdichte 311

- vermessungstechnische Leistungen 311
- Verrechnungseinheiten 311

Innenräume 122
- Bewertungsmerkmale 156
- Objektliste 151

Instandhaltung 59
Instandsetzung 59
Interpolation 60

K

keine Honorarvereinbarung
- Honorarsatz 32

konkludente Beauftragung 319

L

Landschaftspflegerischer Begleitplan 91
- Grundleistungen 92
- Honorare für Grundleistungen 102

Landschaftsplanung 62
- Anwendungsbereich 81
- Biotopverbundplanung 84
- Erholungsplanung 84
- Grundleistungen 83
- Honorare für Grundleistungen 96
- Honorierung 64
- Leistungsbilder 81

Landschaftsrahmenplanung
- Grundleistungen 89
- Honorare für Grundleistungen 100
- Leistungsbild 89

Leistungen 43
Leistungsbilder 43
- Bauphysik 276
- Bauvermessung 305
- Bebauungsplan 73
- Gebäude und Innenräume 120, 123
- Grünordnungsplan 85
- Ingenieurbauwerke 187
- Landschaftsplanerischer Begleitplan 92
- Landschaftsplanung 81
- Landschaftsrahmenplan 89
- Pflege- und Entwicklungsplan 94
- Planungsbegleitende Vermessung 300
- Technische Ausrüstung 250
- Tragwerksplanung 230
- Umweltverträglichkeitsstudie 268
- Verkehrsanlagen 212

Leistungserteilung 317

M

mehrere Objekte
- Textform 59

Mindesthonorar 39
Modernisierung
- durchschnittlicher Schwierigkeitsgrad 158

N

Nebenkosten
- Form 61
- Umsatzsteuer 61

O

Objektplanung 107
- Änderungen der Objektlisten 110
- anrechenbare Kosten 111, 120
- Ausführungsplanung 136
- Außenbereich und Außenanlagen 115
- Baunebenkosten 116
- Besondere Leistungen 110
- Brandschutz 135
- Brandschutzkonzept nach MBau-VorlV 135
- Dokumentation 108
- Entwurfsplanung 135
- Formel für bedingte Anrechenbarkeit 116
- Gebäude 112
- Gebäudebestandsdokumentation 142
- Genehmigungsplanung 136
- Grundlagen des Honorars 112
- Honorarermittlung 114
- Innenräume 112
- Integration und Koordinierung 117
- Kostenermittlung 108

- Kostenkontrolle 108
- nicht anrechenbare Kosten 115
- Objektbetreuung 110
- Objektüberwachung 136
- öffentliche Erschließung 116
- sonstige anrechenbare Kosten 114
- Terminplanung 109
- Vergabemitwirkung 109, 136
- Vergabevorbereitung 109
- Verkehrsanlagen 115
- vermindert anrechenbare Kosten 113
- voll anrechenbare Kosten 113
- Vorplanung 134
- Winterbauschutz 115

Objekttrennung 159

Objektüberwachung
- Abnahme 140
- Abnahmeempfehlung 137
- Aufmaß 139
- Bauleiter 137
- Bautagebuch 139
- behördliche Abnahme 141
- Fertigteile 139
- Intensität der Überwachung 138
- Koordination 138
- Liste der Gewährleistungsfristen 141
- Mängelbeseitigung 141
- Planer 137
- Rechnungsprüfung 140
- Schadensträchtigkeit 138
- Sicherheits- und Gesundheitskoordinator 138
- Statikpläne 138
- Übergabe 141

örtliche Bauüberwachung
- Honorartafel 195

P

Pauschalleistungsvertrag 324

Pflege- und Entwicklungsplan 94
- Grundleistungen 94
- Honorar für Grundleistungen 105

Planungsbegleitende Vermessung
- Grundlagen des Honorars 298
- Leistungsbild 300

Planungs- und Überwachungsziele 321

R

Raumakustik 282, 285, 287
- Honorar für Grundleistungen 289

RBBau 196

Rift-Tabelle 147

S

Schallschutz 285

Schlussrechnung 327

Siemon-Liste 130

Simmendinger-Liste 130
- Abweichungen bei den Grundleistungen Gebäude 173

Sittenwidrigkeit
- Honorarvereinbarung 53

Sonderkündigungsrecht
- Belehrung eines Verbrauchers 332
- Kündigung durch den Planer 333
- Vergütungsanspruch 333
- Vorlage der Unterlagen 332

Störungen der Geschäftsgrundlage 58

T

Technische Ausrüstung
- Anlagenarten 248
- Anlagengruppen 248
- Anwendungsbereich 243
- Besondere Leistungen 251
- Bewertungsmerkmale 260
- Grundlagen des Honorars 247
- Grundleistungen 251
- Honorare für Grundleistungen 259
- Kostenermittlung 258
- Kostenkontrolle 258
- Leistungsphasen 257
- mehrere Anlagen 248
- mitzuverarbeitende Bausubstanz 262

- Objektbetreuung 258
- Objektliste 244, 261
- Schriftform 250
- Vergabemitwirkung 258
- Vergabevorbereitung 258

Teilleistungen
- Anhaltswerte 130
- Bewertung 337
- Siemon-Liste 130
- Simmendinger-Liste 130
- Wägungswerte 130

Teilnahmewettbewerb 33
Teilschlussrechnung 61, 327
Textform
- mehrere Objekte 59

thermische Bauphysik 285
Tragwerk
- Definition 228

Tragwerksplanung
- anrechenbare Kosten 229
- Anwendungsbereich 228
- Besondere Leistungen 233
- Grundlagen des Honorars 228
- Grundleistungen 233
- Honorar für Grundleistungen 237
- Leistungsphasen 236
- Objektliste 233, 238
- Vertragsmuster 226

U

Übergangsvorschrift 263
- aufschiebend bedingter Vertrag 264
- Optionsrecht 264
- Rahmenvertrag 264
- Zeitpunkt des Grundvertrags 264

Umsatzsteuer 62
Umsatzsteuergesetz
- Nebenkosten 61

Umweltprüfung 87
Umweltverträglichkeitsstudie 268
- abgestimmte Fassung 274
- Aufgabenstellung 273
- Bewertungsmerkmale 275
- Grundlagenermittlung 273
- Honorar für Grundleistungen 270
- Leistungsbild 272
- Leistungsphasen 273
- Leistungsumfang 273
- Schutzgüter 273

V

Verbraucher 55
- Honorarpflicht 55

Verfahrens- und Prozesstechnik (VPT) 195
Vergabeverordnung
- Änderungen 33

Verhandlungsverfahren
- Mindestfrist Angebotseinreichung 33
- mit Teilnahmewettbewerb 33
- ohne Teilnahmewettbewerb 33

Verkehrsanlagen 208
- Abgrenzung zu Ingenieurbauwerken 209
- Abgrenzung zu Freianlagen 209
- Abgrenzung zur Objektplanung Gebäude 209
- Anwendungsbereich 208
- Bauoberleitung 220
- Besondere Leistungen 213
- Entwurfsplanung 219
- Genehmigungsplanung 219
- Grundlagen des Honorars 209
- Grundleistungen 213
- Honorar für Bauüberwachung 220
- Honorar für Grundleistungen 220
- Objektliste 213, 223
- Vergabevorbereitung 220
- Vorplanung 219

Verrechnungseinheiten
- Honorarvereinbarung 58

Vertrag
- Abnahme bei Kündigung 334
- AGB 324
- Änderung 327
- Änderung des Bedarfs 329
- Anordnungsrecht des Auftraggebers 328
- Ausführungs- und Überwachungsfehler 336

- Bauhandwerkersicherung 327
- Baukostenobergrenze 325
- bedingte Beauftragung 319
- berufsrechtliche Zulässigkeit 321
- Beschaffenheitsvereinbarung 322
- Bestimmbarkeit der Leistung 320
- Fehler bei der Grundlagenermittlung 325
- garantierte Bausumme 325
- Gebäude und Innenräume 145
- Genehmigungsfähigkeit 323
- gesamtschuldnerische Haftung 335
- Grundlagen nach BGB 317
- grundlegende Erneuerung 320
- Honorarteil 318
- konkludente Beauftragung 319
- Koordinationsfehler 336
- Koppelungsverbot 320
- Kosteneinschätzung 326
- Kündigung 328
- Leistungsbestimmungsrecht 322
- Leistungsteil 318
- Leistungsverweigerungsrecht 335
- Mängelhaftung 323
- Neubauten 320
- Pauschalleistungsvertrag 324
- Planungs- und Ausführungsfehler 335
- Planungs- und Überwachungsziele 321
- Schadensersatz 323
- Schlussrechnung 327
- Schwarzarbeit 320
- Sicherungshypothek des Unternehmers 327
- Sonderkündigungsrecht 332
- Teilabnahme 333
- Teilschlussrechnung 327
- Textform 320
- Umbau von Innenräumen 321
- Verbraucher 145
- Vergütung 327
- Vermutung der Entgeltlichkeit 319
- zeitlicher Anwendungsbereich 320
- Zielfindungsphase 319
- Zustandsfeststellung 327

Vertragsmuster Tragwerksplanung 226

W

Wägungswerte 130
Wärmeschutz und Energiebilanzierung 278, 286
Werkvertrag 317
wiederholte Grundleistung 58

Z

Zielfindungsphase 319
Zweite Berechnungsverordnung 134

Mit digitalen Extras:
Exklusiv für Buchkäufer!

Ihre digitalen Extras zum Download:

- **http://mybook.haufe.de/**
- **Buchcode:** `SBV-4158`